KB116958

배철현의 요가수트라 강독 1

삼매

Samādhi

배철현의 요가수트라 강독 1 - 삼매

1판 1쇄 인쇄 2023. 1. 3.
1판 1쇄 발행 2023. 1. 16.

지은이 배철현

발행인 고세규
편집 정선경 디자인 지은혜 마케팅 정희윤 홍보 최정은
발행처 김영사
등록 1979년 5월 17일 (제406-2003-036호)
주소 경기도 파주시 문발로 197(문발동) 우편번호 10881
전화 마케팅부 031)955-3100, 편집부 031)955-3200 | 팩스 031)955-3111

값은 뒤표지에 있습니다.
ISBN 978-89-349-6183-3 03150

홈페이지 www.gimmyoung.com 블로그 blog.naver.com/gybook
인스타그램 instagram.com/gimmyoung 이메일 bestbook@gimmyoung.com

좋은 독자가 좋은 책을 만듭니다.
김영사는 독자 여러분의 의견에 항상 귀 기울이고 있습니다.

배철현의
요가수트라
강독
1

삼매
Samādhi

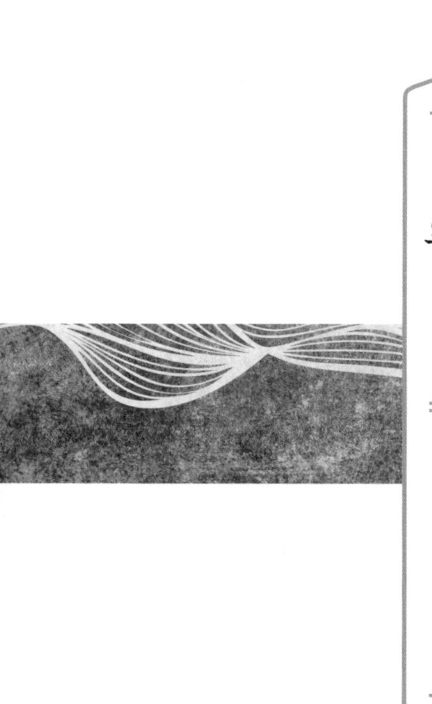

배철현

김영사

차례

2. 생각의 종류 … 103

3. 연습과 이욕 … 159

4. 유종삼매의 두 유형: 유상삼매와 무상삼매 … 199

5. 신에게 헌신 … 247

6. 방해와 산만 극복 … 317

7. 평정심 … 343

일러두기

1. 외래어의 인명과 지명은 '외래어 표기법'을 원칙으로 하였다.

2. 산스크리트어, 팔리어, 아람어, 그리스어, 라틴어 등 외국어는 기본적으로 '외래어 표기법'에 의거하였으나, 일부 단어는 현재 통용되는 표기를 사용하였다.

3. 약호 및 기호

abl.	ablative. 탈격
du.	dual. 양수
f.	feminine. 여성
gen.	genitive. 속격
instr.	instrumental. 구격
loc.	locative. 처격
m.	masculine 남성
n.	neuter. 중성
nom.	nominative. 주격
pl.	plural. 복수
sg.	singular. 단수
*	역사언어학에서 같은 계통의 언어들을 비교해 원형을 복원한 가상의 형태
A ▶ B	역사언어학적으로 원형 A에서 현재의 B로 변형되었다는 과정을 표시

'위대한 자신'을 끌어내기 위해
요가를 수련하는 도반들에게

프롤로그

새벽 묵상, 반려견과 산책, 집 안 청소, 독서, 일기 쓰기, 아쉬탕가 마이솔 요가수련이 나의 일과다. 10여 년 전 시골로 이사한 뒤로, 이런 일과는 어느덧 나의 종교가 되었다. '종교'가 인간을 변화시키는 가장 효과적인 체계라면, 나를 서서히 변화시킨 이 일과가 나에겐 진리이며 종교다. 인간을 변화시키지 않는 종교는 사실상 이데올로기에 지나지 않는다. 시골에 온 후 나의 습관, 생각, 말, 행동이 달라졌다. 50년 내내 서울 생활에 익숙해 있던 내가, 이전에도 존재했지만 관찰한 적이 없던 자연과 가까이 지내면서 서서히 자연을 배우기 시작했다.

내가 사는 곳에서 예전에 몸담았던 학교까지의 거리는 약 70킬로미터다. 나는 아침 수업을 위해 오전 5시 30분에 집에서 출발했다. 학교에 도착하면 곧장 교내 포스코 스포츠센터로 향했다. 그곳에서 조깅으로 하루를 시작했다. 이 센터에서 요가 수업이 진행된다는 사실을 안 건 6년 전쯤이었다. 일주일에 세 번, 한 시간씩 진행되는 수업이었다. 나는 그때 요가와 인연을 맺었다. 지금도 유연하다고는 할 수 없지만 처음에는 몸이 정말 뻣뻣했다. 요가 수업은 나의 몸뿐 아니라 정신도 바꿔놓기 시작했다. 급기야는 〈아주경제〉의 제안으로 1년 동안 《요가수트라Yoga-sūtra》〈삼매품三昧品(Samādhi-pāda)〉에 관한 해설을 매주 연재했다. 2018년 봄 학기에는 요가 수업을 월요일 오전 9시 30분부터 12시까지 포스코 스포츠센터에서 진행했다. 30분 명상, 요가 강사의 한 시간 '몸 훈련' 그리고 내가 진행하는 《요가수트라》〈삼매품〉 해설로 구성된 수업이다.

항상 자신이 아닌 다른 것을 보는 데 익숙한 학생들에게, 아무것도 하지 않은 채 눈을 감고 앉아 있는 행위는 그 자체로 고역이었을 것이다. 학생들은 요가 수업 중 30분 명상 시간을 가장 부담스러워했다. 하루는 한 학생이 내게 물었다. "교수님, 눈 감고 뭘 해야 하죠?" 나는 "네가 무엇을 해야 할지 생각해봐라"라고 말했다. 잠시 후, 그 학생이 다시 질문했다. "무엇을 생각해야 하죠?" 나는 "네가 무엇을 생각하는지 생각해봐라"라고 대답했다. 생각 훈련은 내가 무엇을 생각하고 있는가를 제3자의 눈으로 관찰함으로써 시작된다. 외부의 자극이나 알 수 없는 이유로 자신의 머릿속에 떠오른 것은 잡념이다. 생각이란 그런 잡념들의 생성을 객관적으로 살피고 잡념의 원인을 유추하는 이성의 활동이다. '명상冥想'이란 외부 자극에 대한 나의 감각을 가만히 바라보는 행위다.

세상에는 두 부류의 인간이 존재한다. 한 부류는 '훈련 중인 인간'이고 다른 한 부류는 '훈련하지 않는 인간'이다. 훈련 중인 인간은 자신이 되고 싶은, '더 나은 자신'에 대한 상像을 가지고 있으며, 그것에 가까워지고자 매일매일 조금씩 나아간다. 그에게는 원하는 자신이 되는 과정이 곧 훈련이다. 그는 훈련을 통해 자신의 강점을 부각하고 약점을 과감히 버린다. 훈련은 원대한 목표를 향해 가는 과정에서 반드시 버려야 할 나쁜 습관을 발견하게 하는 유일한 수단이다. 한 치 앞을 볼 수 없는 인생이라는 마라톤에 훈련 없이 참가하는 자는 마라톤을 완주할 의지가 없거나 완주할 수 있다는 허황된 꿈을 꾸는 자들이다.

인류는 오랫동안 자신이 관찰한 세계를 둘로 구분하여 이해하려고 시도해왔다. 신과 인간, 천국과 지옥, 남성과 여성, 정신과 육체, 겉과 속, 생각과 행동 등은 이분법적 사고에서 나온 불완전한 개념들이다. 신과 인간, 천국과 지옥은 원래 하나다. 남성과 여성 또한 신체 구조는 일부 다르지만 인간이라는 점에서 동일하다. 남성들은 최근까지 이분법적 사고를 바탕으로 여성을 남성보다 열등한 존재로 폄하하며 불의한 구조를 구축해왔다. 우리가 사는 21세기 사회에서도 일부 종교에서 여성과 남성의 지위나 권위를 여전히 동등하게 부여하지 않고 있다.

인류의 성현들이 남긴 경전이나 신화를 가만히 들여다보면, 이들이 정신과 육체, 생각과 행동을 하나로 여겼다는 놀라운 사실을 발견할 수 있다. 정신은 육체를 통해 표현되며, 생각의 결과는 행동으로 자연스럽게 이어진다. 따라서 정신과 육체가 괴리하고 생각이 행동으로 표현되지 않는다면, 그것은 거짓이라고 할 수 있다. 고대 그리스어 단어 '로고스logos'는 언어로 표현되는 인간의 이성으로서, 인간의 삶을 변화시키는 역동적인 에너지를 뜻한다. 고대 히브리어 단어

'다바르dabar'는 '말'을 뜻하는 동시에 '행동', '사건'을 의미하기도 한다. 말이 곧 사건이고 사건은 말을 통해 시작된다는 뜻이다. 훈련이란, 생각을 행동으로 이끌고 말을 사건으로 실현하는 과정이다. 인간은 훈련을 통해 독립적이고 존재론적인 인간에서 연관적이고 상대적인 인간으로 거듭나며, 자신에게 있는 동물적인 본능을 승화하여 신적인 속성을 발현한다. 훈련을 통해 매일매일 변하지 않는 인간은 과거의 자신 속에 스스로를 가둔 것으로 이미 죽은 것이나 다름없다.

이 책은 네 개의 장章으로 구성된, 인도 성인聖人 파탄잘리Patañjali의 《요가수트라Yoga-sūtra》 중 첫 번째 부분인 〈삼매품三昧品〉에 대한 해설서다. 요가 수련자의 수련 정도에 따라 〈삼매품三昧品(사마디 파다Samādhi-pāda)〉, 〈수련품修鍊品(사다나 파다Sādhana-pāda)〉, 〈현현품顯現品(비부티 파다Vibhūti-pāda)〉, 〈독존품獨存品(카이발야 파다Kaivalya-pāda)〉으로 구성된다. 태권도 띠에 비유하자면, 제1장 〈삼매품〉은 흰 띠에서 노란 띠 단계다. 자신 안에 있는 타성에 젖은 이기심을 없애기 위해 수련자가 태권도장에 정해진 시간에 가서 가만히 품세를 유지하는 훈련이다. 제2장 〈수련품〉은 파란 띠에서 붉은 띠 단계다. 자신만의 품세를 발견하고 다듬기 위해 수련자가 인내를 가지고 노력하는 과정이다. 제3장 〈현현품〉은 승단 심사를 앞둔 태권도 수련자의 훈련이다. 수년 동안 훈련한 효과가 자신의 생각, 말, 행동에서 자연스럽게 드러난다. 제4장 〈독존품〉은 스스로 가르치는 단계다. 이전까지는 스승이 수련자를 가르쳤지만, 이젠 수련자 자신이 스스로에게 구루가 된다. 자신이 극복해야 할 대상은 타인이 아니라 자기 자신이다. 과거의 자신에게서 벗어나 자신이 간절히 원하는 그것과 합일하는 해탈의 단계다.

파탄잘리는 《요가수트라》 제1장 〈삼매품〉에서 요가의 본질과 인간의 언행을 지배하는 생각의 종류들을 구별하고 설명한다. 또한 그런 잡념을 소멸시키는 방법을 제시하고, 평정심에 도달하는 과정을 설명한다. 제1장에서는 1. 요가의 본질(1~4행), 2. 생각의 종류(5~11행), 3. 연습과 이욕(12~16행), 4. 유종삼매의 두 유형(17~22행), 5. 신에게 헌신(23~29행), 6. 방해와 산만 극복(30~32행), 7. 평정심(33~40행), 8. 유종삼매의 특징과 유형(41~50행), 9. 무종삼매의 특징(51행)에 관한 내용을 다룬다.

문장은 단어들의 조합이다. 그리고 단어 하나하나는 인류의 역사만큼 유구한 역사를 지니고 있다. 파탄잘리는 51행으로 이루어진 〈삼매품〉 을 편집하면서, 요가 수련자의 몸·마음·영혼이 서서히 바뀔 수 있도록 유구한 인도 전통에서 선별한 산스크리트어 단어들을 차근차근 소개하였다. 한 단어의 심오한 의미는 그것에 대한 한국어 등가어가 아니라, 그 단어가 지닌 심오한 어원 분석을 통해 살펴볼 수 있다. 예들 들어 '사마디samādhi(समाधि)'라는 산스크리트어 단어는 '삼매三昧'라는 한자를 통해 들어온 등가어가 아니라, '누구나 가진 정성스런 마음mā을 우주의 질서에 맞게 가지런히sam 놓을 때dhi, 드러나는 초월적인 경지'라는 의미다. 나는 독자들과 함께 단어가 품은 심오한 의미를 추적하고 이를 삶에 적용시켜 매일 조금씩 변화해 나가고자 한다.

우리는 누구나 살면서 인생에서 길을 잃을 수 있다. 나 또한 어두운 숲에서 헤매던 시기가 있었다. 그 어두운 숲에서 방황하는 시기가 나를 위한 최적의 길을 찾는 데 중요한 발판이 되었다. 그때《요가수트라》경구 하나하나가 그 길을 밝히는 등불이 되었다. 요가 수련으로 매일매일 스스로를 단련하는 도반들이 이 경구들을 등불 삼아 자기 발견과 해탈로 나아갈 수 있기를 기대한다.

1
부

요가란
무엇인가

1

요가의 정의
:마음 혁명

〈파슈파티 인장〉[•] 기원전 2350~기원전 2000, 동석, 3.56×3.53cm

• John Marshall, *Mohenjodaro and the Indus Civilization* (v. 1, 2, 3) Being an Official Account of Archaeological Excavations at Mohenjodaro Carried out by the Government of India Between the Years 1922–27(Delhi: Indological Book House, 1931).

——— 요가는 힌두교라는 종교가 등장하기 이전부터 존재했던, 인류의 오래된 수련 방법이었다. 1922년에 영국 고고학자 존 허버트 마셜John Hubert Marshall(1876~1960)이 기원전 2600년경으로 추정되는 인더스 문명을 파키스탄 신드에서 발굴했다. 이곳에서 번성한 모헨조다로와 하라파 문명은 동시대 메소포타미아 및 이집트의 문명과 견줘도 뒤떨어지지 않았고, 현대적인 도시의 기본구조를 구축했다는 점에서는 오히려 더 뛰어났다.

이곳에서 요가의 기원을 밝혀줄 인장印章들이 발견되었다. 모헨조다로 발굴을 주도한 고고학자 매케이E. J. H. Mackay는 지하 3.9미터 깊이에서 한 인장을 발굴했다. 그는 이 인장에 420번이란 번호를 매기고, 연대를 기원전 2350년에서 기원전 2000년 사이라고 추정했다. 겉이 미끌미끌한 암녹색 동석凍石 위에 새겨진 이 인장은 크기가 3.56센티미터×3.53센티미터이고, 두께는 0.76센티미터로 몸에 지니거나 목에 걸 수 있을 정도로 조그만, 부적과 같은 유물이다.

이 인장 중앙의 단壇에는 신비한 인물이 좌정해 있다. 마셜은 이 인물을 산스크리트어로 '파슈파티paśupati'라고 불렀다. 번역하자면 '동물들의 주인[獸王]'이란 의미다. 마셜은 이 인물을 힌두교 쉬바Śiva 신의 원형으로 해석했다. 쉬바는 악을 파괴하는 신으로, 우주를 창조하고 보호하며 변화시키는 최고의 신이다. 그는 카일라사Kailāsa산에 거주하는 요가 수련자의 상징이기도 하며 '모든 동물을 관장하는 주인'이기도 하다. 파슈파티와 이 인장은 인도 문명의 기원을 푸는 열쇠다. 인장의 중심에는 쉬바 신의 화신이자 모헨조다로를 치리治理하는 왕, 파슈파티가 있다. 그는 인도에 세울 문명과 그 문명의 정신적 근간인 '요가' 사상을 '파슈파티 인장'에 그대로 담았다.

이 인장을 만든 예술가는 둘레를 톱으로 자르고 칼이나 정으로 다듬고 난 뒤 연마재로 정교하게 갈았다. 부조는 정으로 섬세하게 조각됐다. 파슈파티는 가만히 앉아 있다. 그는 허리를 꼿꼿이 세우고 정면을 응시하고 있다. 그는 방해하는 동물들의 공격에도 아랑곳하지 않고 오히려 눈을 지그시 감았다. 삼매경三昧境으로 이미 들어갔는지 눈이 팔자八字로 평온하게 처져 있다. 자신이 있어야 할 본연의 장소에 안주하면서, 그의 귀도 아래로 처져 있고 코도 길게 늘어져 있다. 그는 오랫동안 그랬던 것처럼 입을 굳게 다물고 침묵을 수련한다. 할 말이 없어 입을 다문 것이 아니라, 자신의 말을 되새기기 위해 침묵하는 것이다. 그러나 그가 입을 열면, 그 침묵의 수련이 말로 전달된다. 포용하면서도 정곡을 찌른다. 평온한 얼굴은 아니지만, 마치 달관한 것처럼 보인다.

그는 느슨한 큰 팔찌를 두 개씩 양팔에 차고 있다. 정중동靜中動을 수련하는 자신의 움직임을 감지하기 위해서다. 어깨에서 팔목까지 문신을 새겼다. 그는 부동자세가 움직임을 가능케 하는 원동력임을 깨달은 듯하다. 그는 가슴과 목 부분이 V자 무늬로 장식된 옷을 입었다. 극도로 절제된 모습을 짧은 선들을 이용해 표현한 것 같다. 파슈파티의 두 팔은 자신이 좌정한 땅을 향해 길게 늘어져 있다. 두 팔은 힘없이 처져 있는 것이 아니라 자연스럽게 허공에 자리를 잡고 가지런히 양 무릎 위에 올려져 있다. 그는 수련을 통해 극도로 단순하고 절제된 인위적인 자세를 자연스러운 모습으로 승화시켰다. 양손의 엄지는 약간 벌어졌다. 그의 배를 가로지르는 굵은 선이 있고 중앙의 세로선이 가부좌를 하고 있는 두 발 사이를 향하고 있다. 굵은 선은 아마도 자신의 몸이 움직이지 않도록 동여맨 동아줄일 것이다. 한편 발 모습은 초현실적이다. 양발의 발바닥과 발뒤꿈치가 서로 세로로 만난다. 발가락을 곧게 뻗은 채, 제단 위에 앉아 있다. 그는 이 절체절명의 순간에 한 치의 움직임도 없이 고요히 앉아 있다.

그의 요가 수련을 방해하는 동물들이 있다. 이 동물들은 인간의 눈과 귀를 자극하고 겁을 준다. 이들은 수련자 스스로 집중하지 못하게 하는 소리와 이미지의 상징들이다. 오른편에는 벵골 호랑이와 코끼리가 새겨져 있다. 호랑이는 앞발을 치켜들고 무시무시한 발톱으로 위협하며 입을 벌려 큰 소리로 포효한다. 날카로운 이빨로 파슈파티를 금방이라도 물 것 같은 자세다. 호랑이 얼굴은 거의 인간의 얼굴에 가깝다. 이 순간에도 파슈파티는 움직임이 없다. 그의 팔찌도 우주가 멈춘 듯 가만히 멈춰 있다. 그런 정도의 포효는 파슈파티에게 마음을 진정시켜주는 명상음악일 뿐이다. 호랑이 위쪽에 새겨진 코끼리가 정반대 방향을 향해 크게 울음소리를 내고 있다. 호랑이와 코끼리 사이에서 파슈파티의 몸종이 이 광경을 관찰한다. 파슈파티 왼편에서 코뿔소와 물소가 달려오고 있다. 아래쪽에 새겨진 물소도 벵골 호랑이처럼 머리를 쳐들고 포효한다. 코뿔소와 물소 위쪽에도 오른편에 등장한 인물과 비슷한 파슈파티의 몸종이 새겨져 있다.

단은 직사각형 사방탁자로 양쪽에는 위아래가 뾰족한 I자 모양 다리가 있다. 이 인물은 이곳을 특별한 공간인 '제단祭壇'으로 만들어 수련한다. 자신이 그 위에 올라가 훈련하고 정신을 고양한다. 그는 자신을 '희생 제물'로 스스로 바친다. 그 제단 밑 중앙에는 야생 사슴

혹은 야생 염소 두 마리가 큰 뿔을 휘저으며 뒤돌아본다. 파슈파티는 혼돈의 상징인 야생을 정복하여, 자신 안에 존재하는 '푸루샤puruṣa'에 온전히 몰입한다.

파슈파티는 머리에 왕관을 쓰고 있다. 왕관은 왼편에 있는 물소의 거대한 뿔과 유사하다. 둥글게 휜 뿔이 파슈파티의 머리 위에서 마치 연꽃처럼 보인다. 뿔은 신성의 상징이며 동시에 왕권의 상징이다. 파슈파티는 모헨조다로를 치리하는 통치자로, 신성의 상징인 뿔 왕관을 머리에 쓰고, 신이 되었다. 이 인장의 맨 위에 아직도 판독하지 못한 원-인디아어 문자(Proto-Indic Script) 다섯 개가 있다. 요가는 나의 마음을 흔드는 외부의 괴물들뿐만 아니라, 내 마음속에서 호시탐탐 일어나는 괴물들의 욕망까지 제어하는 수련이다.

요가는 인간을 신적인 인간으로 승화시키는 신체·정신·영적인 훈련이다. 요즘 사람들은 요가를 유연체조 혹은 피트니스 훈련쯤으로 여긴다. 하지만 요가는 마음을 개간하여 인간의 심연에 존재하는 원래 자신을 발견하는 운동이자, 그 자신을 삶의 주인으로 모시는 혁명적인 운동이다. 다시 말해 요가는 삶의 주인을 교체하는 쿠데타coup d'État인 셈이다. 그는 이제 과거에 안주하지 않는다. 요가는 미래에서 온 듯한 멋진 나의 모습이 주인이 되어 현재의 나를 일깨우는 정신적·육체적 운동인 것이다. 즉, 영적인 유전자를 교체하는 **마음 혁명**이다.

10년 전, 요가 수련을 우연히 시작했다. 당시 나의 마음은 불안하고 혼란스러웠다. 마룻바닥에 좌정하고 눈을 감고 있으면 졸리기도 하고 어색하기도 했다. 그때까지만 해도 두 눈으로 사방을 살피며 타인에게 인정받고 으스대는 삶이 멋진 인생인 줄로 알았다. 고요를 의도적으로 만나려는 시도가 부질없어 보였다. 내가 왜 아침 일찍 모르는 사람들과 함께, 보기에 우스꽝스럽고 얼굴은 붉어지며 표정이 일그러지는 운동을 해야 하는가를 의심할 때도 있었다. 3년이 지나도 요가의 씨앗을 내 마음에 심지 못했고, 나는 요가 훈련을 다른 일과를 소화하기 위한 준비운동 정도로 여겼다.

그러던 어느 날, 눈을 감고 수련하던 중 코를 통해 외부의 공기가 들어오고 나가는 흐름이 느껴졌다. 찰나지만 내가 살아 있다는 느낌과 함께 순간으로 이루어진 시간을 인식할 수 있었다. 내가 앉아 있는 장소가 일상적인 공간이 아니라, 나라는 개체를 인식하고 연민의 눈으로 관찰할 수 있는 특별한 공간으로 변해 있었다. 지난날 한 번도 시도해본 적이 없는, 그래서 서툴고 익숙지 않은 행위를 매일 반복하면서, 정신이 달라지고 몸이 변화하는 것을 느꼈다. 눈을 감고 자신을 바라보기, 귀를 닫고 내면의 미묘한 소리 듣기, 양발과 양팔을 움직이지 못하게 묶고 부동자세 유지하기, 척추를 세워 지구 중심과 일치시키고 머리는 하늘로 향하기 같은 좌정 훈련을 하지 않으면, 이제는 아침 해가 뜨지 않은 느낌이 든다.

구전과 문전

내가 요가를 어렴풋하게나마 알게 된 시기는 1990년이다. 박사학위 논문과 관련된 언어였던 인도·이란어Indo-Iran語를 공부하면서 산스크리트어를 본격적으로 공부하기 시작했다. 나는 기원전 5세기 페르시아 제국의 완성자, 다리우스Darius(기원전 550~기원전 486)가 남긴

삼중 쐐기문자 비문인 비시툰 비문Bisitun Inscription을 연구하면서 이 비문과 관련된 문명과 언어에 심취했다. 고대 이란과 인도는 원래 한 민족으로 한 언어를 사용했으며, 산스크리트어는 인도·이란어로 분류된다.

인도·아리아인Indo-Arya人들은 기원전 2000년경 분리되어 한 갈래는 인도로, 다른 한 갈래는 이란으로 들어가 정착했다. 이들은 중앙아시아의 스텝Steppe 지역에서 경험한 자연현상을 바탕으로 신, 영웅, 자연 그리고 자연의 힘을 노래했다. 기원전 12세기경에 이들은 인도의 가장 오래된 경전이자 하늘의 신에게 바치는 엄격한 의례를 위한 노래인《리그베다Ṛgveda》와 이란의 가장 오래된 경전이자 엄격한 이원론二元論에 근거하여 우주를 해석한《아베스타Avesta》를 각각 구전口傳으로 남겼다. 그리고 인류는 기원전 12세기경 철기鐵器를 사용하기 시작했다. 짐승이나 다름없었던 인류는 돌을 사용하면서 다른 동물들을 제압했고, 청동을 다루면서 문명을 일궜으며, 철기를 제작하면서 삶의 희로애락을 노래하기 시작했다. 영적인 음유시인들이 인류의 4대 문명을 지탱하는 가장 기본적인 텍스트를 노래했다.

이와 동시에 중국에서는 후대에 등장할 유교와 도교의 바탕이 되는 심성心性이 등장하였다. 팔레스타인에서는 히브리인들이 이집트에서 탈출하는 내용인 출애굽 노래가 등장하여 기록으로 남겨졌다. 그리스에서는 오리엔트의 오래된 문명이 그리스로 옮겨오는 과정을 그린 호메로스Homeros의《일리아스Ilias》와《오디세이아Odysseia》가 거의 동시에 등장했다. 기원전 12세기, 철제 농기구를 이용해 농사를 지으며 풍요로운 삶을 살기 시작한 인류가 세계 도처에서 신, 자연,

인생을 숙고하며 노래를 부르기 시작했다.

기원전 12세기가 음유시인들이 노래를 불러 전하는 시기라면, 기원전 6세기는 이 경전들을 글로 남겨 가르침을 주기 시작한 문전文傳의 시기다. 중국에서는 공자孔子(기원전 551~기원전 479)와 노자老子(?~?), 인도에서는 붓다Buddha(기원전 563?~기원전 483?), 이란에서는 자라투스트라Zarathustra(기원전 660~기원전 583), 이스라엘에서는 예언자들, 소아시아 밀레투스에서는 탈레스Thales(기원전 624?~기원전 545?), 아낙시만드로스Anaximandros(기원전 610~기원전 546?) 그리고 아낙시메네스Anaximenes(기원전 585~기원전 525)가 등장하여 이후에 그리스의 소크라테스Socrates(기원전 470?~기원전 399)와 플라톤Platon(기원전 427~기원전 347)이 등장할 수 있는 기틀을 마련했다.

상캬 사상

기원전 12세기 인도·이란인들은 자신들을 '아리아인Arya人'이라고 불렀다. 20세기 히틀러가 이 문화적·정신적 개념을 인종적인 개념으로 오용하여 홀로코스트Holocaust라는 인류 최대의 비극을 일으켰다. 이 단어의 어원은 아리아*arya-다. arya는 아주 오래된 인도·유럽어Indo-Europe語의 어근으로 '우주의 질서에 맞게 정렬하다'라는 의미다. arya에서 중요한 개념이 파생된다. '우주의 질서에 맞게 정렬된 어떤 것'이란 뜻인데, 산스크리트어로 '리타ṛta', 아베스타어로는 '아샤aś'다. 모두 '진리', '원칙'이란 뜻이다. 이것이 라틴어에서는 '아르스ars'가 되었고 '예술'을 의미하는 영어 단어 '아트art'가 되었다. 즉, '아리아인'이란, '이분법적인 구분을 초월하는 개념으로 자기 삶의 최선을 끌어내려고 숭고한 노력을 다하는 사람'을 뜻한다. 그에게 생각은 사건이고, 육체는 정신이다. 아리아 정신에 기반한 요가는 삶에서 최선을 구현할 것을 결심하면서 매일 스스로 훈련하는 것이 목표다.

고대 인도인들은 세상의 모든 집착에서 자신을 벗어나게 하려면 몸, 정신 그리고 영혼을 모두 동원하는 총체적인 운동을 해야 한다는 사실을 깨달았다. 또한 정신적인 고양이 육체적인 훈련을 통해 강화된다는 사실을 깨달았다. 고대 인도의 수련자들은 오늘날 세계 곳곳에서 유행하는 새로운 훈련법을 발전시켰다. 그것이 바로 요가다. 요가는 인도가 인류에게 준 가장 위대한 선물이다.

요가는 외부의 적이 아닌 '자신의 최선을 좌절시키는 자신'이라는 적을 정복하려는 체계적 공격이자 훈련이다. 이와 같은 요가의 정신은 기원전 5세기 인도에서 등장한 독특한 사상과 깊이 연관되어 있다. 기원전 12세기 호전적인 아리아인들의 군사훈련과는 달리, 기원전 5세기의 요가는 '비폭력非暴力'을 가장 중요한 가치로 여겼다. 그들은 우주를 관장하는 질서인 '푸루샤puruṣa'와 개인이 성취할 최선의 자신인 '아트만āman'이 하나라는 사실을 깨달았다. 이것이 상캬Sāṃhya 사상이다.

지금 여기로 초대

요가는 단순한 다이어트 운동이 아니다. 스트레스를 풀고 걱정을 덜어주며, 외모도 멋지게 가꾸도록 도와주는 스트레칭 운동이 아니다. 오히려 그 반대다. 자기 안에 숨겨진 위대한 자신이며 우주 정신인 푸루샤를 일깨우기 위해서, 자신 안에 쌓인 해로운 현상들, 즉 편견·이기심·무식에 가하는 체계적인 공격이다. 고대부터 전해 내려오는 훈련 방법들을 편집하고 체계화하여 가장 간명하게 정리한 사상가가 1세기 인물로 추정되는 파탄잘리다. 파탄잘리는 구전으로 내려오던, '해탈解脫(mokṣa)'을 위한 다양한 훈련을 모아 정리했다.

이 중 가장 중요한 훈련은 불필요한 생각과 말, 행동을 제어하고 자신의 고유한 임무를 위해 몰입하는 것이다. 요가 수련자가 몰입할 수 있도록 도와주는, 말의 '고삐'나 소의 '멍에'와 같은 도구가 바로 요가다. 말은 전차를 끌 때 자신의 힘을 최대한 발휘해야 한다. 마찬가지로 인간이 최선을 다해 집중하여 자기 자신을 움직이는 수련이 바로 요가다. 요가는 자신의 모든 것을 섬세하게 관찰하고 이해하여 자신을 움직이는 힘이다.

파탄잘리는 요가에 관한 글을 정리했고, 3세기경 그를 추종하는 학자들이 《요가수트라Yoga-sūtra》라는 제목의 책으로 집대성했다. 《요가수트라》는 195개의 경구, 4개의 품品으로 구성되어 있다. 첫 번째 장은 '사마디 파다Samādhi-pāda'라고 불린다. 사마디는 한자로 옮기면 '삼매三昧'다. 이 장에서는 자신 안에 있는 우주의 원칙인 푸루샤와 자신을 일치하는 방법을 제시한다.

《바가바드 기타Bhagavad-gītā》 제2장 48행에서 크리슈나Kṛṣṇa는 아르주나Arjuna에게 요가에 대해 다음과 같이 알려준다.

> 당신이 해야 할 의무에 몰입하십시오!
> 세상의 집착을 버린 아르주나여!
> 성공이나 실패에 연연하지 말고 균형을 유지하십시오!

그런 평정심을 요가라고 부릅니다.

요가는 수행자가 반드시 해야 할 의무를 발견하여 몰입하도록 도와주는 삶의 태도다. 요가는 인간의 이기심을 자극하는 과도한 부, 절제하지 못하는 권력, 오만하게 만드는 명성에서 수행자를 보호한다. 요가는 그런 것에 대한 집착이 조금씩 사라지도록 수행자를 훈련시킨다. 크리슈나는 아르주나에게 자신의 의무를 온전히 수행하기 위해 도달한 평정심이 요가라고 알려준다. 요가 수련자가 수련을 통해 평정심을 반드시 획득하는 것은 아니다. 중요한 것은 자신이 해야 할 의무를 행하는 것이다. 결과는 신에게 달렸다. 만일 그 결과가 수련자의 기대와 다르다고 해도 그것을 신의 뜻으로 여기며 담담하게 수용한다. 이처럼 수련자는 명성과 오명, 성공과 실패, 기쁨과 슬픔을 신의 뜻으로 받아들인다. 인생이란 소용돌이에서 겪는 다양한 상황을 동일하게 받아들이는 방법을 배웠을 때에야 그는 크리슈나가 말하는 평정심을 유지할 수 있다.

과거에 머무르며 자기 자신에게 불만스러워하고 불안해하던 요가 수련자는 요가를 통해 자신을 '지금 여기'로 정중히 초대한다. 그는 '지금 여기'에 몰입하여 자신이 흠모할 수 있는 모습이 되도록 훈련한다. 모든 인간의 본모습인 푸루샤와 조우하여 빅뱅의 순간에 진입하기 위해, 훈련을 통해 새로운 자아를 매일 창조하는 인간이 바로 요가 수련자다.

2

요가의 언어
: 산스크리트어

——— 서양인들은 인도의 산스크리트어를 동양어로 착각했다. 19세기에 등장해 '신문법학자Neo Grammatiker'라고 불린 독일 언어학자들은 서양인들이 사용하는 모든 단어를 추적하여 원형을 재구성하는 방법을 발견했다. 이들은 찰스 다윈Charles Robert Darwin(1809~1882)이 1859년에 발표한 책《종의 기원On the Origin of Species》에 담긴 방법론에 힌트를 얻어 서양인들이 사용하는 언어들이 유전발생학적으로 연결되어 있으며, 이 연결된 단어들을 비교·분석해 과거로 거슬러 올라가다 보면 가상의 원형을 재구성할 수 있다고 믿었다.

인도·유럽어 고전학자들은 고전 그리스어, 라틴어, 영어 등이 포함된 게르만어가 산스크리트어와 까마득한 과거의 공통 언어에서 유래했다는 사실을 과학적으로 증명해냈다. 그 이후 단순히 고전문헌에 있는 언어들을 비교하는 비교고전문헌학Comparative Philology에서 벗어나 모든 인도·유럽어의 조상 언어를 추적하기 시작했고, 결국 그 가상의 조상 언어가 후대 언어들로 전개되는 역사적인 발전 단계를 진화론적으로 설명하는 비교역사언어Comparative Historical Linguistics을 발전시켰다. 비교역사언어학은 두 개 이상의 언어에서 공통으로 발견되는 언어학적 특징을 연구함으로써 그 언어들이 같은 조상 언어에서 유래한다는 사실을 밝히는 학문 분야다.

비교역사언어학은 개별 언어가 형성되기 이전의 언어 단계를 재구성한다. 이 단계를 '원 언어proto language'라고 부른다. 시간이 지나면서 원 언어에서 파생된 다양한 방언들이 다양한 지역에서 언어학적 변화를 거치며 서서히 달라진다. 비교역사언어학자는 후대 언어 간의 음운론적, 형태론적, 구문론적 발전 단계를 규명하고, 유전발생학적 관계genetic relationship를 확인하기도 하고, 반박하기도 한다. 같은 어족에 속한 언어를 가리켜 '유전발생학적으로 연관되어 있다genetically related'라고 말한다. 이 용어는 진화생물학에서 빌려온 것이다.

이러한 방법으로 언어 단계를 재구성하여 모든 후대 언어를 '딸 언어들daughter languages'이라고 하고, 이들을 파생시킨 가상의 원형을 '조상 언어'라고 부른다. 인도·유럽어의 비교역사언어학 방법론이 19세기부터 중동지방의 언어인 셈족어에 적용되어 비교셈족언어학Comparative Semitics이 태동했다.

산스크리트어의 국적

비교역사언어학은 그리스어와 라틴어에 익숙한 유럽 학자들이 인도의 산스크리트어를 발견하면서 시작되었다. 특히 영국이 인도를 정복하고 식민지로 다스리면서 인도 문화를 연구하기 시작했다. 윌리엄 존스William Jones(1746~1794)는 영국 옥스퍼드대학교 출신으로 라틴어와 그리스어 같은 유럽어뿐 아니라, 히브리어, 아랍어, 페르시아어 등 중동 언어들에도 조예가 깊은 학자였다. 그는 고전어 전공이 자신의 생계를 보장해주지 않을 것이라고 판단하여 법학을 공부하여 변호사가 되었다. 그는 변호사가 된 이후에도 히브리어, 아랍어, 페르시아어, 시리아어와 같은 고대 오리엔트 언어들을 지속적으로 연구했다. 윌리엄 존스는 1783년 기사 작위를 받은 뒤 영국 식민지인 인도 콜카타Kolkata 대법원의 판사로 임명되어 인도에 거주하게 되었다. 그는 1784년 오리엔트 연구를 위해 벵골아시아학회Asiatic

Society of Bengal를 설립했고, 1786년 학회 회장직을 맡으면서 산스크리트어와 라틴어, 그리스어가 공동의 조상에서 유래했다고 주장했다. 다음 발표문이 비교역사언어학의 출발점이었다.

> 아주 오래된 언어인 산스크리트어의 구조는 매우 놀랍습니다. 그리스어보다 완벽하고 라틴어보다 어휘가 풍부합니다. 두 언어보다 정교하며 우연이라고 보기에는 두 언어와 동사 어근, 문법이 유사합니다. 너무 비슷하기 때문에, 지금은 존재하지 않는 어떤 언어에서 세 언어가 공통으로 나왔다고 믿을 수밖에 없습니다. 그리스어·라틴어만큼은 아니지만 분명 유사점이 있기 때문에, 여러 어법이 섞여 있는 고트어와 켈트어도 산스크리트어와 기원이 같습니다. 고대 페르시아어도 이 어군에 속한다고 볼 수 있습니다.•

19세기 영국은 산스크리트어가 동양어가 아니라 서양어란 사실을 과학적으로 증명하고 스스로 놀랐다. 서양 언어학자들은 자신들의 언어가 속한 언어 집단을 더 이상 '유럽어'라고 부르지 않았다. 산스크리트어가 중요한 서양 언어이기 때문에 자신들의 언어 명칭에 '인도'를 넣어 '인도·유럽어Indo European Language'라고 불렀다. 그리고 인도·유럽어에 속하는 모든 단어의 원형을 '원 인도·유럽어Proto Indo

---

• William Jones, "A Discourse on the Institution of a Society, for Inquiring Into the History, Civil and Natural, the Antiquities, Arts, Sciences, and Literature, of Asia", *The Works of Sir William Jones,* Vol. 3. (Delhi: Agam Prakashan, 1977), p. 3.

European Language'라고 명명했다.

산스크리트어는 서양 언어이고 산스크리트어로 표현된 힌두교와 불교는 서양 정신의 정수다. 특히 불교가 동남아시아, 중국을 거쳐 한국에 오래전에 전수되었기에 우리는 인도를 흔히 오래된 동양 사상의 보고寶庫라고 착각한다. 하지만 전통적 서양 사상, 즉 이란의 조로아스터 사상이나 그리스 철학과의 비교 연구를 통해 접근할 때에야 힌두교와 불교의 핵심을 간파할 수 있다. 힌두교와 불교가 탄생시킨 요가와 명상의 전통은 원래 산스크리트어로 기록된 서양 사상이었다. 그러나 티베트와 중국을 통해 전파되는 과정에서 티베트어와 한자로 번역되었다. 이 번역과정을 거친 뒤 '동양화' 작업이 지난 2천 년 동안 이어져왔다. 붓다의 언행을 동양 언어인 티베트어, 중국어, 나아가 일본어와 한국어로 풀이한 것이다. 특히 불교는 토착화 과정에서 정교한 교리를 구축했다. 따라서 2,000년이 지난 오늘날, 인도의 핵심 사상 중 하나인 요가가 다시 자신의 고향인 유럽과 미국으로 돌아가 선풍적인 인기를 끌고 있는 이유는 역설적이면서도 당연하다.

원상 복귀

서양 종교라고 알려진 그리스도교의 경우도 그 기원을 추적하면 역설적이다. 그리스도교는 원래 중동의 사상으로 서양 사상보다는 동양 사상에 가까웠다. 그리스도교의 창시자 예수와 바울은 유대인이다. 예수와 그의 제자들은 '아람어Aramaic'라는 셈족어를 사용했다. 유대인들은 기원전 6세기 바빌론 제국의 공격을 받아 속국이 된 뒤,

자신들의 언어인 히브리어를 잊고 당시 고대 근동의 공용어인 아람어를 구어口語로 사용하기 시작했다. 그런 까닭에 예수와 그의 제자들의 일상 언어 또한 아람어였다. 그러나 당시 유대 종교 집단이 사주한 로마제국에 의해 예수가 십자가 처형을 당한 뒤, 사도 바울은 예수에 대한 기록을 편지로 남겼는데 아람어가 아닌 그리스어로 기록했다. 이는 바울의 탁월한 전략적 선택이었다. 만일 그가 이 서신을 아람어로 기록했다면 그리스도교는 팔레스타인에서 등장했다 사라진 한 종교로 전락했을 것이다. 그리스어는 오늘날 영어와 같이 그 당시 지중해 지역 국가들의 국제 공용어이자 학문 언어였다. 예수의 행적을 기록한 복음서 저자들도 바울의 전례를 따라 그리스어로 복음서를 기록했다.

초대 교부敎父들의 언어 또한 그리스어였으나 로마의 콘스탄티누스Constantinus(280?~337) 황제가 그리스도교를 정식 종교로 인정하고 테오도시우스Theodosius(347~395) 황제가 국교로 받아들인 뒤, 그리스도교의 언어는 라틴어가 되었다. 즉 그리스도교 교리는 예수가 한 번도 사용해본 적이 없는 그리스어와 라틴어로 기록되어 유럽인들의 종교가 되었다. 지난 2,000년 동안 서양의 종교였던 그리스도교는 그리스어 복음서를 예수가 사용한 아람어로 최근에 다시 연구하고, 콥트어로 〈도마복음서〉와 같은 영지주의靈智主義 문서들과의 비교 연구를 통해 복음서에 등장하는 예수의 어록을 새롭게 해석하고 있다.

우주를 구성하는 천체, 자연, 동물과 식물 들은 모두 우주의 질서에 맞게 자연스럽게 변해간다. 그런데 이 우주에서 자연의 순환을 거역하는 행위를 일삼는 동물이 있다. 바로 인간이다. 인간은 자연의 흐름에 둔감하고 자신의 아집대로 생각하고 말하고 행동하며 우주 생태계를 교란한다. 요가는 무질서라는 암흑 속에서 헤매는 인간에게 시간과 공간의 소중함을 알려준다. 인간은 요가 훈련을 통해 시공간의 소중함을 깨닫고, 좋은 습관을 키워나간다. 파탄잘리는《요가 수트라》의 서두에서 요가 수련자들에게 원래의 숭고한 모습인 푸루샤로 복귀하라고 촉구한다.

2부

《요가수트라》란 무엇인가

1

《요가수트라》의 탄생

——— 나에게는 특별한 독서습관이 있다. 책을 독서대에 올려놓고 책상 위에 두 가지를 가지런히 놓는다. 하나는 눈금이 명확하게 그려진 자고 다른 하나는 모나미 수성펜 세 자루다. 이 플라스틱 자는 투명할 만큼 옅은 색을 띠고 있고, 길이는 15센티미터다. 위아래로 1센티미터 간격으로 숫자가 적혀 있고 밀리미터 눈금 또한 선명하게 그려져 있다. 1센티미터 구간의 중간에는 5밀리미터마다 점이 찍혀 있다. 프랑스 학용품업체인 마페Maped 회사명과 사선으로 그려진 회사 상징이 오른편에 그려져 있고 왼편에는 제품의 특징인 '비틀어도 (부러지지 않고) 구부러진다'는 의미의 'Twiſt'n Flex'가 적혀 있다. 실제로 이 자는 유연해서 비틀면 30도 정도 휘어진다. 나는 이 자를 1990년 케임브리지에 있는 하버드 스퀘어에 위치한 문구점에서 구입했다. 거의 30년째 나의 독서를 지켜본 훈련사다.

마페 자만큼 내 곁을 지켜주진 않았지만 지난 20년 동안 내 독서를 도와온 길잡이는 단연 모나미 수성펜이다. 다른 펜과 만년필을 사용해볼 때도 있었지만 결국 모나미 수성펜으로 되돌아왔다. 모나미 펜촉에서 나오는 글자의 모양은 단연 부드럽고 간결하다. 다른 펜들과 달리 뚜껑에 걸이가 없어 책상 위에 놓으면 고정되지 않고 또르르 굴러 책상 밑으로 떨어지기도 한다. 자신을 존중해야 내 곁에 있어 주는 나의 친구, '몬 아미mon ami'다.

시집이든, 소설책이든, 문법책이든, 철학책이든 상관없이 나는 감동적인 문구가 등장하면 그 밑에 마페 자를 갖다 대고 꼭 밑줄을 긋는다. 나에게 새로운 사실을 알려주는 문구는 파란색 펜으로, 다시 한번 읽고 곱씹어야 하는 문구는 붉은색 펜으로, 그리고 아는 내용이지만 다시 되새겨야 하는 문구는 검은색 펜으로 밑줄을 긋는다. 그 문장이 한 문장이면 눈금을 정확하게 맞추어 긋는다. 신이 우주를 창조할 때, 바닷물을 보고 '이 선을 넘지 말아라'라고 말하면서 이런 식으로 해안선을 표시했을 것이다.

경전, 삶의 기준

눈금은 인류 문명과 문화의 기준이다. 인류가 농사를 짓고 '도시'라는 추상적인 공동체를 만들면서 상거래도 자주 이루어졌다. 내가 소출한 농산물의 무게를 재서 교환할 때 가장 필요한 것은, 교환하는 당사자들이 동의할 수 있는 눈금 달린 자다. 이 기준이 다르거나 기준이 아예 없다면 상거래는 이루어질 수 없다. 기준은 사람들이 모두 인정하는 삶의 원칙이다. 망망대해를 건너 목적지에 다다르기 위해 내 배에 장착해야 할 엔진이자 방향타다. 이것이 없다면 나는 바다에서 영원히 표류하다 일생을 마칠 것이다.

고대 히브리인들은 상거래에 꼭 필요한, 세세한 눈금이 달린 자를 만들었다. 중동지방 늪지대에서 자라는 긴 갈대를 꺾어 그 마디에 눈금을 새겼다. 이 자를 고대 히브리어로 '카네qāneh(קָנֶה)'라고 불렀다. 모두가 동의하는 기준을 제시하는 카네는 공동체 삶을 원활하게 움직이는 힘이 되었다. 카네를 차용하여 고대 그리스어 단어 '카논κανών'이 생겼고, 후에 라틴어 단어 '카논canōn'이 되었다.

이후 그리스도교가 등장했고 그리스도교인들은 수많은 책 가운데 자신들의 정체성을 드러내는 책만 골라 '캐논Canon'이라고 이름 붙였다. 이들은 수백 년간의 치열한 논쟁을 거쳐 시대를 초월하며 인생을 변화시킬 만큼 강력한 경전으로 확신한 66권의 책을 '정경正經'으로 정했다.

고대 인도인들도 수많은 현인의 어록 가운데 특별한 어록들을 별도로 구별하여 한 권의 책으로 만들었다. 그들은 나뭇잎에 문구를 기록했고 그 잎들을 차곡차곡 겹쳐 하나로 묶었다. 그리고 그 특별한 묶음을 산스크리트어로 '수트라sūtra', 팔리어로는 '수타sūtta'라고 불렀다. 유럽 언어의 원조인 원 인도·유럽어 어근 *syu-는 '묶다', '꿰다'라는 뜻이다. '실로 꿰다'란 뜻의 영어 단어 '소우sew'가 이 어원에서 유래했다. '수트라' 혹은 '수타'는 '실로 엮다'라는 의미를 지닌 동사 '시브siv'의 과거분사로 '실로 엮인 것'이란 의미다. 불교가 중국에 전래되면서 중국인들은 이런 책을 한자로 '경전經典'이라고 불렀다. 이 단어에서 '경經' 자는 '실 사糸'와 세로로 곧게 뻗은 줄을 의미하는 '물줄기 경巠'이 결합한 글자다. 경전은 실로 정성스럽게 엮은 책으로 제사상 위에 올려놓을 만한 가치가 있는 책을 뜻한다. 《성서聖書》《쿠란qur'ān》《논어論語》《도덕경道德經》《금강경金剛經》《바가바드 기타》《아베스타》와 같은 경전들은 그것을 읽고 자기 삶의 기준으로 삼는 자들에게 언제나 영감을 준다.

종교의 얼개는 '경전經典'이고 문명의 얼개는 '고전古典'이다. 경전은 종교의 핵심사상을 기록한 책으로, 처음에는 개별 종교의 창시자나 사상가의 입을 통해 전해졌다. 회자되던 어록을 일정 시기가 지난 뒤 글로 기록한 것이 경전이다. 종교 구성원들은 문전에 담긴 내용을 해석하여 삶의 지표로서 가치가 있는지 그리고 전통적으로 권위 있는 문장이나 내용이 무엇인지 열띤 논쟁을 벌인다. 이 논쟁 과정이

'해석解釋'이다. 이렇게 확립된 경전 속 일관된 사상과 교리는 종교 공동체에 정체성을 부여하기 때문에 중요하다.

유대인들은 이런 책을 히브리어로 '토라tôrāh'라고 불렀다. '토라'는 흔히 유대인들의 경전인 히브리 성서의 첫 다섯 권, 〈창세기〉 〈출애굽기〉 〈레위기〉 〈민수기〉 그리고 〈신명기〉를 지칭하기도 하고 히브리 성서 전체를 가리키기도 한다. 토라는 히브리어 동사 '야라yāra'의 명사형으로 원래 의미는 '활이 과녁에 명중하다'라는 뜻이다. 유대인들은 자신들의 삶에 각자가 따라야 할 유일한 길이 있으며 그 길의 이정표가 경전에 기록되어 있다고 믿었다. 인생이라는 여정에서 운명적으로 만날 수밖에 없는 위기를 탈출하기 위한 전략이 필요하다. 따라서 위안과 용기를 복돋는 글, 그리고 멀리 내다볼 수 있는 혜안을 주는 금언金言이 그 역할을 담당했다..

특별한 책만 경전이 될 자격이 있다. 종교의 창시자나 직계 제자의 말을 옮긴 문장 정도는 되어야 경전에 포함될 만한 권위가 있는 것이다. 이 권위를 가시적으로 표현하는 문구가 있다. 경전에 흔히 등장하는, 관용적이지만 권위를 보장하는 표현을 '공식 어구'라고 부른다. 공식 어구는 문장 앞에 등장하여 다음에 오는 문장이 실제 성인이나 그의 제자가 한 말이라는 점을 강조한다. 유대인들은 히브리 성서에 등장하는 예언자들이 신의 음성을 직접 들었고 그것을 가감 없이 전달하고 있다는 사실을 강조하기 위해, 항상 '야훼 신이 이렇게 말했다'라는 문구로 시작한다. 히브리어로는 다음과 같다. "와요메르 야훼 아마르way-yomer Yahweh amar." 이 문구 다음에는 야훼 신이 직접 말한 문장이 등장한다. 그리스도교 경전에서도 이와 같은 공식 어구가 사용된다. "예수께서 가라사대"라는 표현이 바로 그 어구다. 복음서에서 이 관용적 표현은 그다음에 오는 문장이 예수가 직접 말한 내용이라는 점을 강조하는 것이다.

《바가바드 기타》에서도 이러한 관용구가 전략적으로 사용된다. 《바가바드 기타》에서는 이렇게 시작한다. "산자야가 말했다sañjaya uvāca." 산자야Sañjaya는 드리타라슈트라Dhṛtarāṣṭra 왕의 마부이자 전체 이야기를 소개하는 해설자다. 2세기 영지주의 문헌인 〈도마복음서〉를 기록한 이도 예수의 114구 어록의 권위를 강조하기 위해 다음과 같이 시작한다. "이것은 살아 있는 예수가 말했고 쌍둥이 유다 도마가 기록한 숨겨진 어록이다."

《요가수트라》

《요가수트라》는 인류의 가장 오래된 수련 방법인 요가를 체계적으로 설명한 경전이다. 인도에서는 오래전부터 요가라는 마음 훈련의 전통이 전해 내려왔다. 요가는 인간의 의식을 훈련하여 영적으로 자유로운 상태로 진입하려는 훈련이다. 《요가수트라》의 저자 파탄잘리는 요가 전통을 집대성했을 뿐 아니라 간결한 형태로 다듬었다. 그의 목적은 요가 훈련을 통해 인간의 심리를 완벽하게 전환하는 것이다. 195개의 경구로 구성된 《요가수트라》는 인간의 의식에 대한 새로운 정보를 제공하는 것이 아니라 새로운 시선을 제안한다. 그는 먼저 요가 수련자들에게 인간을 고통 속으로 몰아넣는 축적된 경험과 기억을 제거하라고 촉구한다. 영적인 평정심은 이러한 제거 없이는 불가능하기 때문이다.

요가 수련자는 훈련을 통해 자신을 과거로 돌려보내는 집착에서 점차 벗어나, 말과 문자를 초월하는 절대적인 평정과 영적인 자유를 획득한다. 요가가 선사하는 '해탈'은 일상적 지식과 정보를 초월하지만, 신비주의 종교에서 자주 등장하는 흔한 신비체험은 아니다. 파탄잘리가 제시한 해탈은 샤먼의 신들림이나 이슬람 수피즘Sufism 신비주의자의 황홀경과 다르다. 이 영적인 자유는 일상의 탈출이 아니라 오히려 일상을 있는 그대로 인식하지 못하게 하는 족쇄를 푸는 것이다. 수련자는 이를 위해 명상하고 몰입하며, 이 훈련을 통해 자신의 일상을 장악하여 자신이 원하는 이상적인 모습으로 변화한다.

2

《요가수트라》의 확산

——— 요가는 기원전 4세기 알렉산더 대왕이 인도를 정복하면서 알려졌지만 19세기 들어서야 유럽과 미국에 본격적으로 전파되었다. 서양인들에게 가장 먼저 알려진 인도의 경전은 《바가바드 기타》와 《요가수트라》였다. 《바가바드 기타》를 독일 사상에 접목한 최초의 철학자는 요한 고트프리트 폰 헤르더Johann Gottfried von Herder(1744~1803)였다. 그는 《바가바드 기타》를 인도철학으로 불렀다.* 그 후에 아우구스트 빌헬름 폰 슐레겔August Wilhelm von Schlegel(1767~1845)과 그의 동생 프리드리히 빌헬름 폰 슐레겔Friedrich Wilhelm von Schlegel(1772~1829)은 《바가바드 기타》를 직접 번역하여, 이성주의로 시작한 18세기의 낭만주의 사조에 새로운 길을 열었다. 프리드리히 슐레겔은 산스크리트어를 독일어로 직접 번역했다. 그는 18장으로 구성된 《바가바드 기타》를 8장까지 번역했다. 한편 형인 아우구스트 슐레겔은 《바가바드 기타》 전체를, 당시 유럽 학자 대부분이 그랬던 것처럼 학문 소통의 언어였던 라틴어로 번역했다. 그의 번역은 다시 독일어로 번역되어 독일 철학자들에게 지대한 영향을 끼쳤다. 《바가바드 기타》는 힌두교의 수많은 경전 중 하나지만 유럽에서 유일하게 바이블과 같은 경전의 지위를 얻는다. 이때 생긴 명성은 지금까지 지속되어 아직도 인도 사상을 대표하는 책으로 자리를 잡고 있다.

헤겔Georg Wilhelm Friedrich Hegel(1770~1831)은 카를 빌헬름 폰 훔볼

---

* Bradley L. Herling, *The German Gita: Hermeneutics and Discipline in the German Reception of Indian Thought*, 1778–1831 (London: Routledge, 2006), p. 41.

트Karl Wilhelm von Humboldt(1767~1835)의 《바가바드 기타》에 관한 연구에 관한 글을 썼다. 그는 〈카를 빌헬름 폰 훔볼트가 이해한, 바가바드 기타라고 알려진 마하바라타에 관하여〉라는 글에서 훔볼트의 인도 사상에 관한 연구뿐만 아니라 《바가바드 기타》의 철학적 기반과 핵심을 자세하게 설명했다.••

인도의 대서사시 《마하바라타Mahābhārata》에 독립적인 이야기로 실려 있는 《바가바드 기타》는 힌두교의 우주 창조, 신학, 신화, 철학의 핵심을 담고 있다. 이 책은 기원후 3세기경, 불교의 등장으로 위축된 힌두교의 가르침을 부활시키기 위해 인도 신분제도 카스트의 제1계급인 브라만과 제2계급인 왕과 귀족, 무사 들을 일깨우려는 의도로 기록되었다.

헤겔은 훔볼트가 《마하바라타》를 긍정적으로 평가한 것을 폄하하면서 '우리 유럽인들'과 '인도인들'을 구별하는 전형적인 오리엔탈리즘을 드러냈다. 예를 들어 아르주나가 자신의 친족과의 전투를 주저하자, 크리슈나는 그에게 전쟁의 당위성을 설파하며 참전을 유도한다. 헤겔은 아르주나의 '나약한 양심의 가책'을 질책한다. 그는 유럽 정신의 전범典範인 호메로스의 《일리아스》에서 아킬레우스가 참전을 주저하는 이야기나 셰익스피어의 '헨리야드'에 등장하는 독백을 제대로 읽지 않았다. 헤겔은 독일 사상을 우월하게 돋보이게 하려고 인도 사상을 '전적인 타자'의 위치에 두었다. 그런 비판이 많

•• Aakash Singh Rathore and Rimina Mohapatra, *Hegel's Indiaa: reinterpretation with texts: Oxford India Paperbacks* (Oxford: Oxford University Press, 2017)

은데도 헤겔은 《바가바드 기타》가 인도 사상의 핵심이라고 정의했다.* 그는 서양의 서사시인 호메로스의 《일리아스》와 《오디세이아》, 셰익스피어William Shakespeare(1564~1616)와 괴테Johann Wolfgang von Goethe(1749~1832)의 문학작품이 《바가바드 기타》보다 우월하다고 주장했다. 헤겔과는 달리 쇼펜하우어Arthur Schopenhauer(1788~1860)는 슐레겔의 《바가바드 기타》 라틴어 번역과 프랑스의 오리엔탈리스트Orientalist 뒤페롱Abraham Hyacinthe Anquetil Duperron(1731~1805)의 《우파니샤드Upaniṣad》 라틴어 번역을 읽었다. 쇼펜하우어는 이 경전들을 '인간 최선의 지혜를 담은 작품'으로 칭송하면서, 철학의 근간이 되는 초인 사상의 줄기를 여기에서 찾았다.**

《바가바드 기타》와 《요가수트라》는 19세기 미국 매사추세츠주 콩코드Concord란 도시로 전파되었다. 초월주의라는 새로운 사상을 구축하고 있었던 랠프 월도 에머슨Ralph Waldo Emerson(1803~1882), 헨리 데이비드 소로Henry David Thoreau(1817~1862) 그리고 에이머스 브론슨 올컷Amos Bronson Alcott(1799~1888)은 《바가바드 기타》를 읽고 토론하는 모임을 정기적으로 열었다. 에머슨은 《바가바드 기타》를 '불교의 가장 유명한 책'이라고 불렀다. 소로는 자신이 지은 월든 호숫가 오막살이에서 《바가바드 기타》를 매일 공부했다. 그는 《월든

---

* Georg Wilhelm Friedrich Hegel, *On the episode of the Mahābhārata known by the name Bhagavad-Gītā by Wilhelm von Humboldt* (Indian Council of Philosophical Research: Indian Council of Philosophical Research (Richmond: University of Virginia, 1995).

** John James Clarke, *Oriental Enlightenment: The Encounter Between Asian and Western Thought* (Abingdon, Oxfordshire: Routledge. 1997), p. 68.

Walden》의 〈겨울철 호수〉라는 에세이 마지막 부분에서 다음과 같이 말한다. "아침에 나는《바가바드 기타》의 거대하고 우주 창조적인 철학에 나의 지성을 담근다." 요가 수련은 금욕적이고 명상적인 삶을 추구하는 그의 성향과 어울리지만, 그런 성향이 아닌 서양인 대부분에게는 여전히 버거운 훈련이다.

비베카난다의 영향

요가는 인도의 요가 수련자 스와미 비베카난다Swami Vivekānanda(1863~1902)를 통해 100여 년 전에 미국에 전파되었다. 그는 당시 인도에서 성인으로 추앙받는 라마크리슈나Rāmakṛṣṇa(1836~1886)의 제자였다. 비베카난다는 1893년 미국 시카고에서 개최된 세계종교의회World Parliament of Religions에서 라마크리슈나가 해석한 파탄잘리의《요가수트라》를 근거로 요가 사상을 미국에 알렸다.*** 비베카난다는 1894년 뉴욕에서 요가와 고대 인도의 가장 오래된 경전인 베다에 뿌리를 둔 베단타Vedānta 철학을 가르치기 시작했다. '베단타'는 힌두 철학을 구성하는 여섯 가지 사상 중 오늘날 우리에게 가장 큰 영향을 끼치는 사상이다. 베단타는 고대 인도의 가장 거룩한 네 권의 책****을 의미하는 '베다Veda'와 '마지막', '끝'을 의미하는 '안타anta'가 결합한 말이다. 축자적으로 해석하자면 '베타의 끝'이라는 의미다. 비베카난

*** Barbara Stoler Miller, *Yoga: Discipline of Freedom* (New York: Bentam Books, 1998), p. xi.

**** 《리그베다Rigveda》《야주르베다Yajurveda》《사마베다Sāmaveda》《아타르바베다Atharvaveda》

다는 1894년에 뉴욕에 뉴욕베단타학회Vedanta Society of New York를 설립하고 힌두 철학과 요가에 대한 자신의 생각을 담은《라자 요가 Rāja Yoga》라는 책을 출간했다.• 그는 파탄잘리의《요가수트라》를 '라자 요가'라고 칭했다. '라자rāja'는 산스크리트어로 '왕王' 혹은 '가장 중요한 것'이란 뜻으로 라자 요가란 '요가의 핵심' 혹은 '요가의 으뜸'이란 의미다. 그 이후 라자 요가는 '아슈탕가aṣṭāṅga 요가' 혹은 '고전 요가' 등 다양한 용어로 부르게 되었다. '하타haṭha 요가'는 신체의 올바른 자세를 강조하는 요가 훈련의 하나로, 세계적으로 가장 널리 퍼진 요가 방식이다.

18세기 서양에서는 이성주의에 바탕을 둔 과학만능주의와 실증주의가 세상을 구원할 것이라고 믿었다. 과학과 이성을 바탕으로 자신들이 관찰한 세계, 그리고 관찰할 세계는 우주, 자연, 인간에 대한 신비를 하나씩 풀 수 있다고 확신했다. 서양인들은 자신들이 탐구하면 할수록 인간이 알 수 없고 또 인간으로서 모를 수밖에 없는 것이 무한히 많다는 사실을 깨닫고, 미지의 세계를 탐구하는 인도 사상에 눈을 돌렸다. 이때 요가는 무한한 우주의 신비를 풀 수 있는 열쇠가 인간의 마음속에 있다는 사실을 그들에게 알려주었다. 19세기 인도 사상은 랠프 월도 에머슨, 철학자 니체, 심리학자 융과 같은 사상가에게 영향을 주었고, 이들이 인간 내면에 관한 연구를 촉구하여 20세기 문화와 문명의 기틀을 마련했다.

• Swami Vivekananda, *Raja Yoga: Being Lectures by the Swami Vivekananda with Patanjali's Aphorisms, Commentaries and a Glossary of Terms*: Routledge Library Editions (London: Talyor & Francis, 2018).

3

《요가수트라》의 엮은이, 파탄잘리

―― 파탄잘리는《요가수트라》의 저자가 아니라 편집자다. 그는 요가에 관한 자신의 철학적 논증을 밝히지 않았다. 그는 오래전부터 내려오는 요가에 관한 전통을 이어주는 매개자로서, 그 임무를 묵묵히 담당하는 것이 그의 철학이다. 그는 인도에서 오랫동안 전승되어 내려온 요가에 대한 철학적인 논의를 깊이 연구한 후, 그 핵심을 간결한 문장으로 과감히 정리했다. 수천 년 동안 전승되어온 요가에 관한 논의를 함축적이고 시적인 문장에 담으려는 시도는 단적으로 비유하자면 바닷물을 세숫대야에 모두 담으려는 시도라고 할 수 있다. 그런 의미에서 파탄잘리는 무모하다. 파탄잘리는 다양한 요가 전통들을 수집하고 편집했다. 그는 특히 삼매로 들어가기 위한 여덟 가지 단계를 묘사한 '아슈탕가 요가'와 마음가짐을 행위로 표현한 '크리야 요가Kriyā Yoga'를 집중적으로 다뤘다.

첫 번째 단계,《요가수트라》제1장 사마디 파다Samādhi-pāda:
요가 정의와 삼매, 깨달음에 관한 내용

두 번째 단계,《요가수트라》제2장 사다나 파다Sādhana-pāda:
훈련에 관한 내용

세 번째 단계,《요가수트라》제3장 비부티 파다Vibhūti-pāda:
훈련의 효과에 관한 내용

네 번째 단계,《요가수트라》제4장 카이발야 파다Kaivalya-pāda:
해탈에 관한 내용

그는 먼저 수천 년 동안 문전文傳과 구전口傳으로 전해 내려온 요가에 관한 각종 자료를 수집하여 그 내용과 수련 정도에 따라 네 개의 장으로 분류했다. 요가 수련자가 밟아야 할 수행 과정을 네 단계로 구분했으며, 인생의 네 단계인 생로병사처럼 요가 수련자는 궁극적으로 도달해야 할 해탈까지 다음 과정들을 거친다.

요가 수련자는 자기 자신을 단련하기 위해 익숙한 일상으로부터 시간과 공간적으로 분리되어 자신의 본모습을 끌어내야 한다. 이를 발굴하는 장소가 바로 삼매경三昧境이다. 제1장 〈삼매품〉의 첫 번째 구절에는 《요가수트라》 전체를 관통하는 주제와 핵심 개념이 담겨 있다.

이 책은 신으로부터 영감을 받아 기록되었다기보다 파탄잘리가 요가에 관한 힌두와 불교의 전통 해석들을 섭렵하여 자신만의 철학을 제시한 것이다. 《요가수트라》는 다양한 요가 전통들에 대한 일람표 정도로 치부되며 그간 제대로 평가를 받지 못했지만, 그는 단순 편집자가 아니라 요가학파들 중 특히 크리야 요가학파의 창시자다. 최근 학자들은 《요가수트라》를 크리야 요가 경전이라고 평가한다. 크리야 요가는 제1장, 제2장 1~27행, 54행을 제외한 제3장 그리고 제4장 전반에서 자세히 묘사되었다. 아슈탕가 요가는 제2장 28~55행, 제3장 54행에서 언급된다.

《요가수트라》의 저자는 파탄잘리라고 전해지지만, 사실 파탄잘리에 대한 이야기는 전설로만 존재한다. 그는 《성서》의 저자들이나 《일리아스》의 저자 호메로스처럼 신비에 둘러싸여 있다. 분명한 사실은 '파탄잘리'라는 이름으로 요가에 관련된 경전이 우리에게 전승되었다는 점이다.

1 요가의 본질(1~4행)
2 생각의 종류(5~11행)
3 연습과 이욕(12~16행)
4 유종삼매의 두 유형(17~22행)
5 신에게 헌신(23~29행)
6 방해와 산만 극복(30~32행)
7 평정심(33~40행)
8 유종삼매의 특징과 유형(41~50행)
9 무종삼매의 특징(51행)

3
부

《요가수트라》〈삼매품〉 풀어 읽기

1

요가의 본질

1~4행

〈뉴질랜드 응가루푸푸곶에서 본 태즈먼해〉 스기모토 히로시, 1991, 42.1×54.3cm

——— 일본 사진작가 스기모토 히로시(杉本博司, 1948~)는 시간, 공간 그리고 그 안에 존재하는 인간의 형이상학적 면을 바다 경치라는 완벽한 이미지로 표현해왔다. 그의 사진은 바다의 순간을 포착했지만, 실은 영묘한 영원을 사진에 담은 것이다. 그는 뉴질랜드 응가루푸푸곶Ngarupupu串에서 본 태즈먼해Tasman海를 통해 물, 공기 그리고 이 둘 사이의 애매함을 숭고하게 표현했다.

요가는 깊은 바닷속에 존재하는 자기 자신이란 진주를 응시할 수 있도록 요동치는 마음의 물결을 잠잠하게 하려는 훈련이다. 또한 요가는 매 순간 출렁거리는 마음과 몸의 떨림을 소멸하려는 시도다. 요가 수행자는 자신의 마음이 불안하고 그 불안한 마음으로는 떨리는 몸을 조절할 수 없다는 사실을 깨닫는다. 한없이 넓게 펼쳐진 바다는 고요하다. 사실 고요한 바다 표면을 자세히 보면, 수많은 잔물결이 요동치고 있다, 지구는 자전과 공전 때문에 한순간도 멈춰 있지 못하지만 지구의 가장 깊은 곳에서 작동하는 중력은 이런 바다에서도 숭고한 정적을 만들어낸다.

파탄잘리는 《요가수트라》의 첫 번째 장인 〈삼매품〉의 서두에서 요가를 간명하게 정의한다. 이 부분은 〈삼매품〉의 시작일 뿐 아니라 《요가수트라》 전체의 시작이다. 요가는 끊임없이 소용돌이치는 인생에서 마음의 평정을 획득하는 방법과 영적인 자유를 유지하는 방법을 체계적으로 알려준다. 평정이란 한순간도 고요하지 않고 끊임없이 출렁이는 마음을 가지런하게 정리하려는 노력이며, 자유란 자신이 경험한 무언가에 집착하려는 마음을 벗어나 환희를 만끽하는 상태다. 평정과 자유는 말과 경험의 세계를 넘어서는, 절대적으로 다른 경험이며 육체적·정신적·영적 희열을 가져다준다. 그 평정과 자유는 학문적인 탐구를 통해 도달하거나 설명할 수 없을 뿐만 아니라 엑스터시ecstasy와 같이 신비한 방법을 통해 일시적으로 경험할 수도 없다. 파탄잘리는 오로지 체계적이며 논리적인 명상 훈련을 통해서만 평정의 평원에 도달하여 자유의 희열을 만끽할 수 있다고 믿는다.

파탄잘리는 환자의 아픈 부분을 발견하여 제거하려는 의사와 같다. 그에게 경구는 의사의 현미경이자 해부용 칼이다. 경구는 인간 마음의 가장 깊숙한 곳으로 파고 들어가 평정을 방해하는 걸림돌들을 제거한다. 또한 인간 마음에 감추어진 보물인 영성靈性을 찾아내기 위한 나침반이다. 그 글을 읽고 해석을 시도하는 독자에게 그것은 도전이다. 수련자는 글자와 글자 사이의 공간을 삶의 경험으로 얻은 혜안으로 메꿔야 한다. 위대한 경전이 모두 그렇듯이, 〈삼매품〉도 물질문명이 전부인 줄 알고 정신없이 사는 우리에게 마음속 깊은 곳으로 여행을 떠나보라고 조언한다.

인간의 마음은 저 시냇물과 같이 한순간도 쉬지 않고 이리 부딪치고 저리 부딪치는 잡념으로 가득 차 있다. 파탄잘리는 경구 2에서 요가를 이렇게 정의한다. "요가는 의식에서 일어나는 동요를 잠잠하게 소멸시키는 행위다." '의식'이라고 번역된 산스크리트어 '치타citta'는 인간이 하는 모든 종류의 생각이다. 치타는 우리가 어떤 대상을 보고 관찰하여 정보를 얻는 행위, 대상에 대해 자기 나름대로 가치를 판단하는 행위를 가리킨다. 나아가 대상에 대한 집착 혹은 혐오까지 포괄하는 인간의 모든 정신적 활동을 일컫는다.• 생각은 쉴 새 없이 움직인다. 그것은 흐르는 물이나 공중의 대기처럼 혹은 바람에 흩날리는 풍선처럼 중심을 잡지 못하고 이리저리 움직인다. 생각의 특징은 자신이 의도하지 않은 생각, 즉 잡념이 등장한다는 점이다. 이 생각은 인간의 감정, 지성 그리고 '나'라는 이기적인 자아가 실제의 삶에서 만들어낸 복잡한 결과물이다.••

본연의 자신을 발견하고 발휘하기 위해서는 물질세계를 경험하는 틀인 생각을 조절해야 한다. 생각은 세상의 경험에 취약하다고 할 수 있는데, 이를 제어하여 인간의 마음속 깊이 감금된 영혼을 자유롭게 풀어줘야 한다. 흔들리는 생각을 제어하여 잠잠하게 하는 수련이 '니로다nirodha'다. 니로다는 '소멸', '중단'이란 의미다.

요가 수련자는 요동치는 세상을 관찰하지만 그 세상에 참여하지는 않는다. 그는 세상뿐 아니라 자신의 미묘한 생각까지도 이탈과 초월을 통해 객관적으로 무심하게 바라볼 뿐이다. 파탄잘리는 그런 관찰자를 경구 3에서 '무심한 관찰자'란 의미를 지닌 '드라슈트리draṣṭṛ'라는 단어를 사용하여 표현한다.

• Heinrich Zimmer, *Philosophies of India* (Princeton: Princeton University Press, 1951) Bollingen Series XXVI, pp. 321–322.

•• Barbara Stoler Miller, *Yoga: Discipline of Freedom: The Yoga Sutra Attributed to Patanjali* (New York: Bantam Books, 1998), p. 30.

경구 1

지금이란 무엇인가?

अथ योगानुशासनम्

atha yogānuśāsanam

아타 요가누샤사남

직역 "지금, 요가 훈련(을 시작한다!)"

의역 "자, 주목하라. 요가는 지금 여기에 몰입하는 훈련이다."

atha yoga-anuśāsanam

atha	부사	지금 여기
yoga	명사(m.sg.nom)	요가, 자기 자신과의 합일, 고삐, 연결 ◂ yuj 연결하다, 사용하다, 제어하다
anuśāsanam	명사(n.sg.nom)	교본, 훈련, 목적 ◂ anu ~와 함께 + śāsana 훈육, 꾸짖음, 교정, 절제 ◂ śas 벌을 주다, 꾸짖다, 제지하다

경전의 첫 구절은 시작이면서 전부다. 앞으로 펼쳐질 내용의 핵심을 담기 때문이다. 오래된 자아를 버리고 새로운 자아로 변신하고자 영적·정신적 훈련을 시작하는 수련자들에게, 파탄잘리는 처음으로 무슨 말을 가장 해주고 싶었을까? 그는 누구도 예상하지 못한 문장으로 글을 시작한다. 이 첫 구절에 대한 전통적인 번역은 이렇다. "지금, 요가 훈련을 시작한다!" 대다수 번역서들은 첫 구절을《요가수

트라》 전체의 제목으로 번역했다. '아타atha'는 '지금', '요가누샤사남 yogānuśāsanam'은 '요가 훈련'이란 뜻이다. 학자들은 이 문장을《요가수트라》 전체의 제목으로 '요가 훈련'이라고만 번역하기도 한다.• 나는 이 구절을 제목이라기보다는 위대한 경전의 첫 문장이자 요가의 정신을 드러내는 핵심 문장으로 번역하고 싶다. 필자의 번역은 이렇다.

자, 주목하라. 요가는 **'지금 여기'**에 몰입하는 훈련이다.

파탄잘리는 '아타'라는 말로《요가수트라》에서 말하는 요가 수련과 규율에 관한 핵심 사상을 요약한다. '여기!'라고 번역되는 '아타'는 뒤따라오는 단어와는 구별되는 단어다. '아타'는 새로운 주제를 시작할 때 사용하는 '비문법적 언어'다. 비문법적 언어는 문장 안에서 다른 단어에 의존하는 유기적 품사가 아니며 문장 전체 혹은 글 전체의 시작을 알리는, 문법적으로는 설명할 수 없는 언어다. 아타는 문장 전체 의미에 영향을 주는 '문장 외' 언어다. 아타는 새로운 이야기의 시작을 알리는 일종의 기호로 문법적으로는 설명하거나 번역할 수 없는 단어다. 음유시인이 중요한 노래를 시작할 때, 사람들의 주의를 환기하기 위해 "여러분" 혹은 "자!"라고 외치는 감탄사와 유사하다. 자신이 앞으로 말하는 주제가 중요함을 확인시키고 그 내용을 실천하는 사람의 정신, 영혼 그리고 신체가 완벽해질 것이라고 약속

• Desikāchār, T.K.V. and Hellerfried Krusche, *Freud and Yoga: Two Philosophies of Mind Compared* (New York: North Point Press, 2014), pp. 21–30.

하며 외치는 호령이다. 군대에서 훈련을 시작하기 전에 훈련사가 신병들에게 "차렷"이라고 외치는 탄성과 같다. 아타는 요가를 시작하기 전, 척추를 똑바로 세우고 눈을 감고 들숨과 날숨을 인식하면서 자신에게 던지는 말이다. 나 자신이 원하는 나로 변화시킬 수 있는 유일한 공간과 시간은 바로 '지금 여기'라는 인식을 보여주는 말이다.

비문법적인 언어라는 용어는 구조주의 언어학의 창시자, 로만 야콥슨Roman Jakobson(1896~1982)에 의해 만들어졌다.• "그는 문장 안의 단어들을, 문법적으로 분석이 가능한 '버벌 랭귀지verbal language'와 분석이 가능하지 않은 '넌버벌 랭귀지non verbal language'로 구분했다." 넌버벌 랭귀지, 즉 비문법적인 언어는 단락을 시작할 때 열의 앞부분을 의도적으로 비워놓는 들여쓰기 혹은 주어진 문장의 의미를 확정하기 위해 문장 마지막에 표시하는 마침표, 느낌표, 물음표 등이다.•• 아타는 요가 수련을 시작하는 사람들의 주의를 모으려는 느낌표에 해당한다. 파탄잘리는 아마도 《브라흐마 수트라Brahma-sūtra》의 영향을 받아 《요가수트라》를 아타로 시작했을 것이다. 《브라흐마 수트라》는 기원전 5세기에서 기원전 2세기 사이에 기록된 베단타 철학서다. 이 수트라도 아타로 시작한다. "자, 절대적인 진리인 브라흐마에 대해 탐구할 시간입니다athāto Brahma jijnāsā."

• Linda R. Waugh, "The Poetic Function in the Theory of Roman Jakobson," *Poetics Today 2* (1981), pp. 57-82.

•• Ibid., pp. 57-82.

지금, 삼매

'요가'라는 단어는 이중적이다. '결합'과 '분리'라는 상반된 의미를 지니기 때문이다. 요가의 첫 번째 의미는 '결합'이다. '요가yoga'는 인도·유럽어 어근 *yuk-에서 비롯되었는데, 이는 기원전 12세기경, 아리아인들이 전쟁에 나갈 동물들을 훈련하기 위한 '밧줄'이나 '고삐'를 의미한다. 초기 아리아인들은 야생마를 준마駿馬로 만들기 위해 야생마 위에 안장과 고삐를 채워 훈련시켰다. '멍에'를 의미하는 영어 단어 '요크yoke'도 요가 어원의 의미를 담고 있다. 요가는 자기 마음대로 행동하려는 본능과 이기심에 대한 체계적인 제어이자 공격이다. 수련자는 신적인 자기 자신과 결합하기 위해 마음에 고삐를 채워 연습한다. 처음부터 완벽하게 결합할 수 없기에 그 간격을 줄이기 위해 하는 훈련이 요가다.

요가의 두 번째 의미는 '분리'다. '분리'는 '요가'라는 단어가 내포한 심층적인 분석에서 나온다. 인간의 마음속에는 누구나 자신을 가장 자신답게 만드는 빛나는 자아가 존재한다. 그 자아를, 그 존재를 찾기 위해 애쓰고 마침내 발휘할 때, 인간은 짐승의 상태에서 승화하여 신적인 인간으로 변모한다. '분리'란 신적인 자신을 발현하지 못하도록 방해하는 잡념들을 따로 떼어놓는 작업이다.

'지금'이란 '나중'도 아니고 '곧'도 아니다. '지금'은 과거를 극복하여 미래가 현재가 되는 시점이다. 요가 훈련의 마음가짐은 과거에 자신이 이룬 성과에 대한 안주도 아니고 미래에 대한 근심도 아니다. 과거와 미래의 짐을 훌훌 벗어던지고 온전히 '지금'에 몰입하는 기술이다. '지금'에 집중하는 능력은 모든 배움, 특히 요가와 같은 영적 훈련의 핵심이다. 인간은 본능적으로 위험을 감수하는 모험을 희구한다. 히말라야 등산, 북극 탐험, 마라톤, 자동차 경주, 럭비, 축구와 같은 활동은 우리에게 '지금'이라는 순간을 만끽하게 만든다. '지금'은 인간의 오감과 영감이 완전히 열리게 하며 역설적으로 시간을 초월해 의식을 우리 자신으로부터 밖으로 나오게 만든다. 고대 그리스 디오니소스 축제Dionysia에서 순간에 몰입하여 자신이라는 한계 밖으로 탈출하는 경험이 엑스터시 즉 '황홀恍惚'이다. 요가에서는 황홀이 삼매다.

'지금'은 삼매의 다른 이름으로, 자신이 위치한 시간과 공간이 사라지는 신비한 상태다. '지금'에 몰입하기 위해 작동해야 할 감각은 청각이다. 요가는 자신의 심연에서 나오는 미묘한 소리에 대한 경청이다. 요가 수련자는 마음속 깊은 곳에 자리한 또 다른 자신에게 귀를 기울인다. 그 자신에게 묻는다. "당신은 나를 듣고 있는가?"

이 질문은 〈창세기〉에서 신이 아담에게 던진 첫 질문인 "네가 어디 있느냐ayyeka?"와 유사하다. 이 질문은 "너는 네가 있어야 할 곳에 있느냐?"라는 의미다. 경청은 심연에 존재하는 자신과 성공적인 관계를 조용히 모색하는 시도다. 요가를 통해 자신과의 관계를 성공적으로 맺기를 원한다면, 먼저 심연의 소리를 경청하는 것이 가장 중요하다. 요가는 온전히 경청하기 위해 몸의 소리를 경청하는 훈련이기도 하다. 우리가 요가 수업을 시작하기 전에 눈을 감는 이유가 있다. 만일 내 몸이 나에게 하는 말에 주의를 기울이면 나는 몸을 함부로 사용하지 않을 것이다. 요가는 나의 자연적인 모습 그대로를 전적으로 수용하고 인정하는 연습이다.

변화를 일으키는 훈련

"아타 요가"는 일종의 진언이자 주문이다. 그리스도교의 주기도문과 같은 문구다. 이 주문을 조용히 외침으로써 요가 수련자는 자신의 몸, 정신 그리고 영혼을 정렬한다. "나는 지금 온전히 여기에 몰입되어 있다"라는 선언이다. 우리가 수련할 수 있는 유일한 공간은 '여기'며 유일한 시간은 '지금'이기 때문이다. 요가는 자신의 부족함을 인식하여 온전함을 추구하려 할 때, 도움을 청할 수 있는 훈련이다.

요가는 사상이나 이념이 아니다. 요가는 마음을 다스려 행위를 정갈하고 아름답게 만드는 예술이다. 파탄잘리는 '아누샤사남anuśāsanam'으로 요가의 핵심을 정리한다. '아누샤사나'는 강세형 접두어 '아누anu-'와 샤스śās'의 합성어다. 이 단어는 '명령하다', '형성하다', '장식하다', '찬양하다', '다스리다', '질서를 주다', '충고하다', '벌주다', '훈련시키다' 등 다양한 의미를 지닌다. 아누샤사나는 몸, 마음 그리고 영혼을 총체적으로 변화시키는 훈련 혹은 훈련 교본이다. 파탄잘리가 말하는 요가는 단순히 형이상학적인 논의에서 그치지 않으며 요가 수련자의 몸, 정신 그리고 영혼을 변모시킨다. 그 내용은 말과 개념을 통해 전승되어왔지만, 《요가수트라》의 목적은 요가를 실제로 자신의 삶에 적용하여 자신을 변모시키는 데에 있다. '훈련'이란 더 나은 자신을 위해 연습하라고 친절하고도 강력하게 자신의 몸에 명령하는 일이다.

사과는 한 입 깨물어 먹어본 사람이 그 맛을 안다. 사과에 관해 분석하여 사과의 영양소와 모양을 묘사하는 것에 그치면, 그는 사과에 대해 아무것도 모르는 자다. 소수의 사람만이 그 맛을 본다. 《요가

수트라》는 경험에 관한 것이고, 요가는 변화를 일으키는 훈련이다. 완벽한 육체 훈련을 위한 요가 교본인《하타 요가 프라디피카Haṭha Yoga Pradīpika》 제1장 66~68행에서 요가 훈련의 중요성이 다음과 같이 표현된다.

> 당신이 젊거나 늙었거나, 병들었거나 말랐거나 상관없습니다. 게으름을 버리고 요가를 수련한다면 성취를 거둘 수 있습니다. 성공은 훈련하는 자에게 옵니다. 어떻게 사람이 훈련 없이 성취를 거둘 수 있습니까? 요가에 관한 책을 읽는다고 해서 성취를 거둘 수는 없습니다. 성취는 특별한 의복을 입는다고 해서 얻어지는 것이 아닙니다. 성취는 이야기를 한다고 해서 얻어지는 것도 아닙니다. 훈련만이 성취입니다. 이것은 진리입니다. 의심할 바가 아닙니다.

요가는 '지금 여기'에 몰입하는 훈련이다. 훈련이란 현재의 자신에 대한 불만과 미래의 자신에 대한 열망이 동인이 되어 이루어진다. 당신은 '지금 여기'에 몰입할 수 있는가? 당신은 더 나은 자신을 상상하고 그렇게 되기 위해 훈련하고 있는가?

경구 2

요가란 무엇인가?

योगश्चित्तवृत्तिनिरोधः
yogaścittavṛttinirodhaḥ
요가쉬치타브리티니로다하

직역 "요가는 동요하는 생각의 소멸이다."

의역 "요가는 의식에서 일어나는 동요를 잠잠하게 소멸시키는 행위다."

yogaḥ-citta-vṛtti-nirodhaḥ

yogaḥ	명사(m.sg.nom)	요가
citta	명사(n.sg.nom)	가변적인 모든 것, 의식, 생각 ◂ cint 생각하다
vṛtti	명사(f.sg.nom)	잡념, 동요, 파도, 소용돌이 ◂ vṛt 소용돌이치다
nirodha	명사(m.sg.nom)	소멸, 평정심 ◂ ni 안으로, 밑으로 + rudh 소멸시키다, 억제하다

나는 누구인가? '나 자신이 생각하는 나'인가? 만일 운명적으로 주어진 환경에서 형성한 나 자신과 거기서 습득한 세계관을 유일한 진리라고 생각한다면, 그것은 무지이며 불행을 초래하는 길이다. 세상에는 내가 경험하지 못한 세계와 세계관이 무수하게 존재하기 때문이다. '나'라는 개체를 객관적으로 가만히 바라보는 연습이 요가의

시작이다. 나는 나름의 세계관을 지닌 부모 밑에서 태어나 일정한 교육을 받고 세상을 보는 눈을 획득했다. 가족이라는 환경의 지배를 운명적으로 받을 수밖에 없었다. 그 환경은 자연스럽게 내가 세상을 보는 독특한 시선을 제공했다. 인간은 가족이라는 공동체의 습관을 알게 모르게 수용하고 그 관습으로 세상을 관찰한다. 그런 시선은 세상을 관찰하는 수단이지만 시간이 지나면 스스로 새로운 시선을 획득해야 한다. 교육이란 새로운 지식을 첨가하는 것이 아니라, 자신의 편견을 적나라하게 보여주고 수정하기 위해, 타자의 생각을 내 시선 안으로 수용하는 수고다. 아무리 교육을 통해 객관적인 시선 훈련을 받는다고 할지라도 그 시선은 여전히 내가 아는 세계 안에서만 잠정적인 진리다.

이 틀은 부모로부터 물려받는 '눈'이며 학교 교육을 통해 눈에 장착한 '색안경'이다. 이 안경은 생각하는 것처럼 그렇게 투명하거나 객관적이지 않다. 세상을 아무리 객관적으로 관찰하려고 노력해도 내 눈과 안경은 세상을 왜곡한다. 세상을 이해하려는 나의 세계관은 이중적이다. 나는 시선을 통해 세상에 대한 다양한 정보를 획득하지만 동시에 이 시선은 세상을 조그만 지식의 한계 안에 가둬 외부를 왜곡해 해석하게 한다.

이 왜곡은 지금 나의 마음 상태에 따라 세상을 있는 그대로 바라볼 수 없게 만든다. 내가 지하철 안에서 초등학교 동창생을 우연히 만났다고 가정하자. 그 안에 수많은 사람이 타고 있지만, 내가 알아차린 사람은 동창생 한 명뿐이다. 동창생에 대한 배경지식은 시선을 왜곡하여 내가 아는 한 사람에게 집중시킨다. 나는 내가 보는 세계가 공평하다고 생각하지만 착각이다. 만일 중요한 미팅에 늦어 급하게 운전하고 있다면 어떨까. 이때는 운전을 방해하는 빨간색 신호등이 평소보다 자주 등장하고 또 영원히 지속되는 것처럼 느껴진다. 반대로 약속 시각보다 일찍 집에서 나섰다고 가정하자. 아마 느긋하고 편안한 마음으로 운전을 할 것이다. 약속 장소로 가는 길은 마음 상태에 따라 길게 느껴지기도 하고 짧게 느껴지기도 한다.

무엇이 같은 경험을 질적으로 전혀 다른 두 가지로 만들었을까? 훈련하지 않은 인간의 마음은 색안경을 낀 눈과 같다. 세상은 붉은색 안경을 끼면 온통 붉게 보이고 파란색 안경을 끼면 온통 푸르게 보인다. 이 색안경을 벗고 대상을 있는 그대로 보려는 훈련이 요가다. 요가는 바로 색안경을 벗는 훈련이다.

의식과 소용돌이

파탄잘리는 1행에서 요가는 '지금 여기에 몰입하는 훈련'이라고 말했다. 그는 2행에서도 요가를 간결하게 정의한다. 아마도 이 문장이 요가에 관한 가장 경제적이며 선명한 정의일 것이다. 요가를 한마디로 정의하면 무엇인가. 인도의 베단타 철학은 요가를 합일이라고 가르친다. 이 정의는 분명 요가의 다양한 정의 중 하나지만 파탄잘리의 정의와는 정반대다. 그에 따르면 요가는 오히려 분리다. 즉, 요가는 인간의 원래 모습인 참자아를 세상으로부터 분리하려는 시도다. 파탄잘리의 정의에는 합일이 없다.

파탄잘리는 '의식', '소용돌이', '소멸'이라는 세 가지 개념을 빌려 요가를 간결하게 설명한다. 파탄잘리는 요가를 설명하기 위한 첫 번째 요소로 의식을 의미하는 '치타citta'를 소개한다.[*] 동서고금의 경전에 등장하는 중요한 개념들이 대개 그렇듯, 그 의미를 정확하게 전달할 수 있는 한국어나 영어 단어는 존재하지 않는다. 그 본래 의미를 다음과 같이 설명하는 것이 가장 경제적일 것이다. 치타는 나의 생각, 말, 행동에 영향을 주는 모든 것이다. 예를 들어 내가 심한 감기에 걸렸다면 등산을 하기 힘들 것이다. 이처럼 내 건강이 세상을 보는 방식을 근본적으로 다르게 만든다.

치타는 흔히 '의식' 혹은 '생각'으로 번역된다. 이것은 플라톤의 '이데아'처럼 독립적으로 존재하는 의식이 아니라,[**] 나의 교육과 수련 정도에 따라 어떤 대상을 경험할 때 다양하게 발생하는 의식이다. 요가는 세상을 보는 안경을 깨끗이 닦는 훈련이다. 치타는 삶을 경험함에 따라 변하는, 그 사람만의 세계관이다. 우리는 교육을 통해 이전에 알지 못했던 신비하고 새로운 세계로 진입하여 그것을 이해하려고 시도한다.

세상을 올바로 볼 수 없는 이유를 파탄잘리는 '소용돌이'라는 은유로 설명한다. 세상은 가만히 있지 못하는 소용돌이다. 인간은 자신이 의도하지 않아도 매 순간 다양한 외부의 자극으로 흔들린다. 인간의 눈은 외부를 향해 있기 때문에 그가 인식하는 이미지는 다시 돌

---

* Desikāchār, T.K.V. and Hellerfried Krusche, *Freud and Yoga: Two Philosophies of Mind Compared* (New York: North Point Press, 2014), pp. 30–40.

** '치타'는 독립적으로 존재하는 개념이나 우주 진화 과정에 있어 존재하는 '타트바tattva'가 아니다. '치타'는 우주의 원칙인 '나다움(asmitā-mātra)'에서 출발하는 '한 마음(eka–citta)'으로부터 발생한다고 말할 수도 있다.(《요가수트라》 IV.4) 그러나 '치타'는 '의식'에 관련된 모든 개념을 포괄하는 개념이다.

아와 의식에 영향을 준다.[•••] 강은 멀리서 보면 평온한 것 같으나 다가 가서 자세히 보면 그 수면은 잔물결로 끝없이 흔들린다. 파탄잘리는 호수의 바닥을 보려고 할 때 시야를 방해하는 물결 혹은 소용돌이를 '브리티vṛtti'라는 단어로 설명한다. 브리티는 '빙빙 돌다'라는 산스크리트어 동사 'vṛt'에서 파생된 명사로 빙빙 도는 상태, 즉 소용돌이를 의미한다.[••••] 소용돌이를 의미하는 영어 단어 '보텍스vortex'도 같은 어원에서 만들어졌다.

안경에 비유해 설명하자면, 세상을 보는 도구인 안경은 치타이고, 안경 위에 나도 모르는 사이 두텁게 칠해진 색은 브리티다. 우리는 세상의 모든 사람과 연결된 위대한 나 자신을 찾아갈 수 없게 만드는 어두운 색안경을 착용하고 있다. 자기 자신을 직시하려는 수련을 의식적으로 하지 않는다면, 한 장소와 한 시대를 산다는 역사적 존재로서의 제한 때문에 왜곡된 의식을 지닐 수밖에 없다. 더욱이 우리의 눈은 외부를 향하기 때문에, 우리의 심연으로 들어가 마음속에서 흘러나오는 선율을 듣지 않는다면 주위 사람들을 보면서 그들을 부러워하고 흉내 내느라 바빠질 것이다. 눈으로 보는 세상은 외부 대상이 행복을 가져다준다고 끊임없이 가르친다. 이렇게 자기 자신을 직시하지 못하도록 방해하는 모든 것이 바로 브리티다. 어떻게 매일 일어나는 잔물결을 잠잠하게 만들 수 있을까? 나는 어떻게 감동적인 참

••• '치타'는 외부가 지니는 다양한 '특징들'(vāsanā)(《요가수트라》 IV.24)

•••• 파탄잘리는 '브리티'를 '소용돌이'라는 일반적인 의미로 사용한다. 그는 《요가수트라》 I.6에서 다섯 가지 소용돌이를 구분하여 설명한다.

나[眞我]가 숨어 있는 심연으로 들어가 그 안에 숨겨진 보석을 발견하여 세상으로 나올 수 있을까?

소멸

요가는 마음이라는 호수 표면이 출렁이지 않도록 훈련하는 과정이다. 호수의 물결과 소용돌이를 잠재우려는 소멸 훈련이다. 파탄잘리는 '소멸 훈련'을 산스크리트어로 '니로다'라고 부른다. 니로다는 '안으로', '밑으로'라는 뜻의 접두사 '니ni'와 '소멸시키다', '근절하다', '억제하다'라는 뜻의 동사 '루드rudh'가 결합한 단어다.* 물밀듯 일어나는 소용돌이란 무엇인가? 인도의 상캬 철학은 인간이 세상을 보는 방식을 세 가지로 구분한다. 첫째는 마치 짐승과 같이 먹기 위해서라면 남에게 해 끼치기를 주저하지 않는 어둠과 혼동의 삶인 '무지無知'이고, 둘째는 남을 의식하면서도 사익과 자극을 위해 사는 자신도 모르게 불 일듯 일어나는 '욕망'이며, 세 번째는 위대한 자신을 발견하기 위해 진선미를 추구하는 '조화'다. 니로다는 자신을 위한 최선인 세 번째 조화를 위해 무지와 욕망을 제어하고 소멸하는 훈련이다. 요가 수련자는 마음의 고삐를 제어하지 않는다면 쉽게 무지에 빠져 남을 해치거나 욕망에 사로잡혀 자신에게 주어진 고유한 가

---

* '니로다'는 크게 다음 네 가지로 구분할 수 있다. 첫째는 '브리티-니로다vrtti-nirodha', 즉 '외부의 자극에 대한 소멸'이다. 둘째는 '프라트야야-니로다pratyaya-nirodha', 즉 '나타난 현상에 반응하려는 생각에 대한 소멸',이다. 셋째는 '상스카라-니로다saṃskara-nirodha', 즉 '안 보이게 나에게 영향을 주는 자극에 대한 소멸'이다. 넷째는 '사르바-니로다sarva-nirodha', 즉 '자아실현을 위한 모든 외부의 자극에 대한 소멸'이다.

치를 상실한다는 사실을 안다. 인도 서사시《바가바드 기타》제6장 24~25행에서 크리슈나는 아르주나에게 영웅이 되기 위해서 가장 중요한 수련은 '단념'이라며 다음과 같이 말한다.

> 세속적인 생각으로부터 일어나는 모든 욕망을 완벽하게 소멸시키십시오. 인간은 자신의 생각에서 나오는 모든 감정을 억제해야 합니다. 천천히 그리고 꾸준하게 지성을 굳게 세우면 마음은 자신의 신성한 자아에 고정됩니다. 그 어느 것도 생각하지 않습니다.

파탄잘리는 "요가는 의식에서 일어나는 동요를 잠잠하게 소멸시키는 행위다"라고 말한다. 꾸준히 수련한다면 의식에서 항상 요동치는 무지와 이기심이라는 소용돌이를 소멸시킬 수 있다는 뜻이다. 나는 내가 무지하다는 사실을 알고 있는가? 매 순간 외부의 자극에 쉽게 출렁이지 않는가? 나는 마음의 호수 깊은 곳에 숨겨진 보물을 보기 위해 지금 이 순간 수련하고 있는가?

경구 3

나를 바라보는 나는 누구인가?

तदा द्रष्टुः स्वरूपेऽवस्थानम्

tadā draṣṭuḥ svarūpe'vasthānam

타다 드라슈투후 스바루페바스타남

직역 "그러면 본연의 자신에 안주할 수 있는 관찰자가 된다."

의역 "출렁이는 잡념을 소멸시킨다면 자신을 객관적으로 목격하는 진정한 자신이 굳건히 자리 잡을 것이다."

tadā draṣṭuḥ svarūpe-avasthānam

tadā	접속사	그러면
draṣṭuḥ	명사(m.sg.gen)	목격자, 진정한 자신 ◂ dṛś 보다
svarūpe	명사(n.sg.loc)	본연의 모양 ◂ sva 자신의 + rūpa 모양
avasthānam	형용사(n.sg.loc)	거주 ◂ ava 강하게 + sthā 서다, 견디다

자신이 가야 할 길을 두고 고민하던 한 인간이 있었다. 1265년에 이탈리아 피렌체에서 태어난 그는 서른다섯 살이 되어 인생의 중요한 결정을 내린다. 즐겨 읽던 〈시편〉 90편 10행에서 인간의 수명이 70년이란 기록을 발견한 그는 자신이 인생의 절반을 지나왔음을 깨닫는다. 그는 스스로에게 묻는다. "나는 무엇을 위해 존재하는가? 나

는 누구인가?" 이 질문을 한 사람은《신곡La Divina Comedia》의 저자로 유명한 단테 알리기에리Dante Alighieri(1265~1321)다. 단테는 피렌체를 다스리는 정치가를 꿈꿨다. 하지만 피렌체 정계에 소용돌이가 일면서 그의 운명 또한 종잡을 수 없이 요동쳤다. 그는 죽는 날까지 고향에 돌아가지 못하는 방랑자가 되었다. 그는 이 혼돈 속에서 자신이 몰입해야 할 일을 발견했다. 바로 자신을 찾기 위한 글쓰기였다.

단테는 문학청년이었다. 그는 서른 살 무렵《신생La Vita Nuova》이라는 파격적인 스타일의 시집을 저술했다. 그는 이 책에서 가슴속 깊이 숨어 있었으나 이전엔 느껴보지 못했던 감정을 시와 산문으로 생생하게 고백한다. 그 고백은 같은 동네에 사는 아름다운 소녀 베아트리체Beatrice를 향한 것이었다. 그의 고백은 타인을 모방한 목소리가 아니라 자신의 심연에서 흘러나오는 소리였다. 그는 감정이 약동한 순간을 다음과 같이 표현했다.

> 마음속에 잠들어 있던, 사랑으로 넘치는 영혼이 깨어나는 것을 느꼈습니다. 이제 저는 저 멀리서 다가오는 것을, 그 영혼을 두 눈으로 봅니다. 너무 기쁩니다. 저는 이제 그것을 인식할 수 있습니다.
>
> -《신생》제24권 1~4행•

• Dante, *Vita Nuova: A new translation by Mark Musa* (Oxford: Oxford World's Classics, 1992), p. 52.

단테는 타인을 다스리는 정치가의 꿈을 버리고, 자기를 발견하는 시인이 된다. 삶의 원동력인 '사랑으로 넘치는 영혼'은 눈에 보이는 외부에 있지 않으며 그의 마음속에 존재함을 알아챘다. 단테는 자신에게 영원한, 순간의 행복을 선사하는 진정한 자신을 만나 '신생新生'을 살았다.

심연에서 발견한 것은 온전히 자신의 것이기 때문에 독창적일 수밖에 없다. 독창적인 것은 그것과 마주하는 사람들을 일깨워 그들 안에도 독창적인 것이 존재한다는 사실을 알려준다. 우리가 천재적인 작품을 보면 눈물을 흘리는 이유는 작품 안에 깃든 천재들의 독창성이 마음속 깊이 숨겨진 천재성에 호소하기 때문이다. "당신도 이제 깨어나 당신 자신이 되십시오!"

본연의 발견

인생은 공평하고 신비롭다. 희망이 사라진 절망의 순간에 이전보다 찬란한 희망의 빛을 비추기 때문이다. 단테는 우여곡절의 순간에 자기에게 몰입하여 스스로도 알아채지 못했던 사랑의 영혼을 발견한다. 단테는 사랑으로 넘치는 영혼을 온전히 완성하고자 거룩한 여정을 시작한다. 이 여정은 완벽한 자기를 만들기 위한 수련 과정이다. 그 과정의 결과물이 바로 〈지옥〉, 〈연옥〉, 〈천국〉으로 이어지는 100편의 시 《신곡》이다. 이례적으로 단테는 《신곡》을 라틴어가 아닌 자신의 고향 피렌체의 방언으로 서술했다. 도시국가의 역사가 긴 이탈리아에서는 당시 지방어가 다양하게 사용되고 있었는데 《신곡》의 선풍적인 인기를 계기로 피렌체 방언이 전국적으로 확산되었다. 이

후 피렌체 방언을 기반으로 하여 현대 이탈리아 표준어가 정립된다. 피렌체 방언은 이탈리아 전역의 공식 방언으로 자리 잡아, 후대 이탈리아어 탄생의 시금석이 되었다.

마음속에 잠들어 있던, 사랑으로 넘치는 영혼을 발견하여 노래하는 자가 '시인'이며, 자신의 사적인 감정인 사랑을 발견하고 표현하는 자가 '천재'다. 나는 단테가 발견한 사랑으로 넘치는 영혼을 '본연'이라고 부르고 싶다. 본연은 원래의 자기 자신이다. 구원은 자기를 회복하는 것이고 해탈은 허망한 외부가 만든 자기에서 벗어나는 용기를 발휘하는 것이다. 본연을 추구하는 자는 누구를 부러워하거나 흉내 내지 않는다. 그런 행위는 자신의 본연을 말살하는 행위이기 때문이다. 단테는 우리에게 '신의 노래'를 들려주었다. 그 신의 노래란, 인간의 마음속 깊은 곳에 자리한 자신만의 운율이다.

경험적 자아 – 초월적 자아

파탄잘리는 《요가수트라》 〈삼매품〉 2행에서 '요가는 마음속에서 항상 일어나는 소용돌이를 소멸시키는 것이다'라고 정의하였다. 〈삼매품〉 3행에서는 소멸 후 등장하는 마음의 관찰자와 본연의 모습에 대해 설명한다. 그는 요가의 목적이 본연을 발견하는 것이라고 정의한다. 단테의 말을 빌리자면 '심연에 잠들어 있던, 사랑으로 넘치는 영혼을 깨닫는 것'이라고 할 수 있다. 고대 인도어에는 본연을 가리키는 다양한 용어들이 있다. 요가 수련자가 훈련을 통해 획득해야 할 궁극적인 의식의 상태를 일컫는 말들이다. 고대 인도 철학자들은 다음 세 가지 용어들을 이용하여 본연을 설명한다. 아트만, 푸루샤 그리고 파탄잘리가 여기에서 사용한 드라슈투후가 그 용어들이다.

나는 누구인가? 내가 생각하는 '나'가 '나'인가? 아니면 내가 찾아야 할 궁극적인 존재로서의 '나'가 별도로 존재하는가? 고대 인도인들은 자아를 표현하기 위해 산스크리트어 아트만을 사용한다. 아트만이란 단어에는 두 가지 전혀 다른 의미가 숨어 있다. '경험적 자아'와 '초월적 자아'의 두 가지 의미가 있다. '경험적 자아'는, '나'라는 개별적인 인간의 경험에 의해 형성된, 타인과 구별되는 존재로서의 자아다. 그런 자아는 습지濕紙와 같아 운명적으로 혹은 우연히 만나는 먹물의 색깔에 따라 물든다. 이 경험적 자아는 저 공중에 나부끼는 풍선처럼 비바람에 이리저리 정신없이 흔들린다. 경험적 자아에 정복된 이는 자신이 알고 있는 세계가 무한한 세계의 일부라고 생각하지 않고 유일한 세계, 더 나아가 진리를 머금은 유일한 세계라고 우긴다. 이런 사람을 우리는 무지하다고 여긴다.

인도철학은 그런 자아를 '지바 아트만jīva ātman'이라고 한다. 지바 아트만은 단순하게 '지바'라고도 한다. 동사 '지브jiv'는 '숨 쉬다'란 의미로 지바 아트만은 '숨 쉬는 존재'란 뜻이다. 지바 아트만과 유사한 개념을 고대 이스라엘의 경전에서 찾는다면 히브리어 '네페쉬 하야népeš hayyā(h)'가 있다. '네페쉬'란 말은 영어나 한국어로 번역하기 어렵다. 이는 생명체로서의 인간을 구성하는 신체, 정신, 영혼을 총체적으로 이르는 용어다. '하야'는 '살아 움직이는'이란 뜻이다. 인간 창조 이야기를 쓴 무명의 유대인 저자는 인간을 '살아 숨 쉬는 존재'로 해석했다. '네페쉬 하야'는 신이 '흙'(히브리어 '아담')으로 모양만 갖춘 인간의 코에 숨을 불어넣어 창조된 인간을 의미한다.

'초월적 자아'는 '경험적 자아'와 전혀 다르다. 초월적 자아는 삼라만상의 근원인 '브라흐만Brahman'• 같은 존재이다. 현대인에게는 경험적 자아와 초월적 자아를 선명히 구별하는 일이 쉽지 않을 것이다. 고대 인도인들은 이 둘을 의도적으로 구분했다.《바가바드 기타》제6장 5~6행에서 크리슈나는 '초월적 자아'와 '경험적 자아'를 두 행에 걸쳐 열세 번이나 사용하면서 영웅 아르주나에게 다음과 같이 말한다.

uddhared ātmanā'tmānaṁ
사람은 '초월적 자아'를 통해 '경험적 자아'를 들어 올려야 한다.
* ātmanā (m.sg.inst.) : '초월적 자아를 통해서'
* ātmanaṁ (m.sg.acc.) : '경험적 자아를'

nātmānam avasādayet
사람은 그 '초월적 자아'를 타락시켜서는 안 된다.
* ātmanam (m.sg.acc.) : '초월적 자아를'

ātmāiva hyātmano bandhur
왜냐하면 '초월적 자아'만이 '경험적 자아'의 친구가 될 수 있기 때문이다.
* ātmā (m.sg.nom) : '초월적 자아는'

• 브라흐만Brahman은 힌두교에서 우주의 근본적 실재 또는 원리를 가리킨다. 인도 카스트제도의 최상층을 뜻하는 브라만 혹은 브라민Brahmin과 다르다.

* ātmano (m.sg.gen) : '경험적 자아의'

ātmāiva ripur ātmanaḥ

'초월적 자아'만이 '경험적 자아'의 적이 될 수 있기 때문이다.

* ātmā (m.sg.nom) : '초월적 자아는'

* ātmanaḥ (m.sg.gen) : '경험적 자아의'

bandhur ātmā'tmanas tasya

자신의 '경험적 자아'를 '초월적 자아'의 친구로

* ātmā (m.sg.nom) : '초월적 자아'

* ātmanas (m.sg.gen) : '경험적 자아'

yenātmāivātmanā jitaḥ

만일 '경험적 자아'가 '초월적 자아'에 의해 정복당하여,

* ātmā (m.sg.nom) : '경험적 자아가'

* ātmanā (m.sg.gen) : '초월적 자아에 의해'

anātmanas tu śhatrutve

'경험적 자아'가 적대적인 관계가 아니라면

* anātmanas (m.sg.gen) : '초월적 자아가 아닌 자아; 초월적 자아에 의해 정복당하지 않는 자아; 경험적 자아'

vartetātmāiva śhatruvat

'초월적 자아'는 진실로 적으로 존재해야만 한다.

*ātmā (m.sg.nom) : '초월적 자아는'

인간의 경험적 자아는 초월적 자아에 의해 정복당해, 친구가 되어야 한다. 친구가 된다는 말은, 자아가 추구하려는 최선의 단계인 우주와 합일된 자아가 일상의 자아, 경험적 자아를 정복하여 깨어난 자아로 합일되는 상태다. 초월적 자아만이 경험적 자아의 친구를 정복하여 합일된 자아로 다시 태어날 수 있다. 만일 내가 초월적 자아에 의해 정복당하면 나는 그 자아와 친구가 되어 승화의 길로 들어설 수 있다. 그러나 경험적 자아에 사로잡히면 나는 타락의 길로 들어선다. 이렇듯 우리 마음속에서는 경험적 자아와 초월적 자아가 우위를 차지하려고 끊임없이 싸운다.

새 두 마리

인도 경전들은 나무에 앉아 있는 두 마리 새로 이 두 가지 자아를 비유하여 기록했다. 《리그베다》 제1권 164장 20~22절, 《문다카 우파니샤드Muṇḍaka Upaniṣad》 제3권 1장 1~2절 그리고 《슈베타슈바타라 우파니샤드Śvetāśvatara Upaniṣad》 제4장 6~7절에서 나뭇가지에 앉은 두 마리 새 중 한 마리는 벌레를 잡아먹는 행위자로, 다른 한 마리는 그 광경을 가만히 지켜보는 관찰자로 표현된다. 《문다카 우파니샤드》 제3권 1장 1~2절의 내용은 이렇다.

두 마리 새가 똑같은 나무에 앉아 있지만 벌레를 잡아먹는 새는 먹이를 즐기면서도 얼굴은 잔뜩 걱정스럽고 우울하다. 만일 그 새가 고개를 돌려 옆에 앉아 있는 다른 새, 즉 진정한 자신인 그의 친구와 그가 가져다줄 영광을 깨닫는다면 모든 걱정으로부터 자유롭게 될 것이다.

이 이야기에서 아직 먹는 데 혈안이 된 새는 '초월적 자아'를 추구하기 위해 수련을 시작한 영웅 '아르주나'다. 그를 보고 있는 다른 새는 그의 스승 '크리슈나'다. 선택은 언제나 나에게 달려 있다. 선택은 내가 이 세상에서 내 의지로 할 수 있는 유일한 일이다. 우리는 선택을 통해 더 나은 인간으로 한없이 승화하거나 과거의 경험에 사로잡힌 수치스러운 존재로 타락한다. 경전이나 구루는 그 길을 알려줄 수 있으나 한 걸음 한 걸음 발을 옮기는 주체는 나일 수밖에 없다. 그러나 우리는 생각과 에너지를 자신이 아닌 다른 것에 소모한다. 내 눈에 좋아 보이는 것은 다른 사람 눈에도 마찬가지다. 그래서 경쟁에 내몰릴 수밖에 없다. 우리의 가장 큰 적은 마음속에 있다. 정욕, 분노, 탐욕, 시기, 허영이 그 적이다. 이 적들은 우리 마음속에서 턱 하니 주인 노릇을 한다. 내면의 적은 외부의 적보다 치명적이다. 외부의 적은 나를 한때 괴롭힐 수 있다. 그러나 내 마음속에 굳건히 자리 잡은 적은 나를 매일 조금씩 비참하게 만든다.

바이러스와 박테리아뿐 아니라 마음속 깊은 곳에서 나를 조종하는 해악 또한 병이다. 인간은 예기치 못한 역경의 포로가 아니라 마음속 경험적 자아가 만들어낸 이기심의 포로다. 정신적·영적 승화를 위해 수련하는 자의 적은 주체하지 못하고 조절하지 못하는 경험적 자아다. 나는 경험적 자아에 안주하는가 아니면 초월적 자아를 추구하는가?

숨

아트만은 '숨'이란 의미를 지닌 인도·유럽어 어근 *h_1e$h_1$tmṓ에서 파생했다. 인간을 비롯한 생물을 생물답게 만드는 가시적인 현상이 숨이다. 도대체 나의 숨은 어디에서 발생하는 것인가? 숨은 뛰면 가빠지고 명상을 하게 되면 잠잠해진다. 심지어 잠을 잘 때도 숨은 쉬지 않고 이어지며 생명을 보존한다. 힌두 문헌들은 아트만의 철학적인 의미를 설명하는 데 주력한다. 아트만이 지닌 실제적인 의미는 오히려 인간 창조의 순간을 묘사한 〈창세기〉 2장 7절에 등장한다. 신이 먼지를 취하여 붉은 흙덩이 아담을 만든 다음 그의 코에 '생명의 숨'을 불어넣는다. 생명의 숨은 히브리어로 '니슈마트 하임nišmat hayyîm'이다. 니슈마트는 '숨'이란 의미를 지닌 '니슈마nišmā(h)'에서 파생했다. 니슈마는 아트만과 같이 '숨'이란 의미다. 니슈마트 하임은 흙덩이에 불과한 아담을 온전한 인간, 즉 숨을 쉬는 인간으로 만든다.

상캬Sāṃkhya 철학에서는 아트만이란 용어보다는 푸루샤란 단어를 선호한다. 《요가수트라》에서 푸루샤는 불변하며 초월적인 자아, 본연의 자아, 즉 '진아眞我'를 의미한다. 힌두교 경전 《리그베다》에서 푸루샤는 우주가 탄생하기 위한 원자재였다. 푸루샤가 지닌 원초적인 의미는 우주 창조 이야기를 담은 《리그베다》 제10권 90장 1~4절에서 찾을 수 있다.

> 푸루샤는 천 개의 머리와 천 개의 눈 그리고 천 개의 발을 가지고 있다. 그는 지상의 모든 사방을 덮고 열 개의 손가락을 저 먼 곳까지 뻗는다. 푸루샤만이 온 세상이다. 푸루샤는 존재하는 모든 것과 존재할 모든 것이다. 더욱이 그는 (제사) 음식을 통해 불멸의 주인이 된다. 푸루샤는 형용 가능한 모든 위대한 것보다 위대하다. 그의 4분의 1이 모든 생물이 되고, 나머지 4분의 3은 천상의 불멸한 존재가 되었다. 푸루샤의 4분의 3은 저 높이 존재하고 4분의 1은 지상에 다시 생긴다. 그는 그곳에서 음식을 먹는 것(생물)과 음식을 먹지 않는 것(무생물)을 지배한다.

《리그베다》에서 푸루샤는 우주 안에 존재하는 모든 생물과 무생물을 창조하기 위한 신들의 희생 제물이다. 한편 시간이 흐르면서 푸루샤는 힌두 철학 안에서 다양하고 복잡한 의미를 지니게 된다. 푸루샤는《리그베다》 이후 우주 창조를 위한 존재가 아닌 추상적인 개념으로 변한다. 그는 만물이 존재하기 위한 원칙으로 우주 창조 이전에 스스로 존재한 제1원인이다. 특히 요가 사상의 기반이 된 상캬 철학에서 푸루샤는 물질세계인 '프라크리티prakṛiti'와는 구별되어 독립적으로 존재하는 정신세계다. 푸루샤는 인간의 마음속에 존재하는 신적인 자신의 모습인 '신아神我'의 의미를 지니게 된다.

파탄잘리는《요가수트라》에서 요가의 목적이 본연의 자신을 수련하는 것이라고 주장한다. 그는 아트만이나 푸루샤란 용어 대신 드라슈투후draṣṭuḥ를 사용한다. 이 단어는 '보다', '배우다', '이해하다'란 동사 '드리스dṛś'에서 파생되었다. '드리스'가 말하는 '보는 행위'는 신체 기관인 눈으로 사물을 본다는 의미가 아니다. 드라슈투후는 '심오한 통찰력으로 보는 사람', '객관적인 관찰자' 혹은 '심오한 관찰'이란 뜻이다. 객관적 관찰의 대상은 특별하다. 내면에 존재하는 본연의 자기 모습이 관찰 대상이기 때문이다. 여기서 자기 모습이란 앞서 언급했듯이 눈으로 보이는 거울에 비친 겉모습이 아니다. 그것은 자신만의 독특한 개성, 즉 요가 수련을 통해 완성해야 할 신적 자아다. 드라슈투후는 자신의 마음에서 일어나는 동요와 현상을 지긋이 목격하는 사람이다. 수련자는 객관적 관찰을 통해 본연의 모습에 조용히 안주하며 그것을 완벽하게 구현한다.

파탄잘리는 드라슈투후를 《요가수트라》 제2장 〈수련품〉 12행과 20행에서 요가 수련자가 합일해야 할 궁극적인 모습인 푸루샤와 동일시한다. 파탄잘리는 본연을 '스바루파svarūpa'란 단어를 사용하여 설명한다. 스바루파는 '자기 자신(스바sva)이 취해야 할 고유의 아름다움(루파rūpa)' 혹은 '자신만의 개성'이다. 스바루파는 자신 안에 자신이 추구해야 할 궁극적인 진리를 포함한 모습이다.

고대 인도인들이 인간이 궁극적으로 될 수 있고 되어야 할 모습을 '스바루파'라는 단어로 표현한 지 수천 년이 지난 후에, 독일 철학자 이마누엘 칸트Immanuel Kant(1724~1804)는 스바루파와 유사한 개념을 '다스 딩 안 지흐das Ding an sich', 즉 '물자체物自體'라는 문구로 표현하였다. 칸트는 인식의 대상이 되는 현상으로서 '물物'이 아니라, 인식과는 상관이 없이 독립적으로 존재하는 궁극적인 원인 혹은 현상의 기원이 되는 '어떤 것'으로, 인식할 수 없지만 존재한다고 사고만 가능한 가정假定으로 여겼다. 칸트는 요가와 '스바루파'를 알지 못했다. 그는 물자체를 '비크셰파vikṣepa' 즉 '산만' 상태의 인간 정신에서 파악하기를 시도했다.

파탄잘리는 본연을 자신의 일부로 만들려는 수련을 '조용히 안주한다'라는 의미인 '아바스타나avasthāna'로 설명한다. 아바스타나란 '심연으로 내려가(아바ava) 그곳에서 존재하고 자신으로 우뚝 서려는(스타나sthāna) 수련'이다. 요가란 본연의 모습이 마음속에 존재한다는 사실을 깨닫고 그것을 발견하여 고유한 자신을 완성하려 하는 의연한 수련이다.

에이데이

그리스 철학자 플라톤은 그의 저작《국가Politeia》에서 인간이 회복해야 할 본연의 모습을 그리스어 '에이데이Eidei'로 설명한다. 영어 단어 '아이디어idea'가 이 단어에서 유래했고, '이데아'는 '보다'를 의미하는 그리스어 동사 '이데인idein'에서 파생했다. 파탄잘리나 플라톤 모두 '본연의 모습'을 '보는 행위'와 관련지어 설명한다. 이데아는 우리가 일상에서 오감으로 관찰한 것들이 아니라 감각적인 현상을 가능하게 하는 원래의 모습이다. 우리가 인식의 대상으로 삼는 물질은, 물질이 본래 지닌 모습이 아니라, 겉모습에 대한 사람들의 이런 저런 '의견'일 뿐이다. 우리는 물질의 현상을 파악할 뿐, 물자체物自體는 인식을 초월하는 신비로 남아 있다.

플라톤은《국가》에서 교육과 교육의 부재가 인간 본성에 미치는 영향을 비유를 들어 설명한다. '동굴의 비유'는 플라톤의 형인 글라

우콘Glaucon(기원전 445~?)과 소크라테스의 대화에 나오는 이야기다. 이 이야기에 따르면 포로들은 동굴 안 깊숙이 목이 고정된 채 동굴 안쪽의 벽만 보도록 묶여 있다. 이들 뒤에는 모닥불이 피워져 있다. 사람들이 모닥불과 포로들 사이에서 물건을 가지고 돌아다닌다. 포로들은 사람이나 물건을 직접 보지 못하고 동굴 벽에 드리워진 그림자만 본다. 사람들이 말하는 소리 또한 동굴 안에서 울려 퍼져 포로들은 그저 그림자들이 알 수 없는 소리로 웅성거린다고 판단한다. 끊임없이 움직이는 그림자들만이 포로들에겐 현실이다. 왜냐하면 이들은 실제 사람과 물건 본연의 모습을 왜곡하는 불의 존재를 모르기 때문이다.

경구 4

사이비란 무엇인가?

वृत्ति सारूप्यमितरत्र
vṛtti sārūpyamitaratra
브리티 사루프야미타라트라

직역 "그렇지 않은 경우에 (자아는) 잡념에 순응한다."

의역 "요가 수련자가 초월적 자아가 되어 자신의 생각을 목격하지 못한다면 그는 잡념에 동화되어 사이비가 될 것이다."

vṛtti sārūpyam-itaratra

vṛtti	명사(f.sg.nom)	잡념, 동요, 파도, 소용돌이 ◂ vṛt 소용돌이치다
sārūpyam	명사(n.sg.nom)	순응, 모습이 유사한 것, 사이비
itaratra	부사	다른 경우에, 다른 시간에 ◂ itara 다른 것, 다른 시간

인생은 '나는 누구인가?'라는 질문에 대한 해답을 찾아가는 여정이다. 누구나 얼떨결에 세상에 태어났다. 나는 스스로에게 묻는다. 나는 '남들이 말하는 나'인가 아니면 또 '다른 나'가 존재하는가? 만일 '남들이 말하는 나'가 나 자신이라면, 더 이상의 질문은 불필요하다. 나는 우연히 던져졌으며 역사적이고 사회적인 환경 속에서 내가 만들어졌기 때문이다. 나는 남성 인간으로서 특정한 세계관을 지닌

부모의 영향을 받았고 그들이 제공해준 교육환경의 혜택을 받아 한동안 학업에 전념할 수 있었다. 사회나 부모가 나에게 바란 인간상은 있었겠지만 그 인간상은 실제 내가 아니다. 타인이 나라는 인간을 통해 투영한 '그들이 원하는 나'일 뿐이다.

타인이라는 거울에 비친 나를 진짜 나라고 착각하면, 그것은 사이비似而非가 된다. 사이비란 자신이 평생 일구어 완수해야 할 임무를 알지 못해, 자신이 아닌 다른 사람인 척하는 거짓을 뜻한다. 나는 나이고 너는 너인데 내가 너인 척하거나 혹은 한 번도 경험한 적이 없는 그인 척하면 그 인생은 이미 실패나 다름없다. 인생이란 무대 위에 올라 다른 사람의 배역을 연기하고 있는 것과 같다. 사이비들은 스스로를 응시하지 않는다. 자신을 존중하지 않고 심지어는 혐오하기 때문에 남들이 좋아할 만한 허상이 자신이라고 위장하거나 혹은 자신이라고 확신하기도 한다.

문제는 우리가 보는 거울에서 출발한다. 응시하는 대상을 거울이 있는 그대로 반영하지 못한다면, 응시자는 자신에 대한 엉뚱한 이미지를 갖게 된다. 깨끗하지 않은 거울에 반영된 정보는 오염될 수 있으며, 응시자를 무지하게 만든다. 빠르게 스쳐 지나가는 인터넷의 자극적인 정보와 타인이 만들어낸 이데올로기, 사상 혹은 교리는 당면한 불안을 덜어주고 현재의 무지를 괜찮다고 부추긴다. 우리는 진아眞我의 존재를 알지 못하기 때문에 이념이나 종교에 빠지기도 하고, 이념과 종교에 빠져 거세된 자아를 진아라고 착각하기도 한다.

알록달록한 무늬가 새겨지고 오랜 세월 방치하여 곰팡이가 핀 거울에서 내 모습을 보았다고 가정하자. 나는 나 자신을, 이해할 수 없는 무늬와 곰팡이가 핀 얼굴을 지닌 자로 착각할 것이다. 운명적으로 던져진 환경은 인간에게 그런 무늬를 만든다. 환경에 의해 운명적으로 덧칠된 무늬가 점점 자신의 언행에 의해 두터워진다. 주위 사람들은 그 사람의 언행에 기생하는 두터워진 아집과 편견을 알아차린다. 그는 무늬로 얼룩진 자신의 모습을 오랫동안 보아왔기에 본연의 모습을 인식할 수 없다. 한편 나는 내가 속한 환경에서 획득한 걱정, 근심, 좌절, 판단, 경험 등에 의해 만들어진 자아의 세계를 구성하는 생각인 치타와 다르다.

자기 성찰

파탄잘리의 드라슈투후는 로마 황제 마르쿠스 아우렐리우스Marcus Aurelius Antoninus(121~180)가 《명상록Τὰ εἰς ἑαυτόν》에서 언급한 그리스어 '헤게모니콘hegemonikōn'이란 스토아 철학 개념과 유사하다. 헤게모니콘이란 '자신을 장악하고 제어하고 경고하는 자신'이란 뜻이다. 드라슈투후와 헤게모니콘은 모두 자기성찰만이 인간을 무지에서 구원할 수 있다고 강조한다.

자기를 성찰하지 않는 자, 성찰하더라도 자신이 응시하는 거울을 깨끗하게 닦지 않는 자는 아둔할 수밖에 없다. 이 아둔한 상태가 '아비드야avidyā'다. 자신을 포함한 만물을 있는 그대로 정확하게 볼 수 있는 상태인 '비드야vidyā'의 반대다. 아비드야는 힌두교와 불교에서 용어의 의미가 다르게 해석되었다. 힌두교에서는 진아에 대한 부정이나 오해를 뜻하고, 불교에서는 무아無我에 대한 부정이나 오해를 지칭한다. 아비드야는 부정접두어 '아a-'와 '알다', '이해하다'라는 의미를 지닌 동사 '비드vid-'가 결합한 용어다. 산스크리트어 동사 'vid-'는 원 인도·유럽어 어근 *weid-에서 파생했다. *weid-는 '눈으로 확인하다', '확신하다', '알다'라는 의미다. 자신의 두 눈으로 똑바로 본 자는 안다. 그 지식은 타인에게 전해 들은 소문이 아니라 오감의 경험으로 직접 얻은 분명한 지식이다. 이 어근에서 영어 단어 'video', 'vision', 'wise', 'wisdom' 등이 유래했다.

아비드야는 한자로 '무명無明'이라고 번역된다. 무명은 어둠 속에 있어서 주위에 존재하는 어떤 것도 인식할 수 없는 무지無知와 무식뿐 아니라 선명한 마음의 거울을 소유하지 못해 만물을 왜곡하고 편견의 시선으로 보며 은폐하는 상태 또한 의미한다. 무명은 사물의 진면목을 억압하고 자신에게 익숙한 편견으로 세상을 바라보게 한다. 그런 의미에서 산스크리트어 '마야māyā'와 유사하다. 아비드야는 진아를 찾지 못해 헤매는 상태이며, 마야는 삼라만상의 원천인 우주적 자아 브라흐만에 대한 허상이다. 무명은 초월적 자아와 경험적 자아의 간극이다. 인간이 진아를 소유하지 못한다면 영원히 이 무명 속에서 안주할 수밖에 없다. 자신의 본연의 모습을 모른다는 것은 현명하지 않다는 말이 아니라, 자신 안에 추구해야 할 이상적인 진아가 있다는 사실을 알지 못해 어리석다는 말이다. 따라서 깨달음은 자신 안에 진아가 있다는 사실을 알아차리는 것, 그 사실을 잊지 않는 것이다.

세숫대야의 달

《찬도기야 우파니샤드Chāndogya Upaniṣad》 제8권 8장 12절에 진아를 응시하지 못하게 가로막는 왜곡에 관한 이야기가 나온다. 천상의 주인인 인드라Indra와 하계의 주인인 비로차나Virocana는 아트만을 정복하는 자가 우주의 주인이 된다는 소문을 들었다. 이 둘은 현자 파탄잘리를 찾아와 진아를 찾을 수 있는 장소를 알려달라고 청한다. 파탄잘리는 세속적인 욕심을 간파하고 이들을 시험한다. 파탄잘리는 세숫대야에 물을 받아놓고 물을 관찰하면 진아가 나타날 것이라고 말한다. 인드라와 비로차나는 물에 반영된 자신의 모습을 보고 아트만이라고 생각한다. 비로차나는 출렁이는 수면에 비친, 일그러진 자신의 모습을 진아라고 착각하고 자신의 세계로 돌아간다. 비로차나의 깨달음이 바로 지옥이다. 그러나 인드라는 시시각각 일어나는 미동微動에도 흔들리는 자신의 모습이 진아일 수 없다고 확신한다. 그는 파탄잘리에게 다시 돌아가 말한다. "물에 비친 나의 모습은 무가치합니다. 왜냐하면 이 '모습'으로 내가 죽으면 사라질 것이기 때문입니다." 파탄잘리는 인드라에게 진아가 무엇인지 알려주기 위해 마음 훈련을 시작했다.

호수에 비친 달은 아무리 저 하늘 위에 있는 달과 유사하더라도 진짜가 아니다. 진짜 달은 저 하늘 위에 유일하게 둥실 떠 있다. 지상의 모든 물에 반영된 수많은 달은 진짜 달이 아니라 달을 반영한 허상에 지나지 않는다. 사람들은 진짜 달을 보지 못하고 자신이 만든 조잡한 세숫대야에 비친 달을 '진짜 달'이라고 우긴다. 그에게는 진짜 달이지만 남들에게는 가짜일 수밖에 없다. 세숫대야의 달을 가만히 응시해보라. 한순간도 멈춰 있지 않는다. 미동에도 흔들린다. 일그러진 달의 모습은 저 높이 떠 있는 달이 만들어낸 것이 아니라 세숫대야를 들고 있는 내 손의 움직임에 따라 흔들리는 물이 만든 것이다. 인간의 오감은 세숫대야의 물결이며 끊임없이 펄럭이는 촛불과 같다.

《요가수트라》는 동굴의 비유에 등장하는 불처럼 인간의 시야를 왜곡하는 방해꾼을 브리티, 즉 소용돌이라고 말한다. 호수 표면에서 끝없이 출렁이는 물결이나 소용돌이는 그 밑바닥에 존재하는 자신의 본모습인 드라슈투후의 관찰을 방해하거나 왜곡한다. 인간이 소용돌이를 잠재우지 못할 때 등장하는 모습이 바로 사이비다. 파탄잘리는 이것을 '사루프야sārūpya'라는 단어로 설명한다. 산스크리트어 접두어 '사sa-'는 '유사한'이란 의미이며 '루파rūpa'는 '본연의 모습'이란 뜻이다. 즉, 사루프야는 '유사하나 같지는 않은 것'이다. 사루프야와 사이비 모두 자신에게 몰입하지 못하는 사람을 가리킨다. 그는 인생이란 무대에 올라서고도 자신의 배역이 무엇인지 파악하지 못한 사람이다. 자신의 생각, 말, 행위를 장악하는 고유한 자신이 없으므로 그의 말은 핑계이며 그의 행위는 흉내다.

나는 나다

파탄잘리는 《요가수트라》 〈삼매품〉 3행에서 "출렁이는 잡념을 소멸시킨다면 자신을 객관적으로 목격하는 진정한 자신이 굳건히 자리 잡을 것이다"라고 말하고 4행에서는 자신이 객관적인 관찰자가 되지 못한 경우를 설명한다.

오늘 하루 중에도 크고 작은 물결이 끊임없이 일어난다. 내가 나 자신을 심오하게 관찰하지 않고, 또 본연의 자신에 깊이 안주하지 않는다면, 오감으로 감지하는 세계는 어디에서 생겨났는지도 모르는 큰 파도에 밀려오는 잔잔한 파도의 영향을 받아 진아를 인식하지 못하게 된다.

〈출애굽기〉 3장에서 신은 모세에게 자신이 누구인지 분명히 알려 주었다. 신은 자신을 다음과 같은 문장으로 설명한다. "에흐에 아쉐르 에흐에eheyh asher ehyeh." 번역하자면, "나는 나다"라는 뜻이다. 이 문장을 풀어 쓰면 다음과 같다. "나는 내가 되고 싶은 내가 되고 있다." 신이란 저 높은 하늘에서 인간이 무엇을 잘하고 잘못하는지 바라보는 할아버지가 아니다. 신은 개념이다. 신은 인간의 삶을 통해 자신의 지문을 남겼다. 그 지문의 의미는 다음과 같다. '본연의 자신이 누구인지 알아내고 그것을 위해 주어진 삶 안에서 최선의 노력을 경주하는 자가 곧 신이다.' 《브리하다란야카 우파니샤드》 제1권 4장 10절에서도 유사한 문장이 나온다. "아함 브라흐마스미aham brahmāsmi." 번역하자면 "나는 우주다"라는 뜻이다. 이를 깨닫지 못하면 나는 사이비로 전락할 것이다. 나는 부분이 아니라 전체이며 부족不足이 아니라 온전穩全이다. 나는 우주의 일부가 아니라 우주 자체라는 깨달음이 나의 삶을 남다르게 만들 것이다.

사이비는 진짜인 척하지만 진짜가 아닌 것, 착한 척하지만 착하지 않은 것이다. 세상에 사이비가 넘쳐나는 이유는 자기 자신을 심오하게 들여다보는 연습을 여태껏 해본 적이 없는 사람이 많기 때문이다. 그런 훈련을 하지 않는 자는 자신을 존경하지 않고, 자신과는 상관없는 허상을 만들어내 우러러본다. 그 허상을 우상 혹은 성공이라고 부른다. 자기 자신을 향한 존경을 수련한 사람이 타인도 존경할 수 있다. 나는 무엇을 보고 있는가? 매 순간 추구해야 할 나의 본연의 모습을 발견했는가? 그것을 삶 속에서 완성하기 위해 지금 수련하고 있는가? 아니면 수련 없이 사이비로 살고 있는가?

2

생각의 종류

5~11행

일본 교토시 선종 사원 료안지龍安寺 츠크바이

——— 우리는 일어나자마자, 지난밤 죽었던 몸, 정신, 영혼을 일깨우는 의식을 거행한다. 바로 '세수洗手'다. '세수'는 축자적으로는 '손 씻기'이지만, 온몸을 물로 닦아내는 행위로 그 의미가 확장되었다. 세수하지 않는 날은, 오늘이 아니라 어제다. 만일 내가 누구를 만날 일이 없어 하루 종일 집 안에서 지낸다고 할지라도, 세수를 생략하면 나는 그 하루를 새롭게 시작할 수 없다. 신기하게도 세수는 단순히 손과 얼굴을 닦는 행위를 넘어, 오늘 하루를 새롭게 살겠다는 결심이다.

어린 시절, 세수를 하려고 세숫대야에 물을 담은 후 쪼그려 앉았다. 손과 얼굴에 물을 끼얹고, 비누를 손에 쥐고 비벼 거품을 낸 후, 손과 얼굴에 칠했다. 지금은 샤워기가 도입되어 그렇게 엉거주춤하게 앉을 필요가 없다. 샤워기를 통해 나오는 찬물과 더운물로 머리부터 발끝까지 손쉽게 세수를 한다.

나는 10년 전쯤 일본 교토에 위치한 선불교 사원인 료안지龍安寺에서 '세수'에 관련된 중요한 물건을 보았다. 료안지는 무심하게 배치된 돌들로 꾸며진 선불교 석정石庭으로 유명하다. 이 석정의 반대편에 위치한 후원[後庭]으로 가면, 무심하고 신비한 물건이 하나 있다. 연못에서 끌어온 물을 대나무 관을 통해 졸졸졸 공급하는 엽전 모양의 돌 세면대다. 이런 세면대는 원래 차를 마시기 위한 다실 입구에 놓인 중요한 의례를 위한 유물이었다. 일본인들은 다도茶道를 위한 방으로 들어가기 전에, 이 세면대에서 손 닦고 입을 헹구는 중요한 의례를 행해야 한다.

이 용기를 일본어로 '츠크바이', 한자로는 '준거蹲踞'라고 표기한다. '준거'란 '쭈그려 앉다', '절하다'라는 의미다. 다도에 참여하려는 사람이 대나무 관을 통해 조금씩 흘러나오는 물로 손과 입을 씻으려면 두 다리를 고정하여 도망가지 못하게 아예 웅크려 앉아야 한다. 그는 먼저 흐르는 물에 두 손을 올려놓고 서로 감싸며 비벼 청결하게 닦는다. 그런 후, 입을 헹구려면 대나무로 만든 물컵에 물을 받아 마셔야 한다.

물을 손바닥을 오므려 담아 성급하게 마시는 것이 아니라, 팔을 펴고 섬세하게 흐르는 물을 조그만 국자에 받은 후, 그 물을 입으로 가져와 고개를 숙여 마신다. 한 모금 머금고 다시 뱉어 입안을 청결하게 만든다. 손을 씻는 행위는 어제까지 자신이 행한 과오를 씻어내는 선언이며, 몸을 한 모금 마시는 행위는, 자신의 마음까지 청결하게 만들어 새로운 인간으로 태어나겠다는 결심이다. '준거'는 '다도'라는 새로운 경험을 위한 오래된 자신을 유기하려는 겸허의 의례다.

료안지의 츠크바이는 손 씻기의 목적에 대해 그 표면에 네 글자로 기록했다. 가운데 움푹 파인 커다란 사각형은 '입'을 상징하는 口 자다. 위에서 시계방향으로 口를 더해 네 개의 한자를 읽으면 다음과 같다. 吾, 唯, 足, 知. 이 신비하고 간결한 문장을 번역하자면 이렇다. "나는 단지 만족을 안다" 혹은 "나는 나의 현재가 만족스럽다는 사실을 배울 뿐이다" 혹은 "나는 현재의 나에 만족한다"라는 뜻일 것이다. '손 씻기'는 자신도 알지 못하는 사이에 감염된 자신을 인정하고, 그것을 흐르는 물에 조용히 내보내려는 의례다. 감염된 자신이란, 현재의 자신에 만족하지 못하는 자신이며, 자신이 아닌 것과 자신이 조절할 수 없는 것을, 자신의 소유로 만들고 조절하겠다는 욕심이며 망상이다. 손을 씻으려면 자신의 발을 고정하고 심지어 웅크려 앉아야 한다. '손 씻기'는 자신도 모르게 습관적으로 남을 흉내 내고 부러워하여 엉뚱한 곳으로 가려는 발을 제어하는 수련이다. 그리고 내가 만들, 오늘이라는 작품을 위해, 먼저 자신의 몸과 마음을 깨끗하게 씻으라는 훈련이다.

파탄잘리는 요가를 몸, 마음, 정신을 가다듬기 위해 '지금 여기'에 자신을 온전히 몰입하는 훈련이라고 정의했다. 하지만 이때의 훈련은 근육을 만들고 몸을 유연하게 단련하고 사회생활을 위해 꼭 필요한 가치들을 습득하는 노력을 가리키지 않는다. 오히려 정반대로 마음속에서 끊임없이 요동치는 호수의 잔물결과 같은 동요를 소멸시키는 연습이다. 요가는 무엇을 '더하는' 훈련이 아니라 본연의 자신을 찾기 위해 덜어내야 할 것을 덜어내고 굳이 필요가 없는 것을 제거하는 훈련, 다시 말해 '안 하는' 훈련이다. 인간은 무언가를 끊임없이 하려는 본성이 있기 때문에 도리어 무언가를 하지 않는 수련은 흔치 않다. 요가를 수련하지 않는 자는 '하지 않기 훈련'을 두고 자연을 거스르는 일이라고 할 수 있다.

파탄잘리는《우파니샤드》에 실려 널리 소개된 요가에 관한 수트라를 체계적으로 정렬했다.《요가수트라》에서 '잡념'으로 번역된 산스크리트어 브리티는 마음속에 흔적을 남기는 모든 것, 즉 오감을 통한 인상·생각·심리 성향 등의 정신적 활동이다. 오염된 이런 생각들은《요가수트라》제2장 〈수련품〉 4~9행에서 다시 한번 자세히 설명될 것이다. 마음의 촛불이나 바다의 물결처럼 언제나 흔들리고 동요하는 잡념들은 자신이 의도하지 않았지만 마음속에서 끊임없이 움직인다. 흔들리는 마음이 요가 훈련으로 제어되지 않는다면 인간의 본연은 물질계로 타락한다. 인간의 마음은 치타고 잡념은 브리티다. 치타가 바다라면 브리티는 파도 혹은 저류다. 파탄잘리는 제거해야 할 다섯 가지 잡념을 원인이 존재하는 것과 존재하지 않는 것으로 분류했다. 그 다섯 가지는 정심, 착각, 개념, 미몽, 기억이다.

경구 5

오염이란 무엇인가?

वृत्तयः पञ्चतय्यः क्लिष्टाक्लिष्टाः
vṛttayaḥ pañcatayaḥ kliṣṭākliṣṭāḥ
브리타야하 판차타야하 클리쉬타클리쉬타하

직역 "다섯 가지 잡념이 있다. 오염된 것과 오염되지 않은 것이다."

의역 "요가수행자의 수련을 방해하는 다섯 가지 잡념이 있다. 일부는 원인이 있어 그 원인에 오염된 것이고, 다른 일부는 원인을 알 수 없어 오염되지 않은 것이다."

vṛttayaḥ pañcatayaḥ kliṣṭā-akliṣṭāḥ

vṛttayaḥ	명사(f.pl.nom)	잡념, 동요, 집착, 파도, 소용돌이 ◂ vṛt 소용돌이치다
pañcatayaḥ	형용사(m.sg.nom)	5겹으로 구성된 ◂ pañca 다섯
kliṣṭa	형용사(m.sg.nom)	원인이 있는, 오염된, 속박된 ◂ kliś 괴롭히다의 과거분사
akliṣṭāḥ	형용사(m.pl.nom)	원인이 없는, 오염되지 않은, 속박되지 않은 ◂ a- 부정접두사 + kliṣṭa

나의 일상은 반복된다. 다른 사람의 삶도 크게 다르지 않을 것이다. 아침에 일어나 잠자리에 들기 전까지 한 일들을 가만히 복기해보면 대부분 아무 생각 없이 습관적으로 반복한 행동들이다. 반복은 우

리가 사는 자연, 지구, 우주의 특징이기도 하다. 우주의 특징은 '질서'이며 질서는 일시적이고 갑작스러운 행위가 아니라 반복적인 행위의 연속이다. 지구는 태양 주위를 지난 46억 년 동안 쉬지 않고 돌았다. 가만히 서 있는 듯 보이는 마당의 처진개벚나무도 1년을 주기로 정교한 변신을 반복한다. 처진개벚나무는 지구의 공전과 자전에 맞추어 봄이 되면 잎을 틔우고 자라고 가을이 되면 잎을 떨군다. 겨울이 되면 거의 죽은 것처럼 지내다 봄이 되면 다시 잎을 낸다. 우주 안에 존재하는 만물의 특징이 반복이지만 그 반복이 계속되면 저절로 집착이 된다. 우리는 의미를 잘 모르는 어떤 사상에 무의식적으로 쉽게 동의하며 그것을 상식이라고 여긴다. 자신의 삶에서 상식으로 굳어진 생각이 바로 '이데올로기ideologie'다. 일부 정치인, 지식인, 특히 종교인들은 이데올로기의 화신이자 노예다. 그들은 대부분 자신과 자신이 우연히 경험한 세계가 옳고 타인과 타인이 지닌 세계관은 틀렸다고 우긴다. 훈련하는 인간은 그런 집착에서 탈출하기를 시도한다.

일상에서 탈출하여 자신의 습관을 객관적으로 관찰할 수 있는 경계로 진입하는 경험이 엑스터시ecstasy다. 엑스터시는 현재 있는 그대로의 상태state로부터 탈출ek-하려는 인간의 일탈을 지칭하는 개념이었으나 고대 종교인들이 이 단어를 장악하여 그 광범위한 의미를 축소해버렸다. 요즘 우리는 엑스터시를 '황홀경'으로 번역하여 사용한다. 황홀경은 외부의 극단적인 자극을 통해 일상에서 벗어나려는 욕망적 행위를 뜻한다. 그러나 원래 엑스터시는 구태의연하고 진부한 자신의 상태를 응시하여 감동적이며 예술적인 인위, 새로운 인위를 추구하는 시도다. 나에게 주어진 하루를 진부하게 만들지 않기 위해 내가 검토해야 할 가장 시급한 대상은 무엇인가?

샤아르

처음이자 마지막으로 다가온 '오늘'이라는 소중한 순간을 온전히 나의 소유로 만들기 위해 아침에 일어나자마자 거치는 '관문關門'이 있다. 관문은 무의식적으로 떠오르는 우연한 생각을 사유의 대상으로 삼아 깊이 응시하게 하는 장소다. 나는 그곳에서 내가 지금 무슨 생각을 하고 있는지를, 제3자가 되어 객관적으로 검토한다. 머릿속 생각은 입을 통해 말로 나오고 말을 기반으로 행동이 구체화되며 행동이 반복되어 습관이 된다. 그리고 습관이 모여 환경을 만들어낸다. 무의식적으로 자연스럽게 발생한 생각은 나의 일상을 장악하는 연쇄 작용의 시작 버튼이다. 히브리 성서 〈잠언〉 23장 7절에 생각의 중요성이 적나라하게 드러나는 구절이 있다. "사람이란 그 마음속으로 생각하는 그것이다." 〈잠언〉의 저자는 '샤아르šāʿar'라는 히브리어 동사를 사용해 '생각하다'라는 의미를 표현했다. 샤아르는 원래 성의 문지기가 성문 위에 서서 성안으로 들어오는 사람들을 헤아리는 행위를 의미한다. 생각이란 지금 여기라는 새로운 시간과 장소에서 다음 단계로 약진하려는 자기 자신을 객관적으로 바라보는 관찰이다. 나는 같은 생각을 반복하는 나 자신의 생각에 대해 묵상한다.

인간은 자신이 무의식적으로 생각하는 '그 생각'의 포로다. 우주 안에 존재하는 유무형의 삼라만상은 반드시 흔적을 남긴다. 무심코 떠올린 생각, 내뱉은 말 또한 머릿속에 흔적을 남긴다. 이 흔적이 모여 기억이 된다. 기억은 머릿속 중앙처리장치에 보관되어 다시 생각을 촉발한다. 그 생각이 다시 흔적을 남긴다. 아무리 내밀한 생각이라고 할지라도 마음의 밭에 흔적을 남긴다. 인도인들은 이 흔적을 '상스카라saṃskāra'라고 한다. 상스카라는 '마음에 새겨진 인상', '기억', '심리적인 흔적'이다. 이 흔적은 숨어 있다가 적절한 순간에 불현듯 등장한다.

과거의 흔적을 지우기가 얼마나 힘든지! 나의 마음은 끊임없는 외부의 자극에 습관적으로 반응하며 흔들린다. 이 순간에도 내 마음에는 평온이 없다. 근심, 걱정, 사랑, 증오, 그 밖의 갖가지 감정, 부정적인 시각, 미래에 대한 계획 등 수많은 것으로 마음이 가득 차 있다. 끊임없이 울려대며 나를 유혹하는 SNS 알림 소리, 그것에 무의식적으로 반응하는 시선과 손가락, 새로운 소식을 기대하며 휴대전화 화면을 멍청히 바라보는 나.

클리쉬타 – 아클리쉬타

파탄잘리는 《요가수트라》 〈삼매품〉 2행에서 "요가는 의식에서 일어나는 동요를 잠잠하게 소멸시키는 행위다"라고 정의했다. 이어서 그는 3~4행에서 요가를 수련하는 자에게 자신의 본연을 찾는 관찰자가 될 것을 당부한 후, 본연을 찾지 못하도록 훼방하는 진부한 생각의 반복과 흔적인 브리티를 소개한다. 그는 기원에 따라 브리티를 크게 두 가지로 구분하고 6~11행에서 다섯 종류의 브리티를 본격적으로 소개한다.

파탄잘리는 〈삼매품〉 5행에서 브리티라는 색안경의 종류와 특징을 설명한다. "요가 수행자의 수련을 방해하는 다섯 가지 잡념이 있다. 일부는 원인이 있어 그 원인에 오염된 것이고, 다른 일부는 원인을 알 수 없어 오염되지 않은 것이다."

5행에서 브리티의 속성을 의미하는 단어는 '클리쉬타kliṣṭa'다. 산스크리트어에는 관련된 두 개 이상의 단어들을 하나의 단어로 묶는 '산디sandhi'라는 철자법이 있다. 산디는 흔히 연속해서 소리를 낸다고 하여 '연성連聲'이라고 번역되었다. 파탄잘리가 이 행에서 사용한 '클리쉬타클리쉬타kliṣṭākliṣṭāḥ'가 바로 산디다. 두 개의 서로 상반된 의미의 단어가 하나로 연결되었다. '아클리쉬타akliṣṭa'는 정반대의 의미를 나타내기 위해 부정사 '아a'가 앞에 붙은 것이다.

인간은 특정 대상에 영향을 받거나 받지 않는다. 우리가 아름다운 저녁노을이나 장미를 볼 때, 오감이 자극되며 즐거운 감정이 생겨난다. 전쟁영화에서 비참하게 죽어가는 사람들을 볼 때면, 우리도 그들과 함께 고통과 아픔을 공유한다. 그러나 길거리에 지나가는 버스나 차를 볼 때는, 아무런 감정이 실리지 않으며 고통이나 즐거움이 일어나지 않는다.

〈삼매품〉 5행을 이해하기 위한 핵심 개념은 '클리쉬타'다. 클리쉬타는 '고통스러운'으로 번역되어 왔다.• 《요가수트라》에서 크리야 요가에 등장하는 용법을 살펴보면 클리쉬타의 의미를 좀 더 명확하게 짚을 수 있다. 파탄잘리는 제2장 〈수련품〉 3행에서 다음과 같이 기록했다. "무명, 자기중심, 욕망, 분노, 걱정은 삼매경三昧境에 도달하

• I.K.Taimini, *The Science of Yoga: The yoga-sutras of Pantajali in sanskrit with transliteration in Roman, translation in English and commentary* (Quest Books: Wheaton, Illinois, 1961), pp. 12-13.

지 못하게 만드는 방해꾼들이다." 이것들은 외부세계를 마음에 수용하여 영혼을 왜곡해 보게 한다. 이것들은 그의 마음에 집착이라는 상처를 남긴다. 《요가수트라》 주석자인 비야사Vyāsa는 클리쉬타를 '집착에 의해 야기된 것들'이란 의미의 '클레샤 헤투카kleśa hetuka'라는 문구를 사용하여 표현한다. 집착은 집착하는 자를 노예로 만든다.•

내가 나의 본연의 모습을 보지 못하도록 훼방하는 색안경의 색은 무엇인가? 에드윈 브라이언트Edwin F. Bryant(1957~)는 '클리쉬타klista'를 '고통당하다'라는 의미로 해석했다.•• '클리쉬타'는 '고통당하다'는 뜻의 동사 '클리쉬kliś'의 과거분사형으로 '고통스러운', '색이 바랜', '피곤한', '상처 난', '어두운'이란 의미다. 예를 들어 시간이 지나 꽃이 자연히 시들면 그 꽃을 클리쉬타, 즉 '시들었다'라고 말한다. 혹은 밤하늘에 떠 있는 달이 구름에 가려졌다면 그 달 또한 클리쉬타, 즉 '선명하게 볼 수 없다'라고 말한다. 옷이 색이 바래고 실타래가 풀어져 있다면 그 옷은 클리쉬타다. 이 단어는 물건뿐 아니라 사람에게도 적용된다. 갓 태어난 아이는 더없이 반짝이며 약간의 움직임에도 반응한다. 이 총명함과 민첩함이 세월이 가져오는 세파에 시달려 무뎌졌을 때, 그 사람은 클리쉬타, 즉 진부하다. 반면 아클리쉬타는 요가 수련자가 요가를 통해 자기실현을 완성한 단계다.

인간은 오염된 브리티에 의해, 관심을 끄는 물건에 의해 영향을

• Edwin F. Bryant, *The Yoga Sūtra of Patanjali: A New Edition, Translation, and Commentary With Insights from the Traditional Commentators* (North Point Press: New York, 2009), p. 28.

•• Ibid., pp. 27–31.

받는다. 이렇게 자극을 받아 나온 행위가 '카르마karma'다. 카르마는 '일하다', '행동하다'라는 동사 '크리kṛ'의 명사형이지만 인도 사상에서는 특별한 의미를 함축한 표현이다. 카르마는 필연적으로 행위에 반응하는 반작용을 유발한다. 카르마는 어떤 행위가 선의든 악의든 행동으로 옮겨진 첫 번째 행위일 뿐 아니라 그 행위가 유발한 다양한 반응을 포함한다.

이 작용과 반작용의 끝없는 연속이 '상사라saṃsāra', 즉 윤회다. 상사라는 '하나'란 의미를 지닌 인도·유럽어 어근 *sem-과 '달리다', '미끄러지다'란 의미를 지닌 인도·유럽어 어근 *ser의 합성어로 "하나 안에서 끊임없어 미끄러지듯 정신없이 달려가다"라는 의미다. 상사라는 중국으로 불교가 전파되면서 '바퀴처럼 계속해서 돈다'라는 의미를 지닌 한자 '윤회輪廻'로 번역되었다. 나의 오늘은 내가 어제까지 반복적으로 해오던 생각과 말과 행동이 흔적을 남겨 견고하게 파인 습관의 연속이다. 나의 작용이 반작용을 유발하고 다시 반작용이 반반작용을 초래한다. 작용과 반작용의 악순환은 한순간에 끝나지 않고 영원히 계속된다. 그것은 마치 숨을 쉬거나 눈을 깜빡이는 행동과 같다.

요가는 나의 생각, 말, 행동을 무의식적으로 또 습관적으로 장악하는 집착에서 나를 해방시키는 수련이다. 파탄잘리는 요가를 '아클리쉬타', 즉 나에게 물든 집착의 색을 다시 무색無色으로 만드는 훈련이라고 말한다. 나의 최선을 발견하는 장소인 '마음의 심연'을 볼 수 없도록 훼방하는 집착은 무엇인가? 나는 지금 무엇을 생각하는가?

경구 6

마음을 동요시키는 다섯 가지는 무엇인가?

प्रमाण विपर्यय विकल्प निद्रा स्मृतयः
pramāṇa viparyaya vikalpa nidrā smṛtayaḥ
프라마나 비파르야야 비칼파 니드라 스므리타야하

직역 "정심, 착각, 개념, 미몽 그리고 기억"

의역 "다섯 종류의 생각의 동요들은 정심, 착각, 개념, 미몽, 기억이다."

pramāṇa viparyaya vikalpa nidrā smṛtayaḥ

pramāṇa	명사(n.sg.nom)	올바른 마음, 기준, 정심 ◂ pra + mā 측정하다
viparyaya	명사(m.sg.nom)	착각 ◂ vi + pari + ī 가다
vikalpa	명사(m.sg.nom)	개념 ◂ vi + kḷp 알맞다
nidrā	명사(f.sg.nom)	미몽 ◂ ni + drā 자다
smṛtayaḥ	명사(m.sg.nom)	기억 ◂ smṛ 기억하다

조용히 앉아서 눈을 감으면 갖가지 잡념이 저절로 떠오른다. 이런 생각은 〈삼매품〉 5행에서 언급한 것처럼 오감이 외부 자극을 인식함으로써 혹은 오래전부터 기억에 간직되었던 이미지와 상상이 더해져 일어난다. 생각은 말을 지배하고 말은 행동을 지배한다. 하루에도 수백 개 혹은 수천 개 이상 등장하는 생각의 공격을 효과적으로 방

어하는 방법은 없을까?

무질서하게 보이는 대상을 자신만의 원칙으로 분류하는 행위가 추상抽象이다. 겉보기에는 서로 달라 보여도 공통점을 찾아 몇 가지로 분류하면 생각에 질서가 잡힌다. 갑자기 밀려드는 갖가지 생각에 당황하거나 그냥 생각을 지나치지 않고 상념을 밝히다 보면 추상으로 가는 첩경捷徑이 된다. 추상은 본모습을 감추려는 군더더기를 하나씩 제거하여 본모습 자체만 추려내려는 수고다.

우리가 경험하는 프라크리티는 정신세계 원칙인 푸루샤와 대비되는 물질세계의 원칙을 지칭하는 용어다. 프라크리티는 푸루샤가 물질로 발현되기 위해 안주해야 하는 원초적 장소다. 즉, 원형이 만들어지는 자궁과 같은 공간이다.•

프라크리티는 물질이 작용하는 방식과 특징에 따라 사트바sattva, 라자스rajas, 타마스tamas 등 세 가지로 구분된다. 사트바는 이상적인 물질 형태로 원칙, 조화, 순수 혹은 선이다. 라자스는 사트바를 실현하려는 에너지나 욕망을 이르고, 타마스는 사트바를 알지 못하는 무지, 어둠 혹은 무기력을 뜻한다. 사트바를 지닌 사람은 물질세계에서 최선의 결과를 도출할 수 있지만, 라자스를 지닌 사람은 에너지를 어떻게 사용하느냐에 따라 최선의 결과를 얻기도 하고 최악의 결과를 내기도 한다. 그러나 타마스 경향을 지닌 사람은 자신이 처해 있는 위치를 망각하고 있기에 깨닫기 위해서 먼저 어둠에서 벗어나야 한다.

• Monier-Williams, *Monier William's Sanskrit-English Dictionary*, 2nd ed. (Oxford: Oxford University Press, 1899), p. 654.

프라크리티는 우주 안에서 끊임없이 흔들리는 잡념, 브리티와 그 잡념으로부터 나온 변형인 파리나마pariṇāma로 구성되어 있다. 인간의 언행은 잡념과 변형의 미묘한 조합이다. 인간은 자신의 밖에서 일어나는 물질현상의 끊임없는 소용돌이를 억제할 수 없다. 그러나 요가 수련자는 그런 소용돌이 안에서 흔들리지 않도록 중심을 찾는 수련을 한다. 후대 하타 요가 전통에서는 신체 훈련을 통해 정신세계를 제어할 수 있다는 사상이 등장하였지만, 파탄잘리는 육체와 정신을 엄격하게 훈련하여 물질세계를 장악할 수 있다고 믿었다.•

《바가바드 기타》 제13장 1행에서 영웅 아르주나는 크리슈나에게 영혼과 물질의 관계에 대해 다음과 같이 질문한다.

> 아르주나가 말했다. "오 나의 크리슈나여! 나는 물질세계, 영혼, 들판 그리고 들판을 아는 자에 대해 또한 지식과 지식의 목적에 대해 알고 싶습니다." 그러자 크리슈나가 대답했다. "쿤티의 아들아, 이 몸이 들판이고 이 몸을 아는 자가 들판을 아는 자다."

크리슈나는 인간의 몸은 물질세계에 갇혀 있는 영혼이 활동하는 들판이라고 말한다. 몸은 오감으로 구성되어 있다. 몸에 갇힌 영혼은 오감을 만족시키기 위해 들판 위에서 활동한다. 그런 인간은 자신의

• Georg Feuerstein, *The Yoga-Sutra of Pantanjali: A New Translation and Commentary* (Rochester: Inner Traditions International, 1979), p. 30.

몸이 바로 그 자신이다. 그러나 영혼을 소유한 자신을 객관적으로 의식하는 이가 있다. 그가 바로 '들판을 아는 자'다.

인간은 태어나 어린아이의 모습으로 시작하여 시간이 지나면서 노인이 되어간다. 사람은 하나이지만 점차 변하면서 다양한 몸을 경험한다. 다양한 몸 안에 존재하는, 살아 있는 영혼이 '들판을 아는 자'다. 몸을 의식하는 자는 자신의 몸이 변한다는 사실을 안다. '나는 남자다' 혹은 '나는 학자다'라는 문장에서 '남자'나 '학자'는 나에 해당하는 명칭일 뿐이다. 그리고 명칭을 아는 '나'와 명칭 자체는 다르다. 인간은 요가 명상을 통해 몸이 향상되는 것이 아니라 '몸을 아는 존재'가 된다.

오컴의 면도날

파탄잘리는 인간의 머리에 떠오르는 잡념과 그 변형을 다섯 가지로 분류했다. 요가 수련자는 잡념을 분류하여 자신을 지배하는 생각을 명확하게 인식하고 장악할 수 있다. 더 이상 더할 것도, 덜 것도 없는 최소의 원칙으로 분류한다. 이 분류 원칙은 '오컴의 면도날Ockham's Razor'이란 공식으로도 알려져 있다.

영국 오컴에서 태어난 중세 철학자이자 프란치스코 수도회의 수사였던 윌리엄William of Ockham(1285~1347)은 오컴의 면도날 공식을 만들었다. 오컴의 면도날은 문제 해결을 위한 갖가지 시도 가운데 최적의 해답을 찾는 방법이다. 해답은 가정假定이 가장 적은 시도에서 나온다. 오컴의 면도날은 윌리엄의 저작에서는 발견되지 않는다. 윌리엄은 프랑스 스콜라 철학자 피에르 롱바르Pierre Lombard(1096~1160)의

글을 설명하면서 라틴어 문장 하나를 소개했다.

> Numquam ponenda est pluralitas sine necessitate
> **눈콰 포넨다 에스트 플루랄리타스 시네 네케시타테**
> 다수는 필요하지 않다면 결코 가정하지 말아야 한다.

소수가 복수보다 힘이 있고 간결함이 복잡함보다 포괄적이다. 이 간결함의 원칙은 후에 등장한 철학, 과학, 예술에 지대한 영향을 끼쳤다.

파탄잘리가 생각의 종류를 다섯 가지로만 나눈 이유는 알 수 없다. 아마도 파탄잘리는 오컴의 면도날처럼 단순한 분류가 가져다주는 실질적인 혜택에 집중했을 것이다. 요가는 몸의 움직임을 동반하기 때문에 수련자가 사용하는 '다섯 손가락'으로부터 '다섯'이란 숫자를 찾았을 수도 있다. 어쨌든 파탄잘리의 분류로 잡념의 정체를 분석하고 알맞은 대응 전략을 세울 수 있다. 말과 행동을 장악하는 잡념을 종류대로 구분하여 이름을 붙이고 파악하지 않는다면 우리는 혼돈에 빠질 것이다. 목적은 혼돈을 대비하고 잡념을 소멸하는 것이다.

다섯 가지 생각

파탄잘리는 〈삼매품〉 6~11행에서 이 다섯 가지 유형을 구성하는 하위 유형을 하나하나 설명한다. 생물학 용어를 빌려 설명하자면 인간의 생각인 치타브리티는 '속屬'이며 다섯 가지 유형은 '종種', 그 하위 개념은 '아종亞種'이다. 파탄잘리는 다섯 가지 유형 가운데 사물을 있는 그대로 볼 수 있으며, 집착에서 벗어난 유일한 생각은 정심正心뿐이라고 말한다. 나머지 넷은 집착의 산물이다.

정심과 착각은 외부 세계 생물이나 사물을 직접 경험하여 생긴다. 한편 통찰은 관찰하는 대상의 겉모습을 보다가 개별적인 특성뿐 아니라 그 대상이 갖춘 보편성과 그 의미까지 파악한다. 예를 들어 내가 진돗개를 보았다고 가정하자. 나는 진돗개를 페르시안 고양이와는 다른 과科로 구분한다. 또한 잉글리시 토이 테리어와는 다른 품종品種으로 구분하지만 동시에 같은 아종임을 안다. 이처럼 우리는 진돗개를 볼 때 잉글리시 토이 테리어와는 다른 진돗개만의 개별성뿐 아니라 진돗개가 다른 개와 공유하는 보편성까지 알아차린다. 통찰은 대상의 개별성과 보편성을 모두 이해하는 종합적 사고다.

그러나 착각은 정반대다. 우리는 가끔 어떤 대상을 다른 대상으로 오인하기도 한다. 예를 들어 어떤 사람이 진돗개뿐 아니라 개를 평생 본 적이 없다고 가정해보자. 그가 사는 동네에는 온통 고양이만 살고 있다. 갑자기 나타난 진돗개를 보고 그는 이상하게 몸집이 큰 고양이라고 판단할 수 있다. 어떤 대상을 오감으로 직접 경험한 적이 없을 때, 인간은 자신의 오랜 경험을 통해 축적된 데이터와 그 대상의 닮은 점을 찾아내 판단을 내리게 된다. 이처럼 인간은 저마다 특정한 시간과 공간 속에서 태어나 교육을 받기 때문에 지식에 한계가 있을 수밖에 없다. 이것이 오해이며 편견이고 이기심이다. 한마디로 무지다.

외부의 자극이나 경험과는 상관없이 우리의 마음속에 존재하는 생각도 있다. 망상과 기억이다. 망상과 기억은 관찰하는 대상의 본질을 발견하지 못한 채, 감각적인 활동에 의해 마음속에 남겨진 흔적이다. 기억은 특히 주의가 필요하다. 기억은 인간의 마음속에 깊이 자리 잡고는 주인 노릇을 한다. 파탄잘리는 기억을 폄하하지만 인간은 기억으로 자신만의 정체성을 형성한다. 동시에 집단 기억은 공동체를 하나로 묶는 무형의 끈이 되어준다. 문화와 문명은 기억이 조작한 혹은 제작한 선물이라고 할 수 있다. 공동체의 편견을 형성하는 데 결정적인 역할을 하기도 한다. 하지만 여전히 인간은 기억으로 경험한 사건들을 각기 나름의 질서와 논리로 견고하게 정리한다.

미몽을 설명하는 유명한 예가 있다. 도가 철학자 장자莊子(기원전 369~기원전 286)는 《장자》의 〈제물론齊物論〉에서 다음과 같이 말했다.

> 언젠가 내가 꿈에서 나비가 되었다. 훨훨 나는 나비였다. 아주 기분이 좋아 내가 사람이었다는 것을 모르고 있었다. 이윽고 잠에서 깨어나니 틀림없이 인간인 나였다. 도대체 인간인 내가 꿈에서 나비가 된 것일까. 아니면 나비가 꿈에서 인간인 나로 변한 것일까.

이른바 '호접지몽胡蝶之夢'이다. 인생의 무상함을 꿈으로 비유했지만 정체성을 잃은 인간의 나약한 모습을 나비로 나타낸 표현이기도 하다.

근대 철학을 시작한 프랑스 철학자 르네 데카르트René Descartes(1596~1650)도 《제1 철학에 관한 성찰Meditationes de prima philosophia》에서 다음과 같이 말한다. "우리가 잠에서 깨어 있다고 확신할 수 있는 증거는 없다. 나는 지금 꿈을 꾸고 있으며 내 생각이 모두 거짓일 수도 있다." 내가 깊은 잠에 들지 않았다는 증거는 무엇인가? 라인 게임을 하는 '나', 감동적인 영화를 보며 주인공과 하나가 되어 눈물을 흘리는 '나', 이성적인 사고를 해내는 '나' 가운데 무엇이 진정한 나인가? 나는 내 마음을 동요시키는 다섯 가지 훼방꾼을 파악했는가?

경구 7

정심이란 무엇인가?

प्रत्यक्षानुमानागमाः प्रमाणानि
pratyakṣānumānāgamāḥ pramāṇāni
프라트약샤누마나가마하 프라마나니

직역 "정심은 인식, 유추, 증언이다."

의역 "다섯 가지 잡념 가운데 정심은 대상에 대한 올바른 인식이자 마음가짐이다. 정심의 종류로는 대상을 이해하는 틀로서의 인식, 그 인식을 기반으로 떠올린 유추, 개념과 유추를 통해 만든 교리와 경전이 있다."

pratyakṣa-anumāna-āgamāḥ pramāṇāni

pratyakṣa	명사(m.sg.nom)	눈앞에 펼쳐져 본인이 이해한 것, 인식 ◂ prati 대항하여 + akṣa 눈 ◂ akṣ 도달하다, 포용하다
anumāna	명사(m.sg.nom)	유추 ◂ anu 따라서 + māna 마음 ◂ mā 측정하다
āgamāḥ	명사(m.nom.pl)	전통, 증언 ◂ ā 여기로 + gam 가다
pramāṇāni	명사(n.nom.pl)	올바른 인식, 기준, 정심 ◂ pra + mā 측정하다

나는 매 순간 두 눈으로 들어오는 많은 정보를 '나'라는 렌즈를 통해 쉴 새 없이 해석한다. 해석된 정보들은 '나'라는 정체성을 건설하

는 데 벽돌로 쓴다. 파탄잘리는 요가를 진정한 자아를 '보는 행위'라고 정의했다.

보고 싶은 대상을 온전히 볼 수 있는 가장 확실한 방법은 무엇인가? '백문불여일견百聞不如一見'이란 표현처럼 자신의 두 눈으로 직접 보는 것이다. 두 눈으로 어떤 대상을 볼 때 나는 아무 생각 없이 볼 수도 있고, 적극적으로 관찰할 수도 있다.

수동적으로 보는 행위는 누구든지 할 수 있다. 출근하기 위해 버스와 지하철에 승차했다고 가정해보자. 본다고 의식하지 않고 보았던 사람은 족히 백 명은 될 것이다. 이들 중 튀는 의상을 입었거나 특이한 행동을 한 사람이 없다면 기억에 남는 사람은 없을 것이다. 이처럼 정체성을 만드는 정보가 되지 못하고 그저 사라지는 '보는 행위'를 영어로 '룩look'이라고 한다.

무심코 보는 행위와는 다른 '보는 행위'가 있다. 한자로는 시視다. 이때의 시선은 바라보는 대상에 머무른다. 내 시선을 대상 위에두며 생소한 정보를 수집한다. 이 행위의 대상과 관계를 표시하기 위해 'look'에 전치사가 붙는다. '쳐다보다'는 뜻의 'look at', 'look upon', '돌보다'는 의미의 'look after', '(사전 등에서 낱말을) 찾아보다'는 뜻의 'look up' 등이 있다.

어떤 대상에 관심이 생겨 시선이 따라가 대상에 머무는 동작을 나타내는 영어 단어가 따로 있다. 바로 '씨see'다. '본다'의 의미로 가장 광범위하게 사용되는 이 단어의 원래 의미는 '눈으로 따라가다'다. 관찰자가 대상을 자신의 눈으로 끌고 와 경험 안에서 인식하는 것이 아니라 대상을 있는 그대로 이해하기 위해 관찰자의 눈으로 대상의 움직임을 따라가는 행위다. 우리는 대개 사물을 보던 습관대로 무심코 보며look, 대상에 관심을 가지고 눈으로 따라가지see 않는다. 우리가 흔히 천재라고 부르는 과학자, 예술가 혹은 작가는 대상을 보고 또 본다는 공통점이 있다. 그들은 단순히 보는 것을 넘어서 관찰한다.

깨어 있음

관찰이란 대상을 처음 보듯 보는 행위다. 관찰을 하려면 깨어 있어야 한다. 대상에 관한 선입견 없이 대상을 있는 그대로 지켜보는 것을 '워치watch'라고 한다. watch는 '깬 상태에서 보다'라는 의미 외에 '손목시계' 혹은 '(야간) 경계'라는 뜻을 지닌다. 그리스도교 전통에서는 신앙적 이유로 참회하며 잠을 삼가는 행위인 '철야徹夜'라는 의미로도 쓰인다. 원 인도·유럽어 어근인 '웩*weg-'은 원래 '강하다', '살아 있다'라는 의미였다. 이 어원에서 유래한 라틴어 '위길리아vigilia'(영어의 vigil)는 '저녁의 한 기간'을 의미한다. *weg-이 게르만어 어근인 '왁얀*wakjan'으로 변화하여 '야간 경계를 서다', '깨어 있다'라는 의미가 되었다.

watch와 유사한 의미를 지닌 단어가 프랑스어 '옵세르베observer'다. observer는 '준수하다', '고수하다' 혹은 '스스로를 관찰하다'라는 뜻이다. 이 단어는 프랑스어의 조상언어인 라틴어 '오브세르바레observare'에서 유래했다. observare는 '앞에서; 향하여'를 의미하는 ob와, 관찰 대상을 특별한 이유로 '지킨다'는 뜻의 servare가 더해진 단어다. 'observare'에는 그 대상을 삶의 최상위에 두고, 경건하게 지키려는 마음가짐이 담겨 있다.

watch가 대상의 겉모습을 관찰하거나 자기 자신을 관찰하는 행위라면 영어 단어 '퍼시브perceive'는 관찰대상의 내면 혹은 자신의 속마음을 가만히 들여다보는 행위다. 곧, watch가 눈으로 보는 행위이고 perceive는 마음으로 보는 행위다. perceive는 오감을 모두 동원하여 철저하게per- 대상의 감추어진 핵심이나 원칙을 장악하는 ceive(〈*capere 잡다) 행위다. 즉 perceive는 꿰뚫어 본다는 뜻이다.

독일 철학자 하이데거Martin Heidegger(1889~1976)는 《존재와 시간Sein und Zeit》이란 책에서 꿰뚫어 보는 행위에 관해 설명한다. 이때의 보는 행위는 대상을 있는 그대로 보는 활동이자 대상이 존재하는 외적인 상황과 내적인 이유까지 보는 활동이다. 그는 이 개념을 '두르히지히티히카이트Durchsichtigkeit(透視性)'로 표현했다.

천재적인 예술가는 오랜 수련을 거쳐 한순간에 핵심을 본다. 이런 관찰은 후대 예술가의 정신에서도 발견된다. 19세기 프랑스 화가인 외젠 들라크루아Eugène Delacroix(1798~1863)는 제자인 앙리 마티스Henri Matisse(1869~1954)에게 관찰과 통찰의 중요성을 다음과 같이 가르쳤다. "만일 네가 5층 창문에서 1층 바닥으로 떨어지는 사람을 스케치하지 못한다면 너는 위대한 작품을 결코 그리지 못할 것이다." 위대한 화가란 사물의 본질을 한순간에 파악하는 사람이다.

정심의 세 종류

산스크리트어 '프라마나Pramāṇa'는 '올바른', '곧은'이란 의미의 접두어 '프라pra'에 '측정하다', '재다'라는 의미를 지닌 동사 '마mā'와 명사형 어미 '-na'가 붙어 만들어졌다. 프라마나는 '사물을 올바로 인식하기 위한 수단'이란 뜻이다. 포이어슈타인Georg Feuerstein(1947~2012)은 정신의 구성 요소들을 다음과 같이 구분했다.*

(1) 프라마트리pramātṛ - 인식을 시도하는 주체

마음을 가다듬고, 그 대상을 있는 그대로 보려는 인식의 주체다. 정심은 이 능동적인 행위자로부터 시작한다.

(2) 프라메야prameya - 인식의 대상

행위자는 정심을 통해 그 대상을 바라본다. 그 대상이 프라메야다.

(3) 프라마나pramāṇa - 인식의 수단인 통찰

관찰자와 관찰대상이 하나가 되기 위한 인식의 수단이다.

(4) 프라마pramā - 인식

관찰자와 관찰 대상자가 정심을 통해 소통이 일어나는 현상이 인식이다.

(5) 프라만야pramānya - 인식의 타당성

관찰자와 관찰대상자가 소통이 가능하게 만들어주는 내적인 연결성이다.

요가는 통찰을 얻기 위한 지속적인 수련이다. 파탄잘리는 〈삼매품〉 6행에서 통찰만이 편견에 오염되지 않은 생각이라고 밝혔다. 그리고 〈삼매품〉 7행에서 "정심은 인식, 유추 그리고 증언이다"라고 했다. 베단타 전통에서는 통찰의 종류를 인식, 유추, 증언, 비유, 암시, 비非인식으로 구별하나 베단타 전통의 상캬학파와 요가 전통에서는 통찰을 인식, 유추, 증언으로 간략하게 구별한다.

첫째, '인식認識(pratyakṣa)'이다. 직관은 보고, 냄새 맡고, 만지고, 듣

---

* Feuerstein, p. 31.

고, 맛보기, 즉 오감 중 하나 이상을 동원하여 직접 경험으로 얻는 올바른 지식이다. 내가 로마 황제 마르쿠스 아우렐리우스의 《명상록》을 안다는 것은, 사실상 내가 그 책을 오랜 시간 눈으로 읽고 손으로 책을 만지고 머리로 책의 내용을 이해했다는 뜻이다. 만일 내가 '김치찌개'를 안다면, 나는 그 음식을 후각, 미각, 촉각을 통해 직접 경험했다. 상캬 철학은 '통찰' 중 '직관'을 유추나 증언보다 우위에 둔다. 유추나 증언은 직접 경험인 직관을 근거로 하기 때문이다.

인도 서사시 《마하바라타》와 《베다》를 집대성한 비야사는 직관으로 판단하는 대상에는 두 가지 속성이 있다고 설명한다. 하나는 그 대상만이 지닌 개별적 특성viśeṣa이며 다른 하나는 그 대상이 다른 대상과 공유하는 보편성sāmānya이다. 잔잔한 물결에 반영된 달의 모습을 호수에서 보았다고 가정해보자. 그 생김새를 직접 눈으로 보았다고 할지라도 그것을 달의 참모습이라고 판단하지는 않는다. 나는 왜곡된 한순간의 개별적인 달뿐 아니라 밤하늘에 뜬 왜곡되지 않은 보편적인 달 또한 관찰한다. 이 두 가지 모두가 직관이다.

둘째, 유추anumāna다. 유추는 대상을 관찰하면서 비가시적인 것을 이성적으로 추측하는 정신작용이다. 예를 들어 먼 산에서 연기가 솟아오르는 것을 봤을 때, 그곳에서 불이 일고 있다는 사실을 유추할 수 있다. 직접 불을 목격하진 않았지만 연기를 통해 불의 존재를 가정할 수 있다. 이 유추를 가능하게 하는 끈이 바로 수반성vyāpti이다. 연기는 불을 수반하지 물을 수반하지는 않는다.

셋째, 증언āgama이다. 증언은 믿을 만한 사람의 말이나 믿을 만한 증거에 근거한 지식이다. '믿을 만한 사람'은 환각, 나태, 어리석음과 같은 흠이 없는 사람이다. 그의 말은 내 귀로 들어와 올바른 정보로 수용된다. 그런데 증언을 의미하는 산스크리트어 단어 '아가마āgama'는 '지금까지ā 내려온gam 것', 즉 전통을 뜻한다. 이렇게 만들어진 가장 권위 있는 전통이 바로 경전이다. 불교에서는 입으로 전해 내려온 경전 모두를 아함경阿含經'이라고 부른다. 인도철학의 주류 학파인 베단타는 아가마, 즉 경전을 사물에 대한 가장 올바른 지식을 획득하게 하는 기준이라고 여긴다.

하지만 파탄잘리는 《요가수트라》에서 힌두교 경전을 한 구절도 인용하지 않는다. 그는 힌두교 경전을 포괄하는 증언을 가변적인 치타브리티의 일부로 여겼다. 또한 통찰의 마지막 단계에 증언을 배치하여 구전 전통의 베다를 가장 중요한 경전으로 여기는 힌두 철학에 정면으로 도전했다.

통찰은 일상의 재발견으로 획득된다. 일상을 재발견하려면 자신이 관찰하는 대상을 지속해서 보는 수련이 필요하다. 요가는 일상 중의 일상인 자신의 마음을 응시하는 수련이다. 당신은 대상을 그저 보는가 아니면 꿰뚫어 보는가?

경구 8

착각이란 무엇인가?

विपर्ययो मिथ्याज्ञानमतद्रूपप्रतिष्ठम्

viparyayo mithyājñānamatadrūpapratiṣṭham

비파르야요 미트야즈냐나마타드루파프라티스탐

직역 "착각은 자신의 모습이 아닌 것에 기반을 둔 거짓된 지식이다."

의역 "다섯 가지 잡념 가운데 두 번째인 착각은 본연의 자신의 모습이 아닌 다른 것에 기반을 둔 거짓된 지식이다."

viparyayaḥ mithyā-jñānam-atad-rūpa-pratiṣṭham

viparyayaḥ	명사(m.sg.nom)	착각 ◂ vi + pari + ī 가다
mithyā	형용사(m.sg.nom)	거짓된 ◂ mith 갈등하다
jñānam	명사(n.sg.nom)	지식 ◂ jñā 알다
atad	대명사(n..sg.nom)	그것이 아닌 것 ◂ a 부정사+ tad 지시대명사
rūpa	명사(n.sg.nom)	모습
pratiṣṭham	명사(n.sg.nom)	확고부동한 것, 기반 ◂ prati –대항하여 + sthā 서다

오래전 영국 옥스퍼드대학교의 고전학 교수 로빈 레인 폭스Robin Lane Fox(1946~)를 서울대학교로 초청하여 '성서와 기독교 사상의 이해'라는 교양수업의 특강을 부탁한 적이 있었다. 폭스 교수는 고대

그리스와 로마 시대의 위인을 다룬 평전 저자로 유명하다. 그가 스물일곱 살 때 쓴 《알렉산더 대왕Alexander the Great》이란 책은 미국의 영화감독 올리버 스톤Oliver Stone(1946~)을 감동시켜 영화 〈알렉산더〉로 2004년에 재탄생했다. 폭스 교수가 2015년에 발표하고 한국에서 2020년에 출판된 《아우구스티누스: 역사상 가장 위대한 고백Augustine: Conversions and Confessions》은 서양 그리스도교 교리의 근간을 마련한 아우렐리우스 아우구스티누스Aurelius Augustinus(354~430)에 대한 고전이다. 나는 화창한 4월의 봄날, 연구실에서 그를 맞이했다. 해리 포터 안경을 쓴 건장한 노신사였다. 내가 상상했던 유약한 서양 고전학자의 모습과는 사뭇 달랐다. 일생 운동으로 몸을 단련한 영국 귀족의 기품이 풍겨 나왔다.

폭스 교수와 나는 제법 멀리 떨어진 강의실로 가려고 연구실에서 나와 15분 정도 걸었다. 4월 관악산엔 꽃이 만발했다. 꽃잎들이 흩날려 짧은 산책이 즐거웠다. 나는 폭스에게 관악 교정이 산 중턱에 있어 공기도 좋고 나무도 많다며 어색하게 말을 건넸다. 그러자 폭스는 연구실에서 강의실로 가는 길에 있는 나무들의 라틴어 학명을 내게 설명해주었다. 16년 동안을 그저 나무로만 알고 지나쳤던 내가 '아는' 나무는 한 그루도 없었다. 폭스는 식물의 이름을 하나하나 알려주며 내게 그들의 존재감을 심어주었다. 개별 나무가 이름을 가진 특별한 존재가 된 순간이었다. 세상에 개념으로서의 '나무'는 없는 것처럼 '사람'도 실제로 존재하지 않는 추상 개념이다. 거기에는 철수 혹은 영희와 같은 개별 인간이 있을 뿐이며, '사람'은 개인을 포괄하는 개념일 뿐이다.

나는 폭스에게 물었다. "당신은 고전학 교수가 아닙니까? 나무와 꽃에 대해 그렇게 자세히 알고 있는 이유를 모르겠습니다." 그는 웃으며 대답했다. "왜 그러면 안 되는가? 고전학 교수는 도서관 안에서 먼지 나는 그리스 파피루스만 뒤져야 하는가?" 옥스퍼드대학교 고전학 교수에 대해 내가 가졌던 이미지는 허상이었다. 나는 그 교수가 두꺼운 안경을 끼고 꾸부정하게 앉아 도서관에서 남들은 전혀 보지 않는 오래된 책을 읽는 사람일 거라고 기대했다. 움베르토 에코Umberto Eco(1932~2016)의 《장미의 이름Il nome della rosa》에 등장하는 도서관 수사와 같은 모습을 상상했기 때문이다.

폭스가 일간지 〈파이낸셜 타임스Financial Times〉에 일주일에 한 번 원예 칼럼을 쓴다는 사실을 그때 알게 되었다. 그는 *Better Gardening*(1982)과 *Variations on a Garden*(1986)이라는 책을 저술한 원예 전문가였다. 그는 *Thoughtful Gardening: Great Plants, Great Gardens, Great Gardeners*(2010)란 책 또한 출간했다.

게다가 말 타는 솜씨는 거의 승마 선수 수준이라 영화 〈알렉산더〉에서 말을 타는 마케도니아 대장으로 출연했다. 나는 폭스를 고전학만 연구하는 사람이라고 단정하고 있었다. 폭스는 자신이 하고 싶은 분야에 몰두하는 학자였다. 또한 나는 오랜 세월 보고 느끼고 향기를 맡아온 연구실 근처 나무들과 꽃들을 잘 안다고 착각하고 있었다. 하지만 오히려 교정을 딱 한 번 방문한 폭스 교수가 관악산 식물들을 더 많이 알고 있었다. 나는 무엇을 아는가? 내가 잘 알고 있다고 생각하는 분야를 나는 정말 알고 있는가?

개념

폭스는 알고 있었지만 내가 알지 못한 것은 무엇인가? 관악 교정에 있는 똑같은 나무와 꽃을 관찰했지만 폭스는 알았고 나는 몰랐던 근본적인 이유는 무엇인가? 폭스는 관찰 대상을 마음속에 안착시키기 위해 그 대상이 안주할 수 있는 범주를 구축했다. 그 후 그 범주 안에 속한 다른 개별 대상들 간의 공통점과 차이점을 추론했다. 이 과정에서 그의 마음속에는 유일무이한 개별 범주가 생겨났을 것이다. 이 범주는 다른 말로 '개념'이며 범주를 마련해 나가는 과정이 바로 공부다.

개념이란 뜻의 영어 단어 '컨셉션conception'을 살펴보면 그 의미가 확연히 드러난다. conception은 '~와 함께'란 의미의 라틴어 접두어 'con'과 '장악하다', '포획하다'란 의미의 동사 'capere'의 합성어다. conception을 어원의 의미를 살려 번역하자면 다음과 같다. 유사한 의미의 다양한 생각 조각을 하나의 범주에 가둔 추상적인 생각이다. 공부란 세상을 해석하는 다양한 개념을 가지는 수련이다. 만일 마당에 있는 나무를 쳐다보기만 하고 그 나무가 속한 범주를 알지 못한다면 그 나무를 진정으로 아는 것이 아니다. 개념은 우리가 어떤 생각을 독자적인 의미로 발전시킬 수 있는 정신적 태아胎兒다. 실제로 'conceptus'라는 라틴어 단어는 임신 기간에 주변의 다른 세포조직으로부터 자신을 보호하고 자라나는 태아를 의미한다.

마음속에 범주와 개념이 존재하지 않는다면 나는 내가 지니고 있던 유사한 범주에 대상을 억지로 끼워 맞출 것이다. 우리는 흔히 경험하지 못한, 경험했다 하더라도 건성으로 이해한 어떤 사실을 오랫동안 간직해온 범주 안에 끼워 맞춰 이해한다. 특히 좌우 이데올로기에 안주하는 정치가나 종교근본주의자가 그러하다. 이들이 세상을 보는 눈은 딱 두 가지다. 나와 너, 선과 악, 백과 흑, 남과 북, 남과 여, 노인과 젊은이, 천당과 지옥, 원인과 결과 그리고 내 편과 네 편이다. 이들은 단순한 이분법을 넘어선 현상마저 자신의 편견 속에서 이해한다. 현상이 지닌 고유한 위치를 말살하고 이분법적 무지를 강화한다. 이것이 바로 '착각'이다.

착각

외부를 있는 그대로 보는 실력인 통찰을 발휘하려면 인식 범주인 지식이 있어야 한다. 지식이란 무엇인가? 내가 어떤 사실을 안다는 것은 무엇을 의미하는가? 앎은 동물이기도 한 인간을 인간답게 만드는 유일한 가치다. 인간은 앎을 통해 동물에서 신적인 존재로 변한다. 서양인이 앎을 표현한 단어는 다음 두 가지가 대표적이다.

먼저 중동지방에 역사 이전 시대부터 살고 있었던 셈족은 앎을 야다아*yada'a라는 개념을 통해 설명했다. '안다'라는 의미의 이 단어는 정신적인 활동만을 지칭하는 용어가 아니다. 야다아는 수많은 시행착오를 동반한 시도를 통해 어떤 것을 깊이 이해하게 된 지혜다.

야다아는 보기에는 상반되는 의미를 모두 지니고 있다. 야다아의 첫 번째 의미는 '경험하다', '섹스하다'다. 〈창세기〉 4장은 '아담이 그 아내 하와와 동침하매 하와가 잉태하여 가인을 낳았다'라는 문장으로 시작된다. 이 문장에서 '동침하다', '성관계를 맺다'에 해당하는 히브리어는 야다아에서 파생한 '야다yāda''다. 두 번째로는 '어떤 대상을 깊이 알다'라는 뜻이다. 〈잠언〉 1장 7절에 다음과 같은 문장이 등장한다. "주를 경외하는 것이 지식의 근본이다." 이 문장에서 야다의 명사형인 '다아쓰da'ath'가 '지식'이란 의미로 사용되었다. 배움은 삼라만상을 생전 처음 보는 것처럼 두려운 마음으로 살피는 것에서 시작한다. 셈족 어에서 지식은 경험을 통해 서서히 생기는 삶에 대한 분명한 이해다.

인도·유럽인들은 '지식'을 '그네흐*ǵneh₃'라고 표현했다. 그네흐라는 어근은 '어떤 대상을 인식하고 알고 있는 상태'를 의미한다. 예를 들어 운전할 줄 안다는 말은 운전해본 경험이 있어 실제로 운전대를 잡았을 때 기억을 되살려 차를 제대로 움직일 수 있다는 의미다. 그네흐가 고대 그리스로 들어와 '그노시스gnosis'로, 게르만어군에서는 영어 '노우know', 독일어 '켄넨kennen', 산스크리트어 '즈냐jñā'가 되었다. jñā는 '알다', '인식하다', '이해하다'라는 의미다.

파탄잘리가 꼽은 다섯 가지의 잡념 중 정심과 착각은 직접경험을 통해 생기는 생각의 유형들이다. 대상에 대한 정확한 인식을 정심이라 부르고, 부정확한 인식을 착각이라 부른다. 비파르야야viparyaya는 어떤 대상을 보았으나 관찰자가 대상을 보고 싶은 대로 보고 그것이 진리라고 착각하는 생각이다.

착각을 뜻하는 산스크리트어 '비파르야야viparyaya'는 부재不在를 의미하는 접두어 '비vi-'와 수련하는 자가 반드시 가야 하는 길인 '파르야야paryaya'가 결합한 단어다. 착각이란 내가 갈 수 있는 더 좋은 길을 가기를 주저하고 과거의 노예가 되어 거룩한 길을 잃어버린 상태다. 나를 엄습하는 순간은 새로운 시도를 요구한다. 그러나 새로운 길이 보이지 않고, 길을 만들 생각도 없는 절망적인 상황에서 할 수 있는 행위란 진부한 과거의 길로 다시 들어서서 구태의연한 범주 안에 지금 상황을 강제로 몰아넣는 것이다.

착각은 자신의 모습이 아닌 다른 사람의 모습에 안주하는 습관이다. 파탄잘리는 이 습관을 '아타드루파 프라티스탐atadrūpa pratiṣṭham'이라고 표현했다. 자신이 열망하는, 자신에게 감동적인 모습rūpa이 아닌 것atad에 안주하는 행위pratiṣṭha에는 몰입도, 신명도 없다. 거짓을 뜻하는 산스크리트어 'mith-' 는 '소문에 의존하여 진정한 자아와 갈등을 빚는 상태'를 의미한다. 직접경험을 통해 얻은 지식을 근거로 하지 않거나 내면의 소리에 귀 기울이지 않을 때, 다른 사람의 말에 의존하게 된다. 파탄잘리는 이러한 거짓 지식, 착각이 우리를 본연의 모습에 안주하지 못하게 하며 불안에 빠뜨린다고 설명한다.

경구 9

개념이란 무엇인가?

शब्दज्ञानानुपाती वस्तुशून्यो विकल्पः
śabdajñānānupātī vastuśūnyo vikalpaḥ
샤브다즈냐나누파티 바스투슌요 비칼파하

직역 "개념은 실제 대상이 없는 말과 지식의 결과다."

의역 "다섯 가지 잡념 가운데 세 번째인 개념은 실제로는 대상이 없이 비어 있고 말과 지식으로만 존재한다."

śabda-jñāna-anupātī vastu-śūnyaḥ vikalpaḥ

śabda	명사(m.sg.nom)	소리, 말, 단어
jñāna	명사(n.sg.nom)	지식 ◂ jñā 알다
anupātī	형용사(m.sg.nom)	따르는 ◂ anu + pat 떨어지다
vastu	명사(n.sg.nom)	물건, 대상, 항목 ◂ vas 살다, 거주하다
śūnyaḥ	명사(m.sg.nom)	빔, 공 ◂ śvi 부풀다
vikalpaḥ	명사(m.sg.nom)	개념, 허상 ◂ vi + kḷp 알맞다

인간은 자신이 경험하고 관찰하는 세계를 언어로써 인식하고 소통한다. 언어란 공동체 구성원들이 오랫동안 상호소통을 하며 만든 약속이다. 소수의 유인원은 정교한 기호체계로서의 언어를 만드는

과정을 거쳐 호모 사피엔스가 되었다. 언어는 전달하려는 바를 시각적으로 표현한 문자 혹은 음성 기호다. 예를 들어 한국인은 갯과에 속하는 일련의 동물을 고양잇과에 속하는 포유류와 구별해 '개'라고 부른다. 그러나 개 자체를 개라는 개념과 동일시할 수는 없다. 미국인이나 영국인은 같은 대상을 가리켜 'dog'라고 부른다. '개'나 'dog'란 이름은 사람들이 소통하려고 편의상 붙인 낱말이다. 이는 실재하는 개와는 상관없이 사람이 임의로 칭할 뿐이다. 인간은 자신이 태어난 곳의 지역 공동체가 오래전에 만든 언어, '기호'를 매개로 사고할 수밖에 없다.

기호는 공동체가 만든 언어, 이미지, 소리, 냄새, 맛, 행동 혹은 물건 등이다. 이것은 그 자체로는 본질적인 의미가 없다. 이누이트인들에게는 하늘에서 내리는 '눈'을 표현하는 단어가 수십 개 있지만 '모래'를 표현하는 단어는 하나밖에 없다. 반대로 사하라 사막에 사는 아프리카인들에겐 '모래'를 지칭하는 수십 가지 단어가 있지만, '눈'을 지칭하는 단어는 하나뿐이다. 인간이 공동체 안에서 대상에 특별한 의미를 부여할 때, '기호'가 탄생한다. 스위스 언어학자 페르디낭 드 소쉬르Ferdinand de Saussure(1857~1913)에 따르면, 기호는 두 가지 요소로 구성되어 있다. 기호의 형태, 예를 들어 '개'라는 소리와 문자 이미지를 '기표記標'라고 불렀으며 '개'라는 개념을 '기의記意'라고 불렀다. 이 두 가지 요소가 모두 있을 때 기호가 성립된다. '개'의 존재와 개념이 없다면 '개'라는 소리와 문자는 어떤 의미도 전달하지 못한다. 반대로 '개'라는 소리와 문자가 없다면 짖고 꼬리를 흔드는 갯과의 동물을 의미망 안에서 포착할 수 없다. 사람들은 제각기 '개'라는 말을 듣거나 문자를 보았을 때, '개'라는 개념과 관련된 심리적 이미지를 떠올린다. 누군가는 특정한 개, 예컨대 '진돗개'의 모습을 떠올릴 것이다.

소쉬르의 기호이론을 수용하여 '신'이란 기호에 대해 생각해보자. 인류 최초의 문자를 발명한 수메르인들은 '신'이란 개념을 물질로 표현해냈다. 그들은 신의 속성을 가장 잘 표현한 가시적 대상을 '별'이라고 생각했다. 별은 낮에는 보이지 않지만 밤에는 어김없이 보인다. 인간은 높은 곳에 떠 있는 별을 볼 수 있지만 다가갈 수는 없다. 신은 그들에게 별과 같은 존재였다. 그들은 쐐기문자 𒀭로 '신'을 표기하고 '딩길dingir'이라고 발음했다. 문자 이미지 𒀭과 음성 '딩길'은 기표다. 그들은 '신'이라는 기의를 문자와 음성으로 표현했다.

수메르는 기원전 20세기경 이란에서 침공한 엘람인들과 시리아에서 몰려온 바빌로니아인들에 의해 멸망했다. 바빌로니아인들은 수메르 문자인 𒀭을 그대로 사용하면서도 자신들이 속한 셈족의 언어로 '일룸ilum'이라고 발음했다. 바빌로니아인들과 수메르인들은 '신'이라는 동일한 대상을 두고 다르게 발음한 것이다. 영어로는 'God', 한자로는 '神', 한국어로는 '하느(나)님'이라고 발음된다.

개념

파탄잘리는 〈삼매품〉 6행에서 생각하는 방식을 다섯 가지로 나누었다. 그중 정심과 착각은 관찰 대상이 존재한다. 마음 상태에 따라 관찰자는 사물의 핵심을 간파하거나 관찰 대상을 자신이 보고 싶은 대로 본다. 파탄잘리는 통찰과 착각 다음으로 개념과 미몽을 소개한다. 이 두 가지 생각의 방식은 관찰 대상이 없다는 특징이 있다. 파탄잘리는 대상이 없는 상태에서 '언어'로만 존재하는 개념과 '언어'로도 존재하지 않는 미몽에 대해 설명한다.

또한 파탄잘리는 〈삼매품〉 9행에서 '개념' 혹은 '망상'으로 흔히 번역되는 비칼파에 대해 다음과 같이 정의한다. "비칼파는 실제로는 비어 있고 말로만 존재하는 지식이다." 파탄잘리는 개념을 '실제로는 존재하지 않는 것'으로 정의한다. '실재'라는 산스크리트어 단어 '바스투vastu'는 세상에서 고유한 자리를 차지하여 오감으로 확인할 수 있는 물건을 말한다.

우리에게 우주는 오감으로 느낄 수 있는 실재다. 우주가 존재하기 전의 상태를 '공허'라고 부른다. 공허란 존재 이전의 상태인 무無의 상태 혹은 질서 이전의 혼돈 상태다. 산스크리트어 '슌요śūnyo'는 공허란 뜻이 내포된 전치사로 '~이 없는 상태'다. 그러므로 '바스투-슌요vastu-śūnyo'는 '실재가 없는 상태'라는 뜻이다. 소쉬르의 용어를 빌리자면 허상은 기의가 없다. 9행의 첫 구절은 세 단어로 구성된다. 이 단어들은 '말'을 의미하는 '샤브다śabda', '지식'을 의미하는 '즈냐나jñāna' 그리고 '따르는' 혹은 '의존하는'이란 의미의 '아누파티anupātī'다. 이 구절을 번역하면, '(개념은 실재가 없는) 말에 의존하는 지식'이라는 뜻이다. 말로는 존재하지만 실재가 없거나 행동으로 이어지지 않으면 거짓이 된다.

바빌로니아의 창조신화인 《에누마 엘리쉬Enûma Eliš》는 기원전 17세기에 아카드어로 기록되었다. 이 신화는 태고의 두 신인 바다의 여신 '티아마트Tiamat'와 유프라테스강과 티그리스강의 남신인 '압수

Apsu'가 뒤엉키는 혼돈을 묘사하는 신화로 시작된다. 일곱 개 토판문서로 기록된《에누마 엘리쉬》의 제1 토판의 첫 다섯 행은 다음과 같이 번역된다.

> 높은 곳에서는 하늘이 이름 붙여지지 않았고
> 아래에서는 땅이 이름이 불려지지 았을 때
> 우주의 모든 것을 낳은 모체 티아마트 여신(바닷물)과
> 모든 것들을 배태한 태고의 압수 신(강물)이
> 서로의 물을 하나로 뒤섞고 있었다.

우주가 창조되기 전 공허를 장악한 두 신이 티아마트와 압수다. 아직 인간이 창조되지 않은 때였기에 작은 신들이 강제 노역을 하고 있었다. 작은 신들은 천상의 신들에게 자신들을 억압하는 티아마트와 압수를 물리쳐 달라고 간청한다. 하지만 천상의 신들은 티아마트의 폭력성에 겁을 먹고 벌벌 떨고 있었다. 그때 젊은 영웅 마르두크Marduk가 등장한다. 그는 자신만이 티아마트를 무찌를 수 있다고 장담한다. 천상의 신들은 그의 말을 믿지 못하고 그를 시험한다. 신들은 하늘의 별들을 원래의 자리에서 빼내 어지럽게 펼쳐놓는다. 그들은 마르두크에게 말한다. "네가 신이거든, 너의 말로써 이 별들을 원래의 상태로 되돌려 놓아라!" 마르두크가 별들에게 "정렬되어라!" 하고 말하니 별들이 제자리로 돌아갔다. 그러자 신들은 마르두크를 찬양하며 최고신으로 모신다. 결국 신은 자신의 말로 우주를 움직이는 자다.

빛이 있으라

말은 행동이며 행동은 말이다. 말은 사건이며 사건은 말에서 비롯된다. 유대인들은 기원전 6세기에 기록된 우주 창조 이야기인 〈창세기〉 1장 3절에서 말의 중요성을 다음과 같이 표현했다. "신이 '빛이 있으라' 하고 말하니 빛이 생겼다." 신은 자신의 말을 실제 사건으로 만든다. 신에게 말은 곧 사건이다. '말하다'라는 뜻의 히브리어 단어는 '아마르amar'다. 이 단어의 심층적인 의미는 히브리어보다 훨씬 이전에 등장한, 아카드어에서 찾을 수 있다. 어근이 같은 아카드어 동사 '아마룸amārum'의 가장 기본적인 의미는 '나타나게 하다', '보이게 하다'다. 말이란 행동으로 가기 위한 첫 단계다. 말은 행동으로 완성된다. '행동'으로 완수되지 않는 말은 거짓이다. 따라서 "신이 '빛이 있으라' 하고 말하니 빛이 생겼다"라는 문장은 신의 속성을 가장 잘 드러낸다.

그리스도교에서는 말이 실제의 사건이 된 일을 '성육신成肉身'으로 설명한다. 고대 그리스 철학자 아리스토텔레스Aristoteles(기원전 384~기원전 322)는 기원전 4세기에 이미 연습이란 의미를 지닌 그리스어 '프락시스praxis'를 통해 이데아의 세계에만 존재하는 개념이 구체적인 사건이 되는 과정을 설명했다. 《신약성서》 〈요한복음〉 1장은 이렇게 시작된다. "태초에 말이 있었다." 그 말이 예수라는 인간의 모습으로 세상에 왔다는 것이 그리스도교의 교리다.

파탄잘리가 언급하는 비칼파는 허상뿐만 아니라 상상도 의미한다. 허상과 상상을 굳이 구별하자면 다음과 같다. 허상이 구체적인 물건이나 사건으로 전환될 수 없는 수동적이며 비관적인 공허라면 상상은 실제로 변환 가능한 적극적이며 긍정적인 공허다.

인류는 오래전부터 오감의 도움 없이 상상을 통해 미래를 개척했다. 상상은 인간이 당면한 문제를 풀 수 있는 실마리를 제공한다. 상상하려면 먼저 이야기를 듣는 수련이 기본이다. 이야기 속의 단어들이 듣는 이에게 자신이 경험하지 못한 판타지를 상상하게 한다. 1905년 스위스 베른의 특허청에 근무하던 알베르트 아인슈타인 Albert Einstein(1879~1955)은 '사고실험'이라는 상상을 통해 그 당시 과학의 신이라고 추앙받던 아이작 뉴턴Isaac Newton(1643~1727)의 만유인력이론을 반박하고 나섰다. 1320년 단테는 누구도 동의하지 않고 경험할 수도 없고 상상할 수도 없는 지옥, 연옥, 천국의 경험을 100편의 시로 써서 서사시를 완성했다. 그 작품이 바로 《신곡》이다. 단테의 이 상상이 중세시대를 끝내고 르네상스 시대로 가는 길을 열었다고 평가된다.

자신에게 감동하는 자신, 푸루샤를 가지고 있다면 그는 다른 사람이 규정한 과거의 개념에 사로잡히는 허상을 초월할 수 있다. 나는 우주적인 자아를 발견했는가? 아니면 남들이 정해놓은 말이라는 개념에 나를 가두고 있는가?

경구 10

잠이란 무엇인가?

अभावप्रत्ययालम्बना वृत्तिर्निद्रा

abhāvapratyayālambanā vṛttirnidrā

아바바프라트야얄람바나 브리티르니드라

직역 "잠은 실체 없는 것을 기반으로 만들어진 인식의 소용돌이다."

의역 "다섯 가지 잡념 가운데 네 번째인 미몽은 실체 없는 것을 실재처럼 인식하는 것이다."

abhāva-pratyaya-ālambanā vṛttiḥ-nidrā

abhāva	명사(m.sg.nom)	실체가 없는 것 ◂ a 부정접두어 + bhāva ◂ bhū 되다, 존재하다
pratyaya	명사(m.sg.nom)	인식 ◂ prati + ī 가다
ālambanā	명사(f.sg.nom)	기초 ◂ ā + lamba 기초 ◂ lamb 기대다
vṛttiḥ	명사(f.sg.nom)	잡념, 동요, 집착, 파도, 물결, 소용돌이 ◂ vṛt 소용돌이치다
nidrā	명사(f.sg.nom)	잠: 미몽(경구 6 참조) ◂ ni 앞으로 깊숙이 + drā 자다

새로운 나를 발굴하고 그런 나를 위해 최선을 다해 인생을 살기 위해 먼저 해야 할 임무가 있다. 아니, '가장' 먼저 해야 할 임무가 있다. 바로 나의 말과 행동을 장악해온 무의식적 습관, 굳어진 '과거의

나'를 버리는 것이다. 이 과정에서 유일한 적폐 대상은 이 문제를 인식하지 못하는 나 자신이며, 문제 해결의 당위성과 시급함을 인정하지 못하는 나다. 그들은 지금을 살지 못하고 과거를 기준 삼아 과거에서 산다. 참신한 지금과 미래를 진부한 과거로 뒤덮는다. 그런 사람, 그런 사회엔 신명도, 창의성도 없다.

지금을 인식하며 살기 위해 과거에 사로잡혀 어영부영 세월을 보내는 나를 깨워야 한다. 나는 지금 과거가 정해준 꿈을 이루려고 그 꿈을 따라 살고 있는가? 아니면 지금을 인식하고 현실 속에서 자각의 삶을 살고 있는가? 나는 육체와 오감이 있는 동물인가? 아니면 나는 컴퓨터나 핸드폰 안에서 살며 그 기계 안의 다른 존재들과 소통하는 기호로만 존재하는가? 나는 누구이며 지금 글을 쓰고 있는 내가 나라는 증거는 무엇인가?

파탄잘리는 인간의 생각을 다섯 가지 유형으로 구분했고, 그 유형들 가운데 경험에 의존하지 않는 생각 두 가지를 소개했다. 하나는, 자신이 어떤 것을 오감으로 경험한 적이 없는데도 자신이 경험했다고 착각하며 실재라고 생각하는 '개념' (〈삼매품〉 9행)이다. 다른 하나는, 인간 삶의 3분의 1을 차지하는 수면에서 경험한 것을 실재라고 여기는 '미몽'(〈삼매품〉 10행)이다. '미몽'이란 용어가 꿈에 초점이 맞춰져 있어 필자는 다른 용어를 사용할 것이다. 꿈을 꾸면서 그것을 꿈이라고 스스로 생각하는 행위를 '몽자각夢自覺'이라고 부르겠다.

19세기 말 지그문트 프로이트Sigmund Freud(1856~1939)는 《꿈의 해석Die Traumdeutung》에서 의식이란 인간 마음속 깊은 곳에 존재하는 거대한 빙산과 같은 무의식 세계의 한 귀퉁이일 뿐이라고 주장했다.

꿈에 해당하는 한자 '몽夢'의 의미는 부정적이다. 저녁[夕]이 되어 어느 것도 분명하게 볼 수 없는 상태[瞢]가 꿈이다. 꿈이란 개념의 부정적 의미는 서양 문화권에도 존재한다. 꿈에 해당하는 영어 단어 '드림dream'이나 독일어 단어 '트라움traum'은 모두 영어와 독일어가 속하는 게르만어의 어원 '드라우*drau-'에서 유래했다. '드라우*drau-'의 본래 의미는 '속임', '환상'이다. '속이다'라는 독일어 동사 '트뤼겐trügen'도 이 어원에서 유래했다.

'꿈'이 영어나 독일어에서 '속이다'라는 의미가 된 이유를 역사적으로 더 거슬러 올라가 살펴보면 인도 산스크리트어와 이란 아베스타어에서 찾을 수 있다. 영어와 독일어가 속한 게르만어가 등장한 시기는 기껏해야 4세기지만, 산스크리트어와 인도·이란어의 등장 시기는 그보다 약 1,600년 앞선 기원전 12세기였다. 이란에서 사용된 가장 오래된 언어인 아베스타어는 기원전 7세기 예언자 자라투스트라가 집대성하여 창시한 조로아스터교의 경전 언어다. dream과 같은 어원에서 나온 아베스타어 '드루즈druj'는 한자 몽夢처럼 '어둡다'라는 의미다.

조로아스터교 창조신화는 태초에 두 신이 있었고 이들이 경쟁했다는 내용을 담고 있다. 밝음, 따뜻함, 생명을 의미하는 질서의 신인 '아후라 마즈다Ahura Mazda'와 어둠, 차가움, 죽음을 의미하는 혼돈의 신인 '앙그라 마이뉴Angra Mainyu'가 우주의 패권을 놓고 용호상박한다. 선신인 아후라 마즈다는 진리인 '아샤aša'를 상징하고, 악신인 앙그라 마이뉴는 거짓인 '드루즈druj'를 상징한다. 아샤는 우주의 있는 그대로의 모습이며, 드루즈는 그 모습을 대상으로 만든 허상이다. 다시 말해 드루즈는 어둠이자 거짓이다.

니드라

'니드라nidrā'는 산스크리트어로 '수면', '숙면'이란 의미로 드루즈와 같은 어원인 '드르dr-'에서 왔다. 니드라는 '앞으로 깊숙이'라는 의미를 지닌 접두사 '니ni'와 '잠자다'라는 의미를 지닌 '드라drā'가 결합한 말이다. 파탄잘리는 생각의 넷째 유형으로 니드라를 제시하고, '잠으로 깊숙이 들어가 자신이 오감으로 경험한 세계를 실재라고 착각하는 꿈'이라고 설명한다. 인도 신화에서 우주의 원칙을 아베스타어 아샤와 같은 어원에서 유래한 산스크리트어 '리타ṛta'라고 부른다. 리타는 흔히 '우주의 질서' 혹은 '진리'로 번역된다. 니드라는 신화적으로 우주의 질서를 희미하게 만들고 거짓을 진실처럼 보이게 하는 허상이다.

네덜란드의 정신과 의사 프레데릭 반 에이던Frederik van Eeden(1860~1932)은 〈꿈의 연구A Study of Dreams〉(1913)라는 제목의 논문을 발표한다. 이것은 잠자는 사람이 자신이 꿈을 꾸고 있다는 사실을 알게 되는 신기한 현상에 대한 논문이다. 그는 자신이 연구한 352가지 꿈의 사례 가운데 특별한 형태의 꿈을 따로 분류해냈다. 그는 영어 단어 '루시드lucid'를 사용하여 그 꿈을 설명한다. 루시드는 '빛'을 의미하는 라틴어 단어 '룩스lux'에서 파생된 단어로 '밝은', '선명한'이란 뜻이다. 그러므로 '어둠' 혹은 '불투명'이란 의미가 내포된 '드림'과 연결하여 만든 말 '루시드 드림lucid dream'은 형용 모순이지만 그 꿈의 특징을 가장 잘 설명하는 표현이기도 하다.

루시드 드림은 동양에서 '자각몽'이라고 번역되었다. 자각몽은 자신이 꿈을 꾸고 있다는 사실을 인식하지 못하는 꿈과 차이점이 있다. 자각몽은 자신이 꿈을 꾸고 있다는 사실을 알기 때문에 꿈의 내용이 일정하다. 자각몽은 깨어 있는 상태와 거의 유사하여, 자신이 깨어 있는지 혹은 자면서 꿈을 꾸고 있는지 구별하기 어렵다. 이것은 장자가 꿈에서 나비가 되어 훨훨 날아다닌 것이 자신의 꿈인지 아니면 나비의 꿈인지 혼동했다는 '호접몽胡蝶夢'과 내용이 유사하다.

경전에 등장하는 성인들의 영적 경험은 거의 자각몽이다. 모세가 호렙산에서 보았다는 '불타는 가시덤불'과 무함마드가 부라크Buraq라는 말을 타고 하늘로 올라갔다는 경험을 일컫는 '권능의 밤'이 그 예들이다. 그리고 아우구스티누스가 영적인 눈으로 본 천상의 예루살렘으로 가는 순례 과정을 적은《신국론De Civitate Dei》과 단테가 베르길리우스Publius Vergilius Maro(기원전 70~기원전 19)와 함께 보았다는 지옥을 묘사한《신곡》모두 자각몽의 기록들이다. 아리스토텔레스도 자각몽에 대해 말한다. "꿈을 꾸면서 자신에게 펼쳐진 세계가 꿈이란 사실을 아는 특별한 인식이 있다."

자각몽에 대한 가장 상세한 내용은 아우구스티누스가 415년에 기록한 한 이야기에 등장한다. 아우구스티누스는 카르타고의 의사 겐나디우스Gennadius를 인용하면서 자각몽을 다음과 같이 소개한다. 겐나디우스가 꿈에서 신비한 소년을 만난다. 그가 "당신의 몸은 지금 어디 있습니까?"라고 묻는다. 겐나디우스는 "내 침대"라고 대답한다. 다시 소년이 "당신의 눈이 몸에 붙어 있고 당신이 눈을 감고 있다는 사실을 나는 압니다. 당신은 이 눈으로 아무것도 볼 수 없습니까?"

라고 묻는다. 겐나디우스는 다시 대답한다. "그렇다." 소년은 다시 말한다. "당신은 눈을 감고 있는데 어떻게 나를 봅니까?" 겐나디우스는 대답한다. "내가 어떻게 보는지 나도 모르겠다." 소년이 어떻게 듣고 어떻게 말하는지 겐나디우스에게 묻자 그는 "나는 귀로 듣고, 말한다"라고 대답한다. 그러나 겐나디우스는 대답하고 나서 이내 혼란에 빠졌고 자신이 그렇게 할 수 있는 이유를 소년에게 묻는다. 그러자 소년이 대답한다. "당신의 오감은 닫혀 있지만 당신은 말하고, 듣고, 보고, 느끼고, 냄새를 맡고 있습니다." 잠에서 깨어난 겐나디우스는 자신의 꿈을 깊이 생각한다. 그리고 육체의 오감으로는 감지할 수 없지만, 정신적·영적인 오감으로 감지할 수 있는 세계가 있음을 알게 되었다.

잠

파탄잘리는 10행에서 니드라를 다음과 같이 설명한다.

> abhāvapratyayālambanā vṛttirnidrā
> 잠은 실체 없는 것을 기반으로 만들어진 인식의 소용돌이다.

이 직역에서 문제가 되는 부분은 '잠nidrā'이다. 잠 자체가 나에게 어떤 허상을 보여주지는 않기 때문이다. 문제는 잠에서 내가 실재라고 착각하는 어떤 것이다. 그러므로 이 문장을 다음과 같이 해석해야 한다. "잠든 이 가운데 이것은 꿈이 아니라고 확신하는 이가 있다. 하지만 꿈에서 본 것은 당연히 실재하지 않으며 오감을 자극하는 꿈의 현상이야말로 허상 중 허상이다. 이는 인간의 본성을 찾지 못하도록 시야를 흐리는 소용돌이와 같다." 착각은 내가 직접 경험하지 못한 것을 자신의 편견으로 만들어낸 것인데, 이 착각보다 더 불분명한 인식이 몽자각이다. 몽자각은 자신의 꿈에서 어떤 대상을 인식하고 있다고 깨닫지만, 그런 깨달음조차 진위를 가릴 수 없는 몽롱한 상태다.

배움은 자신이 알고 있던 세계를 걷어내고, 지금이란 현실을 있는 그대로 보기 위해 시선을 수련하는 과정이다. 그러나 대부분의 사람에게 배움은 자신의 편견을 강화하는 수단일 뿐이다. 내게 붉은색 색안경이 있다고 가정하자. 나는 나 자신의 과거를 통해 세상을 본다. 과거의 관습이 바로 붉은 색안경이다. 이기적 동기를 가진 상태에서 배우면 배울수록 색안경 위에 칠해진 붉은 물감은 더 진해지고 두터워진다. 배운 사람이 대개는 더 무식하다.

몽자각으로 무장한 사람은 꿈을 꾸고 있는 자신을 보면서도, 그것이 꿈이라고 인식하기 때문에 자신은 이미 꿈에서 깨어난 사람이라고 착각한다. 자각몽을 꾸는 자신이 아직 꿈속에 있다는 사실을 알지 못한다. 이런 사람은 자신이 미몽에서 깨어난 훌륭한 사람이라고 확신한다. 소위 지도자들은 대부분 자각몽이라는 무기로 무장한 자들이다. 이들은 자만으로 가득 차 남들이 만든 허상에 사로잡혀 자신을 돌아보는 것을 게을리한다. 아, 나도 혹시 그런 사람인지 살펴봐야겠다.

경구 11

기억이란 무엇인가?

अनुभूतविषयासंप्रमोषः स्मृतिः
anubhūtaviṣayāsaṃpramoṣaḥ smṛtiḥ
아누부타비샤야상프라모샤하 스므리티히

직역 "기억이란 경험된 대상에 대한 회상이다."

의역 "다섯 가지 잡념 가운데 다섯 번째인 기억은 과거의 경험을 떠올리는 것이다."

anubhūta-viṣaya-asaṃpramoṣaḥ smṛtiḥ

anubhūta	형용사(m.sg.nom)	경험된 ◂ anu + bhū 되다
viṣaya	명사(m.sg.nom)	물건, 대상 ◂ viṣ 활기가 있다 + aya 가는 중
asaṃpramoṣaḥ	명사(m.sg.nom)	회상, 빼앗기지 않은 것, 떠올림 ◂ a + saṃ + pra + muṣ 훔치다
smṛtiḥ	명사(f.sg.nom)	기억 (경구 6 참조) ◂ smṛ 기억하다

기억은 '나'라는 인간의 정체성을 확립해주는 정교한 회로다. '나'는 지난 세월 동안 경험으로 축적된 기억의 집합이다. 기억은 신경계의 유령과 같은 것이어서 그 위치를 명확하게 밝히는 것은 불가능하다. 뇌에 널리 분포되어 있을 뿐 아니라 항상 변하기 때문이다. 기억은 인간이 인식하는 대상이 아님에도 불구하고, 뇌에 저장되어 자생

적으로 서로 연결하여 경험하지 않은 정보를 생산해내기도 한다. 무심코 걷는 것, 말하는 것, 냄새를 맡는 것과 같이 일상에 꼭 필요한 행위들은 기억을 통해 완성된다. 나는 어린 시절 친구들과 즐기던 게임, 대한민국이 월드컵 4강에 진출해 온 국민이 응원하던 모습도 생생하게 기억한다. 기억은 과거의 경험을 떠올리게 할 뿐 아니라 현재를 지배하기도 한다. 글을 쓰고 운전을 하고 요리를 하고 책을 읽는 행위는 필요에 의해 작동된 기억의 활동들이다. 혹은 유인원을 호모 사피엔스로 진화하도록 만든 유전적 기억도 있다. 찰스 다윈이 주장한 대로 자연선택을 통해 생존과 번식을 가능하게 만든 최적화된 유전적 기억도 있다. 리처드 도킨스Richard Dawkins(1941~)는 인간이 만물의 영장으로 도약한 데는 문화적 기억인 '밈meme'의 역할이 컸다고 평가하기도 한다.

기억은 개인적 차원을 넘어 공동체를 하나로 묶어주는 '보이지 않는 끈'이다. 내가 속한 공동체는 개인이 기억할 수 없는 방대한 양의 기억을 보존하고 발전시킨다. 고생물학자들은 수천만 년 전 공룡의 뼈를 발굴하여 동물의 진화에 대한 정보를 알아낸다. 그 정보는 학자들의 분석과 검토를 거쳐 활자화되고 디지털화되어 전 세계를 하나로 연결하는 월드와이드웹World Wide Web에 탑재되며 누구에게나 공유된다. 도서관은 이런 방대한 기억의 저장고다. 예를 들어 오스트리아에 있는 멜크 수도원Stift Melk에는 구전된 이야기와 노래가 고대 그리스어와 라틴어를 비롯한 각종 언어들로 저장되어 있다. 책, 컴퓨터, CD, DVD를 비롯한 여타 전자기록 장치들은 인간의 기억이 담긴 그릇들이다. 이 그릇은 IT 혁명으로 거의 무한대로 확장되었다.

문자

그간 '유전적 기억'은 인간만의 전유물이라고 여겨져 왔지만, 최근 연구에 따르면 동물들도 축적된 지식을 다음 세대에 전수하여 개체의 생명을 연장한다. 척추동물뿐 아니라 무척추동물들도 생존을 위해 무엇을 먹어야 할지, 어디에서 음식을 찾아야 할지, 어떻게 소화해야 할지 본능적으로 안다. 그리고 약탈자들은 누구인지, 주어진 환경에서 어떤 방식으로 움직여야 안전한지, 누구와 짝을 지어 번식할지와 같은 복잡한 정보도 안다. 이 본능적인 지식도 오랜 진화를 거쳐 생물학적인 기억 속에 새겨진 내용이다. 독수리는 갓 태어난 새끼들에게 축적된 지식을 전수하기 위해서 사냥 훈련을 시킨다. 연어는 자신이 태어난 장소로 수천 킬로미터를 거슬러 올라가 산란하고 죽는다. 고래와 새들은 까마득한 과거로부터 전수받은 소리를 이용해 소통하고 정보를 주고받는다. 동식물은 물론이고 우리가 사는 지구와 우주도 자신의 생존을 위해 최선의 방안을 기억을 통해 저장한다.

인간 문화를 형성하는 데 필수적인 기억들은 인간들 간에 학습된 내용을 배움이란 매개를 통해 기하급수적으로 확대된다. 인간은 기원전 8000년경 농업기술을 터득했고 정착 생활을 시작한다. 안정된 식생활을 통해 인구가 급격히 늘어났고 기원전 3000년경 메소포타미아의 쐐기문자와 이집트의 성각문자가 창제되면서 정보가 본격적으로 축적되기 시작한다. 돌이 귀했던 메소포타미아에서는 진흙이 마르기 전에 갈대 철필로 문자를 표시했다. 이라크 남부의 우르크(오늘날 알 와르카)에서 발견된 토판문서는 행정문서다. 이 토판문서에서 동그라미와 반달 모양들은 수량을 의미하고 갈대 철필로 눌러 새긴 글자들은 우루크의 신전 창고에 농산물을 맡긴 사람들과 그 품목의 이름이다. 문화와 문명은 공동 기억의 산물이다. 공동체 안에 산다는 것은 공동 기억을 구축하는 일원이 되어 그 지식을 다음 세대로 전달하는 매개체가 된다는 의미다.

독일의 미술사학자 아비 바르부르크Aby Warburg(1866~1929)는 '문화적 기억'이란 개념을 만들었다. 개인의 기억이나 사회 일원으로서의 기억은 아니지만 이를 내포하면서도 초월하는 기억을 가리킨다. 그는 공동체가 지닌 기억의 총체가 곧 집단의 정체성이라고 설명한다.

인상

파탄잘리는 인간이 발견해야 할 자신의 참모습을 발견하기 위해 걷어내고 응시해야 할 대상으로 기억을 지목한다. 우리가 경험하는 모든 것은 마음속에 '상스카라', 즉 '인상印象'을 남긴다. 인상은 인간이 마주친 수많은 사물이 마음속에 남긴 자국이 심리적 기억으로 전환된 최소 단위다. 고대 인도인들은 인간의 모든 행동, 의도 혹은 시도는 깊은 마음속에 흔적을 남긴다고 생각했다. 인상은 다시 겉으로 표출되기도 하고 무의식에 잠겨 있기도 한다. 이 인상들이 개인의 특성과 습관은 물론이고 나아가서 그 사람만의 고유한 기질을 결정한다. 상스카라는 '하나로saṃ 모여 만들어진 것kāra'이라는 의미다. 내가 무심코 떠올린 잡념도 결국 나의 고유한 정체성과 기질을 결정하는 요소다.

오감을 통해 형성된 대상에 대한 개별 인상을 '프라트야야pratyaya'라고 한다. 프라트야야는 생각을 구성하는 특수한 내용으로, 생각을 영화 전체로 비유한다면 프라트야야는 정지된 한 장면에 해당한다. 시간이 지나거나 관심의 영역에서 벗어나면 그 한 장면은 활동하지 않는 잠재적인 인상으로 남는다.

붉은 장미를 보고 있다고 가정해보자. 나는 시각으로 장미의 고유한 모습과 붉은색을 인지한다. 후각으로 붉은 장미가 다른 꽃, 다른 색의 장미와는 구분되는 냄새를 풍기고 있음을 감지한다. 이렇듯 다양한 단면들이 모여 총체적인 정보를 내게 전달했을 때, 나는 그 꽃을 '붉은 장미'로 판단한다. 이후 붉은 장미는 생각의 저장고에 보관된다. 장미의 이런저런 특징은 머릿속에 인상을 남긴다. 붉은 장미가 지닌 독특한 정보는 내가 다시 붉은 장미를 접했을 때 떠오를 것이다. 우리는 이런 과정을 '상기想起'라고 한다. 인간은 끊임없이 오감을 이용해 갖가지 물건을 감지한다. 인간의 마음에는 사물에 대한, 거의 무한대의 인상이 저장되어 있다.

파탄잘리는 다섯 가지 잡념 가운데 마지막 유형을 '기억'으로 꼽는다. 그는 11행에서 다음과 같이 기억을 정의한다. "기억이란 경험된 대상에 대한 회상이다." 기억은 '과거의 경험을 통해 마음속에 인상으로 남은 것'으로 아직 마음에서 '완전하게 빠져나가지 않은 것'이다. 기억이란 마음만 먹으면 회상할 수 있는 정보다.

'기억'에 해당하는 산스크리트어는 '스므리티smṛti'다. 스므리티는 힌두교에서 공동체가 문자로 남긴 문헌들을 의미하기도 한다. 스므리티는 종교의 가장 중요한 문헌인 '슈루티śruti'와는 구별된다. 슈루티는 직접 들은 성인들의 말을 문자화한 것이고 스므리티는 슈루티를 후대 필사자들이 기억하여 옮겨 적은 이차적 작업이다. 파탄잘리는 기억이 지닌 불완전한 요소를 강조한다. 직간접 경험을 통해 나의 '인상' 속에 남아 있는 기억은 이중성을 띤다. 기억은 나에게 정체성을 주기도 하고 나를 과거의 기억 속에 감금시키기도 한다. 나를 발견하기 위해서는 마음속 깊은 곳에 모여 있는 기억의 조각들을 응시해야 한다. 그 조각들이 생각과 말 그리고 행동을 지배하기 때문이다. 나는 무엇을 기억하는가? 무심코 떠올린 기억이 미래의 나에게 도움이 되는가? 아니면 해가 되는가?

3

연습과 이욕

12~16행

〈마루를 깎는 사람들〉, 구스타브 카유보트, 1875, 유화, 102×147cm

—— 내가 되고 싶은 인간이 되기 위해 '지금 여기'에서 정진하기 시작하면, 나는 점차 내가 되고 싶은 모습이 된다. 나는 다른 사람들이 만들어놓은 우상에 경도된 노예일 뿐이다. 오늘 하루는 내가 되고 싶은 모습이 되는 과정過程이어야 한다. 내가 그 과정에 있을 때 남들과는 구별되는 독보적인 내가 서서히 되어갈 것이다.

우주를 지배하는 시간時間이란 운영체제는 그 안의 구성 요소들을 하나의 원칙으로 다스린다. 그 원칙이 바로 변화變化다. 동물과 식물은 천지개벽이라도 하듯 매 순간 변화한다. 인간이 만든 인위적인 물건도 시간의 흐름에 따라 '있음' 상태에서 서서히 '없음' 상태가 된다. 그 크기와 부피를 가늠할 수 없는 우주도 생성과 소멸을 반복하며 변화한다. 만일 시간이 존재하지 않는 어떤 운영체제가 있다면, 그 진공 상태에서는 '있음' 상태가 그대로 유지될 것이다. '있음' 상태가 유지된다는 말도 실은 '없음' 상태를 다르게 부르는 것일 뿐이다.

시간은 만물을 매 순간 지금 단계에서 다음 단계로 변모시킨다. 이 과정은 진화進化이거나 퇴화退化일 수 있다. 진화란 과거보다 지금 더 나은 존재가 되는 것이고, 오늘보다 내일 더 나은 존재로 변하는 것이다. 퇴화란 시간이 지날수록 자신만의 매력이 점점 사라지고 마치 아무것도 아닌, 뻔하고 흔한 존재가 되도록 자신을 방치하는 것이다.

인생이란 여정에서 자신만의 나침반羅針盤이 있는 자는 행복하다. 그는 매일매일 경험을 하며 지식과 지혜를 쌓아, 스스로 변신하는 것을 주저하지 않는다. 변신變身이 그의 기쁨이며 삶의 문법이다. 진화는 끊임없이 변화하는 것이다. 인간을 포함한 만물은 이 순간에도 끊임없이 변화한다. 진화는 영원한 변화이자 의도적 변화여서 목표 지점이 있다. 그리고 어제보다 나은 자신이 되기 위해 성장하는 것이다.

진화는 질적으로 전혀 다르게 태어나는 것이 아니라, 오늘 하루 겪은 경험과 변화를 통해 조금씩 수정修正되는 것이다. 식물과 동물은 눈에 보이지 않을 정도로 작은 것에서 발아發芽해 점점 자란 뒤 시간이 정한 대로, 우주의 이치대로 자신이 왔던 땅으로 다시 돌아간다.

변화는 불가피하게 슬픔과 고통을 동반한다. 이 슬픔과 고통은 자신이 버려야 할 과거와 이별하고 자신의 일부인 과거를 떼어내야 할 때 느끼는 것이다. 또한 슬픔과 고통은 새롭게 변화하는 자신을 위한 기쁨이자 완벽하게 변모할 때 느끼는 성취감이다. 현재 자신에게 닥친 슬픔과 고통을 그 자체로만 받아들인다면 그는 과거에 사는 사람이다. 슬픔은 기쁨을 위한 발판이고 고통은 성취를 위한 준비다. 만일 인간이 이미 완벽하다면, 그는 변화를 통해 완벽해질 필요가 없다.

자신이 부족하다는 사실을 인정하고 그 점을 참회하는 마음은 완벽한 삶을 위한 준비 자세다. 변화는 불가피한 요소이며 만물의 유일한 문법이다. 내가 변화를 감지하고 의도적으로 진화를 연습하면, 나는 오늘을 통해 어제보다 나은 나 자신을 발견할 것이다.

변화의 역동적인 과정이 '됨'이다. '됨'을 의도적으로 연습하는 자가 '된 자'가 되고 '됨됨이'가 훌륭한 인간이 된다. 됨을 수련하는 자는 '척'하는 자와는 다르다. 척은 노력 없이 됨의 성과만을 취하려는 가식적인 인간을 흉내 내는 것이며 무지한 것이다. 됨을 수련하는 자는 매 순간 일상에서 자신의 언행을 통해 스스로 인정하고 존경하는 자다. 그런 자는 다른 사람들 앞에서 '척'할 필요가 없다.

'됨'이란 의미의 영어 단어 비컴become, 독일어 단어 베콤멘

bekommen은 모두 '존재하다'를 의미하는 비be와 '의도적으로 어디를 향해서 움직이다'를 의미하는 컴come이 결합한 것이다. 컴은 내가 가야 할 목적지를 상상하고 그곳으로 달려가는 나에게 보내는 응원의 목소리다. '됨'이란 자신이 가야 할 숭고한 목표 지점을 향해 매일매일 조금씩 다가가come, 서서히 그것이 되는be 것이다.

프랑스 인상주의 화가 구스타브 카유보트는 거친 마루를 매끄럽게 다듬고 있는 목수들을 그렸다. 그들은 거친 표면을 대패로 다듬은 뒤 유약을 발라 훌륭한 마루를 만들 것이다. 요가 수련자는 자신이 되어야만 하는 모습이 되기 위해 매일 정진하는 자다. 그가 가장 먼저 해야 할 일은 자신의 군더더기를 제거하는 것이다. 이 제거가 '이욕', 즉 '욕심 떨어뜨리기'다. 그 후 해탈을 위해 용맹정진 하는 '연습'을 경주해야 한다. '이욕離慾'과 '연습'은 요가 수련의 두 기둥이다.

동요하는 생각을 고요하게 만드는 두 가지 방법이 있다. 하나는 도달하려고 애쓰는 '연습練習'이며 다른 하나는 달아나려고 애쓰는 '이욕離慾'이다. 결국 연습과 이욕이 모두 필요하다. 만일 요가 수련자가 하나를 소홀히 하고 다른 하나에만 집중한다면 그 수련은 아무 소용이 없으며 오히려 위험하다. 파탄잘리는 12~40행에서 삼매경三昧境으로 들어가는 방법을 이 두 가지 범주를 통해 소개한다.

요가 수련은 수련하지 않는 자아, 수련을 지속하지 못하는 자아, 과거에 갇힌 경험적 자아에서 출발하여 정신적, 영적인 자유를 위한 초월적 자아로 정진하는 과정이다. 이 수련은 노력, 의지 그리고 지속적인 훈련으로 서서히 완성된다. 수련자는 자신의 성향과 선택에 따라 삼매경에 다른 속도로 혹은 다른 방식으로 들어갈 수 있다. 요가 수련은 정신적이며 영적인 훈련이다. 따라서 영적인 자유를 위해 육체적 쾌락과 물질적 탐욕을 버리는 것이 요가 수련의 첫 번째 요건이다.

경구 12

소멸의 두 가지 원칙은 무엇인가?

अभ्यासवैराग्याभ्यां तन्निरोधः
abhyāsavairāgyābhyāṃ tannirodhaḥ
아브야사바이라그야브얌 탄니로다하

직역 "그것을 소멸하는 두 가지는 연습과 이욕이다."

의역 "잡념을 소멸시키는 두 가지 방법이 있다. 하나는 초월적 자아를 자신의 일부로 만들기 위한 연습이고 다른 하나는 경험적 자아를 조금씩 제거하는 이욕이다."

abhyāsa-vairāgyābhyāṃ tan-nirodhaḥ

abhyāsa	명사(m.sg.nom)	연습 ◂ abhi –를 향해 + ās 조용히 앉다
vairāgyābhyāṃ	명사(n.du.instr)	이욕 ◂ vi –로부터 떨어져 + rāga 욕망 ◂ rañj –에 끌리다
tad	대명사(n.sg.nom)	그것 tad 〉 tan
nirodhaḥ	명사(m.sg.nom)	소멸, 평정심 ◂ ni 안으로, 밑으로 + rudh 소멸시키다, 억제하다

파탄잘리는 2행에서 요가를 "의식에서 일어나는 동요를 잠잠하게 소멸시키는 행위"라고 정의했다. 소멸이란 요가를 수련하는 자가 자신이 하는 어떤 생각이 불필요하다고 인식하고 그것을 제거하는 행

워다. 그에게 가장 요구되는 덕목은 자신을 오랫동안 관찰하여 객관적으로 볼 수 있는 능력이다. 자신의 현재에 만족하거나 욕망을 충족하기 위해 탐닉하는 게으름은 실패할 수밖에 없다. 모르는 사이 현재의 자신에게 만족하는 진부함을 강화할 뿐이다.

현재의 자신은 강화의 대상이 아니라 극복의 대상이다. 현재는 더 나은 나 자신이 되기 위한 발판이지 내가 영원히 머무를 거처가 아니기 때문이다. 수련자는 자신이 도달해야 할 목적지를 분명히 아는 사람이다. 원하는 자신의 모습을 상상하여 구체적인 모습을 설정하고 그 모습에 가까워지기 위해 지금 이 순간에도 수련하는 자다. 그런 수련자에겐 세상 사람들이 흔히 말하는 근심, 걱정, 공포, 실망, 불안이 존재하지 않는다. 인생의 역경은 오히려 그가 도달해야 하는 목표를 선명하게 만들어주고 용기를 북돋운다. 역경은 그가 반드시 밟고 지나가야 할 과정일 뿐이다.

요가 수련자는 이런 시험 앞에서 오히려 두 발로 더욱 굳건히 서서 목표에 눈을 고정한 채 흔들림 없이 한 걸음 한 걸음 정진한다. 그의 한 걸음은 목표에 조금씩 다가가는 과정이며 동시에 최종 목표다. 그리스도교의 신학적 용어를 빌리자면 '지금'은 '실현된 종말론 Realized Eschatology'이다. 주어진 이 순간은 그냥 사라지는 시간이 아니라, 그것 자체가 목표가 되는 '영원한 지금Eternal Now'이다.

기원전 6세기 고대 그리스인은 '시험試驗'을 통해 인간이 최선을 발휘할 수 있다고 믿었다. 그들은 수명이 짧은 인간이 신과 같이 살 수 있는 방도를 발견했다. 바로 '명성'이다. 명성은 사후에도 살아남기 때문이다. 리더나 영웅들은 명성을 지닌 자들이다. 이들이 명성을 지닐 수 있었던 까닭은 보통 사람들은 감내하기 힘든 혹독한 시험을 거쳤기 때문이다. 이 시험들을 극복하면 명성이 쌓이기 시작한다. 그들을 보통 인간에서 영웅으로 탈바꿈시킨 통과의례가 바로 시험이었다.

고대 그리스어 '페이라쪼peirazo'는 '시험을 치르다'란 의미다. 페이라쪼는 '아테네와 같은 도시의 최고 관리자를 뽑기 위해 선택된 사람들을 시험하다'란 의미이자 '올림픽 경기에 참가할 선수들을 선발하다'란 의미다. 시험은 매일 온전한 자신이 되기 위해 요가 수련을 하는 데 필요한 신의 선물이다. 시험이 수련자를 더욱 완벽하게 만들어주기 때문이다. 수련자들은 어떤 환경이나 조건에서도 평정심을 유지하고 역경과 시험에 지혜롭게 대처한다. 오히려 이들은 역경과 시험을 가야 할 길에서 중요한 이정표로 삼는다.

요가를 수련하는 사람은 과거에 머무르지 않는다. 머무르면 안락하지만 그 대신 나는 그만큼 도태된다. 요가는 수련하는 자에게 과거의 자신과 미래의 자신 가운데 하나를 선택하라고 요구한다. 과거의 나를 버리는 행위가 미래의 나를 만드는 첫 발걸음이다. 수련자는 과거에 연연하지 않는다. 그것은 마치 나비가 자신이 태어난 고치를 거들떠보지 않고 날아가 버리는 것과 마찬가지다. 나비는 결코 자신이 떠나온 고치로 돌아오지 않는다. 고치는 나비의 기억 속에서 완전히 소멸했기 때문이다. 어떤 것도 현재의 나를 해칠 수 없다. 나는 이미 미래에 이루어질 내가 되어버렸기 때문이다. 요가는 바로 이 고치 같은 것을 유기遺棄하는 수련이다.

연습과 이욕

파탄잘리는 요가를 '진정한 자아 발견을 방해하는 생각을 소멸하는 행위'라고 정의하고 다섯 가지 잡념을 소개한다. 이후 그는 연습과 이욕離欲이라는 상반된 소멸의 방식을 소개한다.

이 둘은 요가 수련의 두 기둥이다. 파탄잘리는 연습을 정의하기 위해 '아브야사abhyāsa'라는 단어를 사용한다. 아브야사는 '조용히 앉다'라는 의미의 동사 '아스ās-'와 '-을 향해'란 의미의 전치사 '아비abhi'가 결합한 말이다. 요가 연습의 가장 기본이 되는 자세는 '좌정坐定'이다. 파탄잘리는 제2장 〈수련품〉 28행에서 연습을 설명하기 위해 다른 단어, '아누슈타나anuṣṭhāna'를 사용한다. 아브야사는 행위의 반복을 통해 자신의 생각을 제어하는 훈련을 의미하는 반면, 아누슈타나는 종교적 헌신을 뜻한다.

연습에 몰입하다 자신을 통제하지 못하고 그 과정에 탐닉하게 된 요가 수련자는 연습을 통해 성취한 것을 절대화하는 경향이 있다. 그러나 요가 수련에서의 연습이란 욕심을 극대화하는 맹목적 활동이 아니다. 이것은 참자아를 실현하기 위해 매일 조금씩 나아가는 인내의 과정이다. 연습은 미래에 완성될, 아직은 내가 아닌 외부의 자아를 지금의 '나'로 만드는 '내부화'의 과정이며 감동적인 자신과 하나가 되려는 '일치화'의 과정이다.

이욕은 타인의 기대나 인정을 삶의 기준으로 여기기 때문에 항상 요동치는 마음을 가다듬는 행위다. 외부로 향한 눈이 자신의 마음을 볼 수 있도록 시선을 내부로 돌리려고 노력하는 것이다. 이욕 없는 연습으로 수련자는 자아도취에 빠져 이기적인 인간, 권력과 명예를 얻는 데 집착하는 인간으로 전락한다. 반대로 연습 없는 이욕으로 소극적인 삶의 태도를 학습하여 무딘 칼과 같아진 수련자는 자신에게 혹은 세상에서 무용지물이 된다. 파탄잘리의 설명은 허를 찌른다. 그는 '요가는 −이다'가 아니라 '요가는 −이 아니다'라고 정의했다. 요가는 잡념을 '소멸'하는 행위다. 요가는 무엇을 하는 것이 아니라 군더더기를 제거하는 행위다.

중용

주목할 점은 연습은 무엇을 위해 '노력하는 태도'인 반면 이욕은 그런 행위를 '삼가는 태도'라는 부분이다. 파탄잘리는 요가를 설명하기 위해 왜 상반된 개념을 동원했을까? 왜 요가는 연습과 이욕 둘 중 하나라고 단언하지 않았을까? 그것은 요가가 연습과 이욕 사이에 존재하는 어떤 것이기 때문이다. 우리는 이것을 '중용中庸'이라 부른다.

아리스토텔레스는 '덕德, virtue'을 부족과 과잉의 중간 지점, 즉 중용이라고 말한다. 아리스토텔레스의 영향을 받은 중세 신학자 토마스 아퀴나스Thomas Aquinas(1225?~1274)도 라틴어로 '인 메디오 스타트 위르투스In medio stat virtus'라고 말했는데, 그 뜻은 '덕은 중간에 위치한다'다. 아리스토텔레스는 삶을 지탱하는 중요한 원칙을 중용을 통해 설명했다. 그에 따르면 '용기'란 무모와 비겁 사이에 존재하는 어떤 것이다. 마찬가지로 요가는 절묘한 두 기둥 사이에서 중심을 잡는 훈련이다. 요가 수련자는 적당한 중간 지점을 찾기 위해 마음의 소용돌이를 고요하게 만든다. 아리스토텔레스는 그 중간 지점을 '아름다움'이란 개념으로 설명한다. 아름다움을 구성하는 세 가지 요소는 대칭, 비율 그리고 조화다. 아름다움은 인간의 가장 소중한 감정인 사랑을 자아내며 인간 문명의 기초인 건축·교육·정치 등을 통해 표현되고 재생산된다.

중용의 미덕을 강조하는 가장 유명한 신화는 로마 시대 작가 오비디우스Publius Ovidius(기원전 43~기원전 17)의 《변신 이야기Metamorphoses》 제8권 183~235행에 등장한 '다이달로스와 이카로스의 추락 이야기'다. 이 이야기는 기원전 2000년대에 이미 크레타 문명에서 만들어졌다. 다이달로스는 무엇이든 만들 수 있는 발명가였다. 그는 크노소스 미로를 건축했다. 그 안에는 크레타와 미노스를 위협하는 괴물 미노타우로스가 감금되었다. 다이달로스와 아들 이카로스는 테세우스가 미노타우로스를 죽인 사건에 휘말렸다. 그들은 부당하게 정치적인 사건에 휘말려 미노스왕에게 미움을 받아 높은 성에 갇혔다. 그들은 크레타섬에서 도망칠 궁리를 한다. 다이달로스는 발명가답게 밀랍으로 새의 깃털을 하나하나 이어 붙여 커다란 날개를 만들었다. 이 날개를 달고 크레타섬을 빠져나갈 계획이었다. 다이달로스는 지혜가 부족하고 성급한 아들, 이카로스에게 경고한다. "아들아, 너는 길의 중간으로 날아야 한다Inter utrum-que vola."(《변신 이야기》 8권 206행) 바다 가까이 붙어 날면 날개에 습기가 배어 날개가 무거워져 추락할 것이고 태양 가까이 높이 날면 열에 밀랍이 녹아 날개가 분해되어 결국 추락할 것이라고 경고한 것이다. 날기 시작한 그들은 사모스섬, 델로스섬 등을 지났다. 높은 창공을 비행하는 일이 즐거웠던 이카로스는 그만 태양 가까이 올라가고 만다. 이카로스의 날개는 태양열에 녹아 산산이 부서지고 그렇게 이카로스는 바다로 추락하여 익사하고 만다. 다이달로스는 아들이 더는 보이지 않자 다급하게 외친다. "이카로스, 너는 어디 있느냐? 어디에서 내가 너를 찾을 수 있느냐?" 그는 이카로스의 날개를 바다 위에서 발견하고는 울면서 자신의 기술을 한탄한다. 이 신화가 바로 중용에 관한 은유적인 가르침을 담고 있는 것이다.

진정한 승리자

《바가바드 기타》 제6장 35~36행에서 신의 화신이자 구루인 크리슈나는 영웅 아르주나에게 진정한 승리자가 누구인지를 연습과 이욕의 개념을 사용하여 알려준다.

> 거룩하신 주, 크리슈나가 말씀하셨다. "오, 마하바후야!(완전히 무장한 아르주나야!) 네가 말한 것은 의심할 여지가 없다. 인간의 마음은 종잡을 수 없고 끊임없이 움직인다. 그러나 쿤티의 아들, 아르주나야! 연습과 이욕으로 마음을 조절할 수 있다. 마음의 고삐를 채우는 수련인 요가를 훈련하지 않는 자는 도달하기 어렵다. 이것은 나의 생각이다. 그러나 최적의 방법을 통해 노력하는 자만이 자신의 마음을 제어하는 요가를 성취할 수 있다."

중독을 부추기는 습관적인 행동은 우리를 불안하게도 하고 들뜨게도 한다. 인류의 비극은 인간이 가만있지 못할 때 일어난다. 들뜬 마음을 제어하는 두 가지 방법이 있다. 하나는, '삼매경으로 들어가는 명상 훈련을 통해' 고요한 마음을 유지하는 것이다. 다른 하나는, 마음을 들뜨게 만드는 욕망에서 자신을 분리하는 것이다. 요가 수련자는 시간이 지날수록 더욱더 비범하고 고유해진다. 삼매로 진입한 요가 수련자는 일시적 쾌락에서 점차 멀어지고 평온한 신적 본성을 드러낸다. 그는 삼매 상태를 외부에서 얻지 않고 심연에서 기억해낸다. 따라서 삼매로 진입하는 기쁨을 얻는다.

경구 13

노력이란 무엇인가?

तत्र स्थितौ यत्नोऽभ्यास

tatra sthitau yatno'bhyāsaḥ

타트라 스티타우 야트노브야사하

직역 "연습이란 그것에서 지속하려는 노력이다."

의역 "연습의 첫 단계는 소멸 상태를 지속하기 위해 노력하는 것이다.

tatra sthitau yatnaḥ-abhyāsaḥ

tatra	부사	그것에서, 거기서
sthitau	명사(f.sg.loc)	지속, 계속 ◂ sthā 서 있다
yatnaḥ	명사(m.sg.nom)	노력, 수고
abhyāsaḥ	명사(m.sg.nom)	연습 (경구 12 참조) ◂ abhi ~를 향해 + ās 조용히 앉다

파탄잘리는 12행에서 요가 훈련의 두 가지 수련 방법, 연습과 이욕을 소개했다. 연습에는 세 가지 단계가 있다. 노력, 지속, 침착이다. 파탄잘리는 13행에서 연습의 첫 번째 단계인 노력에 대해 간략히 설명한다. 인간은 교육을 통해 진화한다. '진화된 인간'이란 미래에 진화한 시점에서 오늘의 자신을 관찰하는 사람일 뿐만 아니라 진화된 미래의 모습으로 오늘을 살려고 노력하는 사람이다.

그는 더 이상 주변의 자극에 본능적으로 반응하지 않는다. 혹은 과거의 습관에 머무르거나 탐닉하지도 않는다. 유혹에도 꿈쩍하지 않는다. 자신의 말과 행동을 깊은 생각으로 제어하고 숭고한 목표를 향해 정진한다. 인간은 두 종류다. 이들은 욕망에 따르는 '짐승 같은 인간animal human'과 승화된 자신을 열망하는 '신적 인간divine human'이다. 신적 인간은 어제까지 자신의 삶을 지배했던 과거의 문법에 얽매이지 않는다. 자신이 원하는 미래 자신의 모습을 끊임없이 상상하고 '현재 자신의 모습에 투영하며' 지금 이 순간을 정교하게 다듬는다. 이 전략적인 노력이 바로 연습이다. 한 분야에서 일가를 이룬 사람들은 특징이 있다. 이들은 더 나은 자신을 위해 자발적으로 또 지속적으로 평생 연습한다. 이들은 어제의 자신에 연연하지 않으며 과거를 딛고 일어선다. 그는 미래의 자신이 되기 위해 오늘을 수련한다.

연습은 겉보기에는 대척점에 위치한 두 가지를 서서히 하나로 융합하는 '마술'이다. 사람들은 하늘은 하늘이고 땅은 땅이라고 말한다. 신은 인간이 아니며 인간은 신이 될 수 없다고 단언한다. 하지만 연습을 통해 하늘이 땅이 되고 땅이 하늘이 된다. 또한 신이 인간이 되고 인간이 신이 된다. 연습은 하늘과 땅을 이어주는 야곱의 사다리Jacob's Ladder이며 인간을 신으로 변모시키는 최선의 노력이다.

아리스토텔레스는 연습이라는 개념에서 인간의 가능성을 보았다. 그의 스승인 플라톤이나 소크라테스와는 달랐다. 그들은 이론적이며 고정된 세계관을 설파했다. 그들의 철학에는 이데아와 현실 사이에 극복할 수 없는 경계가 존재했다. 그들은 인간의 오감으로 인식하는 세계를 불완전한 것, 거짓된 것으로 간주했다. 그들은 자신에게 익숙한 세계만을 포착하려는 오감의 특성을 파악했다. 감각의 세계를 넘어선 어딘가에 개념으로서 존재하는 진리의 세계가 있다고 주장했다. 예를 들어 진리의 세계에 존재하는 개념으로서의 '아름다움'은 이 세상의 아름다운 사람이나 물건을 존재하게 만든 이데아다. '아름다움'이란 개념을 전제하지 않는다면 아름다운 경치나 아름다운 사람도 존재할 수 없다. 아리스토텔레스는 이데아 세계에 존재하는 아름다움이 가시적인 현실에서 오감으로 감지할 수 있는 것으로 변하는 과정을 '프락시스praxis', 즉 '연습'이라고 말했다. 프락시스는 행동의 제약을 받지 않는 자유인의 지적 활동이다.

아리스토텔레스는 인간의 활동을 세 가지로 분류했다. 그 활동은 깊은 생각을 뜻하는 '테오리아theoria', 창작을 뜻하는 '포이에시스poiesis' 그리고 연습을 뜻하는 '프락시스praxis'다. 테오리아는 명상이며 포이에시스는 이상을 실현하려는 행위이고 프락시스는 현재의 자신에게서 탈출하려는 노력이다.

이 세 가지 활동을 음악가의 사례를 들어 설명하면 다음과 같다. 첼리스트 요요마馬友友가 이탈리아 작곡가 엔니오 모리코네Ennio Morricone(1928~2020)의 〈넬라 판타지아Nella Fantasia〉를 연주한다고 가정하자. 요요마는 자신의 천재적인 음악 감수성을 기반으로 '넬라 판타지아'에 대해 숙고하며 작곡가의 의도를 파악하고(테오리아), 자신만의 독특한 연주 기법으로 연습(프락시스)하기 시작한다. 그는 연습을 통해 작곡가도 감동할 연주(포이에시스)를 해낸다. 오선지 위 음표로만 존재하던 〈넬라 판타지아〉의 아름다움이 요요마의 연습을 통해 숭고하고 완벽한 선율로 부활한다. 그리고 그 선율은 관객들의 오감을 자극하는 감동으로 다가간다. 연습은 음표가 감동으로 변하는 마술이다. 선율의 도움 없이 음표는 낙서에 불과하다. 요요마의 연주를 거쳐야만 모리코네의 의도가 온전히 표현된다. 요요마가 연주하는 모습은 그야말로 정중동靜中動이다. 쉬지 않고 활을 움직이지만 그의 연주를 통해 나오는 소리는 한없이 평화롭다. 프락시스는 깊은 생각을 실제 작품으로 구현하는 중간단계이자 경계다. 이 경계를 넘어서야 작품이 탄생한다.

아리스토텔레스는 인간을 '도시 안에서 동료 인간들과 어울려 사는 동물'로 정의하고, 프락시스를 공동체를 운영하는 원칙이라고 정의한다. 프락시스는 공동체의 윤리, 경제 그리고 정치다. 이처럼 연습은 개인이 지닌 개성을 극대화하는 도구일 뿐 아니라 공동체를 지탱하는 근간이기도 하다. 정치철학자 해나 아렌트Hannah Arendt(1906~1975)는 《인간의 조건The Human Condition》이란 책에서 서양 사상이 '비타 콘템플라티바vita contemplativa', 즉 '묵상하는 삶'을 선호한다고 비판한다. 그는 '비타 악티바vita activa', 즉 '행동하는 삶'을 권장한다. 그는 이 묵상하는 삶에 대한 서양 사상가들의 과도한 선호 때문에 서양철학이 일상의 영역으로 들어오지 못했다고 진단한다. 그에게 프락시스는 '행동하는 삶'의 정점이다. 지고의 자유는 프락시스, 즉 윤리적, 정치적, 경제적 활동을 통해 완성된다. 그는 관료적이며 엘리트 중심인 현대 정치 형태와는 전혀 다른 '참여민주주의'의 기본개념을 제시했다.

노력

요가 연습의 목적은 어떤 유혹과 시험에도 흔들리지 않는 마음으로 정적을 유지하는 것이다. 요가를 시작하면 첫 시간에 자신의 신체가 얼마나 왜곡되어 있는지 알 수 있다. 자신도 모르는 사이 자신에게 편한 방식으로 움직이며 같은 동작을 오래 반복해왔다는 사실을 알게 된다. 그 결과 뼈를 둘러싼 근육이 자리를 잡지 못하고 뒤틀려 있음을 발견하게 된다. '신체를' 바로잡기 위해 익숙하지 않은 동작들을 시도하다 보면 몸이 저절로 부들부들 떨린다. 우주 안 모든 존재에게 그들이 있어야 할 장소가 있듯 신체를 구성하는 요소 또한 그렇다.

'노력해야 연습을 할 수 있다. 산스크리트어 '야트나yatna'는 '노력', '불굴의 분발' 그리고 '지속적인 투쟁'을 의미한다. 수련자는 아직 완성단계에 도달하지 못했기 때문에 계속 노력해야 한다. 자신이 목표에 이미 도달했다는 생각은 그를 오만하게 만들어 지금까지의 연습을 수포로 돌아가게 한다. 야트나는 '야트yat'라는 동사의 명사형으로, 야트는 '목표를 위해 모든 것을 결집하다'라는 의미다. 노력이란 하나에 집중해 목표를 달성하기 위해 행하는 것이다. 노력은 '매일 훈련'이다. 파탄잘리는《요가수트라》2장, 3장에서 삼매경에 진입하기 위한 여덟 가지 단계를 기술했다. 이 여덟 가지 훈련에 전념할 때, 요가 수련자의 마음속 잡념들이 사라진다.

노력의 목표는 바로 '스티티sthiti' 다. 스티티는 '정적', '안정', '일정', '침착' 등을 의미한다. 스티티는 '두 발로 서다'라는 동사 '스타stha'의 명사형이다. 스티티는 자신이 가야 할 곳에 시선을 두고, 그곳을 향해 의연하고 용기 있게 가는 행위다. '스티티에 도달한 요가 수련자는 안정적이다. 자신의 두 발을 땅 위에 굳건히 두었기에 흔들림이 없다. 그는 평온하다. 자신이 가야 할 길을 알기에 조급하지 않고 의연하다. 정적은 오랜만에 즐기는 여름휴가 같은 것이 아니다. 정적은 외부환경의 변화와 상관없이 주도적인 삶을 영위하기 위해 오랜 수련을 거쳐 터득한 마음가짐 혹은 삶에 대한 태도다.

《바가바드 기타》 제6장 34행에서 크리슈나는 아르주나에게 수련해본 적 없는 범인의 마음을 이렇게 표현한다.

> 마음이 매우 들떠 있고 난폭하며 강력하고 고집스럽습니다.
> 오, 크리슈나여! 나에게 마음은 바람보다 조절하기 더 힘듭니다.

마음이 들뜬 이유는 이 생각 저 생각을 하기 때문이고, 마음이 난폭한 이유는 그곳에 미움, 분노, 욕심, 걱정, 공포, 부러움, 애착이 있기 때문이다. 마음이 강력한 이유는 마음이 이성을 정복하고 분별력을 파괴하기 때문이다. 마음이 고집스러운 이유는 한번 결심하면 결코 떠나지 않고 항상 돌아와 이성과 감성을 파괴하기 때문이다. 파탄잘리는 각자의 삶을 만끽할 수 있게 하려고 《요가수트라》를 집대성했다. 그는 요가가 연습이며, 연습은 정적을 유지하려는 노력이라고 정의했다. 나는 정적을 수련하는가? 나는 어제보다 나은 삶을 위해 지금 노력하고 있는가?

경구 14

지속이란 무엇인가?

स तु दीर्घकाल नैरन्तर्य सत्कारादरासेवितो दृढभूमिः
sa tu dīrghakāla nairantarya satkārādarāsevito dṛḍhabhūmiḥ
사 투 디르가칼라 나이란타르야 사트카라다라세비토 드리다부미히

직역 "자! 이것은 오랜 시간에 걸쳐 중단하지 않고 올바른 방법으로 정성껏, 배려하는 마음으로 행한다면 굳건히 기반을 잡을 것이다."

의역 "자! 연습의 두 번째 '단계'다. 연습은 오랜 시간에 걸쳐 중단하지 않고 올바른 방법으로 정성껏 그리고 상대방을 배려하는 마음으로 행한다면 굳건히 기반을 잡을 것이다."

sa tu dīrghakāla nairantarya satkāra-ādara-āsevitaḥ dṛḍha-bhūmiḥ

sa	대명사(m.sg.nom)	이것, 그것
tu	접속사	그러나, 그때, 자!
dīrgha	형용사(m.sg.nom)	오랜 기간에 걸친, 긴
kāla	명사(m..sg.nom)	시간 ◂ kal 생산하다
nairantarya	명사(n.sg.nom)	사이에 아무것도 존재하지 않는 상태, 지속, 무중단 ◂ nair -로부터 떨어진, - 없는 + antar - 사이 + ya 접속어미
satkāra	명사(m.sg.nom)	정성, 올바른 방법 ◂ sat 존재 + kāra 만들다, 하다
ādara	명사(m.sg.nom)	존경, 배려

āsevitaḥ	형용사(m.sg.nom)	자주 방문한, 머무른, 꾸준히 연습한 ◂ ā + sev 머무르다
dṛḍha	형용사(m.sg.nom)	굳건한 ◂ dṛḍh 강하다
bhūmiḥ	명사(f.sg.nom)	땅, 기반 ◂ bhū 존재하다

현생인류의 조상인 호모 사피엔스는 지금부터 30만 년 전 북아프리카에 처음 등장한다. 인류는 우연히 농업을 발견하기 전까지 자연이 주는 과일이나 근채류 식물을 주워 먹거나 사냥을 하면서 연명했다. 채집과 사냥은 이들의 삶의 방식이었다. 자신이 아닌 동식물에 대한 심오한 관찰과 그에 따른 전략이 이들의 생존을 보장했다.

호모 사피엔스는 진정한 의미에서 우리의 조상이 아니다. 호모 사피엔스는 우리의 유전적 조상일 뿐이다. 우리는 이들과 유전적인 염기 서열이 일치할 뿐이다. 그들은 우리에게는 있는 '문화적 소양'이 부족하다. 기원전 3만 2000년부터 극히 일부 호모 사피엔스가 겉보기에는 생존과 상관없는 이상한 행위를 하기 시작한다. 빙하기에서 생존한 이들은 호모 사피엔스와는 달리 동료들과 함께 매머드, 사슴과 같은 동물들을 사냥하지 않았다. 이들은 이상하게도 화산활동으로 만들어진 산속 깊은 동굴 속으로 들어간다. 여기에서 그림을 그리고 노래를 부르기 시작한다. 죽음을 기억하고 영생을 염원하는 의례를 행한다. 그리고 이때 인류는 '호모 사피엔스 사피엔스'란 새로운 이름으로 등장한다. 이들은 우리의 유전적인 조상일 뿐 아니라 문화적 조상이다.

기원전 9000년경 빙하기가 끝나면서 인류는 오늘날의 중동지방으로 몰려와 거주하기 시작한다. 농업을 발견한 후 이들은 떠돌이 생활을 마치고 한곳에 정착한다. 농사란 한곳에 머무르며 땅을 개간하고 씨를 뿌리고 김을 매고 적절한 일조량과 강우량을 기원하고 가을에 추수를 하는 일련의 과정이다. 농사는 햇볕, 습기, 물, 더위, 추위 따위의 각종 자연현상에 대한 인간의 인위적·기술적 반응이다. 농사에 해당하는 영어 단어인 '애그리컬처agriculture'는 '땅'을 의미하는 '아그리agri'와 '보살피다', '지키다', '개간하다', '수련하다', '존경하다', '예배하다' 등 다양한 의미가 있는 '쿨투라cultura'에서 유래했다.

농업의 한 분야인 정원庭園이 인류의 삶에 본격적으로 등장한 시기는 기원전 12세기다. 인류는 농업을 통해 먹고사는 문제를 해결한 후, 정신적·시간적인 여유를 누리기 시작한다. 그들은 오래전부터 내려오던 이야기를 모아 노래하기 시작한다. 이야기는 인류를 하나로 묶는 정체성을 제공하는, 보이지 않는 끈이다. 인도에서는 《리그베다》, 이란에서는 《아베스타》, 팔레스타인에서는 《히브리 성서》, 그리스에서는 《일리아스》와 《오디세이아》의 근간이 되는 노래들이 등장한다.

성서는 신과 인간이 함께 지내던 환상적 공간인 에덴동산에 관한 이야기로 시작한다. 〈창세기〉에 등장하는 '에덴동산'의 정확한 번역은 '에덴에 있는 동산'이다. 여기서 '에덴'은 자연이 마련해준 '평원'이란 뜻이며 '동산'은 인간이 심미적으로 기획한 공간이란 의미다. 인류는 에덴이라는 특별한 공간에서 온갖 나무와 동물을 가꾸는 조경사로서의 신을 상상한다. 이곳엔 특별한 나무가 있다. 바로 '인간의 모든 지혜와 지식을 가르쳐주는 나무'다. 흔히 '선악을 가르쳐주는 나무'라고 번역되는데, 우주와 세상의 이치를 깨닫게 도와주는 상징적 나무다. 그 뿌리는 땅에 두었지만 나무의 끝은 하늘을 향한다. 신은 인간을 에덴동산을 가꾸는 정원사로 임명했다.

호메로스의 《오디세이아》에는 오디세우스의 아버지, 라에르테스의 정원이 등장한다. 또한 기원전 4세기 역사가 크세노폰Xenophon(기원전 431~기원전 350?)은 《키루스의 교육Cyropaedia》이라는 책에서 페르시아 제국의 왕 키루스를 정원사로 묘사한다. 키루스는 제국 건설을 위해 원예를 전쟁만큼 정교한 기술이 필요한 문화로 소개한다. 전쟁이 지상의 영토를 정복하고 확장하는 예술이라면 원예는 마음의 영토를 가꾸는 예술이다. 크세노폰은 정원을 의미하는 고대 페르시아어 '파이리다에짜'를 차용하여 그리스어 단어 '파라디소스paradisos'를 만들었고 이것은 '다른 곳과 구별되게 사방(파라)을 담으로 쌓아(디소스) 경계를 만든 장소'란 의미다. 이는 우리에게 익숙한 '천국'을 의미하는 단어 '파라다이스'의 원래 의미다.

우리의 마음속에 일어나는 생각들은 '정원의 풍경'과 같다. 그 정원에는 향기롭고 아름다운 꽃이라 할 수 있는 청정한 생각, 즉 '사트바sattva'가 있다. 인간을 신적인 존재로 만드는 생각들, 인내·용기·자비·용서·영적인 열망과 같은 것이 바로 사트바다. 정원 안에는 식물의 열정적인 활동인 '라자스rajas'도 있다. '라자스'가 사트바로 승화하지 못하고 방치되면, 자신도 모르는 사이 이기심에서 나오는 자만·욕심·시기·게으름과 같은 부정적인 감정들이 생각을 장악한다. 이 잡초와 같은 생각은 심지어 타인에게 해를 끼치는 병충을 끌어들인다. 이 병충해와 같은 생각이 바로 '타마스tamas'다. 요가는 마음의 정원 가꾸기와 같고 요가 수련자는 정원사와 같다. 미적으로 아름답고 정서적으로 영감을 주는 정원을 가꾸려면 잡초와 병충을 제거해야 한다. 이 제거작업은 인내와 정성이 필요하다.

파탄잘리는 13행에서 언급한 요가의 목적인 '연습'에 대해 14행에서 구체적으로 설명한다. 파탄잘리는 성공적인 요가 수련을 위한 세 가지 조건을 언급한다. 요가는 하루 이틀에 완성되지 않고 '오랜 기간' 연습이 필요하다. 따라서 첫째 요소는 '장기長期'다. 수련자는 장기간 '중단하지 않고' 수련해야 한다. 그러므로 둘째 요소는 '지속持續'이다. 셋째 요소는 '정성精誠'과 배려配慮인데, 이것은 수련자가 실제 수련을 자신 삶의 최고 우선순위에 두는 마음가짐을 말한다.

장기

요가 연습을 성공하기 위한 첫째 조건은 '디르가칼라dīrghakāla', 즉 오랜 기간을 의미하는 '장기長期'다. 시시각각 외부의 자극을 통해 일어나는 잡념들을 잠재우려면 한 달 혹은 1년의 시간으로는 부족하다. 우리가 영어와 같은 외국어를 습득하기 위해 투자한 시간을 상기해보자. 영어를 한 달이나 1년 동안 공부한 사람은 기초적인 회화 몇 마디만 할 수 있을 뿐 감동적인 소설이나 영자신문을 읽지는 못한다. 적어도 10년 정도를 영어 공부에 투자해야만 외국인과 자유롭게 소통하고 신문을 읽을 수 있을 것이다. 만일 영어로 다른 사람을 설득해 감동을 주고 셰익스피어의 작품을 감상하고자 한다면 일생에 걸쳐 영어 공부를 해야 할 것이다. '오랜 기간'은 완벽을 추구하는 요가 수련자의 마음가짐이다. 중세 독일의 신비주의 사상가 마이스터 에크하르트Meister Eckhart(1260?~1327?)는 인간의 영혼 깊은 곳에 '신적인 불꽃'이 있다고 말한다. 요가 수련자는 이 불꽃을 찾기 위해 마음 속 깊은 곳으로 순례를 떠나는 사람과 같다. 이 여정은 한 생애만큼의 긴 시간이 걸리지만 수련자는 목적지를 분명히 알고 있기 때문에 하루, 한 시간, 한순간도 흘려보내지 않는다. 파탄잘리가 말하는 '오랜 기간'은 '일생'을 가리킨다. 삼매경은 일생을 헌신할 때 받을 수 있는 신의 선물이다.

《바가바드 기타》 제6장 45행에서 크리슈나는 아르주나에게 요가 수련자가 삼매에 들어가기 위해 헌신해야 할 기간과 그 중요성에 대해 다음과 같이 말한다.

> 지속적인 노력과 절제하는 마음을 통하여
> 요가 수련자는 악을 완전히 제거할 수 있다.
> 그리고 수많은 생을 통해 완성된 후에
> 그는 궁극적인 목적지에 도달할 수 있다.

이처럼 전 생애에 걸쳐 그리고 그것을 넘어서까지 완벽한 요가 수련을 지속해야 한다. 전생의 지속적인 수련이 현생에서 완성될 수 있고 현생은 다음 생에 완성될 요가 수련의 준비 기간일 수도 있다. 요가는 기나긴 수련 시간이 필요하다.

지속

요가 연습의 둘째 조건은 '나이란타르야nairantarya', 즉 지속持續이다. 요가 수련자는 온종일 자신이 수련 중이라는 사실을 각성한다.

산스크리트어 나이란타르야는 '중간antar에 빈 시간과 공간이 없다'라는 뜻이다. 사람들은 다이어트를 위해 혹은 허약해진 건강을 되찾기 위해 요가 수련을 한다. 그러나 이것만을 위한 요가 수련은 또 다른 잡념에 자신을 던지는 행위다. 지속이란 요가 수련을 자신의 일과 중에서 가장 중요한 시간으로 정하는 마음이다. 지속은 마음속 깊은 곳에 있는 신적인 불꽃, '이슈바라Īśvara'에 온전히 승복하는 행위로 감동적인 자신과 현재의 자신을 끊임없이 일치시키려고 노력하는 것이다. 요가 수련자는 수련을 지속하며, 과거의 자신을 버리고 미래의 자신을 바로 이 시간, 이 장소에서 구체적인 생각과 말, 행동으로 드러낸다. 요가 수련을 잠시 중단하는 것은 마음속에 숨어 호시탐탐 내 영혼을 탈취하려는 노상강도, 라자스와 타마스에게 기회를 주는 것이다. 끊임없이 정진해야만 타오른 불꽃으로 잡초와 병충을 제거할 수 있다.

정성

파탄잘리는 오랜 기간 훈련을 지속할 것을 언급한 다음, 이때 수련자가 갖춰야 할 두 가지 마음가짐도 언급한다. 그 첫째 마음가짐이 '정성精誠'이다. 정성에 해당하는 단어 사트카라satkāra는 '올바르고 이상적인 행위'라는 의미다. 요가 수련자는 일상에서 마주하는 다양한 일에 자기 욕심을 채우기 위해 이기적으로 반응하지 않는다. 그는 자신이 처한 상황 속에서 자신이 취해야 할 최적의 전략을 짜고 최선의 모습으로 반응한다. 그는 사건을 가볍게 여기지 않는다. 작고 사소한 일들이 모여 운명을 결정하기 때문이다. 그래서 요가 수련자는 아무리 사소한 일일지라도 정성스럽게 처리한다. 그는 자신을 객관적으로 관찰하는 사람이 되기 위해 매사에 신중하다.

배려

둘째 마음가짐은 '아다라ādara', 즉 배려配慮이다. 배려란 상대방에 대한 역지사지하는 마음이다. 남에 대한 배려는 자신에 대한 배려에서 출발한다. 자신을 소중하게 생각하고 처신하는 사람만이 타인을 자기 자신만큼 대접할 수 있다. 요가 수련자는 자신의 생각을 존경하기 때문에 상스럽거나 거친 생각을 제거하려고 항상 노력한다. 그는 자신의 말을 소중하게 여기기 때문에 침묵을 수련하고, 만약 말을 해야 한다면 언행을 일치하려고 노력한다. 그의 행동은 깊은 생각을 통해 자연스럽게 드러나기 때문에 모나지 않는다. 그의 행동은 독창적이지만 건방지지 않고 겸손하지만 아첨하지 않는다.

오랫동안 쉬지 않고 요가를 수련한 자는 자신, 이웃, 자연 그리고 신에 대한 정성과 존경이 몸에 자연스럽게 배어 있다. 그는 정성과 존경을 일상에서 실천하는 사람이다. 나의 마음 정원에는 어떤 꽃이 만개했는가? 잡초와 병충들만 우글거리지는 않는가? 나는 완벽하고 감동적인 자신을 위해 끊임없이 수련하고 있는가? 나의 몸가짐에서는 정성과 배려가 풍겨져 나오는가?

경구 15

이욕이란 무엇인가?

दृष्टानुश्रविकविषयवितृष्णस्य वशीकारसंज्ञा वैराग्यम्
dṛṣṭānuśravikaviṣayavitṛṣṇasya vaśīkārasaṃjñā vairāgyam
드리슈타누슈라비카비샤야비트리슈나스야 바쉬카라상즈냐 바이라그얌

직역 "이욕은 보이는 것들이나 듣는 것에 대한 갈망을 정복하는 분명한 지식이다."

의역 "이욕은 눈을 자극하는 보이는 것들이나 귀를 유혹하는 듣는 것들을 갈망하지 않는 것이다. 오히려 육체의 욕망들을 정복하는 분명한 지식이다."

dṛṣṭa-anuśravika-viṣaya-vitṛṣṇasya vaśīkāra-saṃjñā vairāgyam

dṛṣṭa	형용사(m.sg.nom)	본, 관찰한 ◂ dṛṣ '보다'의 과거분사
ānuśravika	형용사(m.sg.nom)	전해 들은 ◂ anu + śru 듣다
viṣaya	명사(m.sg.nom)	개체, 대상, 것
vitṛṣṇasya	명사(m.sg.gen)	무욕 ◂ vi– 떨어져 나간 + tṛṣṇa 욕망, 목마름
vaśīkāra	명사(m.sg.nom)	균형, 정복 ◂ vaśī 명령◂ vaś 명령하다 + kṛ 만들다
saṃjñā	명사(f.sg.nom)	분명한 지식 ◂ saṃ 함께 + jñā 알다
vairāgyam	명사(n.sg.nom)	이욕, 침착

이욕

파탄잘리는 요가의 실제적인 수련 방법인 '이욕離欲'을 소개한다. '이욕'이란 자신도 모르게 자신의 몸과 정신에 달라붙은 욕심을 파악하고 정교하게 제거하려고 노력하는 것이다. '이욕'에 해당하는 산스크리트어 바이라그얌은 '라가rāga'라는 단어를 기반으로 만들었다. 라가는 오감으로 감지할 수 있는 쾌락 때문에 생기는 흥분이다. 이욕이란 그 쾌락rāga에서 자신을 강제로 떼어내는vis 행위다. 요가 수련자는 어떤 대상이 아무리 매력적이라 할지라도 대상에서 얻는 육체적 쾌락이 일시적이라는 사실을 깨닫는다. 심지어 그 쾌락이 반복되면 중독되어 자신에게 해를 끼친다는 사실도 이해한다. 이런 사실을 인식하는 것이 이욕이다. 쾌락을 향한 인간의 욕망은 마음속 깊은 곳에 숨어들어 약간의 자극에도 되살아나는 '윤회'의 특징을 지니고 있다.

인간은 이러한 감각의 만족에서 유리되면 허전함을 느낀다. 하지만 요가 훈련을 통해 감각적 쾌락은 일시적이며 중독적이라는 사실을 깨닫는다. 또한 쾌락에 대한 탐닉은 반드시 대가를 치러야 한다. 지적·육체적 만족을 위한 모든 행위는 그 대가로 인간을 윤회의 덫에 빠뜨린다. 인간은 쾌락을 추구하다 지치기 마련이다. 쾌락은 일시적이며 만족을 느끼지 못하게 되기 때문이다. 그러므로 현명한 사람은 이욕을 수련한다. 《바가바드 기타》 제5장 22행에서도 이욕에 대해 다음과 같이 말한다.

> 진실로 감각을 접촉하여 얻는 쾌락은
> 고통의 원천이다.

쿤티의 아들아, 그것은 처음이 있고 끝이 있다.
깨달은 자는 그것들에 만족하지 않는다.

크리슈나는 쾌락에서 고통이 서서히 생긴다고 아르주나에게 말한다. 쾌락은 마음속 지혜의 씨앗을 훔쳐 간다. 인간은 밤길의 등불과 같은 지혜를 잃은 뒤 쾌락이 이끄는 미혹의 늪으로 점점 빠져들어 간다. 아무리 좋은 음식이라도 절제하지 못하고 과식하면 속이 불편해진다. 훌륭한 음악이라도 계속해서 들으면 이내 싫증이 난다. 외부 자극으로 생긴 쾌락에는 시작이 있고 끝이 있다.

만일 자극적이고 화려한 그래픽에 탐닉한다면 인생과 자연이 가져다주는 평온하고 섬세한 기쁨을 인식하는 능력이 소멸될 것이다. 어려서부터 인터넷 게임에 중독된 아이는 고요를 견디지 못한다. 그는 성인이 되어서도 명상이 가져다주는 환희를 이해하지도, 즐기지도 못한다. 요가 수련자는 감각적 쾌락과 삼매의 기쁨을 분명히 구분한다. 반면에 평범한 사람들은 일시적이며 자극적인 쾌락에 열광한다. 삼매가 가져다주는 영혼의 기쁨을 아직 맛보지 못했기 때문이다. 감각적 쾌락은 항상 부족하다. 중독으로 이어져 더 큰 쾌락을 원하기 때문에 항상 불안하다. 어떤 사람은 백만장자가 되면 행복해질 것이라고 믿는다. 백만장자가 된 그는 억만장자를 보고 자신이 억만장자가 된다면 정말 행복해질 것 같다고 확신한다.

파탄잘리는 요가 수련자가 빠지기 쉬우며, 정신적·육체적 탐닉을 일으키는 두 가지 쾌락을 소개한다. 먼저 '드리슈타dṛṣṭa'인데, 이는 인간의 오감 중 가장 신속한 시각을 통해 얻는 쾌락이다. 쾌락을 준다고 약속하면서 유혹하는 것이다. 휴대전화 화면을 온종일 들여다보며 온갖 소식에 정신을 놓을 때가 있다. 자극적인 문구와 이미지로 가득 찬 컴퓨터 화면이 나를 유혹한다. 휴대전화, 컴퓨터, TV가 전달하는 내용은 권위를 등에 업고 그 자체로 이미 사실이자 진리라고 주장하면서 우리를 현혹한다. 오감을 자극하여 우리를 중독되게 만드는 수많은 광고 속에서 자신을 보호하고 자신의 온전한 모습을 유지하는 방법이 바로 이욕이다.

다른 하나는 드리슈타와 깊이 연관된 '아누슈라비카anuśravika'다. 그것은 '귀'를 통해 얻는 자극과 쾌락이다. 아누슈라비카는 '권위자들에게anu 전해 들은 것들śru'이다. 파탄잘리는 당시 모든 사람이 '진리'라고 여기던 구전口傳 경전인《베다》를 가리켜 아누슈라비카라고 칭했다. 고대 인도인들은《베다》를 즐겨 들었다.《베다》는 지상의 비참하고 반복적인 삶에서 자신들을 구원해줄 천상의 쾌락을 간접적으로 보여주기 때문이다.

파탄잘리는 '경전'이란 이름으로 다가오는 천상의 쾌락일지라도 과감하게 탈출할 것을 요구한다. 지상에서 선을 쌓으면 사후에 이에 부합하는 복을 받을 것이라는 생각은 착각이다. 이와 같이 파탄잘리는 천상의 복을 위해 지금 이 순간에 집중하지 못하는 사람에게 경고한다. 즉 그는 정교하고 복잡한 의례와 교리로 무장한《베다》를 공격한다. 그는 이욕을 강조하며 물질적인 종교성을 비판한다.

이욕 수련은 수련자가 세상 이치를 총체적으로 이해할 수 있게 도와주며 불현듯 일어나는 쾌락을 통제해 삶의 균형을 유지할 수 있게 한다. 그런 '균형의 조화'를 '사트치트아난다Satcitānanda'라고 한다. 이

용어는 내가 지금 인식하는 현재의 나라는 존재sat가 바로 우주라고 여기는 인식cit이다. 이 깨달음은 요가 수련자에게 기쁨ānanda을 선사할 것이다. 혹시 나는 일시적이며 소모적인 쾌락을 탐닉하고 있지 않은가? 나는 전통이나 정통을 강조하며 유사한 진리를 팔고 있는 미디어에 속고 있지 않은가? 나는 오감과 과거의 생각에서 나를 강제로 떼어내고 자신을 살피고 있는가? 나는 지금 이 순간 나라는 존재를 있는 그대로 수용하고 관조하는가?

경구 16

초연함이란 무엇인가?

तत्परं पुरुषख्यातेः गुणवैतृष्ण्यम्
tatparaṃ puruṣakhyāteḥ guṇavaitṛṣṇyam
타트파람 푸루샤크야테헤 구나바이트리슌냠

직역 "가장 높은 수준의 이욕은 '구나'에 관심이 없다. 푸루샤에 대한 비전 때문이다."
의역 "가장 높은 수준의 이욕은 세상을 구성하는 요소에 관심이 없다. 신아神我를 보았기 때문이다."

tat-paraṃ puruṣa-khyāteḥ guṇa-vaitṛṣṇyam

tat	대명사(n.sg.nom)	이것, 저것 ◂ tad
paraṃ	형용사(n.sg.nom)	최고의, 초월하는 ◂ pṛ 초월하다
puruṣa	명사(m.sg.nom)	영혼, 내면의 의식 ◂ pṝ 채우다
khyāteḥ	명사(f.sg.abl)	지식, 판단 ◂ khyā 보다, 알리다, 선포하다
guṇa	명사(m.sg.nom)	실타래, (상캬 철학에서) 성질, 특징
vaitṛṣṇyam	명사(n.sg.nom)	무관심

파탄잘리는 요가 수련 과정을 연습과 이욕으로 설명했다. 연습이 자신이 원하는 모습을 상정하고 그것을 완성하려는 지속적인 노력이라면 이욕은 자신도 모르는 사이 쌓인 자기중심적 욕심을 걷어내

는 것이다. 이욕은 외부 자극에 반응하는 마음의 동요를 가만히 응시하는 행위다. 즉, 자신의 언행뿐 아니라 그것을 유발하는 원인까지 헤아리는 마음챙김이다. 또한 생각을 가능하게 하는 생각의 근원조차 장악하려는 의지다. 파탄잘리는 15행에서 두 눈으로 직접 확인한 사실이나 진리가 담겨 있다고 해서 계승된 경전에 대한 숭배와 집착마저 제어하라고 조언했다. 수련자가 직접 두 눈으로 확인했다 할지라도, 세상 모든 사람들이 진리라고 신봉할지라도, 그 대상을 인식하는 우리 눈은 색안경을 쓸 수밖에 없고, 우리는 자신이 아닌 타인이 부여한 권위에 순응하는 오류를 범하기 쉽다. 인간은 누구나 편견을 지닐 수밖에 없는 역사적인 존재이기 때문이다. 이 운명적인 환경이 우리에게 대상을 있는 그대로 인식할 수 없게 만든다. 우리가 아무리 대상을 객관적으로 응시했다고 주장할지라도, 그 시선은 존재론적으로 왜곡될 수밖에 없다.

이욕은 자신이 바라보는 시선에 대한 믿음을 유보하라고 조언한다. 전통적 권위가 실린 인물, 사상, 제도는 자발적이며 창의적인 진리 탐구를 좌절시키고 방해한다. 자발적인 수련과 무수한 시행착오만이 진리를 향해 가는 유일한 길이다. 사람들은 아리스토텔레스가 주장했기 때문에 진리이고, 예수가 말했기 때문에 틀릴 수 없다고 말한다. 그러나 아리스토텔레스와 예수의 어록을 옮긴이의 의도를 파악하지 않는다면, 우리는 영원히 아리스토텔레스와 예수의 진심을 알 수 없다. 그들도 자신의 삶 안에서, 자신의 최선이 무엇인가를 깨닫고 제자들을 가르쳤을 것이다. 그러나 현장에서 이들의 말을 들은 사람들의 감동은 글을 통해 왜곡되거나 희석될 수밖에 없다.

우리는 고전이나 경전에 담긴 내용을 무비판적으로 수용한다. 이욕이란 이 세상의 어떤 권위도, 어떤 칙령이나 교리도 섬세하며 초연한 분석의 대상으로 여기는 마음이다.

우리가 이욕을 연습한다면 만물을 있는 그대로 볼 수 있을까?《바가바타 푸라나Bhāgavata Purāṇa》에서는 이욕이 요가 수련의 성공을 보장하지는 않는다고 주장하면서 다음과 같은 이야기를 소개한다.

한 현자가 이욕을 수련하기 위해 물속으로 들어가 명상하기로 마음먹었다. 그는 그곳에서 세상 모든 유혹을 떨쳐버릴 수 있을 것이라고 여겼다. 물속에서 초인적인 힘으로 숨을 참아가며 명상하고 있을 때 그는 조그만 물고기 두 마리가 나타나 짝짓기하는 모습을 목격한다. 그러자 내면 깊이 각인되어 평상시엔 모습을 드러내지 않던 상스카라가 발동된다. 상스카라는 전생에 만들어져 유전자 안에 숨어든 본능이다. 현자는 겨우 물고기 한 쌍의 짝짓기를 보고 성욕에 사로잡혀 명상을 멈추고 세속으로 돌아갔다(《바가바타 푸라나》 제9권 6장 39~40행 이하). 상스카라는 언제든지 작동할 준비가 되어 있다. 아무리 이욕을 수련한다 할지라도 상스카라를 장악하기는 쉽지 않다.

신아神我에 거하다

상스카라를 정복하기 위한 더 심도 있는 이욕 수련이 있다. 파탄잘리는 이욕을 두 가지로 구별한다. 하나는 물질세계의 경험에서 오는 육체적 쾌락이나 사후세계가 가져다줄 정신적 보상을 기대하는 유혹에서 자신을 자유롭게 만드는 것이다. 다른 하나는 물질세계를 구성하는 근본 원칙들을 초월하는 마음가짐이다. 힌두 철학에서 물질들은 인간에게 다음 세 가지 반응을 일으킨다. 첫째는 '사트바sattva'로 흔히 '덕'으로 번역되는데, '중용/선/순결/창의/긍정/평온'과 같은 높은 수준의 원칙들에 해당한다. 둘째는 '라자스rajas'로 이기심에서 출발하는, 선도 악도 아닌 역동적인 움직임들이다. 셋째는 '타마스tamas'로 마음의 불균형으로 생긴 '혼돈/걱정/불순/무관심/게으름/파괴/무식'과 같은 감정들이다. 세상을 구성하는 요소에 대한 인간의 세 가지 반응이 사트바, 라자스, 타마스인데, 이를 통합해 부르는 산스크리트어 단어가 '구나guṇa'다. 파탄잘리는 인간이 일상적 경험인 구나를 넘어서는 '초연超然함'을 경험한다고 말한다. 초연함은 외부 반응에 대한 수동적인 자세가 아니라, 능동적인 자세로 외부 자극에 상관없이 자신에게 온전히 몰입하는 삶의 태도다.

요가 수련자가 연습을 통해 물질에 대한 이기적 반응인 라자스와 폭력적 반응인 타마스를 극복할 때, 평온의 상태인 사트바를 유지할 수 있다. 수련자는 시공간의 제약을 받는 순간적 행복이 아니라 지속적이며 미래지향적인 건강한 상태로 진입한다. 파괴적인 외부 개입이 없다면 수행자는 사트바를 자신의 삶으로 실천하고 표현한다. 그러나 라자스와 타마스가 수행자를 공격하면 사트바가 불안해지고 흔들린다. 파탄잘리는 수행자가 마음 깊은 곳에 숨겨진 신아神我에 거할 수 있어야 초연할 수 있다고 주장한다.

초연함을 수행하는 자는 자신도 알 수 없고 조절할 수 없는 수많은 사건을 통해 다양한 감정을 경험해도 자신만의 특별한 공간으로 도피하지 않는다. 초연함은 현실에서 유유자적하며 자신에게 온전히 집중하는 마음이다. 그것은 마치, 자신이 가야 할 길을 알고 있는

튼튼한 배를 보는 선장의 마음과 같다. 배는 폭풍우로 파도가 크게 일어도 아랑곳하지 않고 자신이 가고자 하는 항구를 향해 조금씩 나아간다.

사랑에 대한 집착

구나는 다양한 의미가 있다. 구나는 산스크리트어 문법에서 모음을 설명하는 중요한 개념이다. 기원전 5세기 산스크리트어 문법을 정립한 빠니니Pāṇini는 '아a', '에e', '오o'를 구나라고 불렀다. 파탄잘리에 따르면 요가는 수련자가 지닌 고유한 가치도 관찰 대상으로 삼아 신아를 발견하는 과정이다.

요가 수련자는 세상에서 도달할 수 있는 최상의 단계인 사트바를 넘어서, 외부 자극에도 전혀 흔들리지 않는 우주를 탄생시킨 원칙이 존재하는 단계, 그 우주에서 소우주로 사는 인간이 본연의 모습으로 존재할 수 있는 단계로 진입해야 한다. 《바가바타 푸라나》 제3권 7행에서는 '자다 바라타Jada Bharata'라는 인물을 소개한다. 바라타는 왕으로 태어났지만 완벽한 요가 수련을 위해 왕좌를 내려놓고 숲으로 들어가 수련에 정진한다. 그는 명상훈련을 통해 매 순간 영적인 경지에 도달했다. 그러던 어느 날 바라타가 옴oṃ 수련을 서너 시간쯤 하고 있을 때 출산 직전의 몸으로 보이는 한 암사슴이 물가로 다가와 목을 축였다. 바로 그때, 어디선가 사자가 나타났고 암사슴은 너무 놀라 강으로 뛰어들었다. 한참을 헤엄치다 나온 암사슴은 아기 사슴을 낳다가 그만 죽고 만다. 이 과정을 전부 지켜본 바라타는 홀로 남은 사슴을 자식처럼 키우기 시작한다.

바라타는 사슴을 양육하는 데에 전념하다 점점 요가 수련을 소홀히 하게 된다. 연민과 사랑을 베푸는 것이 잘못은 아니다. 이는 인간으로서 할 수 있는 숭고한 일이다. 그러나 연민과 사랑에 집착하게 되면 바로 영적 쇠퇴가 시작된다. 사랑은 사람을 숭고하게 하지만 사랑에 대한 집착은 그를 노예로 만든다. 바라타는 그가 왕으로서 누릴 수 있는 권력과 부, 명예를 과감히 버리고 영적 해탈을 위해 수련했지만, 아기 사슴 때문에 다시 세상에 집착하게 된 것이다. 결국 바라타는 다음 생에 사슴으로 태어난다.

파탄잘리는 더 높은 차원의 이욕인 초연함을 16행에서 다음과 같이 소개한다. "가장 높은 수준의 이욕은 세상을 구성하는 요소들에 관심이 없다. 신적인 자아[神我]를 보았기 때문이다." 높은 수준의 이욕은 우정·사랑·정의·평화와 같은 숭고한 가치조차 초월한다. 수련자가 이 가치들에 집착하면 어느 순간 세상을 이분법으로 규정하는 자기애가 생긴다.

사람이나 사물을 대하는 태도는 수동적인 침착을 넘어서는 적극적인 이욕 수련을 통해 숭고한 본연, 즉 우주가 창조될 때부터 나에게 부여된 고유한 신아를 찾아가는 초연함으로 이어져야 한다. 남들이 옳다고 여기는 가치나 덕목을 추구하다 오히려 그 덕목의 노예가 되지는 않았는가? 나는 본연의 '나'를 찾기 위해 초연함을 수련하는가?

4

유종삼매의 두 유형: 유상삼매와 무상삼매

17~22행

〈나무를 깎는 소년〉, 윈슬로우 호머, 1873, 유화, 40×57.6cm

——— 생각은 말과 행동을 움직이게 하는 나의 중앙제어장치다. 내가 생각을 장악하고 정교하게 다듬는 훈련을 무시하거나 소홀히 여긴다면, 말과 행동도 허접해질 것이다. 말과 글을 연습하고, 이것들이 생산되는 가시적인 주체인 몸을 함부로 다루면, 흩어진 몸이 다시 생각과 말에 영향을 주어 나를 어눌하게 만들 것이다. 요가는 이 세 가지 인간 활동을 최적의 상태로 유지하기 위한 훈련이다. 생각 훈련이란 자신에게 알맞은, 그래서 나의 최선을 발휘하게 하는 한 가지 대상을 찾는 연습이다. 그래야 무아 상태로 들어가 나만이 완수할 수 있는 고유한 임무를 발견할 수 있다. 인도인들은 그 고유 임무를 '다르마dharma'라고 불렀다. 불교가 중국으로 전파되면서, 다르마는 한자 法으로 번역되었다. '법'이란 강물의 흐름과 같이, 당연하고 저돌적인 것으로, 과거에 집착하지 않고 과감히 유기하려는 삶의 규범이다. 자신이 죽는다는 사실을 아는 유일한 동물인 인간이, 자신의 '다르마'를 발견하고 발휘한다면 행복하다.

자신의 다르마를 찾으려는 방안이 '일념一念'이다. 요가 수련에선 '일념'을 산스크리트어로 '에카그라타ekāgratā'라고 한다. '에카그라타'란 자신이 발견한 '하나eka' 안으로 온전히 들어가는agra 마음훈련이다. 요가는 이리저리 분산되는 마음을 '한곳'으로 집중하게 만드는 기술이다. 사람들은 그런 기술을 '명상瞑想' 혹은 '묵상默想'이라고 흔히 말한다. 요가는 수학이나 물리학과 같이 정교한 지적한 활동과 태권도나 유도와 같이 끊임없는 신체적인 노력을 요구하는 과학이다. 요가는 단순하게 혹은 피상적인 방식으로 이해될 수 없다.

삼매경은 최고도의 마음 집중 상태다. 마음은 세계 최고의 양궁선수가 활을 들고 과녁을 향해 화살을 날려 보내기 위해 한껏 당겨진 활시위를 무아의 상태에서 놓아버리는 순간의 긴장이자 동시에 여유다. 그것이 일념이다.

일념의 훈련을 통해 마음을 잔잔한 호수처럼 개조할 수 있다. 일념은 파도와 같은 분산된 생각들을 제어하여 잠잠하게 만든다. 예수는 갈릴리 호숫가에서 고기 잡기를 실패한 시몬(후에 베드로로 개명)과 안드레에게 "깊은 곳으로 너희 스스로를 인도해보라!"라고 말했다. '깊은 곳'이란 자신의 다르마가 숨겨져 있는 장소다. 그곳으로 진입하도록 도와주는 가이드가 '일념'이다. 일념은, 인간이 그 분야에서 스스로에게 만족스럽고 그래서 자신이 속한 공동체에 어울리고 감동적인 결과를 도출하려는 유일한 도구다. 인간은 깊은 곳을 두려워한다. 사실은 깊은 곳을 두려워하는 자신이 두려운 것이다. 그 길을 막는 괴물은 바로 자신이다. 깊은 곳은, 어느 누구도 가본 적이 없어, 나의 힘과 의지로 정복해야 하는 미궁의 한가운데다. 내가 정신을 차리고, 그곳에 들어가는 여정을 분명히 기억하면, 나는 능히 그 안에 존재하는 미노타우로스라는 괴물을 없앨 수 있다. 이 괴물을 물리치는 무기가 바로 일념이다.

미국 초월주의자 헨리 데이비드 소로는 《바그바드기타》《마누법전》《비슈누 프라나》와 같은 고대 인도경전들에 심취했다. 특히 《비슈누 프라나》에 등장하는, 북극성이 된 드루바Dhruva 이야기에서 영감을 받았다. '단호한'이란 의미의 이름을 가진 '드루바'는 왕족이었으나, 왕위가 형에 돌아가자 낙담한다. 드루바는 결심한다. "나는 내 것이 아닌 것을 얻으려고 인생을 허비하지 않을 것이다. 아버지 왕조차 획득할 수 없는 것을 추구할 것이다." 그는 숲으로 들어가 현인 일곱 명을 만나 그 누구도 가보지 않는 지경으로 진입하기 바란다고 말한다. 그들은 우주를 지탱하는 신인 비슈누에 기도하라고 조언한다. 드루바는 야무나 강둑에 올라 명상을 시작했다. 드루바는 삼매에 들어갔다. 그의 간절함에 심지어 신들도 쉴 수 없었다. 신들이 악마를 보내고 호랑이를 보내도, 그는 꿈쩍도 하지 않았다. 그는 일념으로 비슈누 신에게 기도만 했다. 신들은 드루바가 우주에서 가장 강력한 신이 되어, 신들을 모두 몰살시킬 것이라고 걱정한다. 비슈누는 드루바의 목적은 그런 권력이 아니라고 말한다. 드루바는 단지 비슈누 신을 눈으로 직접 보고 싶었다. 비슈누는 드루바가 모든 별이 운행할 수 있는 기준이 되도록 하늘 가운데 그를 고정했다. 일곱 현인은 큰곰자리별인 북두칠성이 되고 드루바는 움직이지 않는 북극성이 되었다.

소로가 드루바 이야기에 영감을 얻어 만든 이야기가 〈월든 호수〉의 마지막 장인 '결말'에 쿠루Kuru 시市의 한 장인匠人의 이야기로 등장한다. 쿠루는 《바가바드 기타》에서 같은 왕조의 사촌들인 판다바(판두의 다섯 아들)과 카우바라(드리타라슈트라의 100명의 아들) 사이에 전쟁이 일어나는 들판이다. 쿠루의 들판은 바로 다르마가 무엇인지 찾아가는 들판이기도 하다.

이 이야기의 주인공은 한 장인이다. 그의 인생 목표는 '완벽'이다. 하루는 자신의 완벽을 지팡이를 이용해 수련하기로 결정했다. 그에게 불완전이란 부족한 시간이다. 완벽이란 시간조차 개입할 수 없는 무아지경이라고 생각했다. 그는 숲으로 들어가 자신이 원하는 지팡이에 어울리는 나무를 찾기 시작했다. 마음에 드는 나무가 없어, 한참 동안 숲속에서 시간을 보냈다. 그동안 그의 친구들은 하나둘씩 떨어져 나갔다. 그들은 간절하게 추구하는 것이 없어, 결국 나이가 들어 세상을 떠났다.

장인에게는 시간을 거스르는 마법이 있었다. 분명한 목적과 단호한 결심, 바로 '에카그라타', 즉 '일념'이다. 그는 매일매일 경건하게 완벽한 지팡이를 만들기 위해 몰입했다. 우주의 주인인 시간조차 달아났다. 그는 영원한 청년이다. 그는 시간에게 자신을 양보하지 않았다. 시간은 자신이 정복할 수 없는 이 장인을 보고 멀리서 한숨만 지을 뿐이다. 장인이 적당한 나무를 찾기도 전에, 그가 살던 쿠루라는 도시는 폐허로 변했다. 그는 한 언덕에 앉아 나무껍질을 벗기기 시작하였다. 나무가 지팡이 모양을 취하기도 전에, 칸다하르 왕국이 소멸되었다. 그는 그 나무의 끝으로 모래 위에 마지막 칸다하르 사람의 이름을 쓴 후, 다시 나무를 다듬기 시작했다. 그동안 영겁이 지나 북극성도 사라졌다. 그가 지팡이 손잡이를 만들고 보석으로 장식하기도 전에, 우주를 창조한 신인 브라흐마가 몇 번이고 잠에서 깨어났다 다시 잠들었다.

마침내 그는 간절히 원했던 지팡이를 완성했다. 그 지팡이는 브라흐마 신이 만든 창조물 중 가장 위대한 작품이 되었다. 그가 지팡이를 만드는 동안 오래된 도시와 왕조가 사라지고, 더 아름답고 웅장한 도시와 왕조가 들어섰다. 우주의 새로운 문법이, 그의 일념으로 만들어졌다. 장인이 이제 눈을 들어 사방을 응시한다. 그리고 자신의 발에 쌓인 나무껍질 부스러기를 보고 깜짝 놀란다. 영겁이란 시간의 흐름은 환영이었다. 그것은 자신의 뇌에 떨어진 브라흐마 신의 뇌에서 나온 섬광의 순간이었다. 그는 일념을 통한 순간 안에서 가장 완벽한 지팡이를 만들어냈다. 자신의 마음속으로 퇴거하여, 적당한 나무를 찾아 완벽한 지팡이를 만드는 과업만이 거룩하다. 그런 행위는 인생이라는 제한된 시간을 초월하는 북극의 오로라다.

파탄잘리는 요가 수련을 방해하는 잡념을 없애는 갖가지 방법을 설명한다. 경구 17~22행에 소개된 주제와 의미에 대해 학자들의 의견이 분분했다. 대부분의 학자들은 여기에 소개된 경구들은 '삼매경으로 들어가 황홀과 이욕을 획득하기 위한 기술에 관한 것이라고 말한다.' 인도학자 밀러Barbara Stoler Miller(1940~1993)는 이 경구들은 삼매경에 관한 내용이 아니라 소멸에 관한 설명이라고 주장한다.• 〈삼매품〉은 거의 모두 '소멸'에 관한 경구들이다. 간혹 경구 20처럼 삼매가 초래하는 평온에 관한 내용을 언급하는 경우도 있다. 경구 17~22행에 소개된 내용은 삼매경으로 들어가기 위한 구체적인 기술을 설명한다.

• Barbara Stoler Miller, *Yoga: Discipline of Freedom, The Yoga Sutra Attributed to Patanjali* (New York: Bentam Books, 1998), p. 34.

경구 17

유상삼매란 무엇인가?

वितर्कविचारानन्दास्मितारुपानुगमात्संप्र ज्ञातः
vitarkavicārānandāsmitārūpānugamātsaṃprajñātaḥ
비타르카비차라난다스미타루파누가마트상프라즈냐타하

직역 "유상삼매는 숙고, 직관, 희열, 자아 인식에서 온다."

의역 "특정한 대상을 명상하는 유상삼매는 다음 네 가지다.
첫째, 대상의 모양을 보고 오감으로 감지하는 숙고다.
둘째, 대상이 존재하는 의미를 알아차리는 직관이다.
셋째, 대상 자체의 존재를 있는 그대로 즐거워하는 희열이다.
넷째, 대상이 독립적으로 존재하는 것처럼 대상을 응시하는 '나'도 독립적으로 존재한다는 사실에 대한 깨달음이다."

vitarka-vicāra-ānanda-asmitā-rūpa-anugamāt-saṃprajñātaḥ

vitarka	명사(m.sg.nom)	감각, 숙고 ◂ vi + tark 숙고하다
vicāra	명사(m.sg.nom)	직관 ◂ vi + car 움직이다
ānanda	명사(m.sg.nom)	희열 ◂ ā + nand 기뻐하다
asmitā	명사(f.sg.nom)	자아 인식; 유아唯我 ◂ asmi 나는 –이다 + tā 추상명사형 어미
rūpa	명사(n.sg.nom)	모습

anugamāt	현재분사(m.sg.abl)	뒤따라오는 ◂ anu -에 따라 + gam 가다
saṃprajñātaḥ	명사(m.sg.nom)	최고의 절대적인 통찰, 지혜, 유상삼매有想三昧 ◂ saṃ 함께 + pra 앞선 + jñāta 알려진 ◂ jñā 알다

다섯 가지 잡념이 소멸되면 무슨 일이 일어날까? 호수 바닥에 있는 참모습을 바라볼 때, 나는 무엇을 경험하게 될까? 잡념이 소멸된다고 해서 현실을 잊게 하는 황홀경에 도달하는 것은 아니다.

수련의 결과로 요가 수련자는 다른 세상을 경험하는 방식을 기꺼이 수용하게 된다. 나아가 수련자는 그 방식을 삶에 적용하는 열린 마음 상태가 된다. 이 상태를 삼매경三昧境이라고 한다. 삼매경은 산스크리트어 사마디samādhi'의 음역이다. 사마디는 마음을 하나로 묶어saṃ 매 순간 적절한 지점에 몰입하려는dhi 간절한 경지'다. 삼매경에 진입하기 위해 잡념의 소멸은 꼭 필요하지만, 그것만으로 삼매에 들 수 있는 것은 아니다. 사마디의 '디dhi'에는 인류가 오랜 세월 추구해온 삼라만상의 운행 원칙과 생각하는 동물인 인간이 추구해야 할 고귀한 가치가 숨어 있다.

'디dhi'의 의미를 추적하려면 산스크리트어와 산스크리트어가 속한 어군에서 동일한 단어 혹은 어근의 사용 방법을 봐야 한다. 실제 인도와 이란을 하나로 묶는 어근이 있다. 바로 '아리아*arya-'다. 아리아가 낳은 문명이 다름 아닌 인도문명과 이란문명이다. 아베스타 단어 '아이리아airya'와 고대 페르시아어 '아리야ariya'는 모두 '숭고한', '존경받을 만한'이란 의미다. 다리우스 대왕은 자신의 치적을 새긴 비시툰 비문에서 자신을 '아리아인'이라고 선포했다. 베다 산스크리트어에서도 '아리아árya'란 단어는 '신앙심이 좋은', '충성스러운'이란 의미다. 특히 아리아는 베다 신앙심이 깊은 사람을 이르는 용어다. 원 인도·유럽어Proto Indo European로 재구성해보면 '아리아'의 전 단계는 '하르*h2ar-'* 임을 알 수 있다.

하르는 '우주의 질서에 맞게 정렬하다', '하나로 조합하다'란 의미다. 하르에서 파생된 개념이 각각 힌두교와 조로아스터교의 핵심 사상이 되었다. 산스크리트어 리타는 하르의 과거분사로 '우주의 원칙에 맞게 조합된 것'이란 뜻이다. 리타는 '진리', '법', '질서', '운명' 등으로 번역된다. 리타가 사회에 적용되면 '다르마dharma'가 되고 개인에게 적용되면 '카르마'가 된다. 다르마와 카르마는 불교가 중국으로 전파되면서 각각 '법法'과 '업業'으로 번역되었다. 하르는 이란에서 '우주의 원칙'을 의미하는 '아샤'가 되었다.

요가의 궁극적인 목적인 사마디에서 가장 중요한 개념은 마지막 부분에 등장하는 '디dhi'다. 디는 인도·유럽어 어근 '데흐*$d^h eh_1$'에서 파생했다. 데흐는 앞서 언급한 하르와 유사하나 다르다. 하르가 '조합'에 초점을 맞추었다면 데흐는 알맞은 자리에 두는 배열'이 중요하다. 데흐라는 개념을 우주 창조에 적용하자면 천체는 있어야 할 장소에 적절하게 있는 것이다. 태양과 달, 지구는 아주 오래전부터 자신의 길을 자전하고 공전하고 있었다. 지구 안에 존재하는 생물들도 삶과 죽음이라는 거대한 운명 안에서 생존할 뿐이다. 사시사철, 조석간만, 인간의 희로애락이 거대한 배열 안에서 한 치의 어긋남 없이 반복된다. 인도·유럽인들은 이를 가리켜 '데흐'라고 말했다. 데흐는 고

● *h2는 후대 인도·유럽어에서는 사라진 후두음이다. 이 후두음엔 h_1, h_2, h_3가 있다.

대 그리스에 유입돼 신神을 의미하는 '테오스theos'가 되었다. 신은 천체를 적재적소에 배치하는 존재이자 만물을 위해 시간을 배열하는 자다. 테오스는 '결정적인 장소', '결정적인 시간'을 배치하고 배열하는 자다. 결정적인 시간, 결정적인 장소를 고대 그리스어로는 '카이로스kairos'라고 부른다.

디는 주체와 객체의 경계가 허물어져 하나가 되는 경 지, 즉 주체가 자신 안에 동일하면서도 다른 객체를 만들어 그 객체와 신비한 합일을 이루는 경지를 의미한다. 사마디는 내가 너와 하나가 되고 내가 보이지 않는 그것과도 일치하는 경지다. 관찰의 주체와 관찰의 객체 사이의 경계가 허물어져 온전한 하나가 된다. 삼매는 시간과 공간이 존재하지 않는 '블랙홀'과 같다.

알려지지 않은 땅

삼매경은 요가 수련자가 존재했지만 알려지지 않았던 마음의 경내境內로 진입하는 훈련이다. 2세기 로마 지리학자 클라우디오스 프톨레마이오스Claudios Ptolemaeos는 당시 로마와 지중해 전역을 지도에 담는다. 그는 이 지도에 '알려지지 않은 땅'이란 의미의 용어 '테라 인코그니타terra incognita'를 사용하여 누군가 가보았다는 기록도 없지만 반드시 존재해야만 하는 지역을 표시했다. 마치 과학이 아무리 발전해도 인간이 확인할 수 있는 영역은 빙산의 일각일 뿐이라는 개념과 비슷하다. 우주가 무한하다면 인간이 확인한 행성은 우주의 극히 일부일 수밖에 없다. 요가 수련자는 삼매 훈련을 통해 우주처럼 광활한 자신의 마음에서 발을 들여놓은 적 없는 '알려지지 않은 땅'

으로 들어간다.

힌두 사원이나 이슬람 사원에는 세속의 공간과는 구별되는 장소가 있다. 이곳을 경내라고 한다. 경내로 들어가려면 몸을 정결하게 씻고 그곳에 어울리는 의상을 입고 신발을 벗어야 한다. 신발은 경외境外를 상징하며 요가를 수련한 적 없는 자연 상태의 오래된 자아를 의미하기도 한다. 경내와 경외를 구별하는 문은 오랫동안 수련한 자들만이 건너갈 수 있는 경계선이다. 그리고 삼매경도 본연의 자신을 발견하게 하고 흠모하게 하는 거룩한 장소다. 요가는 마음 깊은 곳에 존재하는 거룩한 경내로 들어가기 위한 훈련이다.

삼매경은 오랫동안 수련한 자들이 받는 선물이다. 그것은 마치 궁수의 훈련과 같다. 궁술을 처음 배우는 사람은 커다란 과녁을 조준한다. 그러나 궁수의 실력이 쌓이면, 궁수와 과녁과의 거리가 가깝게 느껴지고 그 과녁이 점점 더 넓어 보인다. 오래 훈련하여 올림픽에 나갈 정도의 실력을 쌓은 궁수는 25미터 떨어진 과녁을 명료하게 볼 수 있는 능력을 갖추게 된다. 궁술 훈련 전에는 과녁의 한가운데를 볼 수 없었는데, 훈련을 거듭하며 이제는 마치 눈앞에 있는 것처럼 인식한다. 이와 같이 요가는 이전에도 분명 존재하고 있었으나 눈에 보이지 않았던 장소로 진입하게 하는 훈련이다.

파탄잘리는 마음속 잡념을 잠재우는 다양한 방법을 제시한 후, 삼매경의 두 층위를 소개한다. 이것이 요가가 도달할 수 있는 마지막 목표 지점이다. 하나는 인식 대상에 대한 가장 높은 수준의 앎인 '상프라즈나타 사마디saṃprajñāta samādhi', 즉 유상삼매有想三昧이다. 다른 하나는 인식 대상이 없는 상태에서 도달할 수 있는 가장 높은 수준의 앎인 '아상프라즈냐타 사마디asaṃprajñāta samādhi', 즉 무상삼매無想三昧이다. 후자에는 부정을 의미하는 접두사 '아a'가 붙었다. 파탄잘리는 17행에서 첫 번째 삼매경으로 일상에서 인식 대상이 있을 때, 그 대상을 어떻게 보고 어떻게 반응할 것인가를 기술했고, 18행에서는 인식 대상이 없을 때는 어떻게 삼매경으로 들어갈 것인가를 기술했다. 파탄잘리에 따르면 유상삼매는 더 높은 차원인 무상삼매로 가기 위한 단계다. 인식 대상에 대한 깊은 명상을 통해 유상삼매에 도달할 수 있으며 유상삼매가 끝나는 지점에서 무상삼매가 시작된다.

유상삼매의 네 종류

유상삼매의 네 종류를 지칭하는 산스크리트어를 적절한 단어로 번역하기는 어렵다. 첫 번째 단계는 '비타르카vitarka', 즉 숙고다. 숙고는 요가 수련자가 명상 대상에 온전히 몰입할 때 일어난다. 숙고를 통해 수련자는 편견에서 벗어나 대상을 무심히 관찰하고 대상의 본질을 알아차린다. 숙고는 숲속 어딘가에서 들려오는 소리를 찾아 귀를 기울이다 마침내 높은 나무 위에서 지저귀는 새를 발견한 사람이 이를 응시하는 태도와 같다. 그는 다른 새들의 노랫소리를 뒤로하고 자신이 응시하고 있는 새의 소리만을 듣는다. 숙고는 오관五官, 즉 눈, 귀, 코, 입, 피부를 통해 직접 감지하는 능력이다. 요가 수련자는 오관을 통해 대상의 모습, 소리, 향기, 맛, 느낌을 발견한다.

유상삼매의 두 번째 단계는 '비차라vicāra', 즉 직관이다. 직관은 깊은 관찰과 숙고를 통해 얻은 오감으로 그 대상의 핵심을 알아차리는 내공이다. 직관은 요리사가 만든 음식을 먹고 음식의 맛과 요리사의 수준을 가늠하는 능력과 같다.

유상삼매의 세 번째 단계는 '아난다ānanda', 즉 희열이다. 희열이란 요가 수련자가 도달할 수 있는 최선의 단계로, 기쁨 이상의 기쁨이다. 힌두교 육파철학 중 하나인 베단타학파에서 아난다는 과거의 자신에서 벗어나 궁극적인 실재인 브라흐만과 일치될 때 일어나는 전신적 경험이다. 막스 뮐러Friedrich Max Müller(1823~1900)는 희열을 기쁨과 구별한다. 희열은 《우파니샤드》에 등장하는 유명한 구절 '타트 트밤 아시tat tvam asi', 즉 '당신은 당신이 추구하는 그것이다'라는 진실을 깨달을 때 생겨난다. 희열을 장소에 비유하자면 천국이다. 천국 안에 거주하는 자는 다른 무언가를 애써 구하지 않는다. 그 자신이 이미 천국에 있기 때문이다. 한편 우리가 아는 육체적·정신적·영적 기쁨은 천국의 기쁨이 아니라 천국 근처를 맴도는 기쁨일 뿐이다.• 아난다는 일상에서 경험할 수 없는 의식의 변용 상태다. 이때에는 외부 인식이 줄어들며 수련자의 의식이 무한히 확장된다. 이를 통해 수련자는 육체적·정신적·영적으로 만족하게 된다.

유상삼매의 네 번째 단계는 '아스미타asmitā'다. 이것은 자기 자신을 관찰 대상으로 인식하는 것, 나아가서 자기 자신과 관찰 대상이 된 자신을 신비하게 일치시키는 인식을 말한다. '아스미타'는 '나는 -이다'라는 1인칭 단수 존재동사 '아스미asmi'에 추상명사형 어미 '타tā'가 결합한 것이다. '아스미타'는 '내가 나 자신으로서 존재하는 이

• F. Max Müller, *The Six Systems of Indian Philosophy*, reprinted from the 1903 ed. (Honolulu, Hawaii: University of the Pacific, 2003), pp. 372–373.

유'라는 의미가 되며, 수련자가 도달해야 할 이상적인 '나'와 현재의 '나'를 일치시키는 노력을 의미하기도 한다.

자아는 이 두 가지 '나'를 솜씨 있게 결합하여 만든 단어다. 그러므로 자아는 유사하지만 전혀 다른 두 가지 '나'의 나열인 셈이다. '아我'의 특징은 아집이다. 열등감에 사로잡힌 '아'는 경험을 통해 얻은 보잘것없는 세계관을 무기로 삼으며 자신을 드러내는 것에 집착한다. 그런 아집은 언제나 불안하다. 내가 그런 나를 유지하려 애쓸수록 나는 이미 사라진 과거에 집착하는 유물로 전락할 것이다. 아집을 강화하려는 애처로운 노력이 곧 욕심이며 이기심이다. 아무리 근사한 미사여구와 빛나는 보석으로 자기 자신을 포장한다고 할지라도 이들은 결국 싸구려다. 유행이 지난 생각으로 빛바랜 과거를 자랑하기 때문이다. 한편 '자自'는 최선의 '나'다. 어둠 속에 감추고 싶은 내가 아니라 밝은 곳에서 확인하고 싶은, 내가 흠모하는 '나'의 모습이다. 인류는 이 이상적인 모습을 다양한 용어로 불러왔다. 신, 도, 무아, 로고스……. '자'는 1인칭인 동시에 3인칭이다. 수련 전에 우리는 '자'의 존재를 상상할 수도, 부를 수도 없었다. 하지만 심연의 보물, '자'는 내가 끌어내주기를 기다린다. 하루는 '자'를 통해 '아'를 혁신하는 수련의 시간이 될 것이다.

경구 18

무상삼매란 무엇인가?

विरामप्रत्ययाभ्यासपूर्वः संस्कारशेषोऽन्यः
virāmapratyayābhyāsapūrvaḥ saṃskāraśeṣo'nyaḥ
비라마프라트야야브야사푸르바하 상스카라셰숀야하

직역 "다른 (종류 삼매)는 오랜 연습을 통해 떠오른 생각을 멈출 때, 이전 잠재적 인상에 남아 있는 것이다."

의역 "다른 종류의 삼매는 의식 대상이 없는 삼매다. 이 삼매는 씨앗처럼 잠재적인 인상만 남아 있다. 무상삼매는 집착을 중단하는 연습을 통해 생각을 지속적으로 제어할 때 이루어진다."

virāma-pratyaya-abhyāsa-pūrvaḥ saṃskāra-śeṣaḥ-anyaḥ

virāma	명사(m.sg.nom)	중단, 멈춤 ◂ vi + rāma ◂ ram 멈추다
pratyaya	명사(m.sg.nom)	의도, 떠오른 생각, 인식 ◂ prati + ī 가다
abhyāsa	명사(m.sg.nom)	연습, 훈련
pūrvaḥ	형용사(m.sg.nom)	이전의, 과거의, 오랫동안, 지속적인
saṃskāra	명사(m.sg.nom)	과거 경험으로부터 생긴 인상, 습관적이며 잠재적인 활동능력이나 성향 ◂ saṃ 함께 + kāra 행동 ◂ kṛ 행동하다
śeṣaḥ	명사(m.sg.nom)	남겨진 것 ◂ śiṣ 남다
anyaḥ	지시대명사(m.sg.nom)	다른 것

18행에서 설명하는 삼매가 17행에서 소개된 유상삼매와 대비되는, 아직 이름 붙여지지 않은 또 다른 삼매다. 그래서, 이 행의 마지막 단어로 '다른'이란 의미의 '안야anyaḥ'가 등장하였다. 만일 파탄잘리가 유상삼매와 대비되는 의미인 무상삼매를 의도했다면, '아상프라즈냐타 사마디asaṃprajñāta samādhi'라는 용어를 사용했을 것이다. 학자들, 특히 아헹가B. K. S. Iyengar(1918~2014)는 '안야'라는 단어에 근거해 18행의 삼매는 또 다른 종류의 경계적 삼매라고 기술한다.• 그는 이 상태를 '비라마 프라트야야virāma pratyaya', 즉 일상에서 떠오르는 생각을 멈출 때, 등장하는 틈이라고 해석한다. 이것은 잠들기 직전, 생각해온 대상에 대한 의식이 희미해지고 마음이 고요해지는 상태인 '마놀라야manolaya', 즉 '의식침전意識沈澱'의 상태와 유사하다. 마치 강이 바다와 만나 서서히 사라지는 것처럼 수련자의 개별적인 마음이 소멸되어 잠잠해지는 '경계적 삼매'를 말한다.

대부분의 학자는 파탄잘리가 18행에서 17행의 유상삼매와 대비되는 삼매를 소개한다고 해석했다. 18행의 삼매경에서는 명상의 가시적 대상이 존재하지 않는다. 그 대상은 수련자가 경험한 적 없으며 잠재의식 안에 존재할 뿐이다. 그것은 마치 꿈에 등장하는 이미지와 같다. 파탄잘리에 따르면 무상삼매는 모든 개념이나 표현을 초월하는 상태이기 때문에 그는 '아상프라즈냐타'라는 용어조차 사용하지 않는다. 무상삼매는 '무상'을 명상의 대상으로 삼지 않는, 고요한 상태이기 때문이다. 파탄잘리는 오히려 불특정 대상을 의미하는 부정

• B.K.S. Iyengar, *Light on the Yoga Sūtra of Patanjali* (London: Thorsons, 1993), pp. 70–72.

대명사 안야를 이용하여 무상삼매의 오묘한 신비를 설명한다. 무상삼매경이 유상삼매경의 반대가 아니라 모든 개념을 초월하면서 동시에 포함하는 개념이기 때문이다.

요가 수련자는 오감으로 경험한 대상에게 얻는 개별 인상인 프라트야야를 깊이 보는 유상삼매를 경험한다. 그 후에는 자신이 생전에 오감으로 경험한 적이 없는 대상을 떠올린다. 이 무상삼매는 씨앗 상태로 존재하는 생각을 말한다. 이것은 실질적인 생각의 싹을 내지 않는다. 인간의 생각 안에서 잠재성으로만 존재한다. 생각, 기억, 행위를 유발하는 잠재적인 인상도 무상삼매에 숨어 있다. 그것은 겉보기에는 마치 존재하지 않는 것처럼 보인다.

심연에 존재하는 푸루샤는 의식의 대상이 아니다. 푸루샤는 현재의 자아가 아니라 최선의 자아, 혹은 신적인 경지에 도달한 자아다. 푸루샤는 불멸하며 육체가 죽어도 살아남는다. 태어나지도 않으며 영원하고 고유한 존재다. 또한 불사를 수도 없고, 창으로 찌르거나 칼로 자를 수도 없으며, 비바람을 맞을 수도 없다. 오랜 수련을 거친 겸손한 요가 수련자는 자신 안의 푸루샤를 감지한다. 이것은 다른 것에 의존하거나 연관되어 존재하지 않고 우주가 탄생할 때부터 그것 자체로 존재한 원칙들이다.

이 푸루샤는 모든 개인의 마음속 깊은 곳에 숨어 있다. 그 신아를 일깨우기 위해 들이는 수고가 연습과 이욕이며, 그 현재 자신의 자아와 신아의 일치가 삼매다.

비행

무상삼매경은 구름 속을 지나가는 경험과 비슷하다. 우리가 비행기를 타고 가다 보면, 구름을 통과한다. 아래 펼쳐지는 경치가 없어지고 방향감각이 사라진다. 조종사는 비행기가 산이나 다른 비행 물체와 부딪치지 않고 무사히 빠져나올 수 있도록 경계하며 비행을 지속한다. 요가 수련자가 명상의 대상이 있는 단계에서 그 대상이 사라진 단계로 진입하면 그는 공허 안에 있는 자신을 발견한다. 그 단계에서 수련자는 자신이 경험하지는 않았지만 새롭게 대상이 떠오를 때까지 머물러야 한다. 그가 할 수 있는 일이란 인내를 가지고 대상을 기다리는 일이다. 한편 그의 정신은 몽롱하지 않으며 오히려 집중하고 있고 경계하고 있다. 요가 수련자는 이 방향감각이 사라지는 구름 속을 지나, 새로운 빛으로 가득한 장소로 진입할 수 있다. 숙련된 요가 수련자는 이 경험을 반복하다 궁극적 자기 자신인 푸루샤와 합일한다.

유상삼매경에서 무상삼매경으로 이어지는 공간은 형태가 없다. 구름은 액체도 아니고 기체도 아니다. 전등으로 어두운 방을 비출 때, 우리는 빛이 머무른 자리에 있는 물건들을 볼 수 있다. 이 물건들은 전등 빛의 도움이 있어야만 그 존재가 확인된다. 우리는 빛이 머무르는 물건은 볼 수 있지만 빛 자체는 볼 수 없다. 푸루샤는 수련자가 이전에 인식할 수 없었던 것을 볼 수 있도록 도와주는 빛이다. 따라서 푸루샤를 통해 만물을 인식할 수 있는 상태가 '무상상매'다.

마음이 무상삼매경에서 무위 상태를 유지하기 전, 요가 수련자는 아무것도 인식할 수 없는 불안한 공허의 공간과 시간을 견뎌야 한다.

18행에서 무상삼매 직전의 상태를 '비라마 프라트야야', 즉 '떠오른 모든 생각 멈추기'라고 정의한다. 생각을 멈추는 것도 생각이다. 이는 모든 생각을 제거하기 위한 마지막 생각이다. 요가 수련자는 유상삼매경에서 자신이 쥐고 있던 생각[想]을 공허한 마음에 떨어뜨린다. 가장 심오한 생각은 오히려 생각을 멈춤으로써 생긴다. 수련자가 마음이 본래 있어야 할 곳으로 정신을 모아 삼매경에 들어가는 행위가 무위無爲다. 무위는 아무것도 하지 않는 것이 아니라 천지개벽을 하기 위해 고요한 마음 상태로 준비하는 것이며 우주의 질서를 형성하기 위한 혼돈의 적막 상태인 것이다.

11세기 페르시아 학자 알 비루니al Bīrūnī(973~1048)는 이 무위 상태의 영혼을 껍질에 싸인 쌀알로 비유한다. 쌀이 껍질을 유지하는 한 그 쌀은 싹을 틔우고 낟알을 만들 가능성이 있다. 껍질을 제거하면 이 가능성은 사라진다. 껍질이 무상상매이고, 낟알이 푸루사다.

푸루샤를 발견하려면 마음속에서 물결치듯 항상 일어나는 생각을 멈춰야 한다. 그것은 꾸준한 수련을 통해서만 가능하다. 한 분야에서 일가를 이룬 사람들의 공통점은 자신이 정한 분야에 인내심을 발휘하며 몰입했다는 점이다. 올림픽에 나가기까지 양궁 선수는 수년 동안 매일 활쏘기를 연습한다. 활을 쏘기 위해 그는 시위를 힘껏 당긴 뒤 멈춘다. 이 자세를 유지하기 위해 팔 근육뿐 아니라 온몸이 흔들리지 않도록 열 시간 같은 3초를 미동도 없이 멈춰 있어야 한다. 이것은 오랜 수련에 따른 당연한 결과다. 파탄잘리는 이 과정을 '아브야사 푸르바하abhyāsa pūrvaḥ', 즉 '연습에 뒤따르는' 혹은 '연습 후에'라고 표현했다. 파탄잘리는 13행에서 연습을 흔들림 없는 정적을 유지하려는 노력으로 정의했다. 무상삼매경은 오래 요가를 수련한 자가 도전하는 높은 차원의 명상이다.

파탄잘리는 무상삼매경을 '상스카라 세쇼saṃskāra śeṣo', 즉 '잠재적 인상만 남은 단계'로 정의한다. 잠재적 인상은 요가 수련자가 푸루샤를 발견하기 직전의 상태로 거대한 깨달음 이전 단계다. 생각을 멈췄을 때에야 우리는 우리 안에 존재하는 줄도 몰랐던 심오하고 숭고한 생각을 떠올릴 수 있다.

빅뱅이 일어나기 직전의 순간을 통해 우주를 구성하는 시간과 공간이 등장한다. 기원전 6세기에 활동했던 한 유대 시인은 우주 창조와 인간 창조에 관한 이야기를 기록했다. 이것은 구약성서 〈창세기〉 1장 1절에서 2장 4절 전반까지 등장한다. 그는 〈창세기〉 1장 2절에서 우주 탄생 직전의 상태를 '토후 와 보후tohu wa bohu'라고 표현한다. 내가 생각하기에는, 이 시인이 빅뱅 이전의 상태를 표현할 수 있는 어휘가 없어 숨을 길게 내쉬는 '후'를 이용해 단어를 상상하고 만든 것 같다. 이 구절은 흔히 '공허하고 혼돈스럽다'라고 번역된다. 모든 것이 정지된 태고의 정적 상태에는 모든 것이 잠재적인 가능성으로 존재한다. 요가 수련자는 우주적 자아와 마주치기 위해 인내하며 수련해야 한다. 어떤 대상에 대한 수련이 아니라 그런 대상들에 대해 생각하도록 하는 씨앗을 찾는 수련을 해야 한다.

경구 19

생성이란 무엇인가?

भवप्रत्ययो विदेहप्रकृतिलयानम्

bhavapratyayo videhaprakṛtilayānam

바바프라트야요 비데하프라크리티라야남

직역 "물질세계에 매달리는 존재와 육체로부터 자유로운 존재는 무엇인가 되려는 의도를 지닌다."

의역 "물질세계에 흡수되어 매몰된 존재인 인간이나 육체를 지니지 않는 신이나 모두 자신들이 원하는 대상이 되려는 의도를 지닌다."

bhava-pratyayaḥ videha-prakṛti-layānam

bhava	명사(m.sg.nom)	됨, 생성, 존재 ◂ bhū 존재하다, 되다
pratyayaḥ	명사(m.sg.nom)	의도, 떠올린 생각, 통찰
videha	명사(m.sg.nom)	비육체 ◂ vi + deha 몸 ◂ dih 덮다, 바르다
prakṛti	명사(f.sg.nom)	물질원리
layānām	명사(m.pl.gen)	융합 ◂ lī 잡다, 흡수되다, 매달리다

인도의 서사시 《마하바라타》, 경전 《베다》와 《푸라나》의 편집자로 알려진 비야사와 대부분의 주요 주석자들은 19행을 무상삼매에 대한 부연설명으로 간주한다. 하지만, 그러나 비야사와 달리 11세

기 인도의 파라마라Paramāra 왕조의 왕이자 학자였던 보자 라자Bhoja Rāja(1018~1060)는 19행은 유상삼매에 관한 내용이라고 설명했다. 나는 라자의 분석에 동의한다. 특히 경구 19~21에서는 유상삼매의 세 단계를 설명한다. 파탄잘리는 경구 22에서 유상삼매 수련의 세 단계를 초급의 약한 단계, 중급의 중간 단계, 고급의 강렬한 단계로 구분했다. 경구 19에서는 요가 수련의 첫 단계인 약한 과정을 설명한다.

유상삼매는 물질세계의 본질인 프라크리티와 육체로부터 자유로운 존재인 '비데하videha'가 하나 되는 과정인 '바바bhava'와 깊이 연결되어 있다. 프라크리티는 마음과 물질을 형성하는 기본 원리이자 내용이다. 인도인들은 우주가 끝없이 창조와 파괴를 반복한다고 믿었다. 우주라는 질서가 창조되기 전, 분리되지 않은 잠재력 덩어리가 바로 프라크리티다. 프라크리티는 잠재력을 지닌 씨앗이다.

프라크리티를 구성하는 재료인 구나는 다음 두 장소를 통해 활동한다. 우리는 눈, 코, 입, 귀, 피부를 통해 외부에서 오는 정보를 분석하고 시각, 후각, 미각, 청각, 촉각을 통해 반응한다. 우리는 이 기관들을 통해 끊임없이 감각하고 운동한다. 이 기관들이 라자스와 타마스의 영역이다. 이 기관들은 뇌와 척추에 있는 생명과 의식의 여섯 지점을 통해 활동한다. 뇌간의 가장 뒤쪽 부위가 척수와 만나는 지점인 '연수medulla', 일곱 개 등골뼈로 구성된 척추의 맨 윗부분인 '경추cervical', 그 아래 척추를 덮고 있는 '흉추thoratic', 허리가 시작하는 '요추lumbar', 골반을 구성하는 다섯 개 천추를 지칭하는 '천골sacra' 그리고 마지막으로 흔히 '꼬리뼈'라고 불리는 '미골coccygeal' 등이 그 여섯 지점이다. 이 중추신경계를 통해 두 가지 정신 활동이 전개된다. 하나는 이 여섯 지점을 통해 형성되어 외부로 표출되는 마음인 '마나스manas'이고, 다른 하나는 신적 자아와의 합일을 통한 깨달음인 '붓디buddhi'다.

나는 누구인가

유상삼매 수련의 첫 단계는, 수련자의 세계를 구성하는 물질세계에서 그가 탈출해 자유로운 존재가 되도록 돕는 수련으로 시작한다. 그는 훈련을 통해 '그 자신의 협소한 세계'에서 탈출하여 명상 대상, 즉 자연이나 천상의 존재와 자신을 일치시키려 노력한다. 이 과정이 생성이다.

나는 다른 사람들이 생각하는 그런 사람인가? 사람마다 나에 대해 각기 다른 정보를 가지고 있기에 저마다 나를 달리 평가할 것이다. 누군가는 내 직업을 보고, 또 누군가는 내가 쓴 책을 읽고, 또 다른 누군가는 나에 관한 소문을 듣고 그것이 '나'라고 생각할 것이다. 내가 다른 이들의 평가에 연연한다면 영원히 나는 이리저리 파도치는 바다 한가운데서 흔들리는 돛단배 신세가 되어 결국 좌초하고 말 것이다.

나는 과거의 나인가? '과거의 나'란 내가 많은 시간을 투자하여 나라는 정체성을 형성하기 위해 노력해온 '나'다. 이런 경우 나는 과거의 나로 박제되어 더는 변화가 가능하지 않은 존재가 된다. 그렇다면 나는 현재의 나인가? 무엇을 현재의 나로 규정할 수 있는가? 현재의 나는 누구인가? '현재의 나'를 추상적인 낱말로 표현한다면 '존재存在'다. '존재'란 현실에 실재로 있는 그 대상을 말한다. 프랑스 실존주의 철학자 사르트르Jean Paul Sartre(1905~1980)가 1945년에 강의한 내용을 정리해 출간한 책《실존주의는 휴머니즘이다L'existentialisme est un humanisme》에서 '레지스탕스 프레세드 레상스l'existence précède l'essence'라는 문장을 소개했는데, 이는 '실존은 본질에 앞선다'라는 의미다. 키르케고르나 하이데거와 같은 실존주의 사상가를 제외하고, 이전의 사상가들은 대개 객관적, 당위적, 추상적 본질을 북극성처럼 여기고 그 별을 따를 것을 요구했다.

현재의 나의 가치를 규정하는 객관적이며 당위적인 기준은 존재하지 않는다. 나라는 존재의 가치는, 내가 지금 선택한 생각과 이 생각을 표현한 사적인 언행으로 결정한다. 현재의 나는 그런 나를 생성하는 능인能人이다. 자유롭게 또는 습관적으로 행해온 언행이 환경을 조성한다. '존재'를 의미하는 프랑스어 단어이자 영어 단어인 existence는 라틴어 '엑시스텐스existens'에서 유래했다. 이 단어는 '드러나다', '모습을 보이다', '빛으로 나오다', '-로 변하다', '생성되다'란 의미를 지닌 라틴어 동사 '엑시스테레existere / exsistere'의 현재분사형이다. 한편 '존재存在'라는 한자에서 빌려온 단어는 서양 철학자들이 오래전부터 주장해온 원래 의미를 왜곡한다. '존재'라는 단어는 변화나 생동감이 결여된, 화석화된 상태를 의미하기 때문이다.

영어 단어 '익지스트exist'는 라틴어 단어 '-에서 빠져나오다'라는 의미의 접두어 ex와 '두 발로 굳건히 서다'란 의미를 지닌 동사 *sta-의 사역형인 '시스테레sistere'가 결합한 단어다. 따라서 '시스테레'는 '굳건히 홀로 서 있게 만들다'라는 뜻이 된다. 'exist'는 '존재하다'가 아니라, '타인의 시선이나 정의에 얽매이지 않고 자신의 두 발로 굳게 서서 자신의 이상형을 새롭게 생성하려고 노력하다'란 뜻이다. 인간에게 이미 정해진 본질 따위는 없다. 개인의 본질은 그가 자신의 삶을 통해 창조해가는 것이다. 사르트르는 인간의 어깨에서 기성 철학이나 종교가 말하는 이상적인 인간의 모습, 그 본질을 벗겨 내려놓았다.

인간은 대부분 생성하지 못하고 매일매일 조금씩 도태한다. 인생은 우리에게 어려움과 고통을 느닷없이 안겨주기도 하지만, 때때로 우리는 스스로 생성을 방해하는 고통을 자신에게 가하기도 한다. 고통이란 지금까지 지속되는 과거의 습관이며, 경험하지도 않은 미래에 대한 쓸데없는 걱정이고, 과거의 잘못을 거울삼아 배우기를 거절하는 어리석음이다. 더욱이 인간은 새로운 존재로 생성하는 것이 번거롭고 버거워 과거의 자신을 유지하려는 습관적인 게으름과 진부함에 빠진다. 인간은 타인이 정한 체계 안에서 그럭저럭 살아가려고 발버둥 친다.

'보통 사람'은 존재하지 않는다. 개인은 독특한 한 개체일 뿐이다. 모든 사람이 만만하게 보고 좋아하는 '보통 사람'은 존재할 수가 없다. 그런 사람은 자신의 삶에서 최선을 다하지 않는 사람들의 우상 같은 존재다. 그러나 새로운 자신이 생성되길 염원하는 사람에게 '보통 사람'은 그리스 신화에 나오는 프로크루스테스Procrustes의 침대와 같다. 그는 자기 집에 들어온 손님을 침대에 눕혀 그 사람이 침대보다 키가 크면 머리나 다리를 자르고, 작으면 사지를 잡아 늘여서 살해했다.

삶의 오묘한 이치

유상삼매는 해탈에 근접한 것이지 도달한 상태는 아니다. 오직 무상삼매만이 해탈에 이를 수 있다. 파탄잘리는 유상삼매를 수련하는 사람이 거쳐야 할 첫 번째 단계는 자신의 현재 상태에서 시작하는 것이라고 했다. 이것은 수련자가 자신의 존재 의미를 깨닫고 그 존재가 되기 위해 '지금 여기'에서 자신이 변화해 새로운 자신으로 생성하는 훈련이다. 요가 수련자는 수련을 통해 자신을 얽매는 육체를 탈출해 오감으로 감지하는 대상에 매몰되지 않고 오히려 그 대상의 물질원리인 프라크리티를 인식하고, 그것에서 자유로운 존재가 되도록 수련한다. 그는 심지어 자신이 생각한 대로 자신을 생성할 수 있는 존재가 된다. 그러나 요가 수련자가 이 상태에 진입했다고 할지라도 그것은 물질세계의 범위에서 일어나는 현상일 뿐이다.

랠프 월도 에머슨이 1856년에 네 개 연으로 구성된 16행 시 〈브라흐마〉에서 유상삼매에 관한 내용을 담았다. 그는 이 짧은 시에서 동서양이 쌓아 올린 지혜의 심연으로 들어가 새로운 사상을 모색한다. 에머슨, 소로 그리고 올컷과 같은 소위 초월주의자들은 인도의 경전이자 인류의 보물인 《바가바드 기타》와 《우파니샤드》에 큰 영향을 받았다. 《바가바드 기타》는 영적인 구루 크리슈나와 그의 문하생이자 영웅인 아르주나가 쿠루크세트라 평원에서 자신의 친족과 전쟁을 해야 하는 불가피한 상황에서 나누는 대화를 담고 있다. 이 시의 제목인 〈브라흐마〉는 우주를 창조하고 관장하는 힌두교 신이다. 브라흐마와 유사한 용어가 두 개 있는데, 브라만Brahman은 우주의 본질이자 정신을 의미하는 용어이고, 브라민Brahmin은 인도 카스트제도에서 사제계급을 이르는 용어다. 인도인들은 브라흐마 신이 우주를 브라만이라는 아우라로 감싸고 있다고 믿었다. 이 아우라가 표현되어 인간, 동물, 나무, 구름, 모래, 감정, 정신과 같은 현상들로 나타난다. 그들은 인도 경전을 공부하는 브라민(사제)들에게 브라흐마와 브라만을 배운다. 에머슨은 영적인 수련을 통해 자신이 브라흐마가 되어 우주와 세상의 본질을 말했다. 다음은 이 시의 첫째 연 4행이다.

> If the red slayer think he slays,
> Or if the slain think he is slain,
> They know not well the subtle ways
> I keep, and pass, and turn again.
> 만일 붉은 살인자가 자신이 살인을 저질렀다고 생각한다면,
> 아니면 만일 살해된 자가 자신이 살해되었다고 생각한다면,
> 그들은 삶의 오묘한 이치들을 잘 모르는 것이다.
> 나(브라흐마)는 가던 길을 묵묵히 가고, 지나가고 그리고 다시 돌아온다.

브라흐마가 된 에머슨은 1인칭이 되어 말한다. 1행에 등장하는 '붉은 살인자'는 인도 사성제의 두 번째 계급인 '크샤트리야Kṣatriya'를 지칭한다. 크샤트리야는 귀족들과 무사들이다. 또 다른 창조주인 프라자파티Prajāpati는 사성제로 구별된 인도인들을 네 가지 색varṇa으로 구분했다. 이것은 기원전 12세기 인도를 침략한 백인들이 얼굴이 검게 탄 인도 원주민들을 남쪽으로 몰아내고 노예로 삼으면서 만들

어낸 이데올로기다. 브라민, 즉 사제들은 실내에서 주로 활동하기에 흰색으로, 무사와 귀족계급은 항상 싸움을 일삼아 얼굴이 붉어지기 때문에 붉은색으로, 상인과 농부는 돈을 벌기 위해 활동하기 때문에 노란색으로, 노예는 외부에서 일하기 때문에 검은색으로 표시했다.

1행에 등장하는 '붉은 살인자'는 크샤트리야면서 동시에 인생이란 경기장에 던져진 모든 인간을 의미한다. 약육강식의 세계에서는 정복한 자와 정복당한 자, 성공한 자와 실패한 자, 살아남는 자와 죽은 자로 구분된다. 그런 사람들에게는 죽음이 인간 존재의 끝이다. 우리는 늙음과 그 늙음의 종착 지점인 죽음을 두려워한다. 우리 사회는 올바로 죽기 위한 연습의 장인 삶에서 오히려 죽음을 몰아내기도 하고, 마치 젊음이 죽음을 회피하고 망각할 수 있는 장치라고 착각하기도 한다. 삶과 죽음, 승리한 자와 패배한 자, 이들은 모두 하나다.

경구 20

획득이란 무엇인가?

श्रद्धावीर्यस्मृति समाधिप्रज्ञापूर्वक इतरेषाम्
śraddhāvīryasmṛti samādhiprajñāpūrvaka itareṣām
슈랏다비르야스므리티 사마디프라즈냐푸르바카 이타레샴

직역 "다른 이들에게는 소멸이 믿음, 기억, 마음챙김, 그리고 지혜가 뒤따라온다."

의역 "다른 이들, 즉 유상삼매의 둘째 단계는 수련하는 자가 자기 신뢰, 내면의 힘, 자신의 언행을 보살피는 기억, 한 대상에 몰입하는 마음챙김, 대상의 핵심을 꿰뚫어 보는 지혜를 획득한다."

śraddhā-vīrya-smṛti samādhi-prajñā-pūrvakaḥ itareṣām

śraddhā	명사(f.sg.nom)	믿음, 신뢰
vīrya	명사(n.sg.nom)	내면의 힘, 에너지 ◂ vīra 용감한, 영웅적인
smṛti	명사(f.sg.nom)	기억
samādhi	명사(m.sg.nom)	삼매
prajñā	명사(f.sg.nom)	지혜
pūrvakaḥ	형용사(m.sg.nom)	뒤따라오는
itareṣām	명사(m.pl.gen)	다른 이의

경구 20에서는 유상삼매의 둘째 단계를 기술한다. 요가 수련자가

물질세계의 근원을 살피고 자신이 원하는 자아가 되기 위해 수련하는 과정을 거친 뒤, 둘째 단계로 들어간다. 이것은 삼매로 진입하기 위한 심리적이고 정신적인 가치를 획득하는 단계다.

인간 사회에는 관습과 규범이 있고, 인간에겐 도덕과 윤리라는 기준이 있다. 요가 수련자에게도 그가 평상시에 지녀야 할 마음가짐의 기준이 있다. 이 마음가짐을 유지하고 실천하는 데 도움을 주는 훈련이 요가다. 만일 내가 혹독한 요가 훈련을 통해 몸을 자유자재로 움직이고 구부린다 할지라도 이런 마음가짐이 없으면 나는 서커스의 곡예사와 다름이 없다. 요가는 몸과 마음을 동시에 수련하는 것이다. 요가 수련자의 수련 정도는 그의 말하는 태도, 상대방을 보는 친절한 눈빛, 음식을 대하는 몸의 자세, 걸음걸이, 자신만의 시간을 보내는 방식 등을 보면 알 수 있고, 이것은 비수련자와 구분된다. 봄에 씨를 뿌리고 여름에 김을 매야 가을에 추수하고 겨울에 편히 쉰다. 만물의 원칙은 '원인과 결과'다. 자신이 노력한 대로 그 혜택을 정확하게 누린다. 설령 그 혜택을 누리지 못한다 할지라도 노력은 화살처럼 빠르게 덧없이 흘러가는 삶을 사는 인간에게 가치가 있다.

다음에 언급할 덕목들은 매일매일 수련을 통해 새로운 경지로 진입하려는 열망을 가진 자들에게만 온다. 삼매경 안에서 머무는 시간은 그것을 성취한 요가 수련자의 수련 강도와 시간에 비례한다. 특별한 능력이 있어서 쉽게 삼매경에 진입한 사람이 엄격한 자기 수련이 없다면 그는 그 경내 밖에서 헤매고 있는 자신을 곧 발견할 것이다.

파탄잘리는 20행에서 유상삼매 수련자의 둘째 단계를 소개한다. 이 둘째 단계는 19행에서 말한 첫째 단계와는 달리 상당한 수련과 그 효과를 자신의 습관으로 만드는 훈련이다. 그 훈련이 훈습薰習이다. 수련자는 이 훈습 훈련을 통해 다섯 가지 덕목을 몸에 익힌다. 이 다섯 가지는 자기 신뢰, 내면의 힘, 자신의 언행을 보살피는 기억, 한 대상에 몰입하는 삼매, 대상의 핵심을 꿰뚫어 보는 지혜다.

파탄잘리는 진정한 요가 수련의 목적인 깨달음이 요가 수련자가 자신의 인격을 다듬고 내면의 힘을 자연스럽게 펼치기 위한 지난至難하고 고된 과정의 귀결이라고 주장한다. 그 깨달음은 자신을 뽐내는 자화자찬 문화가 선호하는 우연, 신기한 몸동작 혹은 갈채가 아니다. 이런 유혹은 누구에게나 있다. 훈련과 연습을 생략하고 요가 수련의 열매를 쉽게 맛보려는 요가 수련자들의 은밀한 욕망일지 모른다. 대한민국처럼 자화자찬의 문화를 찬양하는 사회에서는 요가 수련이 그런 쇼로 전락할 가능성이 농후하다. 많은 사람들이 요가 수련의 길에 들어서서 자신을 혁신하기 위한 단계를 밟지 않고 겉보기에 화려한 동작을 보여주는 선생들과 함께 환상에 빠져 있다.

요가 수련자는 남에게 자연스럽게 '덕德'을 행한다. 한자 德을 보면 그 숨겨진 의미를 알 수 있다. '덕'은 '걷다', '행동하다'를 의미하는 두인변 彳 과 '덕悳'으로 이루어졌다. 悳은 자연과 인간, 자기 자신에게 정신을 집중하여 있는 그대로 직시直視할 수 있는 마음가짐[心]이다. 자기 자신을 직시하는 자는 남을 부러워하거나 시기하지 않는다. 그의 눈은 자신에게 온전히 집중되어 있다. 자신을 포장하거나 과장하지 않는다. 자신이 평가하는 자신이 다른 사람들에게 자연스럽게 드러날 뿐이다.

덕이란 그런 마음가짐을 몸으로, 오감으로, 말과 행동으로 가감 없이 표현하려는 자연스럽고 의연한 행동이다. 어떤 사람이 덕스럽지 못한 이유는 그가 자기 자신을 직시하지 못하거나 직시하더라도 자신 안에서 발견한 결점들을 수정할 의지나 노력이 없이 방치하기 때문이다. 그러므로 요가 수련자는 자신이 덕스럽게 되기를 매일 수련하는 자다.

다섯 가지 덕목

다섯 가지 덕목은 엄연하고 정확하다. 요가 수련자가 이 덕목들을 오랫동안 삶의 일부로 만들려고 끊임없이 노력하지 않으면 이해할 수도 없고 잡을 수도 없다. 덕은 또한 매정하다. 인간이 스스로 그 경지에 도달했다고 안심하는 순간, 덕은 그를 매정하게 내쫓는다.

첫째 덕목은 '슈랏다śraddhā', 즉 '자기 신뢰'다. '슈랏다'는 '확신하다'란 의미를 지닌 '슈랏śrat'과 '우주의 질서에 어울리는 자신의 고유한 임무를 발견하다'란 의미인 '다dhā'가 결합한 말이다. 자기 신뢰는 명상을 하여 자신의 마음속 깊은 곳으로 들어가 자신다움을 발견하고 그것을 신뢰하는 것이다. 요가 수련은 그런 자신을 찾도록 도와주는 자기 신뢰를 선물한다. 슈랏다는 어떤 이념, 종교, 교리, 기관, 인물에 대한 맹목적인 신앙이 아니다. 그것은 내가 내딛는 한 걸음 한 걸음이 목적지를 향해 가고 있다는 내적인 확신이다. 나는 지금 궁극적으로 도착해야 할 그 목적지를 볼 수 없지만, 그곳을 향해 천천히 수련하면 언젠가는 그곳에 도착할 수 있다는 믿음이 필요하다. 이 믿음은 지금 여기에서 확인된다. 들숨과 날숨 연습은 신체와 정신을 변화시킨다. 세상에서 자기 신뢰 없이 완성되는 일은 없다. 자신을 설득하지 못하고 믿음을 주지 못하는 사람은 다른 사람을 설득할 수 없다.

둘째 덕목은 '비르야vīrya'다. 이 단어는 번역하기 힘든 단어지만 나는 이를 '내면의 힘'이라고 옮기겠다. 비르야는 힘, 결단, 용기 그리고 어떠한 장애물이나 방해물이라도 극복하여 자신이 목적하는 바를 이루겠다는 굳은 결의다. 비르야는 올림픽 마라톤 선수가 마지막 결승점을 눈앞에 두고 경기장의 출발점에서 시작을 알리는 총성을 기다릴 때 들었던 마음을 다시 다잡는 것이다. 그는 이미 초인적인 힘을 발휘하여 30킬로미터를 달려왔다. 30킬로미터 지점을 통과하려면 평상시에는 경험할 수 없는 초자연적인 에너지가 필요하다. 과학자들은 마라토너들이 이 마의 구간을 통과하기 위해 자신의 뇌가 고통을 잊게 해주는 도파민을 스스로 생성한다고 말한다. 우리는 이 도파민을 '러너스 하이runner's high'라고 부른다. 이 순간 그에게 필요한 것은 평상시 사용하던 힘이 아니라 초인적인 힘이다. 결승점에 도달해야겠다는 결기가 바로 '비르야'다. 요가 수련은 바로 이 내공을 조금씩 쌓는 과정이다.

셋째 덕목은 '스므리티smṛti', 즉 기억이다. 파탄잘리는 스므리티를 일반적인 의미의 '기억'을 넘어서는 의미로 사용한다. 요가 수련자들은 자신이 오랫동안 수련한 내용을 기억하지 못한다. 그 이유는 기억하려고 노력하지 않거나 누구도 기억의 중요성을 알려주지 않았기 때문이다. 우리는 일상에서 알게 모르게 실수를 저지른다. 어떤 경우는 그 실수가 치명적일 수도 있다. 실수의 특징은 반복적이며 습관적이라는 것이다. 요가 수련자는 요가 수련의 내용뿐 아니라 인생 경험의 원인-과정-결과를 의식적으로 기억해야 한다. 그래야 미래에 같은 실수를 반복하지 않는다. 밤늦게 습관적으로 음식을 먹는 사람이 있다고 가정하자. 그는 음식을 소화하지 못해 잠을 설치고 아침에 일어나서도 개운하지 않다. 그런데도 이런 어리석은 일을 오랫동안 반복한다. 스스로 마음을 다잡아 밤늦은 시각에 음식의 유혹에서 벗어나 근신하는 행위가 요가다. 요가를 통해 깨달음과 해탈을 얻으려 노력하는 사람들은 자신의 하루 24시간 동안 다양한 경험을 하며 마음을 챙기고 배우기도 하고 기억도 해야 한다. 이 기억만이 과거의 실수를 반복하지 않게 만든다. 기억은 개인뿐 아니라 가족이나 국가 공동체에도 필요한 처방전이다.

넷째 덕목은 '사마디samādhi'다. 파탄잘리는 요가의 궁극적인 목적인 '사마디'와는 다른, 요가 수련에서 얻는 일상의 '사마디'를 언급한다. 이것은 인간의 의식 가운데 특별한 상태로 자신이 목표에 몰입하고 집중하는 마음이다. 이것을 통해 자기 확신, 내적인 힘 그리고 기억의 덕을 견고하게 만든다. 요가 수련자의 목표와 과정은 하나다. 그는 지금 이 순간에 자신에게 온전히 몰입한다. 몸과 마음을 한데로 정성스럽게 모으는 과정을 '마음챙김'이라고 부른다. 그 고요한 마음의 중심에 푸루샤가 나를 기다린다.

다섯째 덕목은 '프라즈냐prajñā'로 핵심을 꿰뚫는 지혜를 가리킨다. 요가 수련자는 삼매에 자리 잡으면 생기와 여유, 겸허와 패기를 더욱 갖춘다. 그는 이 삼매를 황홀경의 상태를 통해서가 아니라 자신이 도달할 수 있는 최고의 정신 상태인 각성을 통해 익힌다. 지혜는 정보를 습득하는 지식과 다르다. 지혜는 다양한 경험을 통해 자신의 몸과 마음에 체득된 삶에 대한 탁월한 안목이며, 요가 수련자는 그 안목으로 자신의 일상을 탁월하게 산다.

만일 요가 수련자가 이 다섯 가지 덕목을 갖춘다면 삼매경에 들어갈 수 있다. 이 다섯 가지 덕목은 요가 수련의 중간 단계로 일상에서 내면의 실체를 생생하게 확인하고 자신의 육체와 정신을 자신에게 감동적인 최선의 상태로 유지하게 해준다.

경구 21

간절함이란 무엇인가?

तीव्रसंवेगानामासन्नः
tīvrasaṃvegānāmāsannaḥ
티브라상베가나마사나하

직역 "철저하고 강렬하게 수련하는 자는 (삼매경에) 근접한다."

의역 "유상삼매를 위한 셋째 단계이자 마지막 단계는 요가 수련자의 태도에 달려 있다. 그는 철저하고 간절하게 매일 수련하여 삼매경에 가까이 도달한다."

tīvra-saṃvegānām-āsannaḥ

tīvra	형용사(m.sg.nom)	철저한, 강렬한
saṃvegānām	명사(m.pl.gen)	간절 ◂ saṃ '함께' + vij '빨리 움직이다'
āsannaḥ	형용사(m.sg.nom)	근접한 ◂ ā + sanna ◂ sad 앉다

행복한 사람은 덧없이 흘러가는 세월 속에서 자신의 고유한 임무가 무엇인지 확실히 안다. 그는 환경이 아무리 열악하다고 할지라도 자신이 반드시 완수해야 할 일을 발견하고 실천한다. 그는 흘러가는 시간을 멈춰 순간을 영원으로 만드는 예술가가 된다. 지금 여기에서 반드시 완수해야 할 임무는 순간적이면서도 영원하다. 확신은 임무를 완수

하도록 도와주는 안내자다. 확신 없이 이루어지는 일은 없기 때문이다.

그런 사람은 자신만의 임무를 완수하기 위해 묵묵히 정진한다. 그는 좌우를 두리번거리거나 뒤를 돌아보지 않고 자신의 속도로 한 점을 향해 한 걸음 한 걸음 내디딘다. 이 한 걸음은 목적지에 도달하기 위해 꼭 필요한 징검다리다. 그러므로 내가 집중해야 할 유일한 화두는 완벽한 한 걸음이다. 완벽한 한 걸음을 소중하게 여기는 마음과 그 실천이 바로 연습이다. 연습을 게을리한 운동선수가 좋은 성과를 낼 수는 없다. 세계 최고의 축구선수는 자신에게 온 기회를 놓치지 않는다. 평상시에 그 상황을 이미 수없이 상상하고 연습했기 때문이다. 그는 기회의 순간을 영원으로 늘려 보기 때문에 주위에서 달려오는 선수들의 움직임을 모두 파악할 수 있고 골키퍼의 움직임도 느리게 보인다.

파탄잘리는 21행에서 요가 수련자가 삼매경에 들어가기 위한 마지막 단계를 간결하지만 강력하게 설명한다. 수련의 성과는 수련자가 얼마나 간절하게 삼매경에 들어가고 싶어 하는지에 달려 있다. 세속적인 성공에는 그에 영향을 미치는 다양한 외적인 변수들이 있다. 그러나 요가의 목적은 수련자 내면에서 달성된다. 그의 성공은 자신의 마음을 어떻게 조절하느냐에 달려 있다. 요가 수련자와 삼매경 사이에 존재하는 걸림돌은 바로 수련자의 욕심이다. 그는 우선 이 욕심을 신속하고 철저하게 제거해야 한다.

영국 시인이자 기자였던 에드윈 아널드 경Sir Edwin Arnold(1832~1904)은 고타마 싯다르타가 붓다가 된 뒤 깨달은 바를 서사시 〈아시아의 빛The Light of Asia〉을 통해 서구에 처음으로 소개했다. 이 서사시에 다음과 같은 구절이 등장한다.

> 너희들은 너희 자신 때문에 고통받는다. 그 누구도 강요하지 않았다. 그 누구도 너희에게 살고 죽고, 바퀴 위에서 휘몰아치고, 입 맞추라고 요구하지 않았다.

아널드 경은 자신의 참자아인 아트만을 아는 것이 꽃을 따는 것보다 쉽다고 주장한다. 왜냐하면 당신이 꽃을 따기 위해서는 손을 내밀어 꽃에 다가가야 하기 때문이다. 그러나 자신의 마음을 알기 위해서는 자신의 시선을 마음으로 돌리기만 하면 된다.

유상삼매 수련의 마지막 단계

요가 수련의 본질은 수련자가 마음을 가만히 응시하여 버릴 것은 버리게 하는 데에 있다. 이는 새로운 사상이나 몸동작을 만드는 것이 아니라 군더더기 같은 생각이 축적되어 생긴 몸의 불균형을 원래 상태로 되돌리는 과정이다. 즉, 세속적인 삶을 추구하는 과정에서 생긴 이기적인 마음과 행동을 버리는 것이 수련이다. 파탄잘리는 이 과정을 산스크리트어 단어 세 개를 사용하여 함축적으로 표현했다. '철저'를 의미하는 '티브라', '간절함'을 의미하는 '상베가' 그리고 근접을 의미하는 '아산나'다.

첫째, '티브라tīvra'는 강렬하고 철저한 상황을 의미하는 형용사다. 티브라는 요가 수련자가 자신에게 요구하는 삶의 태도다. 마라톤 선수는 올림픽을 4년간 준비하면서 하루도 쉬지 않고 달리기 훈련을 한다. 일반적인 선수들은 다른 선수들의 기록을 앞지르거나 신기록을 세우기 위해서 연습하지만 세계 최고의 선수는 이전보다 더 나은 기록을 위해 자기 자신과 경쟁한다. 그는 철저히 연습한다. 철저徹底는 자신이 만든 회초리[攵]로 자신을 독려하면서 조금씩 앞으로 걸어가게 해 스스로를 키우는[育] 행위다. 심지어 남들의 눈에는 보이지 않는, 자신이 거주하는 장소[广]의 가장 낮은 곳[氐]까지 보살피는 마음이다. 그에게는 전체가 부분이며 부분이 전체다. 작은 것 하나까지도 관찰하고 다스리는 것이 곧 전체를 다스리는 것이다.

둘째, '상베가saṃvega'는 '함께'라는 의미를 지닌 접두사 '상saṃ-'과 '빨리 움직이다'란 의미를 지닌 '비즈vij'가 결합한 단어다. 이 단어를 직역하자면 '삼매경에 지금 당장 들어가겠다는 절박한 마음'이다. 요가 수련자는 누구보다도 강력한 영적인 간절함을 품고 연습한다. 대부분의 요가 수련자가 수련을 포기하는 이유는 이 간절함이 없기 때문이다. 간절한 수련자는 수련을 방해하는 다양한 사건들을 순조롭게 극복한다. 상베가는 간절함이며 불굴의 의지다. 요가 수련자는 매일 수련을 통해 삼매경에 들어가는 데 방해가 되는 잡념과 그 잡념에서 우러나오는 행동들을 제어한다. 그는 또한 삼매경에 들어가기 위해 정성을 다해 수련하며, 간절히 노력해 임무를 완수한다.

간절함이란 자기 확신과 꾸준한 연습을 지탱하는 마음가짐이다. 임무를 의미 있고 아름답게 완수하기 위해 자신을 가다듬는 마음 상태다. 한자 '간懇'은 자신의 임무가 무엇인지 가만히 헤아리고 그것을 조금씩 완수해가는 과정을 소리 없이 지켜보는 마음이다. 이 한자는 세 가지 단어가 모인 것이다. 두 글자가 마음 심心 위에 놓여 있다. 豸의 한자 음은 '발 없는 벌레 치', '해태 채' 혹은 '해태 태'다. 이 글자는 고양이와 같은 짐승이 몸을 잔뜩 웅크리고 등을 굽혀 달려들기 위해 먹이를 노리는 순간을 형상화한 것이다. 자신이 목표한 먹잇감을 순식간에 낚아채기 위해 발소리도 내지 않는다. 그리고 그의 눈은 오직 그 목표물에 고정되어 흔들리지 않는다. 오른편에 있는 한자 艮은 '그칠 간'으로 '가만히 눈여겨보기 위해 모든 움직임을 정지하다'라는 의미다. 세상의 비밀은 이렇게 집중하고 몰입하는 자에게 드러나기 마련이다. 간절한 사람은 자신의 심장[心]을 내어줄 정도로 순간적인 집중을 소중하게 여기는 사람이다.

간절한 사람의 말과 행동은 잡다하거나 어수선하지 않다. 그는 자신이 해야 할 한 가지를 분별할 줄 안다. 분별이란 '무엇을 빼야 할지 아는 능력'이다. '끊다'는 의미를 지닌 '절切' 자는 분별의 힘을 사용해 굳이 하지 않아도 될 생각, 말, 행위를 하지 않겠다는 의지를 나타낸다. 요가는 삼매경에 들어갈 수 있도록 최적의 심신을 만들어가는 과정이다.

셋째, 아사나āsanna'는 '근접한'이란 의미다. 요가 수련자가 삼매경에 머무를 수 있는 이유는 그가 끊임없이 인내하며 연습하기 때문이다. 그가 자신이 드디어 삼매경 안으로 들어갔다고 자만하는 순간, 삼매경은 그를 내쫓는다. 삼매경에 진입한 그는 그 삼매경이 더 심오한 삼매경의 가장자리일 뿐이라는 사실을 깨닫는다. 삼매경은 그 안으로 들어가려고 노력하는 수련자에게 매일 새롭게 주는 선물이다. 나는 내 인생에서 내가 완수해야 할 고유한 임무를 알고 있는가? 나는 그 임무를 완성하기 위해 간절한 심정으로 노력했는가? 나는 삼매경의 언저리에서 겸손하게 더욱더 수련하고 있는가?

경구 22

유상삼매의 세 단계는 무엇인가?

मृदुमध्याधिमात्रत्वात्ततोऽपि विशेषः
mṛdumadhyādhimātratvāttato'pi viśeṣaḥ
므리두마드야디마트라트밧타토피 비셰샤하

직역 "또한 거기에는 단계가 있다. 적당, 중간, 강렬."

의역 "또한 유상삼매 수련의 단계가 있다. 이들이 수련에 임하는 태도는 세 가지다. 초급의 약한 단계, 중급의 중간 단계, 고급의 강렬한 단계다."

mṛdu-madhya-adhimātratvāt-tataḥ-api viśeṣaḥ

mṛdu	형용사(m.sg.nom)	적당, 부드러운, 약한
madhya	형용사(m.sg.nom)	중간
adhimātratvat	형용사(m.sg.nom)	강렬한 ◂ adhi 넘어선 + mātra 양 + tva 추상명사형 어미
tataḥ	부사	거기에서
api	접속사	또한
viśeṣaḥ	명사(m.sg.nom)	단계, 수준, 차이

파탄잘리는 요가 수련을 세 단계로 구분하였다. 언어를 습득하거나 태권도와 같은 무예를 수련할 때, 수련자의 훈련과정은 흔히 초

급반, 중급반, 상급반으로 나뉜다. 파탄잘리는 경구 19~21에서 이미 요가 수련을 세 단계로 구분하여 소개하였다.

우리는 어떤 대상과의 관계를 세 가지로 구분한다. 1인칭은 '나' 혹은 '나'와 관련 있는 것들이다. 예를 들어 '나'라는 1인칭 대명사나 '나의 책'에서 '나의'와 같은 1인칭 소유격은 나와 특별한 관계를 맺는 것들이다. 2인칭은 나와 대등한 관계로 맺어진 상대방, 즉 '너'다. '너'는 '나'하고는 구별된 동등한 대상이다. 3인칭은 1인칭과 관계를 맺지 못한 외부에 존재하는 것들이다. 사실 3인칭이 실제로 존재하는지 알 길은 없다. 3인칭을 3인칭으로만 여기려는 마음가짐이 무관심이며 무시다. 인연이란 3인칭으로 존재하는 대상을 2인칭으로 만들려는 과정이며, 자비는 3인칭을 1인칭으로 포용하는 마음이다.

유대 철학자 마르틴 부버Martin Buber(1878~1965)는 저서 《나와 너Ich und Du》에서 인간이 타인과 맺는 관계에 집중했다. 인간은 이원론에 근거하여 타자와 포괄적인 '나/너'로, 혹은 배타적인 '나/그것'으로 설정한다. '너'는 내가 어떤 사람을 깊이 경청하여 그 사람만이 지니는 고유함과 온전함을 발견할 때, 그 사람과 맺는 관계를 상징하는 단어다. '너'는 유일하며 그 자체로 완벽하다. '나와 너'의 관계는 대등하여 양자가 모두 동등한 존재로 대화한다. 이들의 관계는 상호보완적이고 즉흥적이며 선명하다. 이 관계는 매 순간 진실함이 확인되는 관계로, 당연한 것들은 존재하지 않는다. 여기서 '너'는 인간일 수도 있고 동물일 수도 있다. 혹은 경탄하는 자연, 신봉하는 신적인 존재일 수도 있다. 한편 '나와 그것'의 관계는 다르다. 이 관계는 자신이 아닌 타인을 지식이나 경험을 얻기 위한 수단으로 판단하기 때문에 인격적인 관계가 아니라 소유적인 관계이고, 타인을 관계 안에 편입시킨다. 3인칭은 그것이 인간이든 신이든 물건일 뿐이다. 자신의 이익이나 욕심을 위해 존재하는 것이다. 이 관계는 상호보완적이 아니라 일방적이며 과거의 경험에 근거하여 대상을 판단한다. 다시 말해 한쪽이 자신의 왜곡된 시선으로 다른 쪽을 판단한다.

나는 내가 되고 싶은 나다

요가에는 1인칭이 두 개 있다. 하나는 '현재의 나'라는 1인칭이고, 다른 하나는 요가 수련을 통해 완성할 '미래의 나'라는 1인칭이다. 요가는 1인칭인 '나 자신'이 새로운 1인칭인 '더 나은 나 자신'을 만들기 위해 수련하는 과정이다. 요가 수련자가 현재의 자신을 버리고 훈련을 통해 도달할 미래의 자신을 지금 여기에서 연습한다. 요가는 부버의 용어를 빌려 표현하자면 '나와 또 다른 나'와의 건설적인 관계를 설정하는 육체적이며 정신적인 운동이다.

유대인들의 경전이자 그리스도교 경전인 '출애굽기'는 신의 이름을 히브리인들의 민족 영웅 모세와의 대화를 통해 언급한다. 이 이야기에 의하면 모세는 원래 이집트인이 아니라 팔레스타인에서 이주해 온 이민자의 아들로 태어났다가 파라오의 아들로 입양됐다. 그는 자신의 동족들을 학대하는 이집트인을 살해한 후 사막으로 도망쳐 양을 치면서 연명했다. 그러던 중 어느 날 다른 사람들이 한 번도 발을 들여놓은 적이 없는 '높은 산'에 들어가 이상한 광경을 목격한다. 모세는 한 나무에 불이 붙었으나 연기나 열이 나지 않는 초자연적인 현상을 목격한다. 그가 이 신기한 현상을 가까이 가서 확인하려 하자이 나무는 다음과 같은 말을 건넨다. "가까이 오지 말라. 네가 서 있는 곳은 거룩한 땅이니 신발을 벗어라."

모세는 말하는 나무에 놀라 묻는다. 그러자 나무가 자신을 이렇게 소개한다. "나는 내가 되고 싶은 나다." 이 문장은 《성서》에서는 "나는 스스로 있는 자다"로 옮겨지고, 영어로는 "I am who I am"으로 흔히 번역된다. 이 문장이 쓰인 히브리어 원문의 표현인 "에흐에 아쉐르 에흐에ehye asher ehye"를 조사하면 그 의미를 좀 더 깊이 추정할 수 있다. 이 문장에서 '아쉐르'는 관계대명사이면서 주어와 서술어를 이어주는 연사連辭 역할을 한다. 이 난해한 문장의 이해는 '에흐에'에 달려 있다. 에흐에는 소위 '존재하다'라는 의미를 지닌 동사의 1인칭 미완료동사형으로 '나는 –이다' 혹은 '나는 –이 될 것이다'라고 번역할 수 있다. 그러므로 나는 신이 자신의 이름을 인류에게 처음으로 계시한 문장을 다음과 같이 번역한다. "현재의 나는 미래에 내가 되고 싶은 나다."

나는 이 문장이 근대정신을 연 데카르트의 "나는 생각한다. 그러므로 나는 존재한다"라는 뜻의 라틴어 문장 "코기토 에르고 숨Cogito ergo sum"보다 구체적이면서 파격적이라고 생각한다. 이 글을 기록한 히브리인 저자는 신을 천둥, 번개, 산, 강 등에 비유해 표현하지 않았고 자비나 관용과 같은 추상적인 개념을 통해 정의하지 않았다. 즉, 타인이 아닌 자신 안에서 신을 찾았다.

단계

요가는 '현재의 1인칭'과 '미래의 1인칭'을 합일시키려는 수련이다. 로마 철학자 플로티노스Plotinos(205?~270)는 인간과는 질적으로 다른 존재인 절대타자이자 3인칭을 '신'이라고 불렀다. 그에게 구원이란, 1인칭과 3인칭의 합일, 즉 그리스어로 '헤노시스henosis'다. 요가는 자신의 마음속 깊이 존재하는 신적인 자기 자신을 만나는 훈련이다. 신적인 자기 자신은 1인칭이면서 자신에게 가장 먼 존재인 3인칭이기도 하다.

파탄잘리는 요가 수련의 세 단계를 19~21행에서 설명한 후에, 22행에서는 수련 수준을 세 단계로 정리한다. 요가 훈련의 성과는 자신이 더 나은 자신이 되기 위해 취하는 몸가짐과 마음가짐의 수준으로 결정된다. 《요가수트라》 제2장 〈수련품〉 29행에서 요가 훈련의 대상을 '아슈탕가八支 요가', 즉 여덟 가지로 다음과 같이 구분하여 설명했다. 공동체 삶을 영위하기 위한 금계禁戒인 '야마yama', 수행을 통해 자기정화를 추구하는 권계勸戒인 '니야마niyama', 몸의 훈련을 통해 자세를 가다듬는 체위법[坐法]인 '아사나āsana', 들숨, 날숨, 멈춤의 호흡을 통해 자율신경을 조절하는 호흡법[調息]인 '프라나야마praṇāyāma', 오감의 자극을 제어하는 제감制感은 '프라티야하라pratyāhāra', 온전히 그 대상에 몰입하는 응념凝念인 '다라나dhāraṇā', 무념, 무상, 무심 상태의 정려靜慮인 '드야나dhyāna', 마지막으로 해탈의 경지로 들어가는 삼매인 '사마디samādhi'다.

요가 훈련을 위해 고려해야 할 세 부분이 있다. 자세, 호흡 그리고 응시점이다. 이 세 가지는 '트리스타나tristhāna'라고 불리는데, 몸과 마음을 통해 삼매로 가는 네 걸림돌이 되는 부수적인 것들을 제거하는 실질적인 도구들이다. 첫째는 '자세'다. 산스크리트어로 '아사나āsana'로 불리는 '자세'는 요가 수련자의 몸가짐이자 마음가짐이다. 《요가수트라》 제2장 46행은 "그 자세는 떨림이 없어 안정되고 강력하며 동시에 한없이 편하고 가볍다"라고 말한다. 아사나는 삼매경으로 들어가는 데 불필요한 몸짓과 생각을 제거하는 훈련이다. 둘째는 '호흡'이다. 호흡은 산스크리트어로 '프라나야마prāṇāyāma'라고 하는데, 그 뜻은 '숨의 연장' 혹은 '숨의 조절'이다. 생물은 매 순간 숨을 내쉬고 들이쉬면서 생명이 연장된다. 요가는 생명 연장에 가장 중요한 숨에 감사하라는 훈련이다. '프라나'는 눈에는 보이지 않지만 코로는 그 움직임을 감지할 수 있는 숨이자 삶의 정수를 말한다. 셋째는 응시점으로, 마음의 눈을 한곳에 응시하는 능력인 '드리슈티dṛṣṭi'다. 요가는 자신이 집중해야 할 한 가지를 찾는 훈련이며, 그 하나 안에서 다시 핵심적인 하나를 찾아가는 과정이다. 요가 수련자는 훈련하면서 자신의 마음의 눈을 한군데에 집중하기 때문에 산만하지 않다. 그 집중하는 장소는 자신의 몸에서 발견되는 코, 미간, 배꼽, 엄지, 손, 발과 같은 지점들이다.

파탄잘리는 요가 자세, 호흡 그리고 응시 능력의 훈련을 그 수준에 따라 세 단계로 구분했다. 첫째는 '므리두mṛdu', 즉 '약한 단계'다. 므리두에서는 수련을 시작했으나 수련이 수련자의 삶의 일부가 되지 않고 동떨어져 있다. 그에게 요가 수련은 아직 3인칭이다. 요가 수련이 지속적이지 않고 삼매의 주위에서 겉도는 형국이다. 둘째는 '마드야madhya', 즉 '중간 단계'다. 훈련을 지속하지만 그 훈련은 아직 2인칭으로 남아 있는 단계다. 그는 시간과 정성을 바쳐 자신의 몸가짐이나 마음가짐을 자신이 원하는 모습으로 바로잡는 데 성공한다. 그러나 요가는 여전히 자신과 구별된 대상으로 남아 있다.

셋째는 '아디마트라adhimātra', 즉 '강한 단계'다. '아디'는 '넘어선', '탁월한'이란 의미다. 아디는 자신에게 운명적으로 주어진 영역을 초월하여 그 너머의 단계에 용맹스럽게 도전할 때 주어진다. 마트라는 '측정된 단위, 양'이라는 의미다. 마트라는 요가 수련자가 취할 수 있는 어려운 자세일 수도 있고, 높은 단계의 호흡 습관일 수도 있다. 인간은 자신에게 익숙하고 편한 범위 안에서 안주하려는 경향이 있다. 그 안주하려는 범위를 측정한 것이 마트라다.

아디마트라는 요가 수련의 가장 높은 몰입의 단계로, 매 순간 자신의 수준을 넘어서 새로운 단계로 진입하려는 노력이다. 이 단계는 '지금의 나'를 극복하는 훈련이며 더 나아가 '이상하고 파괴적이고 동시에 내가 흠모할 만한 나'를 개척하는 진아眞我를 만드는 과정이다. 나는 요가 수련을 내 욕망을 위한 유산소 운동으로만 생각하는가? 혹은 나는 요가 수련과 사랑하는 연인처럼 인격적인 관계를 맺고 훈련하는가? 혹은 나는 요가 수련을 오래된 자아를 버리고 새로운 자아로 태어나기 위한 엄숙하고 거룩한 훈련으로 생각하는가?

5

신에게 헌신

23~29행

〈레슬링하는 아이들〉, 토머스 이킨스, 1899, 유화, 122.8×152.4cm

——— 인생이 자신이 바라는 스스로를 위한 여정이라면, 어제와 다른 자신을 조각하는 데 필요한 덕목이 있다. 바로 자발적인 행위다. 자발自發은 타인이 지시한 것을 마지못해 내가 짊어지거나, 생존을 위해 이전투구의 모습으로 타인과 경쟁하는 것이 아니다. 자발적인 행위자는 그 행위가 끼칠 결과를 상상하고, 그 과정을 철저히 점검하고 한 단계 한 단계 전진한다.

자발적인 행위는, 자신이 원하는 결과를 얻기 위해 자신을 움직이지 못하게 하는 과거라는 짐을 벗어버리고, 자신의 능력을 키우고자 몸, 마음, 영혼을 단련한다. 현대사회에서 개인이 취해야 할 삶의 문법을 제시한 니체Friedrich W. Nietzsche(1844~1900)는 과거라는 기억에 매몰된 야만적이며 짐승적인 인간을 고양하여 타인과 잘 아울리며 친절한 문화적인 인간과 타인들에게 본이 되는 신적인 아우라를 지닌 인간으로 태어나기 위한 영혼의 변화를 제시하였다.

철학자 니체는 영혼의 변모 과정을 세 단계로 표현한다. 자라투스트라는 시장市場에 있는 '마지막 인간'과 같은 보통 사람에 대해 더 이상 이야기하지 않는다. 니체는 야만적이며 짐승적인 인간에서 문화적이며 신적인 인간으로 정진하려면 그 사람의 영혼이 세 단계의 변화를 거쳐야 한다고 말한다. 《자라투스트라는 이렇게 말했다》 제1권 첫 번째 이야기 〈세 가지 변신에 관하여〉에서 인간의 영혼은 먼저 낙타가 되어야 한다. 낙타는 주인이 매어주는 짐을 기꺼이 지고 정해진 목표까지 인내하며 가는, 복종하는 영혼을 상징한다.

경전이 될 니체의 고전 《자라투스트라는 이렇게 말했다》는 묵상을 통해 자세히 읽어야 한다. 행간에 담긴 의미를 차근차근 풀어내고 싶다. 니체는 제1권의 첫 단락에서 보통 인간이 초인超人이 되는 데 필요한 영혼 훈련의 단계를 다음 세 가지로 설명했다.

> 저는 여러분에게 영혼의 세 가지 변모에 관해 말하겠습니다. 어떻게 영혼이 낙타가 되고, 낙타는 사자가 되고, 사자는 마침내 아이가 되는지 말하겠습니다.

니체는 초인으로 승화하기 위한 수련자 단계를 설정하면서 자신의 철학을 일목요연하게 설명한다. 그 설명이 누구나 이해할 수 있도록 낙타와 사자, 어린이라는 일상적인 예를 든다. 그 특성을 명사가 아닌 동사로 설명하는데, 이 동사들은 각 단계의 영적인 수련자들이 취해야 할 삶의 방식이자 모토다.

첫째 단계인 낙타는 자기 능력을 측정하기 위해 남들이 부과한 짐을 지우는 '자기 부담'의 상징이다. 낙타가 스스로 자립하기 전에, 이 혹독한 훈련 과정을 거쳐야 한다. 둘째 단계인 사자는 기존 질서에 대한 '거룩한 부정'이다. 사자의 성상파괴적인 행위는 인간의 영혼을 불안하고 외롭게 만든다. 사자를 넘어서는 영혼 변신의 셋째 단계는 어린이다. 오직 어린이만이 새로운 가치를 창조한다. 왜냐하면 어린이는 지나가 버린 것에 '거룩한 부정'을 자연스럽게 실천할 뿐만 아니라, 그것을 마음에 담지 않고 망각하며 언제나 '지금 여기'에 몰입하여 그것을 순결한 시작으로 삼는다. 사자가 '거룩한 부정'이라면 어린이는 '거룩한 긍정'이다.

니체는 사자는 할 수 없고 어린이는 할 수 있는 가치를 일곱 가지로 나열한다.

> 나의 형제자매여! 어린이는 할 수 있고 사자는 할 수 없는 것이 무엇인지 말해주십시오. 약탈하는 사자가 어린이가 되려면 무엇을 가져야 합니까? 아이는 순수, 망각, 새로운 시작, 놀이, 스스로 굴러가는 바퀴, 첫 번째 움직임, 거룩한 긍정입니다.

영혼의 가장 높은 단계는 어린이다. 어린이가 상징하는 단계가 인간의 영혼이 도달해야 할 궁극적인 수준이라는 주장은 〈마태복음서〉 18.3에 다음과 같이 나온다.

> 그리고 예수가 말씀하셨다.
> 진실로 내가 너희에게 말한다.
> 만일 너희가 돌이켜 어린이와 같이 되지 않는다면,
> 너희는 하늘나라 안으로 들어갈 수 없다.

여기에서 '어린이'란 모든 인간의 마음속에 존재하는 순수하고 정결한 '위대한 자기 자신'이 될 수 있는 거룩한 씨앗이다. 그 씨앗은 나의 마음속 가장 깊은 곳에 은닉되어 발견되기를 염원하는 위대한 자신이다. 나이가 많다고 지혜로운 것은 아니다. 늙은이는 자기 마음속에서 그를 조용히 부르는 '작은 아들'로부터 인생의 의미가 무엇인지 묻고 들어야 한다. 그는 세파에 시달려, 자기 영혼의 지혜를 듣지 못하고 보지 못하는 지경에 이르렀다. 나이는 들었지만, 자신이 세상에 태어난 이유는 알지 못한다.

어린이의 특징은 '하일리게스 야-자겐heiliges Ja-sagen', 즉 '거룩한 예-말하기', '거룩한 긍정'이다. 사자는 자유롭고 독립적인 의지이지만, 껍데기에 불과한 의미가 없는 부정적인 가치다. 그러나 어린이는 자신의 의지대로 사심 없이, 눈치를 보지 않고 행한다.

파탄잘리의 경구 23~29에 나오는 '신에게로의 헌신'에서 신은 초월적인 신이 아니라, 수련자 각자가 자신의 심연에서 발견해야 할 내면의 신이다. 그 내면의 신은 니체가 말하는 '거룩한 긍정'의 상징인 어린이다.

요가 전통의 학파별로 철학적 해석은 다양하며, 그에 따라 신의 정의·본질·역할도 상이하다. 파탄잘리에 따르면, 신은 우주와 인간을 창조하지 않았을 뿐 아니라 인간을 구원하기 위해 은총을 내리거나 죄지은 자들을 심판하지도 않는다. 파탄잘리는 베다 전통의 '푸루샤' 대신 '이슈바라Īśvara'라는 단어를 사용한다.• 이슈바라는 우주의 질서를 유지하는 영혼인 푸루샤의 특정한 모습이다. 푸루샤는 '요게슈바라yogeśvara', 즉 '원초적인 요기'다. 《바가바드 기타》에서 용사의 신인 크리슈나의 별칭이 요게슈바라다. 그는 자신의 제자 아르주나에게 전쟁터에서 요가 수련 방법을 가르친다. 그는 《바가바드 기타》 제7장 10행에서 자신을 이렇게 소개한다.

• Dasti, Matthew R., and Edwin F. Bryant, *Free Will, Agency, and Selfhood in Indian Philosophy* (Oxford: Oxford University Press, 2014), p. 104.

오, 아르주나여! 모든 피조물 가운데
내가 원초적인 씨앗이란 사실을 알아라!
나는 가장 탁월한 지성이며
가장 빛나는 광휘다.

크리슈나는 자신에 대해 인간을 포함한, 존재하는 모든 것에 숨겨진 씨앗이라고 정의한다. 인간은 그 숨겨진 씨앗을 배양하여 탁월한 지성과 빛나는 광휘로 드러내야 할 임무를 띠고 세상에 태어났다.

그 씨앗은 크리슈나 혹은 다른 신의 도움으로 싹을 틔우는 것이 아니라 요가 수련자의 몸과 마음에서 발아한다. 요가 전통이 속한 상캬 철학에서는 추상적인 신을 인정하지 않는다. 신을 의미하는 '이슈바라'는 유일신 종교에서 말하는 '초월적인 신'이 아니라 수련자가 궁극적으로 자신 안에서 실현해야 할 '내재적인 신', '초월적 자아' 혹은 '극복된 자아'다.•• 이슈바라에 대한 핵심적인 내용은《바가바드 기타》제18장 61행에 다음과 같이 나온다.

오, 아르주나여! 만물의 주님은
그들의 마음이란 장소에 머무신다.
창조적인 마술로서 기계에 부착되어 있는 것처럼
만물을 움직이게 만드시는 분이다.

•• Prabhavananda, Swam, *The Spiritual Heritage of India: Routledge Library Editions: Hinduism* (London: Routledge, 1962), p. 227.

신은 자연의 순환을 통해 자신의 존재와 힘을 드러낸다. 신은 우주 안에 존재하는 만물을 기계처럼 다루고 우주의 가장 중요한 자산이 인간의 마음속에 안주하여 활동하게 만든다. 인간은 환영이 지배하는 세상에 태어나 의도적인 행위를 계속하며 출구가 없는 영원한 미로와 같은 세상에서 헤맨다. 그중 소수만이 자신의 내면에 존재하는 신을 끌어내 어두운 미로를 탈출할 실마리를 찾는다. 요가 전통의 신은 푸루샤라고 불리는 '특별한 자기 자신'이다. 요가 수련을 통해 특별한 자기 자신이라는 경내에 들어간 수련자는 인간의 마음에 남아 있는 인상, 결과를 초래하는 행위, 그 행위에 대한 결과, 그 행위가 인간의 무의식에 남기는 흔적에 얽매이지 않는다. 파탄잘리는 《요가수트라》〈삼매품〉 23~29행에서 요가 전통에 등장하는 신의 개념, 명칭 그리고 신이 드러나는 방식에 대해 설명한다.

경구 23

헌신이란 무엇인가

ईश्वरप्रणिधानाद्वा
īśvarapraṇidhānādvā
이슈바라프라니다나드바

직역 "혹은 이슈바라에 헌신을 통해 (삼매경에 도달한다.)"

의역 "혹은 이슈바라에 대한 심오한 명상과 온전한 헌신을 통해 (삼매경에 도달한다.)"

īśvara-praṇidhānāt-vā

īśvara	명사(m.sg.nom)	주인, 신 ◂ īś 명령하다, 주인이 되다 + vara 최고의 선택 ◂ vṛ 선택하다
pranidhānāt	명사(m.sg.abl)	헌신, 맹세, 소원 ◂ pra 앞에 + ni 아래로, 안으로 + dhāna 배치하는 ◂ dhā 우주의 질서에 알맞게 배치하다
vā	접속사	혹은, 또한

'나는 누구인가?'라는 질문에 답하지 못하는 인간이 인간의 인식을 넘어선 추상적 존재인 신에 대해 질문하는 것은 무모한 시도다. 신은 인간이 도저히 알 수 없는, 인간의 인식 체계 너머에 존재하는 추상적 존재이기 때문이다. 높이를 가늠할 수 없는 에베레스트산을 올려다보았을 때 인간이 느끼는 경이로움, 끝이 보이지 않는 사막에

서 느끼는 막막한 기분, 태평양 한가운데 처량하게 떠 있는 돛단배에서 밤하늘의 별을 보았을 때 몰려오는 형용할 수 없는 감동, 길가에 아무렇게 핀 코스모스의 잎을 현미경으로 보았을 때 그 정교한 구조에 대한 감탄, 우주인이 달에 착륙하여 지구를 보았을 때 느끼는 감정……. 이와 같은 감정들의 공통분모를 우리는 '알 수 없음' 혹은 '신'이라고 부른다.

인간은 일정한 시점에 자신을 가만히 돌아보며 자신에게 이렇게 질문한다. "나를 나답게 만드는 것은 무엇인가?" 이 질문은 다음과 같이 바꿀 수 있다. "인간을 인간답게 만드는 궁극적인 한 가지는 무엇인가?" 질문의 해답을 발견하는 과정에서 우리는 인지능력을 초월하여 과학으로는 알 수 없는, 이상적인 존재를 찾는 데에까지 이르게 된다. 우리는 그 존재를 편의상 '신'이라고 부른다. 신은 인간이 갈구하지만 결코 가질 수 없는 것을 소유한다. 그 가운데 으뜸은 영생 혹은 불멸이다. 신은 우주를 생성할 수 있지만 우주의 문법인 시간과 공간의 영향을 받지 않는다. 오히려 시간과 공간을 마음대로 왜곡하기도 한다. 영생이나 불멸의 특징은 불변이다. 우주는 항상 변하고, 그 변화는 오감을 통한 경험으로 측정하고 관찰할 수 있다. 신은 인간의 오감을 넘어선 어딘가에 존재하지만 변화무쌍한 우주의 신비를 인간에게 조금씩 드러낸다. 아니, 인간은 자신의 모습을 조금씩 드러내는 신에게 매료되어왔다. 인류는 오랫동안 이스터섬의 거대 석상, 고대 이집트의 피라미드, 영국의 스톤헨지와 같은 기념물을 통해 천체를 지배하는 어떤 존재에 대한 존경과 헌신을 표현해왔다. 만일 인간이 자연 속에 숨은 신의 모습을 더듬어 찾아내는, 지적이며 감성적인 능력이 없었다면, 신이란 개념이 인류에게 존재하지 않았을 것이다.

인간은 시간이 지나면 다시 흙으로 돌아갈 것을 인지하고 자신이 죽더라도 자신의 존재를 영원히 기억하고 기념할 장치를 만들었다. 그것이 문화이며 문명이다. 인간을 개별적으로 존재하게 하는 '이름'은 인간의 정체성을 담보하는 기호다. 그가 죽더라도 그의 이름은 그를 기억하는 사람들 마음속에 희미하게 남는다. 유대인들은 신을 고전 히브리어로 '하쉠haš-šēm'이라고 불렀다. 하쉠이란 '바로 그 유일한 이름'이란 의미이기도 하고 '인간의 언어로는 형용할 수 없는 이름'이란 뜻이기도 하다.

인간은 죽음을 떠올리면 그 아쉬움 때문에 자신의 이름에 집착한다. 동물들은 죽음을 감지하면 순응한다. 그러나 인간은 자신의 삶이 덧없다는 것을 느끼며 화살처럼 빨리 사라지는 순간을 아쉬워한다.

호모 사피엔스

호모 사피엔스는 지금으로부터 약 30만 년 전 아프리카 북부에서 처음 등장했다. 우리와 유전자가 동일한 현생인류의 조상이다. 그들은 남쪽으로 이동하여 오늘날 아프리카 동부에 위치한 케냐와 에티오피아로 이주했다. 그들은 생존을 위해 10만 년 전부터 또다시 이주를 감행한다. 인류 최초의 '엑소더스exodus'다. '이동'이란 자신이 편안해서 서서히 질식해버릴 것만 같다는 사실을 간파하고 불편을 마다하지 않는 용기를 내는 것이다. 이들은 아프리카 동부에서 오늘날의 중동 지역을 통과해 유럽으로 진입했다. 그 당시 유럽에는 네안데르탈인, 데니소바인, 하이델베르크인 등 여러 유인원이 이미 자리를 잡고 있었다. 이들은 지구의 마지막 빙하기를 거치면서 생존을 위해 거대 동물들을 사냥하고 다른 인간 종들과 약육강식의 처참한 투쟁을 벌이고 있었다.

호모 사피엔스가 생존하기 위해 가장 치열하게 대립한 적은 네안데르탈인이었다. 네안데르탈인들은 호모 사피엔스보다 키는 약간 작았지만 다부진 체격의 소유자였다. 그들은 호모 사피엔스와 성교를 할 정도로 유전적으로 가까웠다. 현생인류의 유전자, 특히 유럽인들과 아시아인들 유전자에 그들의 흔적이 남아 있다. 그러나 놀랍게도 네안데르탈인은 기원전 2만 8천 년에 스페인의 한 동굴에 흔적을 남기고 영원히 지구상에서 사라졌다. 아니, 호모 사피엔스에게 자신의 유전자를 남기고 영원히 자취를 감췄다.

대부분의 호모 사피엔스들은 혹독한 빙하기를 견디기 위해 사냥기술 개발에 집중했다. 그들은 빙하가 수십 미터 쌓인 유럽에서 생존하기 위해 효과적으로 사냥하고자 화산활동으로 생긴 흑요석을 채취하고 다듬어 단단한 칼을 제작했다. 그리고 그 칼을 긴 막대의 끝에 장착하여 창을 만들었다. 그들은 동료와 함께 매머드 같은 거대한 동물을 효과적으로 사냥하기 위해 사냥전략을 짰다. 다른 유인원들도 생존을 위해 동일한 행위를 반복했다.

한편 소수의 호모 사피엔스들은 대부분의 호모 사피엔스들이나 다른 유인원들과 달리 특별한 행위를 구별된 장소에서, 특정한 시간에 반복했다. 이들이 반복한 행위가 의례이며, 이 의례의 대상은 바로 신이었다. 이들은 의례행위를 반복할 특별한 장소를 물색했고, 동굴 깊숙이 들어가 정교한 의례를 행했다. 동굴벽화들은 기원전 3만 2000년부터 그려져서 빙하기가 끝나고 농업이 시작된 기원전 1만 년 정도까지 이어졌을 것으로 측정된다. 지금까지 유럽지역 전역, 특히 프랑스, 스페인 그리고 독일에 있는 600개 이상의 동굴에서 벽화와 상징들이 발견되었다. 이 벽화들은 미켈란젤로가 시스티나 성당 천장에 그린 벽화보다 원색적이며 창의적이다. 그들은 이곳에서 자신들의 염원을 담아 벽화를 그리고, 춤을 추고, 노래를 하며 죽음 이후의 삶을 상상하며 의식을 거행했을 것이다.

프랑스 중서부 지방에 위치한 쇼베Chauvet 동굴에는 지금까지 발견된 동굴 벽화들 중 가장 오래된 벽화가 있다. 쇼베 동굴 벽화는 3만 4천 년 전으로 추정된다. 이 동굴의 가장 깊숙한 곳에는 거대한 황소와 여성의 하체가 함께 묘사된 벽화가 있다. 인간과 초자연적인 괴물의 합일을 상상하며 그렸을 것이다. 이 벽화들을 연구한 미술사학자들, 특히 《서양미술사The Story of Art》를 저술한 영국 런던대학교 바르부르크 문화학 연구소의 에른스트 곰브리치Ernst Gombrich(1909~2001)는 찰스 다윈의 진화론에 영향을 받아, 구석기시대 원시인들이 다른 유인원들과 경쟁에서 우위를 차지하는 것을 기원하고자 벽화들을 그렸다고 해석했다. 나는 그런 곰브리치의 해석에 동의할 수 없다. 최근 과학자들은 이 동굴에서 발견된 호모 사피엔스들의 뼈를 분석해 중요한 사실을 발견했다. 그들은 자신들이 그린 동물들을 잡아먹지 않았다. 그들은 자연의 순환 과정에서 자신들과 공생해야만 하는 동물들을 기억하기 위해 그림을 그렸고, 또한 그들과의 영적인 교감과 사후세계에 대한 염원을 담아 그림을 그렸다. 한편 3만 4천 년 전부터 신체적으로는 호모 사피엔스지만 정신적으로는 전혀 다른 인종이 등장했다. 이들이 네안데르탈인을 사라지게 만들었다. 이들이 바로 호모 사피엔스 사피엔스다. 네안데르탈인은 호모 사피엔스와 성적으로 접촉할 정도로 가까웠지만, 동굴벽화를 그린 호모 사피엔스 사피엔스가 등장해 이들은 도태되었다.

신

수메르인들은 기원전 2000년경 사라졌다. 오늘날 이란의 자그로스산맥에 거주하던 엘람인들의 공격을 받아 수메르 도시국가들이 하나둘씩 사라졌다. 그 후에 수메르인들이 거주하던 도시에 들어와 정착한 사람들이 바빌로니아인들이다. 이들은 셈족 계열 민족으로 후에 등장하는 이스라엘 민족이나 아랍 민족과 동일한 조상의 자손들이다. 셈족은 신을 원-셈어로 '일*il-' 혹은 '일라*ilā'라고 불렀다. '일'이나 '일라'는 '처음에 존재한 자'란 의미다. 이 어원에서 신을 의미하는 아카드어 '일루ilu-', 히브리어 '엘el(אֵל)' 그리고 아랍어 '알라Allāh(الله)'가 파생했다. 이슬람의 신의 이름인 '알라'는 아랍어 정관사 '알al'과 '일라*ilā-'가 결합한 단어로 '바로 그 신'이란 의미다.

일부가 현재 독일인이기도 한 게르만족들은 신을 '의례를 거행할 때 샤먼의 입을 통해 불러들이는 자'란 의미로 영어로는 '갓god', 독일어로는 '곳Gott'이라고 불렀다. 인도·유럽어를 연구하는 고전문헌학자들은 이 단어들의 어원을 다음 두 가지로 설명한다. 첫째, 이 단어들은 게르만어(독일어와 영어가 속한 어군)를 비교 연구하여 최초의 언어 모습을 재구성한 원 게르만어의 '게우*gheu-'에서 파생되었다.

'게우'는 '부르다', '불러들이다'라는 의미다. 둘째, 이 단어들은 원 게르만어의 상위 개념인 원 인도·유럽어로 거슬러 올라가 '의례를 행할 때, 신주神酒를 붓다'라는 의미를 지닌 어근 '게우*gheu-'로 환원될 수도 있다. 이 어근은 고대 그리스어에서 '물을 붓다'란 의미를 지닌 단어 '케인khein'으로 존재했다. '쿠테 가이아khute gaia'라는 그리스어 관용 어구는 '신주를 땅에 붓다', '뿌리다'라는 의례행위를 지칭한다. 초기 인류는 '땅'에 거룩한 영이 깃들어 있기 때문에 이런 행위를 반복했다. 그러므로 '갓god'과 독일어 '곳Gott'은 '샤먼의 신주를 받는 존재'란 의미다.

산스크리트어 '다다티dadhati', 아베스타어 '다다이티dadaiti', 고대 페르시아어 '다da-', 히타이트어(터키에서 기원전 19~기원전 12세기에 사용된 최초의 인도·유럽어) '다이dai-', 고대 그리스어 '티세나이tithenai', 라틴어 '파케레facere' 등이 모두 이 어근에서 나왔다.

고대 인도인들은 신을 어떻게 지칭했을까? 그들은 신을 다양한 단어를 사용하여 불렀다. 그들의 신은 아브라함 계통 종교, 즉 유대교, 그리스도교, 이슬람교에서 사용하는 유일한 존재로서의 신과는 다르다. 가장 많이 등장하는 단어가 '데바deva'다. 이 단어는 기원전 1000년경에 이미 《베다》 문헌에 등장했는데, 인도·유럽어로 '하늘에서 빛나다'란 의미를 지닌 어근 '데우*dew'에서 유래했다. '데바'는 만물을 소생시키고 빛을 주지만, 육안으로 볼 수도 없고 가까이 갈 수도 없는 그런 존재다. '신'을 의미하는 라틴어 '데우스deus', 영어 '디비너티divinity', 프랑스어 '디유dieu', 스페인어 '디오스dios' 그리고 이탈리아어 '디오dio' 모두 이 단어에서 유래했다.

파탄잘리는 신과 신에 대한 명칭, 표식 등을 소개한다. 요가 전통에서 궁극적인 실체는 īś, īśa, īśana 혹은 īśvara와 같은 용어로 표현한다. 그는 〈삼매품〉 20행에서 요가 수련자의 궁극적인 목표인 삼매로 진입하기 위한 수련의 특징 다섯 가지를 나열했다. 23행에서는 이 다섯 가지 특징을 제외한 또 다른 요가 수련 방법을 제시한다. 그것은 '신에 대한 헌신'이다. 파탄잘리는 신에 대한 헌신이 무엇인지 알려주지 않는다. 여기에 등장하는 '헌신'이란 단어는 요가 수련자의 수련 방법에 해당하는 용어라기보다는 일반인들의 종교 행위에 해당하는 어휘다.

파탄잘리는 23행에서 특별한 단어를 이용하여 '신'을 언급한다. 산스크리트어 단어인 이슈바라다. 요가는 인류 최초의 무신론 철학인 상캬 철학을 근거로 만들었기 때문에, 이슈바라는 기성 종교에서 말하는 신 이외에 다른 개념을 뜻한다. 요가 철학은 상캬 사상과 긴밀하게 연관되어 있지만 그 관계는 아직 명확하지 않다. 후대 학자들은 요가 사상을 종종 형용모순인 '세슈바라 상캬Seśvara Saṃkhya', 즉 '신이 있는 상캬' 사상이라고 부른다. 요가를 수련하는 자가 요가 철학의 학문적인 난제에 집착할 필요는 없다. 요가는 몸과 마음을 모두 사용하는 실질적인 과학이기 때문이다.

파탄잘리가 정리한 《요가수트라》는 과학적인 체계며, 이 체계는 그 당시 가장 과학적으로 완벽한 이론인 상캬를 차용했다. 그러나 파탄잘리의 요가 철학은 상캬 사상과는 다르다. 특히 이슈바라를 사용했기 때문에 신에 관한 관념이 근본적으로 다르다. 상캬는 만물과 우주에 관한 가장 추상적이며 이론적인 철학이지만, 파탄잘리의 요가 철학은 인간이 실생활에서 사물을 있는 그대로 보지 못하는 무명의 번뇌에서 벗어나는 방법을 제시하는 사상이기 때문이다.

파탄잘리는 이슈바라에 대해 《요가수트라》 1장 〈삼매품〉 23~29행, 2장 〈수련품〉의 1행, 2행, 32행, 45행에서 여러 차례 자세하게 다뤘다. 이슈바라가 요가 철학의 핵심이기 때문이다. 이슈바라는 요가 수련자의 육체적, 정신적, 영적 해탈을 도와주는 결정적인 촉매이자 스승이다. 파탄잘리에 따르면 이슈바라는 유일신 종교의 창조주나 아드바이타 베단타Advaita Vedanta 학파에서 주장하는 우주적 원리로서의 절대자가 아니다. 이슈바라에는 '통치자', '주인', '왕', '여왕', '남편'이란 다양한 의미가 있을 뿐 아니라 후대 힌두 문헌에서 이슈바라가 '신', '최고 존재', '인격적인 신', '우주적 자아', '진아'라는 것을 의미하는 수준까지 확장되었다.

인도의 가장 오래된 경전인 《리그베다》에는 '이슈바라'라는 단어가 등장하지 않는다. 기원전 1세기 힌두교의 윤리를 다룬 법전인 《다르마샤스트라Dharmaśāstra》에서 '왕'이란 의미로 처음 등장하여 사용되었다. 이슈바라는 대승불교의 주요 보살 가운데 한 보살의 이름 '아발로키테슈바라Avalokiteśvara'의 뒷부분에서 발견된다. 관세음보살로 한역되는 이 보살은 자비로운 행적으로 유명하다.

그렇다면 파탄잘리는 〈삼매품〉 23행에서 이 단어를 어떤 의도로 사용했을까? 이슈바라는 '~을 장악할 수 있는 존재', '주인', '통치자'란 의미를 지닌 '이슈īś'와 '최선의 선택', '숭고한 복', '탁월한 선물', '한 여인에게 결혼을 간청하는 사람'이란 의미를 지닌 '바라vara'의 합성어다. 즉, 이슈바라는 '자신의 삶을 위해 최고를 선택한 자'란 의미다. 파탄잘리에 따르면 요가 수련자에게 이슈바라는 신에게 헌신하는 자다.

요가 수련자가 수련할 때 집중하는 대상이 바로 이슈바라다. 그에게 신이란 최선을 다해 모든 것을 바칠 수 있는 존재이자 소원의 궁극적 대상이 되는 존재다. '프라니다나pranidhāna'에서 '프라니prani'는 뒤에 오는 개념을 강조하는 접사고, '다dhā'는 '우주의 질서에 알맞은 자리에 두다'라는 동사이며, '나na'는 명사형 어미다. 따라서 프라니다나는 '자신의 모든 것을 걸고 맹세하는 헌신이나 소원'이다. 요가 수련자에게 신이란 최선에 도달하기 위한 수련 과정에 등장하는 어떤 것이다. 신에게 헌신한다는 것은 수련자의 자아를 유기하고, 신에게 의지하며 자신의 최선을 바치겠다는 의미다. 이 단어는 초기 불교 용어 '보디사트바 프라니다나bodhisattva pranidhāna'와 연관되어 있다. '보디사트바 프라니다나'는 타인이 해탈하는 것을 도와주기 위해 스스로 마지막 열반을 포기하겠다는 맹세다.

헌신은 일상을 거룩하게 만드는 행위다. '헌신'을 의미하는 영어 단어 '새크리파이스sacrifice'는 '프라니다나'의 의미를 그대로 담고 있다. 새크리파이스는 '구별된 것', '거룩'을 의미하는 라틴어 '사케르sacer'와 '적재적소에 두다', '창작하다'란 의미의 라틴어 동사 '파케레facere'의 합성어다. 요가 전통에서 신이란 '자신의 최선'을 매일 정교하게 배열하는 헌신을 통해 등장하는 존재다. 다시 말해 요가 수련자가 진정한 자아를 실현하기 위해 최선을 경주할 때 만나는 이상이자, 드러나는 천재성이다.

경구 24

신은 누구인가?

क्लेश कर्म विपाकाशयैःपरामृष्टः पुरुषविशेष ईश्वरः
kleśa karma vipākāśayaiḥaparāmṛṣṭaḥ puruṣaviśeṣa īśvaraḥ
클레샤 카르마 비파카샤야이하파람리슈타하 푸루샤비셰사 이슈바라하

직역 "이슈바라는 특별한 푸루샤다. 그것은 인상을 남기는 행위, 결과, 기억에 의해 영향을 받지 않는다."

의역 "요가 수련의 신적 존재인 이슈바라는 우주의 영혼인 푸루샤의 특별한 단면이다. 이슈바라는 인상을 남기는 행위와 행위의 결과 그리고 행위에 의한 기억에 의해 영향을 받지 않는다."

kleśa karma vipāka-āśayaiḥ-aparāmṛṣṭaḥ puruṣaḥ-viśeṣaḥ īśvaraḥ

kleśa	명사(m.sg.nom)	고통의 원인 ◂ kliś 고통을 당하다
karma	명사(n.sg.nom)	행위 ◂ kṛ 행동하다
vipāka	명사(m.sg.nom)	결실 ◂ pac 요리하다
āśayaiḥ	명사(m.sg.nom)	휴식 공간, 기억의 공간 ◂ ā + śī 쉬다, 놓이다
aparāmṛṣṭaḥ	형용사(m.sg.nom)	영향을 받지 않는 ◂ a + parā + mṛś 접하다, 만지다
puruṣaḥ	명사(m.sg.nom)	본연의 자신, 전지전능한 영혼
viśeṣaḥ	형용사(m.sg.nom)	특별한

Īśvaraḥ	명사(m.sg.nom)	신, 이상적인 존재라는 개념, 요가 수련자가 찾은 특별한 신 ◂ īś 명령하다, 다스리다 + vara 최고의 선택 ◂ vṛ 선택하다

누가 나에게 '너는 누구냐?'라고 질문한다면 나는 뭐라고 대답할까? 명함에 적힌 정보가 어떤 사람의 정체성을 밝히기도 한다. 이름과 사회적 지위가 명함에 적혀 있다. 이메일 주소와 휴대전화 번호와 같은 정보도 적혀 있다. 명함은 그 사람에 대한 최소한의 정보를 제공한다. 그를 좀 더 알고 싶다면 그와 만나 대화하며 더 많은 정보를 얻을 수 있다. 그렇다면 나라는 사람은 주민등록증에 적힌 정보인가? 혹은 내 명함에 적힌 지위인가? 나는 세상 누구와도 일치하지 않는, 오직 하나뿐인 지문의 소유자다. 나의 지문만큼이나 나의 유전자, 나의 생각, 나의 겉모양도 독특하다.

사람들은 자신의 이름이 자신이라고 생각한다. 또한 자신의 학력, 학맥, 고향과 그 연결고리들 혹은 부모를 가지고도 자신의 정체성을 설명할 것이다. 그러나 이런 것들이 어떤 인간을 파악하는 데 절대적인 기준이 될 수 있는가? 나를 정의할 수 있는 기준은 무엇인가? 나는 나를 무엇이라고 정의할 수 있는가?

내가 태어날 때부터 만난 운명적인 인연들은 내가 스스로 삶의 주인이 되어 선택한 것이 아니다. 태어나 보니 나는 남자였고 한국인이었다. 또한 부모가 정해져 있었다. 부모님께서는 내가 1960년대 초반에 서울에서 태어났다고 알려주셨다. 나는 시간과 공간이 만들어낸 거미줄과 같은 인연 안에서 연명하는 동물인가? 나는 누구인가? 이런 정보는 누구나 알 수 있기 때문에 객관적이지만, 나에게 소중하지는 않다. 내가 나를 어떻게 정의하느냐가 더 중요하기 때문이다. 나는 객관적인 사실들을 무질서하게 조합한 존재가 아니다.

유대교, 그리스도교 그리고 이슬람교를 포함하는 유일신 종교의 시조인 아브라함은 신에게 다음과 같은 단호한 명령을 받았다. “너는 너 자신을 위해, 네 아버지의 집, 네 친척 그리고 네 고향을 버리고 내가 지시할 땅으로 가라.”(〈창세기〉 12장 1절) 아브라함은 그에게 이름과 정체성을 준 집, 울타리가 되어준 일가친척, 그를 문화적 인간으로 성장하게 한 고향을 떠난다. 그는 신이 지시한 목적지로 향해 나아가며 정체성을 형성한다.

수련자는 자신이 열망하는 자기 자신이 되기 위해 매일 변화한다. 인간은 자연적으로 주어진, 그러므로 그가 변화하지 못하게 방해하는 장소와 시간에서 자신을 분리하여 미지의 땅을 향해 자신을 찾는 여정을 시작한다. 그는 이 여정에서 특별한 자신을 자신의 마음속에서 발견할 것이고, 그 특별한 자신이 능력을 발휘할 것이다.

부정정의

인간은 두 발을 땅에 디디고 살고 있지만 두 눈은 저 멀리 산 너머에 존재하는 원대한 자신을 바라보며 사는 영적인 동물이다. 인간은 다른 동물과는 달리 그런 자신이 되기 위해, 위대한 개념을 창작했다. 그것이 바로 ‘신’이다. 인간은 신을 발견해 오감으로 감지할 수 없는 세계를 상상했고, 그 세계를 현실로 실현해내는 힘을 발휘했다. 인간은 다른 동물과 달리 사후세계 혹은 윤회라는 생각을 만들어 지금 이 순간의 삶을 이해하는 관점을 근본적으로 변화시켰다.

인간은 자신이 오감으로 경험할 수 없는 세계를 은유나 직유를 통해 묘사한다. 예를 들어 '어머니의 사랑은 바다와 같다'라는 표현이 있다. 어머니의 사랑을 적절한 문장으로 표현할 수 없기 때문에 그 사랑의 속성인 무한한 용서를 간접적으로 표현하기 위해 인간이 오감으로 경험할 수 있는 바다를 빗대어 설명한다.

유대교에서 신은 인간의 언어로 담을 수 없고 입으로 말할 수도 없는 금기였다. 유대인들은 신을 자음이 없는 '테트라그람마톤 Tetragrammaton', 즉 '신성사문자'인 YHWH로 표기했다. YHWH는 모음이 없기 때문에 읽지 못한다. 유대인들은 YHWH를 읽을 때 '그 이름'이란 의미를 지닌 '하쉠HaShem'으로 대신 발음한다. 유대인들은 '말로는 담을 수 없는 존재'란 의미를 지닌 영어 단어 '인에퍼블 ineffable'을 이용하여 신의 속성뿐만 아니라 신 자체를 표현한다.

고대 그리스 신플라톤주의자인 프로클로스Proclos(410~485)는 후대 중세신학에서 신을 묘사할 때 사용한, 소위 부정신학否定神學 용어를 처음 소개했다. 그는 《플라톤 신학》이란 책에서 플라톤을 인용하면서 신의 속성을 부정적 표현을 이용하여 설명한다. 신은 은유와 부정을 통해 표현 가능하다. 이 의도적인 부정을 아포파시스 apóphăsis라고 부른다. 스위스 태생의 프랑스 건축가 르 코르뷔지에Le Corbusier(1887~1965)는 프랑스 롱샹에 노트르담 뒤 오Notre-Dame du Haut 성당을 건축했다. 그는 이 성당의 건축 경험을 '레스파스 앙디시블르L'espace indicible', 즉 '형용 불가의 장소'라고 정의했다.

인간은 자신의 삶을 근본적으로 조종하면서도 인식의 한계를 뛰어넘는 존재가 있다고 믿었고, 이를 '신'이라고 불렀다. 그런 신은 인간의 이성적인 사고 밖에 존재한다. 인류는 의례, 드라마, 춤 그리고 명상을 통해 자신들이 처한 이해할 수 없는 운명과, 그 운명을 뒤에서 조율한다고 여기는 신을 찾아 위안을 받았다. 종교와 종교의 핵심 내용을 보면 신은 아름다운 음악이나 경이로운 예술작품과 같다. 위대한 음악은 그 음악을 알기 위해 오랫동안 감상한 사람에게 자신의 매력을 조금씩 보여준다. 그런 음악을 듣기 위해 경청하지 않는 사람에게는 위대한 음악조차도 소음일 뿐이다. 우리는 미술관이나 공연장에서 그런 예술을 경험한 후, 내적으로 충만하고 행복하며 세상을 모두 가진 것같이 유쾌해진다. 그리고 평온한 자신을 발견한다. 어쩌면 우리 스스로 좀 더 나은 인간이 되었다고 여길지도 모른다.

의례에 참여하고, 의례를 통해 자신을 심오하게 관찰하면서 더 나은 인간이 되겠다고 다짐하고, 그 다짐을 자신의 삶에서 실천하여 내적인 만족을 획득하는 체계가 종교다. 인류는 그런 경험 덕분에 약육강식의 정글에서 살면서도 삶의 의미와 아름다움을 추구해왔다. 17세기에 시작된 과학혁명과 16~18세기에 일어난 계몽주의는 종교 본연의 의례와 신비한 경험의 중요성을 희석하기 시작하였다. 종교는 위대한 심포니의 연주가 아니라 단순한 악보로 전락했다. 인류는 의례를 이성적으로 이해하려는 최악의 실수를 저질렀다. 종교는 생활에서 실천하며 기쁨을 느끼는 것이 아니라 단순히 신념, 주장, 신조와 교리의 개념으로 전락했다. 종교는 이제 실행이 아니라 이론이 되었다.

《베다》에는 신에 대한 긍정적인 정의가 담겨 있지만, 우주 창조의 순간을 기술한 《리그베다》 제10권 129행에는 신의 존재에 대한 의

심과 부정이 다음과 같이 담겨 있다. 이 노래의 첫 행을 번역하면 다음과 같다.

> 그때에는 비존재도 존재하지 않았고 존재도 존재하지 않았다. 대기의 공간도 존재하지 않았고 그 너머 하늘도 존재하지 않았다. 누가 동요시켰는가? 어디에서 누구의 보호를 받아 깊이를 알 수 없는 심연인 물이 존재했는가?

이렇게 시작한 '부정'이 후대 우파니샤드 전통에서는 깨달음과 해탈의 경지가 되었다. 신의 현존인 브라흐만은 항상 존재하나 무지 때문에 가려져 있다. 브라흐만을 깨닫기 위해서는 우리를 아둔하게 만드는 무지를 제거해야 한다. 우파니샤드 경전《브리하다란야카 우파니샤드》제3권 9절 26행에서 제자 샤칼야가 스승 야즈나발캬에게 묻는다.

> "스승님이 아는 브라흐만은 무엇입니까? 스승님께서 말씀하시는 진아인 아트만은 무엇입니까?" 그러자 스승 야즈나발캬가 다음과 같이 대답한다. "진아는 '네티, 네티', 즉 '이것도 아니고 저것도 아니다'라고 묘사될 수밖에 없다. 진아는 이해할 수 없고 무엇인가에 매여 있지도 않으며 요약될 수도 없기 때문이다."

불교 철학은 부정신학의 정수다. 아트만의 존재를 근본적으로 무시하고 진아가 실제로는 존재하지 않는다는 '아나타anatta', 즉 무아無我를 주장했다. 아나타는 부정을 뜻하는 접두어 '안an-'과 '진아'를 의미하는 '아트만ātman'이 합쳐진 말이다. '아나타'는 인간이 명상을 통해 어렴풋이 접근한 그 자아도, 진정한 자아가 아니라는 뜻이다.

푸루샤

인간의 깊은 내면에는 초월적이며 자주적인 원칙이 존재한다. 그것은 요가 수련을 하지 않는 사람이 쉽게 떠올리는 자신의 모습이 아니라, 요가 수련자가 수련을 통해서 조금씩 완성해가는 진정한 자신의 모습을 말한다. 파탄잘리는 수련을 돕는 신을 힌두 철학의 용어인 푸루샤를 빌려 설명한다. 푸루샤는 흔히 '영혼'으로 번역되었다. 상캬 철학과 요가 철학에서 푸루샤는 기존에 존재하는 다른 신들이나 그 신들의 특성들을 초월한 신이고, 그러므로 '그것 자체'이며 '그것 자체를 알기 위해 오랜 명상을 통해 얻은 깨달음 자체'이기도 하다.

푸루샤의 특징은 인간의 생각과 언어로는 표현이 불가능하다는 점이다. 그 특징들은 긍정명제가 아니라 부정명제로 나열된다. 예를 들어 '인간은 누구인가?'라는 질문에 '인간은 물건이 아니다'라고 부정적인 명제로 대답하는 것이다. 5세기 인도 상캬학파 철학자인 이슈바라크리슈나Iśvarakrṣna는 푸루샤를 다음과 같이 정의한다. "푸루샤는 '관찰하는' 존재다. 푸루샤는 동떨어져 있고, 무심하다. 푸루샤는 소극적인 관찰자다." 7세기에 개별 인간과 우주의 원칙인 아트만이 하나라고 주장한 베단타 철학의 수장인 가우다파다Gaudapada는 푸루샤를 다음과 같이 설명한다. "푸루샤는 집착이 없다." 더 이상 줄일 수도 없고, 이름으로 불리지도 않는다. 만일 푸루샤가 어떤 일을 도모하는 주체가 된다면 그것은 인간이 만들어낸 허상의 일부가 될 뿐이다.

이슈바라

요가 수련의 신인 이슈바라는 인도철학에서 말하는 푸루샤지만, 전적으로 그 '푸루샤'가 아니라 '특별한 푸루샤'다. 파탄잘리는 '특별한'이란 의미를 지닌 산스크리트어 형용사 '비셰샤viśeṣa'로 푸루샤를 부연 설명했다. 비세샤는 '정지하다', '머물다'라는 의미를 지닌 산스크리트어 동사 '쉬스śiṣ'에 부정의 의미인 접두어 '비vi'를 첨가하여 만든 단어다. '특별함'은 객관적이고 고정적인 기준으로 판단할 수 없는 역동적인 개념이다. 파탄잘리는 그런 특별함이 다음 세 가지에 '영향을 받지 않기' 때문이라고 설명한다. 파탄잘리가 '영향을 받지 않는다'라는 의미를 전달하기 위해 사용한 단어는 '아파람리슈타하aparāmṛṣṭaḥ'다. 이 단어는 '만지다', '영향을 주다'라는 동사 '므리슈mṛś'의 과거분사형에, '초월하다', '넘어서다'의 의미를 지닌 접두어 '파라parā' 그리고 부정을 의미하는 접두어 '아a'를 붙인 말이다. 아파람리슈타하는 '인간의 오감을 초월하여 절대로 영향을 받을 수 없는'이란 의미다.

요가 수련자의 신인 이슈바라는 다음 세 가지에 의해 영향받지 않는 특별한 존재다. 첫째, 요가의 신인 이슈바라는 '방해물kleśa'에 영향을 받지 않는다. 파탄잘리는 제1장 6행에서 요가 수련자가 삼매경에 진입하지 못하도록 방해하는 다섯 가지를 소개했다. 즉, 무지,

자아, 집착, 혐오 그리고 삶에 대한 애정이다. 이 방해물들은 인간이 태어날 때 환경이 운명적으로 부여한 걸림돌들이다. 요가를 수련하지 않는 자들은 이 걸림돌들을 자신의 이익을 보호하는 방패막이라고 착각한다. 둘째, 이슈바라는 '행위karma'에 의해 영향을 받지 않는다. '행위'는 단순한 행위일 뿐 아니라 그런 행위가 반복되어 습관으로 이어지는 것까지 포함한다. 셋째, 이슈바라는 '과거의 의도적인 행위'와 반복된 행위의 결과 때문에 나의 생각, 말 그리고 행위에 끼치는 영향의 '결과vipāka'에 의해 영향을 받지 않는다. '결과'에 해당하는 산스크리트어 단어 '비파카'는 '요리하다', '숙성시키다'라는 의미를 지닌 동사 '파츠pac'에서 유래했다. 잘못한 행위가 반복되면 숙성되어 자신의 몸을 점점 마비시키는 독으로 작용한다. 넷째, 이슈바라는 '잠재적인 성향'에 영향을 받지 않는다. 파탄잘리는 인간의 기억 속에 남아 있는 행위의 미묘한 흔적까지 언급한다. 인간이 자신도 알지 못하는 어떤 잘못된 말이나 행위를 저지르는 이유는 그의 기억의 심연에 그런 행위를 유발하는 찌꺼기가 남아 있기 때문이다. 이슈바라는 이 네 가지의 영향에서 벗어난 특별한 자신이다. 나는 누구인가? 나는 특별한 자기 자신을 만들기 위해 '지금 여기'에서 수련하는 자다.

경구 25

전지란 무엇인가?

तत्र निरतिशयं सर्वज्ञबीजम्
tatra niratiśayaṃ sarvajñabījam
타트라 니라티샤얌 사르바즈냐비잠

직역 "거기에는 전지라는 비교할 수 없는 씨앗이 있다."

의역 "거기, 즉 이슈바라에서 발견되는 전지라는 씨앗은 인간의 말로 형용할 수 없고, 세상의 다른 것과 비교할 수 없다."

tatra niratiśayaṃ sarvajña-bījam

tatra	부사	거기
niratiśayaṃ	형용사(n.sg.nom)	비교할 수 없는, 능가할 수 없는 ◂ 부정접두사 nir + ati + śī 눕다
sarvajña	명사(m.sg.nom)	전지 ◂ sarva 전부 + jña 앎, 지식
bījam	명사(n.sg.nom)	씨앗, 뿌리, 기원

인간은 다른 동물과는 달리 당장 오감으로 경험할 수 없는 세계에 관심을 둔다. 자연과학은 우주에 존재하는 생물과 무생물의 작동 원리를 연구하고, 사회과학은 인간이 구축한 공동체와 그 구성원들의 다양한 상호작용을 연구한다. 인문학과 예술은 인간 내면의 활동과 그 활동이 만들어낸 작품을 숙고하는 분야이며 눈으로 볼 수 없지

만 인간의 삶을 아름답고 의미가 있게 해주는 것들을 상상하는 학문이다. 진리, 착함 그리고 아름다움과 같은 가치는 가시적인 물건이나 사회현상처럼 드러나지는 않지만 인간을 인간답게 만드는 원칙들이다. 인간은 오래전부터 경험할 수 없는 것, 특히 '사후세계'와 '신'을 상상해왔다. 우리는 죽음과 그 이후를 경험할 수 없다. 죽음은 경험 대상이 아니다. 인간은 죽음 직전까지는 경험할 수 있지만 죽음 자체는 경험할 수 없다. 우리는 종종 사후세계를 경험했다는 사람들의 이야기를 듣는다. 이들의 이야기는 각 개인이 처한 특수한 상황에서만 진리다. 그들이 사후세계에 관한 이야기를 다른 사람에게 하는 순간, 그 경험은 객관적인 증명이 불가능한 독백 혹은 거짓으로 전락한다.

인류를 다른 유인원들과 구분하는 중요한 지표는 정교한 장례의식이다. 인류는 수십만 년 전부터 사후세계를 상상하여 표현함으로써 자신들의 순간적인 삶에 의미를 부여했다. 인문학이나 예술은 이 결정적인 순간에 대한 성찰이라고 볼 수 있다. 신도 마찬가지다. '신은 무엇인가?'라는 질문에 무수히 많은 대답이 쏟아졌다. 독일 철학자 니체가 "신은 죽었다"라고 말했다. 그가 말한 신은 당시 유럽의 그리스도교가 인간의 모습대로 만들어내서 교리로 치장해버린 신을 지칭했다. 때때로 전통적인 의미에서 무신론자이지만 자신만의 신을 신봉하는 사람도 있었다. 과학자 알베르트 아인슈타인이 그런 경우였다. 그는 자신을 항상 '내면의 소리'를 듣는 종교적인 사람으로 소개했다. 신은 그에게 우주의 신비였다. 신비 앞에서 그의 반응은 침묵과 경외였다.

전지

파탄잘리는 〈삼매품〉 25행에서 이슈바라의 특성을 다음과 같이 기술한다. "거기, 즉 이슈바라에서 발견되는 전지全知라는 씨앗은 인간의 말로 형용할 수 없고, 세상의 다른 것과 비교할 수 없다." 파탄잘리는 이슈바라를 하나의 명제로 정의하지 않고, 신의 중요한 특성으로 정의한다. 이슈바라의 가장 중요한 특성은 전지다. 어떤 대상의 중요한 일부를 보고 전체로 지칭하는 용법이 제유提喩다. 제유는 원래 자신의 주장을 타인에게 효과적으로 전달하기 위한 수사학 용어다. 라틴어로 파르스 프로 토토Pars pro toto라고 부른다. 신은 전지다. 즉 신의 가장 큰 특징은 우주 안에 존재하는 모든 것의 핵심을 파악해 다 아는 능력이 있다는 것이다. 이것이 바로 전지다. 전지는 요가 수련자가 획득해야 할 '참나'를 발견하는 데 필요한 모든 것을 심오하게 아는 능력이다. 그것은 마치 올림픽 마라톤 대회를 준비하는 마라토너와 같다. 그는 최적의 성과를 내기 위해, 4년 동안의 훈련 과정을 훌륭하게 마쳐야 하고, 그 경주에 참가하는 다른 마라토너들의 장점과 단점, 자신이 뛰어야 할 코스의 지형과 기후 등 수많은 정보를 숙지해야 한다. 그런 총체적인 지식이 전지다. 유대교, 그리스도교, 이슬람교와 같은 유일신 종교에서는 '전지'를 신의 중요한 특성으로 여긴다.

파탄잘리는 '사르바즈나sarvajña'라는 단어를 사용하여 전지의 의미를 전달한다. '사르바sarva'는 '모든' 혹은 '완벽한'이란 뜻이며, '즈냐jña'는 '즈냐나jñāna'의 줄임말로 '앎', '지식'이란 의미다.《바가바드 기타》나《우파니샤드》같은 고대 인도의 힌두교 경전들에 자주 등장하는 산스크리트어가 바로 '앎'을 의미하는 '즈냐나jñāna'다. 《우파니샤드》에서 '즈냐나'는 인간 내면에 존재하는 '참 나'이자 삼라만상을 운행하는 질서에 대한 지식을 습득하도록 도와주는 지혜다. 앎은 단순히 기억이나 기억의 기능을 의미하지 않고, 그 이상을 의미한다. 우리는 정보를 수집하고 저장한다. 만일 정보의 무궁무진한 양과 그 축적만 따진다면, '구글google'이 신일 것이다. 이 정보들은 인간의 치타, 즉 마음의 저수지에 저장된다. 그러나 이 정보는 인간의 감정, 인식, 쾌감, 고통과 같은 다양한 감정들에 의해 브리티, 즉 '잡념'이 된다.

'앎'은 기억의 기능을 하는 것도 아니고, 마음속에 저장된 수많은 정보의 총체도 아니다. '앎'은 저장된 수많은 정보를 분류하고 추려내 자신의 마음속 깊이 있는 참다운 자신을 발견하도록 도와주는 여과기다. 지식에는 두 가지 종류가 있다. 하나는, 자신의 오감과 자신의 욕망인 편견을 통해 얻는 지식, 즉 '비즈냐나vijñāna'다. 비즈냐나는 관찰하려는 대상과 그 대상을 보려는 관찰자가 구분되어 있다. 다른 하나는, 파탄잘리가 언급한 '즈냐나'인데, 관찰자와 관찰대상이 삼매를 통해 '신비한 합일'을 이룰 때 숙성되는 지식을 말한다. 인도·유럽어 어근 '그느*gn-'가 산스크리트어의 '즈냐나jñāna'가 되었고, 고대 그리스어로는 '그노시스gnosis'가 되었다. 그노시스는 헬레니즘 철학과 종교를 구성하는 핵심적인 용어다. 그노시스는 어떤 사실을 객관적으로 아는 것뿐만 아니라, 그 사실을 오랜 경험을 통해 몸과 정신으로 아는 것이다. 예를 들어 '서울은 대한민국의 수도다'라는 명제를 아는 것과 오랜 연습을 통해 운전할 줄 아는 것 모두가 포함된다.

파탄잘리는 신의 특징을 전지라고 특정한 후, 이 전지는 씨앗과 같다고 표현했다. 씨앗은 모든 지식을 빨아들일 수 있는 가능성이다. 요가 수련자는 수련을 통해 자신의 심연에 존재하는 이 씨앗을 발아시키려고 노력한다. 농부가 열매를 수확하려면 해야 할 일이 있다. 바로 자신이 가진 토양에 알맞은 품종을 정하는 혜안과 시기적절하게 씨를 뿌리고 자연의 섭리대로 씨가 발아하기를 기다리는 인내다. 씨앗은 겉으로 보기에는 아무것도 아니지만, 미래를 상상하는 자에겐 열매를 맺는 과실나무이며 시원한 그늘을 제공하는 느티나무이고 동물들이 뛰놀 수 있는 숲이다. 요가는 각자의 삶에 가장 어울리는 꽃을 피우기 위해 씨앗을 뿌리는 행위다.

그리스도교 복음서 중 천국을 씨앗과 비교하는 내용이 〈마태복음〉 13장 31~32절, 〈마가복음〉 4장 30~32절 그리고 〈누가복음〉 13장 18~19절에 등장한다. 세 가지 복음서에 모두 등장한 예수가 천국에 대해 중요한 어록을 남겼다. 이는 그리스도교 복음서뿐만 아니라 영지주의 문서인 〈도마복음서〉 어록 20번에도 등장한다.

> 제자들이 예수에게 말했다. "천국이 무엇과 같은지 우리에게 말해주십시오!" 그러자 그가 그들에게 대답했다. "천국은 모든 종자들 가운데 가장 작은 겨자씨와 같다. 만일 그 씨가 준비된 토양에 떨어지면, 그것은 많은 풀을 내어 하늘의 새들의 쉼터가 될 것이다."

인간이 요가 수련을 통해 삼매를 경험할 수 있는 이유는 삼매를 가능하게 하는 종자를 우리가 가슴에 품고 있기 때문이다. 순교자 유스티누스Justinus(103~165)는 인간을 육체, 정신, 영혼으로 구분했다. 인간이 신적인 삶을 영위할 수 있는 이유는, 자신의 내면에 인간의 본능과는 구별되는 '쪼티콘 프뉴마ζωτικόν πνεύμα'라는 '생명을 주는 영혼'이 있기 때문이다. 이 영혼의 작동 원칙이 '스페르마티코스 로고스σπερματικός λόγος'다. 이는 '종자를 품은 이성'을 뜻한다. 인간은 이 종자를 통해 육체와 정신의 영향을 받지 않는 영적인 삶을 살 수 있다. 또한 인간은 이 종자를 통해 신적인 로고스와 소통한다. 교부 유스티누스는 다음과 같이 말한다. "모든 인간에겐 신적인 불꽃이 있다. 이것은 예수가 재림하기 전까지 인간의 삶을 위한 최선의 길잡이다." 《요가수트라》의 종자는 로마 시대 스토아 철학자들이 사용한 로고스 개념과 유사하다. 로고스는 그들에게 삼라만상을 작동하게 만드는 적극적인 이성이자 우주의 정신이다. 그들은 유스티누스처럼, '스페르마티코스 로고스'라는 용어를 사용했다. 이것은 물질로 구성된 우주를 움직이는 신 혹은 자연의 우주 작동 원리를 말한다.

전지란 자신의 삶을 위한 최적의 씨앗을 선별하여 그 씨앗을 자신의 삶이라는 토양에 깊이 심고 가꾸는 일련의 과정이다. 우리는 품종을 선택하는 데 신중하지 않다. 자신이 우연히 태어난 환경의 영향을 받아 꼭두각시 노릇을 한다. 부모의 성향, 사회과 국가의 이념 그리고 주위 사람들의 조언으로 자신에게 하나뿐인 고유한 삶의 씨앗을 결정한다. 각자의 삶에 고유한 나무가 되기 위해, 자신에게 어울리는 꽃을 피우기 위해, 최고의 품종을 선택하기 위해 숙고해야 한다. 이 숙고가 바로 요가다. 자신을 위한 최선의 선택인 이슈바라를 찾지 못하고 타인이 강요한 씨앗을 선택하는 행위가 무지다. 농부는 자신의 땅을 살피고 다양한 품종을 심고 세월의 풍파를 견딤으로써 그 땅에 어울리는 씨앗을 찾을 수 있다. 그 씨앗을 아는 능력이 바로 앎이며, 그 앎은 오랜 관찰과 경험으로 얻은 결과다.

내가 오늘 만개시킬 꽃은, 내가 새벽에 심은 생각이라는 씨앗의 결과다. 요가는 자신의 삶이라는 나무를 심기 위해 최적의 품종을 선택하는 과정이며, 그 씨앗을 발아시키기 위해 쾌적한 환경을 유지하는 훈련이다. 그 씨앗은 외부와의 차단을 위해 자신의 표면을 단단한 껍질로 무장하여 그 안에 존재하는 '어린 눈'을 보호한다. 그리고 시간이 지나면 우주가 주는 햇빛과 비를 통해 씨앗이 발아할 것이다. 이제 농부는 자신이 상상할 수도 없는 열매를 보게 될 것이다. 파탄잘리는 그 가능성을 '니라티샤야niratiśaya', 즉 '무궁무진하다'라는 단어를 사용하여 표현했다. 파탄잘리는 요가 수련자에게 조언한다. 인생이라는 나무를 가꾸기 위해 자신에게 알맞은 품종을 선택하고 그 씨앗이 발아하도록 인내하면서 가꾸라고. 그리고 그 결과는 세상의 어떤 것과도 비교할 수 없을 만큼 압도적이며 숭고할 것이다. 신은 무궁무진한 지식을 품은 씨앗이다. 그 씨앗을 소유한 자가 바로 신이 된다. 자신을 얽매고 있는 인연은 그 씨앗이 발아하지 못하게 만드는 걸림돌이다. 나는 지금 전지라는 씨앗을 발아시키기 위해 땅을 개간하고 있는가? 그 씨앗은 나의 손길과 솜씨로 발아되어 열매를 맺을 것인가?

경구 26

구루란 누구인가?

पूर्वेषामपिगुरुः कालेनानवच्छेदात्
pūrveṣāmapiguruḥ kālenānavacchedāt
푸르베샤마피구루후 칼레나나밧체다트

직역 "시간에 의해 단절되지 않기 때문에 그는 또한 과거에도 구루였다."

의역 "이슈바라는 시간의 구애를 받지 않기 때문에 이전 요가 수련자들에게도 스승이었다."

pūrveṣām-api-guruḥ kālena-anavacchedāt

pūrveṣām	명사(m.pl.gen)	이전의 사람들의; 과거의
api	접속사	또한
guruḥ	명사(m.sg.nom)	스승, 구루 ◂ gur 부르다
kālena	명사(m.sg.instr)	시간 ◂ kal 강요하다
anavacchedāt	형용사(m.sg.abl)	단절되지 않은 것들로부터 ◂ an + ava + chid 자르다

나는 글을 쓰고 깨달은 바를 대중에게 책과 강의로 알리는 업을 의무로 여기고 산다. 짧은 인생 동안 나에게 주어진 임무다. 공부는 가르치는 일을 습관으로 만들기 위한 자기 수련이며, 글을 쓰는 일은

공부한 성과를 대중에게 보시布施하려는 노력이다. 왜 나는 이런 임무를 수행하게 되었는가? 그것은 시냇물에 떠내려가는 단풍잎처럼 허송세월하던 나에게 의미심장한 질문을 던진 한 교수 때문이다. 지금으로부터 30년 전, 1988년 여름에 일어난 일이다. 나는 동대문 시장에서 구입한 1미터 높이의 이민 가방을 양손으로 끌면서 김포공항에 서 있었다. 여태껏 제주도도 가본 적이 없는 '촌부'인 내가 미국 보스턴으로 막 유학을 떠나는 참이었다. 이민 가방은 전공서적과 원서 몇 권, 비닐봉지로 싼 김치와 밑반찬으로 볼품없이 불룩했다. 나는 미국 사람과 5분 이상 이야기해본 적은 없지만 사지선다형 영어 시험인 토플과 GRE 시험을 운 좋게 잘 봐 높은 점수를 받았다. 9월 가을학기가 시작하기 전 하버드대학교 캠퍼스는 조용했다. 나는 '디비너티 홀The Divinity Hall'이라는 고색창연한 기숙사에서 홀로 20일 정도 지냈다. 그 때문에 유학 생활을 시작하기 전부터 나의 시름은 점점 깊어지고 있었다. 왜 나는 서울을 떠나 이곳 미국 케임브리지라는 도시의 으스스한 기숙사에서 홀로 밤을 지새우는가?

기숙사에서 만난 외국인들에게 한 교수에 대한 명성을 들었다. 셈족어를 가르치는 고전문헌학자 존 휴너가르트John Huehnergard (1952~) 교수였다. 그가 전공한 학문은 그의 성 '휴너가르트'만큼 생소했다. 그는 바빌로니아의 함무라비보다 아카드어를 더 잘 쓰고, 람세스보다 고대 이집트어를 더 잘 말하고, 다윗보다 히브리어 시를 더 잘 짓는다고 소문이 자자한 학자였다. 나는 그때까지 내가 가야 할 삶의 길을 알려주고 격려해주는 존경할 만한 스승을 만나지 못했다.

나는 휴너가르트를 만나기 위해 고대근동학과가 위치한 하버드

셈족 박물관Harvard Semitic Museum• 3층으로 올라갔다. 2층 중간의 원형 홀 아래에는 함무라비 법전이 새겨진 검은색 석비가 있었고, 사방엔 강의실이 있었다. 교수 연구실이라기보다는 박물관 전시실과 같았다. 나는 그의 연구실 앞 나무 의자에 불안하게 앉아 있었다. 약속 시각 10분 전에 도착한 나는 지나치게 조용한 복도에서 마치 숲속에서 길을 잃은 어린아이처럼 소침해 있었다. 열 시간 같은 10분이 지나고, 누군가 안에서 문을 열었다. 그는 물었다. "당신이 배 선생입니까Are you Mr. Bae?" 그동안 누가 나를 '선생'이라고 부른 적은 한 번도 없었다. 나는 나에게 존칭을 사용한 사람을 처음 만났다. 그의 연구실은 청결했고, 책장에는 '노아의 홍수' 이전에 만들어진 듯한 고서 몇 권이 놓여 있었다. 휴너가르트는 물었다. "당신이 나에게 원하는 것이 무엇입니까?" 그의 질문은 바로 핵심을 찔렀다. 나는 얼떨결에 말했다. "당신의 제자가 되고 싶습니다I want to be your student." 그는 이 한 문장을 통해 나의 영어 실력, 나의 지적인 수준, 나의 개성과 성격까지 한 번에 알아차린 것 같은 표정을 지었다. 히브리어와 그리스어 알파벳도 잘 모르면서 셈족 언어를 전공하겠다고 말하는 내가 불쌍해 보였을 것이다. 그것은 마치 덧셈, 뺄셈도 모르는 학생이 미적분을 먼저 공부하겠다고 허풍을 떠는 것 같았을 것이다. 나의 얼굴은 화끈거렸다. 그러곤 몇십 초 동안 침묵이 흘렀다.

휴너가르트는 선문답 같은 두 가지 말을 해줬다. 이것은 1988년 9월 초 어느 날 신이 이 교수를 통해 내 머리에 번개를 내려친 것이

• 현재는 하버드 고대 근동 박물관Harvard Museum of the Ancient Near East로 개명하였다.

었다. 하나는 "당신 자신을 보여주십시오Show yourself!"라는 것이었다. 이 문장은 내 인생의 주문이 되었다. 그가 보고 싶은 것은 '나 자신'이다. 나는 누구인가? 그가 물은 '당신 자신'이란 무엇인가?

휴너가르트가 보고 싶은 것은 과거의 나가 아니라 그것과 과감히 결별하려고 현재와 미래에 노력하는 나였다. 내가 매일 수련하는 것이 요가의 목적지이자 그 목적지에 가기 위한 필수 불가결한 징검다리가 된다. 그는 나에게 '당신 자신이 되십시오Be yourself!'라고 말하지 않았다. 그는 나에게 '보여달라'고 주문한다. '보여준다'라는 의미는 무엇인가? 내가 무엇을 보여줄 수 있는가? 어떻게 나는 '미래의 나'를 휴너가르트에게 보여줄 것인가? 자신에게 감동적인 것이 남에게도 감동적이다. 자신에게 아름다운 것이 남에게도 아름답다. 자신에게 리더인 사람은 남에게도 리더가 될 수 있다. 나는 그날 이후 기숙사에서 30분 정도 떨어진 '힐레스 도서관Hilles Library'으로 출근하기 시작했다. 학교 수업을 마치면 도서관에 갔다가 도서관이 닫을 때 기숙사로 돌아오는 것을 내 삶의 원칙으로 삼았다. 그가 보고 싶은 것은 나의 그런 모습이었을 것이다. 나는 더 나은 자기 자신이 되려는 습관이 곧 실력이라는 사실을 후에 깨닫게 되었다.

다른 하나는 "운동한 후에, 시간이 남으면 공부하십시오Exercise and then study!"라는 말이었다. 휴너가르트는 공부하러 미국까지 온 학생에게 운동하라고 충고한다. 나중에 안 사실이지만, 휴너가르트는 학교에서 두 시간 정도 떨어진 매사추세츠 '칼라일'이란 도시에 살고 있었다. 가끔 자전거를 타고 등교하기도 하고 마라톤을 완주하기도 하는 등 만능 스포츠맨이었다. 나는 그의 말을 십계명처럼 믿었다.

그리고 아침에 조깅을 시작했다. 학교 주변을 30~40분 뛴 후, 기숙사로 돌아와 찬물로 샤워하는 행동이 나에게 종교 행위가 되었다. 나에게는 변화하는 것이 가치가 있기에 '달리기'는 나를 매일 변화시키는 스승이 되었다. 운동은 잘 기억하고 깊이 사고할 수 있도록 돕는다. 운동을 통해 나는 저녁에 깊이 잘 수 있고 잡념을 줄일 수 있었다.

휴너가르트의 가르침에 따라 나는 지금도 일어나자마자 달린다. 아침 달리기는 나에게 태양과 같다. 나는 달리기를 해야만 하루를 시작할 수 있기 때문이다. 나는 운동을 삶의 일부로 만들기 위해 아침 달리기 외에도 운동과 관련된 수업에 항상 참여하여 몸의 변화를 관찰한다. 나는 휴너가르트에게 운동하는 습관의 중요성을 배운 것이다. 1세기 로마 시인 유베날리스Decimus Junius Juvenalis(55?~140?)가 다음과 같이 말했다.

orandum est ut sit mens sana in corpore sano.

오란둠 에스트 우트 시트 멘스 사나 인 코르포레 사노

이 라틴어 문장을 번역하면 다음과 같다. "당신은 건강한 신체에 건강한 정신이 깃들기를 기도해야 합니다." 나는 자신의 몸을 잘 돌보는 사람만이 자신의 정신도 잘 돌볼 수 있다고 믿는다.

구루

요가 강사는 수련생에게 몸동작을 가르쳐주지만, 구루는 자신의 몸동작, 마음 동작 그리고 영혼 동작을 통해 수련생 스스로 깨우치게 만든다. 요가 강사는 수련생이 원하는 건강을 주기 위해서 애쓰지만, 구루는 수련생이 지향해야 할 전인적인 인격 도야를 자신의 삶을 통해 무심하게 보여준다. 요가를 수련하는 이유는 자신의 삶에서 자신이 주인이 되기 위해서다. 그 주인은 운명적인 삶의 환경에서도 최선의 선택을 하도록 자신의 몸과 마음을 수련한다. 파탄잘리는 〈삼매품〉 26행에서 '이슈바라'를 스승으로 표현했다.

> 이슈바라는 시간에 구애받지 않기 때문에 그 이전의 요가 수련자들에게도 스승이었다.

파탄잘리는 고민했다. "이슈바라가 신적인 존재라는 사실을 어떻게 증명할 수 있을까?" 파탄잘리는 요가에서 말하는 신인 이슈바라를 스승이라고 정의한다. 산스크리트어 '구루guru'란 단어는 '선생', '인도자', '전문가' 혹은 '스승'이란 의미다. 구루는 영어로 편입되어 어떤 분야에서든 최고 식견을 가진 자를 지칭한다. 구루는 미몽에 빠져 헤매는 자를 둘러싼 어둠을 내쫓는 빛과 같은 존재다. 특히 구루는 자신의 마음 깊은 곳에 숨어 있는 원석을 발견하도록 촉구하고, 그 원석을 연마하여 자신에게 감동적이고 타인에게 소중한 보석으로 세공하도록 안내하는 자다.

시카고대학교의 인도학자 미르체아 엘리아데Mircea Eliade(1907~1986)의 표현을 빌리자면 구루는 수련생들이 오랜 수련을 스스로 훈련할 수 있도록 그들에게서 '형이상학적 공감'이 나오게 하는 자다. 이슈바라는 몸에 있는 알 수 없는 매력인 형이상학적 공감을 요가 수련자에게 전달한다. 이슈바라는 요가 수련자들의 구루로서 태양과 같은 존재다. 태양은 태양계에 존재하는 모든 천체의 시간과 공간을 정의하고 조절한다. 많은 행성이 태양계에서 생겨났다 자신의 수명이 다하면 사라진다. 태양계를 구성하는 수많은 '개별 영혼'인 '지바트마jivatma'는 태양계의 운행 원칙에 따라 생성과 소멸을 반복한다. 태양계가 등장한 지난 46억 년 동안 그 안의 무수한 행성, 특히 지구와 같은 행성에서 셀 수 없이 많은 동식물의 소멸은 누가 관장했는가? 누가 인류의 스승들과 지도자들에게 영감을 주고 지혜를 주었는가? 이슈바라만이 시공간을 초월하는 최초의 스승이었다. 파탄잘리는 구루로서 이슈바라의 특징이 시간에 영향을 받지 않는 존재인 점이라고 말한다. 그가 말하는 시간이란 무엇인가?

요가 선생에 대해 두 가지 용어가 있다. 하나는, 산스크리트어로 '아차르야ācārya'다. 자신의 동작car으로 가르치는 자를 뜻한다. 아차르야가 동작 이상을 가르치면 제자는 자신의 삶에 고삐를 채우고 자신의 최선을 발굴해 드러내는데, 이는 산파 역할과 비슷하다. 다른 하나는, 산스크리트어로 '구루'다. 나는 '구루'라는 신비한 단어를 에드워드 페리Edward D. Perry(1854~1938)의 산스크리트 문법책《A Sanskrit Primer》(1936)에서 처음 만났다. 이후에 나는 1980년대 말 하버드대학교 마이클 위첼Michael Witzel(1943~) 교수에게 산스크리트어와 인도 사상을 배우기 시작했다. 산스크리트어는 히브리어, 아랍어, 그리스어와 고대어와 마찬가지로 노래와 시를 위해 최적화된 언어다. 노래를 구성하는 한 행에는 일정한 음절 수가 있고, 이 한 행을 구성하는 단어들의 모음을 통해 장단을 엄격히 구분한다. 모음은 문장 안에서의 위치에 따라 짧아질 수도 있고 길어질 수도 있다. 짧은 모음이 있는 음절을 '라구laghu'라고 부르고 장모음이 있는 음절을 '구루guru'라고 부른다. 구루는 나에게 '스승'이 아니라 '장모음을 지닌 음절' 혹은 '자음으로 마치는 음절'이었다. 예를 들어 차ca는 '라구' 음절이고 차cā나 차트cat는 '구루' 음절이다.

그렇다면 왜 '구루'가 '스승'이 되었을까? 그 음절이 안정적으로 마칠 수 있도록 장모음이나 자음을 더했다. 단모음으로 마친 음절은 뒤에 오는 자음의 영향을 받아 '산디sandhi', 즉 연성을 통해 이 모음이 변한다. 구루는 영어 어휘가 되면서 특별한 의미가 생긴다. 즉, 구루는 구체적인 사실을 지식으로 가르치는 선생 이상의 인생의 조언자, 정신과 영혼의 부모, 삶의 멘토, 삶의 비밀을 자신의 삶을 통해 여실히 보여주는 사람을 뜻하게 되었다. 그는 단순히 구체적인 사실을 가르치는 자가 아니라 추상적인 가치들, 평온, 자비, 정직을 자신의 삶을 통해 보여주는 자이기 때문이다. 구루와 함께 있으면 그에게 나오는 기운이 주변 사람을 자극하여, 자신도 그런 삶에 매진하도록 영향을 미친다. 그들은 이제 무엇을 배우려는 욕망에 찬 '스튜던트student', 즉 학생이 아니라 자신의 삶을 갈고닦는 '디사이플disciple', 즉 제자가 된다.

구루는 형용사로서 '무거운', '신중한'이란 의미다. 그는 말보다는 침묵을 수련한다. 그는 말보다는 일상생활의 행위로 표현한다. 《아드바야타라카 우파니샤드Advayataraka Upaniṣad》 16행에서 '구루'의 어원을 다음과 같이 그 나름대로 해석한다. 이런 해석을 '민간어원설'이라고 부른다. 실제 어원과 상관없이 사람들이 상상력을 동원하여 어원 해석을 시도한 것이다.

> 구gu 음절은 어둠을 의미하고 루ru 음절은 (어둠을) 쫓아버리는 행위를 의미한다. 어둠을 내쫓는 힘 때문에 구루guru라는 이름이 붙었다.

구루는 자신의 삶을 통해 학생들의 정신적이고 영적인 어둠을 몰아내, 제자 스스로 수련하도록 만드는 자다. 그의 지혜는 우리가 학교에서 배우는 지식으로는 도달할 수 없는 것이어서 우리에게 인생의 나침반이 되기 때문이다. 구루의 몸가짐은 신중愼重하다. 그는 제자에게 자신의 모든 것, 마음[心]을 내어줄 정도로 진실[眞]하다. 그는 자기 자신을 훈련해 삶의 본보기라는 무거운[重] 짐을 짊어지고 정진하는 자다. 구루는 음절 '차ca', 즉 모음으로 끝나는 발음처럼 자신을 드러내려고 안달하는 자가 아니라, 음절 '차트cat'의 자음으로 끝나는 발음처럼 자신의 입을 다물고 침묵하는 자다. 그는 자신의 신중한 언행으로 제자에게 영감을 주어 제자가 스스로 자기 삶의 구루가 되도록 격려하는 자다. 나는 떠드는 사람인가, 침묵하는 사람인가? 나는 말로 가르치는 사람인가, 행위로 보여주는 사람인가? 나는 경솔한 사람인가, 아니면 신중한 사람인가?

경구 27

말이란 무엇인가?

तस्य वाचकः प्रणवः
tasya vācakaḥ praṇavaḥ
타스야 바차카하 프라나바하

직역 "그를 지칭하는 말은 '옴'이다."

의역 "이슈바라를 상징하는 말은 신비한 음절인 '옴'이다"

tasya vācakaḥ praṇavaḥ

tasya	지시대명사(m.sg.gen)	그것의; 그의 ◂ tad
vācakaḥ	명사(m.sg.nom)	말, 상징 ◂ vac 말하다
praṇavaḥ	명사(m.sg.nom)	신비한 음절 옴, 옴 주문 ◂ pra 앞으로 + nu 소리 내다

파탄잘리는 〈삼매품〉 23~26행에서 이슈바라를 정의했고, 27~29행에서는 이슈바라를 직접 경험하게 만든다. 이 27~29행을 이해하려면 음성으로 신을 만나는 주문이 무엇인지 알아야 하며, 요가 전통 안에서 이 주문의 중요성이 어느 정도인지부터 알아야 한다. 경구 27에서 파탄잘리는 이슈바라를 뜻하는 주문 '옴om'을 소개한다. 옴은 삼라만상이 생기고 진화하고 소멸하는 창조의 소리다. 지금 이 순간에도 지구는 태양 주위를 회전하고, 지구가 속한 태양계는 우

주의 한 축인 블랙홀 주위를 빠르게 돌고 있다. 이 글을 읽고 쓰고 있는 내 몸속에서 셀 수 없이 많은 세포가 생멸을 반복하고, 과학적 관찰의 범위를 벗어나는 더 미묘한 세포들도 빠르게 변화하고 있다. 시간이라는 우주의 거대한 원칙에 따라 만물이 변화한다.

기원전 6세기, 오늘날의 터키 에페수스 출신 철학자 헤라클레이토스Heracleitos(기원전 540?~기원전 480?)는 자연과 인간을 심오하게 관찰하고 다음과 같은 결론을 내렸다. "판타 레이panta rhei." 이 고대 그리스어 문장을 번역하자면 "만물은 변한다"라는 뜻이다. 영원히 변하지 않을 것 같은 웅장한 산도, 항상 그 자리를 지키는 바다도 끊임없이 변화하고 있다. 우주를 관장하는 시간 속에 존재한다는 사실은, 곧 "변화한다"라는 의미다. 헤라클레이토스는 영원히 변화하지 않는 이데아의 세계는 허상이라고 판단한다. 그는 강둑에서 끊임없이 흐르는 강의 모습을 보면서 깨달았다. 어떤 인간도 동일한 강물을 두 번 건널 수 없다는 것을.

나는 북한강이 굽이쳐 흐르다 한 바퀴를 돌고 다시 흘러가는 시골에 산다. 1월이면 끝없이 펼쳐진 강이 서서히 얼기 시작하다가 결국 내 시야에 들어오는 강은 다 얼어버린다. 그리고 밤이면 수십만 평이 되는 강이 하나가 되어 '쿵쿵' 하는 장엄한 소리를 2월 말까지 낸다. 내 반려견들도 어디서 괴물이 등장한 줄 알고 마당으로 나가 강에 대고 짖어댄다. 이 소리는 특히 동네가 한적해지는 조용한 밤에 더 선명하게 들린다. 강 전체가 거대한 얼음덩어리로 변화하는 과정을 소리로도 알려주는 것이다.

신은 무슨 행위로 우주를 창조했을까? 138억 년 전 우주가 지극히 작은 점이었다가 엄청난 힘으로 팽창하기 시작했을 때, 과연 무슨 일이 일어났을까? 우리는 흔히 그 순간을 '빅뱅'이라고 말한다. '빅뱅'이란 그 누구도 부인할 수 없는, 소리를 넘어선 큰 소리다. 우리는 그 순간을 인간의 오감 중 청각을 사용해 '소리'로 표현했다. 기원전 6세기에 한 유대 시인은 이 빅뱅의 순간을 다음과 같이 표현했다. "빛이 있으라!"(〈창세기〉 1장 3절) 빛의 생성 원인은 말이다. 말을 통하지 않고는 빛이 생성될 수 없다. 〈창세기〉 1장 1절은 처음 상태, 즉 창조 이전 혼돈의 상태에 대한 설명이다. 1~2절은 사실상 종속절이므로 주절은 3절이라고 볼 수 있다. 1장 3절은 〈창세기〉의 시작일 뿐만 아니라 성서 전체의 시작이다. 그렇다면 가장 중요한 첫 문장은 어떤 단어로 시작될까?

그 단어는 다름 아닌 '말하다'라는 뜻을 지닌 히브리어 동사다. 동사 '아마르amar'다. "신은 말했다. '빛이 있으라!' 그랬더니 빛이 생겨났다." 신은 누구에게 말했는가? 이 광활한 우주에 신은 말할 상대가 있었을까? 이 우주에는 신 자신밖에 없었다. 이 시를 쓴 시인은 당시 근동 지방과 지중해에서 회자되던 우주 창조 신화와 인간 창조 이야기를 잘 알고 있었다. 그의 관심은 사막에 앉아 하늘의 별을 보고 한가하게 일장춘몽과 같은 우화를 되풀이하는 데 있지 않았다. 전쟁 포로로 잡혀 와 바빌론의 지구라트와 찬란한 문명에 압도되어 점점 아브라함과 모세의 비전과 영감을 잃어가는 유대인들에게 그들의 영혼을 일깨우는 이야기를 전해주고 싶었다. 우주 창조 이야기는 다른 문명의 신화 내용과 접근 방법이 유사하다. 그러나 그는 '말하다'라는 단어를 통해 그들의 잠자는 영성을 깨우려고 했다. 〈창세기〉 1장을 보면 신은 우주를 창조하기 전에 항상 '말'을 통해 명령한다. 신은 말을 통해 자신이 원하는 바를 실제로 이루어낸다. 아마르라는 단어는 언행일치의 의미를 담고 있다. 아마르는 '말'과 '행동'이라는 의미를 동시에 품고 있다. 그 이유는 말이 곧 행동이기 때문이다. 창조자는 자신의 말을 그대로 행동으로 옮기는 행위자다.

이 유대 시인의 혜안에 대해 120년경 '요한'이라고 불리는 그리스도교 저자가 다음과 같이 말했다. "태초에 말이 있었다. 그 말이 신과 함께 있었고 그 말이 곧 신이다."(〈요한복음〉 1장 1절) 요한은 혼돈을 질서로 바꾼 원초적인 힘을 말이라고 생각했다. 신이 진정한 신이 될 수 있는 이유는 말을 통해 우주를 창조하기 때문이다. 요한은 심지어 '말이 신이다'라고 주장한다. 말은 오랜 생각의 표현이다. 습관적으로 내뱉는 말이나 외부의 자극에 의해 나오는 말은 말이 아니다. 그저 지껄이는 소리다. 내가 명상으로 숙성한 후 입으로 세상에 던진 말은 반드시 행동으로 이어져야 한다. 행동으로 결실을 맺지 못하는 말을 '거짓'이라고 부른다. 내가 거짓을 막기 위해 할 수 있는 최선은 침묵뿐이다.

진언

《리그베다》 중 〈크리슈나 아주르베다〉의 '카타가 상히타' 12절 5행에서도 말의 선재성先在性을 노래한다. "태초에 프라자파티(브라만)가 있었다. 그와 함께 말vag이 있었다. 그리고 말은 진실로 브라만이었다." 《바가바드 기타》 제7장 8행에서 크리슈나는 자신을 다음과 같이 설명한다.

오, 쿤티의 아들, 아루주나여! 나는 물속에 존재하는 액체다.
나는 토끼를 품은 달과 태양에 존재하는 광채다.
모든 베다 가운데, 신성한 음절 '옴'이며
대기 중의 소리이고 인간들 가운데 힘이다.

《리그베다》와 《바가바드 기타》에서의 소리는 바다를 바다답게 만드는 성질, 모든 물을 한데 모이게 만드는 그 내재적인 힘이다. 혹은 달과 태양이 발산한 빛을 온전하게 사방에 퍼뜨려 지상에 존재하는 만물의 생명을 유지하게 하는 힘이다. 그것은 나의 목숨을 매 순간 유지시켜주는 공기이며 나를 나답게 만드는 힘이다.

'만트라mantra'는 우주를 생성하고 지금 이 순간에도 우주를 지탱하는 신의 속성을 표현하는 소리다. 만트라 묵상은 요가 수련자들이 신의 활동을 감지할 수 있도록 인도하는 수단이다. 만트라는 '생각하다'라는 산스크리트어 동사 '만man-'과 '도구'를 의미하는 명사어미인 '트라-tra'가 결합한 말이다. 만트라를 직역하자면 '깊은 생각을 도와주는 도구'다. 한자로는 '진언眞言'이라고 번역되었다. '만트라'라는 산스크리트어는 '마나트 트라야테manat trayate'의 준말로 '생각이 경계를 넘어 실어 나르는 어떤 것'이란 의미다. '만트라'는 과거의 습관적인 생각을 반복하는 자신을 일깨워, 그다음 단계로 진입하도록 움직이게 하는 힘이다.

만트라는 인간의 인위적인 소리가 아닌, 삼라만상이 우주의 원칙에 따라 움직이는 소리와 자기 자신을 일치시키기 위한 소리 수련이다. 소리는 우리를 치유하기도 하고 불안하게도 한다. 날카로운 철이

철 냄비를 긁는 소리에 나는 순간적으로 움츠러들어 오감의 기능이 마비된다. 반면에 한적한 바닷가에서 지속적으로 들리는 파도 소리에 나는 심리적으로 안정된다. 만트라는 요가 수련자의 마음을 고요하게 만들고, 몰입해서 훈련하게 만든다. 만트라가 내뿜는 파장은 요가 수련자가 더욱더 깊은 참 자신을 대면하도록 그를 삼매경으로 이끈다. 나의 만트라는 무엇인가? 나는 지금 무엇을 듣고 있는가? 나는 지금 무엇을 되새기고 있는가?

파탄잘리는 이슈바라가 '옴om'이라는 신비한 음절, 옴을 통해 드러난다고 말한다. 그는 〈삼매품〉 27행에서 신의 존재를 '옴'의 동의어인 '프라나바Praṇava'를 이용하여 다음과 같이 말한다. 프라나바는 '옴 음절 소리를 낸다'라는 의미를 지닌 '프라나' 동사의 명사형으로 '생명을 부여하라는 음절'이란 뜻이다.

"타스야 바차카하 프라나바하tasya vācakaḥ praṇavaḥ." 이 문장의 의미는 다음과 같다. "이슈바라를 상징하는 말은 신비한 음절인 '옴'이다." '옴'은 《리그베다》와 《우파니샤드》에서도 절대 진리를 상징하는 소리로 묘사된다. "베다의 영원한 음절('옴')이자 모든 신들이 휴식을 취하는 정점을 모르는 사람이 베다와 무슨 상관이 있는가? '옴'을 아는 사람들만이 여기서 평화롭고 조화롭게 살 수 있다." (《리그베다》 제1권 164절 39행). 어떻게 베다가 '옴'으로 요약될 수 있는가?

소리의 어머니

우리는 신의 모습을 무엇으로 표현할 수 있을까? 인간은 신을 간접적으로 혹은 은유적으로 표현했는데, 외부를 감지하고 분석하는 기관인 오감을 이용했다. 인간은 특히 시각, 청각, 촉각으로 신을 경험한다. 어떤 이들은 신을 자신의 눈으로 도저히 바라볼 수 없는 강렬한 빛을 통해 경험한다. 이 빛은 태양과 같아서, 그 발원지가 어디쯤인지 어렴풋이 짐작이 가지만 도저히 똑바로 쳐다볼 수 없는 대상이다. 그리스도교라는 종교를 그리스·로마 철학과 결합해 세계적인 종교로 만든 1세기 유대인 바울은 다마스쿠스로 가다 강렬한 빛을 만난다. 그런 후 그는 얼마 동안 장님이 되었다. 어떤 이는 신의 존재를 몸의 감각으로 감지한다. 인류 최초의 서사시인《길가메시 서사시》에서 길가메시와 그의 친구 엔키두가 지하세계를 여행하던 중에 깜빡 잠이 들었다가 소스라쳐 깬다. 길가메시는 신이 자신의 곁에 있다 사라졌다고 말한다.

파탄잘리는 신을 소리로 경험한다고 말한다. 소리는 신이 자신을 표현하는 말이다. 그 소리가 바로 '옴'이다. 옴이 이슈바라이며 이슈바라가 옴이다. 옴은 이슈바라의 진정한 자기 모습이다. 고대 인도인들은 성스러운 말의 힘을 믿었다. 말의 힘을 믿고 그 말을 반복하는 것이 지혜다. 옴은 신의 의식이며 신의 힘이다. 신은 자신을 표현하는 말로 자신을 드러낸다. 신이 우주를 창조할 때 사용한 도구도 바로 말이다. 신이 사용한 그 말이란 우주가 빅뱅으로 생성될 때 등장한 '우주적인 파장이자 진동'인 옴이다. 신은 옴을 통해 자신을 발언한다. 그리고 진동은 만물이 되고, 만물은 옴을 통해 존재한다. 무한한 '사트치트아난다Satcitānanda'는 자신의 아바타인 크리슈나의 입을 통해 자신을 다음과 같이 반복적으로 정의한다. "나는 '소리praṇava'다."(《바가바드 기타》 제7장 8행) "나는 옴이다."(《바가바드 기타》 제9장

17행) 그리고 "말들 가운데, 나는 단음절인 '옴'이다."(《바가바드 기타》 제10장 25행)

옴은 여느 소리가 아니라 최초의 소리, 즉 원음이다. 옴은 모든 소리의 어머니다. 우주 안에 존재하는 만물은 한순간도 쉬지 않고 태고로부터 지금까지 끊임없이 움직인다. 만물은 진동하는 에너지로 생성되고 유지되며 소멸된다. 이 우주적인 에너지에는 빛과 소리가 있다. 우리는 빛과 소리가 있는 대상을 의식 혹은 정보라고 부른다. 생물과 무생물을 포함해, 아직 인간의 과학적인 언어로 정의되지 않는 암흑 에너지와 암흑 물질의 총체가 바로 신적인 소리인 옴이다. 옴의 다른 이름은 산스크리트어로 '샤브다 브라흐만Śabda Brahman', 즉 '신이라는 소리'다. 옴이란 소리가 발설되었을 때, 그 소리는 인간이 이해할 수 있는 대상이 아니다. 그것은 소리를 가능하게 하는 최초의 원음이기 때문이다.

바다에서 들리는 웅장한 파도 소리나 높은 산에서 들리는 거센 바람 소리도 결국 모든 존재의 심연에서 나온 원초적이며 자생적인 소리고 이것이 인간의 귀에 어울리게 변형된 것이다. 그 심연이란 스스로 존재하고 스스로 주인이 된 이슈바라 신의 마음속에 있는 최초의 불빛이다. 이 소리는 우주를 생성한 최초의 궁극적 의식이 외부로 표출되어 일어난 빅뱅이라고 할 수 있다. 이 원음을 통해 만물이 생겨났다. 《찬도그야 우파니샤드》 제6권 2장 3절에서 이 궁극의 원음은 자신을 이렇게 정의했다. "나는 하나다. 나를 통해 다수가 생성되었다." 《카타 우파니샤드Kaṭha-Upaniṣad》 제1권 2장 15~17절에서 《베다》의 핵심을 다음과 같이 설명한다. "제가 여러분에게 모든 베다가

한목소리로 주장하는 목표를 간단히 말하겠습니다. 그것은 모든 고행 수행자들이 말하는 것이며 사람들이 수련하기를 바라는 것입니다. 그것은 옴입니다.”

옴은 궁극의 주문이다. 그 말을 발설함으로써 나오는 힘이 육체, 정신, 혼과 영혼의 다양한 수준에 절대적인 영향을 끼친다. 요가 수련에서 옴은 궁극의 주문이며 힌두교, 불교, 자이나교 등의 의례와 명상에서도 가장 거룩한 말이다. 옴을 설명하는 산스크리트어인 프라나바는 ‘생명praṇa을 부여하는 자’면서 ‘생명을 조절하는 자’다. 옴은 단순히 말에서 끝나지 않는다. 옴은 음식과 같다. 음식을 섭취한 동물은 일정한 시간 동안 자신의 몸과 마음을 움직일 수 있는 에너지를 얻는다. 옴을 발설함으로써 나오는 힘으로 이슈바라는 활동을 하는데, 요가 수련자는 이 활동을 자신에게 할당된 시간과 장소 안에서 발휘한다. 요가 수련자가 옴을 암송함으로써 만물이 생성되기 전, 우주가 탄생하기 전의 순간으로 자신을 몰아넣는다. 그는 옴이라는 소리가 만물이 창조된 순간이라고 인식함으로써 자신의 ‘하루’를 새롭고 거룩한 시간으로 만든다. 그는 이 수련을 통해 이슈바라의 아바타로 태어난다.

16세기 인도 명상가이자 시인인 카비르Kabir(1440~1518)가 옴에 대해 다음과 같이 말했다. “그 단어(옴)는 스승입니다. 나는 그 말을 들었습니다. 그리고 그 말의 제자가 되었습니다. 그 단어는 모든 것을 드러냅니다.” 카비르는 신을 만나기 위해 자신의 내면에서 흘러나오는 옴을 암송하라고 말한다. 옴은 요가 수련자의 마음 깊은 곳에 영원히 거주하며, 요가 수련자는 옴이 입 밖으로 흘러나오기를 항상

기다린다. 신과 인간은 옴을 통해 하나가 된다. 신은 옴을 매개로 하여 인간의 영혼을 지속적으로 자극하고 영혼에 가르침을 준다.

자기 신뢰

제자는 스승을 따르는 자다. 그렇다면 누가 제자가 될 수 있는가? 누가 진정한 요가 수련자인가? 그는 신의 존재를 아는 자이며 신의 존재를 옴을 통해 확인하는 자다. 이슈바라의 화신인 옴은 요가 수련자의 외부에 존재하지 않는다. 그런 스승은 비행기를 타고 가야만 만날 수 있는 분이 아니다. 인도, 네팔, 혹은 티베트에 있는 소위 스승들도 자신은 진정한 스승이 아니라 제자라고 말할 것이다. 유일하고 참된 스승은 수련자의 마음속에 있기 때문이다.

요가 수련자는 자신의 마음속에 숨어 있는 이슈바라를 찾는다. 이슈바라가 내는 옴 소리는 자신이 정한 특별한 시간과 장소에서만 들린다. 옴은 침묵이 주는 선물이다. 옴은 우리가 세상으로 들어가면 그 소리를 점점 줄이다가 어느 순간 자취를 감춘다. 우리가 사는 사회는 충성을 요구하는 대신 혜택을 약속하는 주식회사 같다. 그 사회는 내가 자유를 포기할 것을 요구한다. 사회가 주장하는 덕은 순응이다. 따라서 자신의 심연에서 흘러나오는 옴 소리를 듣는 행위는 반역이다. 사람들은 현실 타협을 원하고 자신만의 특별한 목소리를 듣는 것을 원하지 않는다.

인간은 스스로 최선이라고 생각한 일에 몰입했을 때 행복하다. 옴은 '나'를 나답게 만드는 최초의 소리다. 옴을 발견하기 위해 필요한 것은 자신을 있는 그대로 수용하고 믿는 일이다.

경구 28

옴 낭송의 목적은 무엇인가?

तज्जपः तदर्थभावनम्

tajjapaḥ tadarthabhāvanam

타자파하 타다르타바바남

직역 "그것은 그 의미에 대한 명상과 함께 중얼거려야 한다."

의역 "옴 음절을 반복하면, 그것은 자연스럽게 그 의미에 대한 명상으로 이어진다."

tat-japaḥ tat-artha-bhāvanam

tat	지시대명사(n.sg.nom)	그것 ◀ tad
japaḥ	명사(m.sg.nom)	반복, 낮은 목소리로 중얼거리다 ◀ japa 반복하다, 중얼거리다
artha	명사(m/n.sg.nom)	의미, 목적
bhāvanam	명사(n.sg.nom)	실현, 존재하게 하는 원인, 명상 ◀ bhū '되다'의 사역형 명사

요가 수련자들에게 옴이란 소리는 특별하다. '옴' 같은 주문이 어떻게 실제 힘이 되는가? 옴은 거대한 나무와 울창한 숲을 만드는 첫 단계인 씨를 뿌리는 행위와 같다. 옴은 단순한 소리가 아니다. 입으로 수없이 중얼거린다고 요가 수련을 완성하는 것이 아니다. 그것은

마치 잘 익은 망고를 먹고 싶은 사람에게 망고 씨를 주는 것과 같다. 농부는 자신이 가진 토양에 알맞은 씨를 선택하여 그것을 땅에 심고, 물과 거름을 주면서 때때로 병충해를 막기 위해 가지를 친다. 농부가 수년 동안 이런 작업을 반복해야 비로소 망고라는 열매가 달린다. 요가 수련자는 자신의 정신적이고 영적인 진보를 위해 '옴'이라는 씨를 마음속에 심고 매일매일 올바른 방법으로 그 씨가 발아되게 해야 한다. 이 수련 과정은 단번에 이루어지는 것이 아니라 수년 혹은 수십 년이 걸릴 수 있다.

옴은 단순한 중얼거림 그 이상이다. 요가 수련자가 이슈바라를 자신의 흔들리지 않는 마음속 깊은 곳에 고정하는 행위다. 이슈바라는 인간의 생각을 넘어선 신적인 존재다. 요가 수련자가 이슈바라를 가만히 마주할 수 있는 방법이 있다. 이슈바라는 자신의 본질을 소리로 드러냈다. 유대인들은 〈잠언〉에서 '호크마ḥokmā(h)'로 불리는 지혜가 우주를 만들었다고 고백했다.

옴이란 음절을 반복적으로 암송하고 그 의미를 명상하는 목적은 무엇인가? 옴은 힌두교인들이 의례를 올리는 동안 내는 가장 거룩한 음절이다. 《카타 우파니샤드》는 현인 나치케타스와 죽음의 신인 야마의 대화를 기록한 시로, 아트만, 브라만 그리고 해탈에 대해 토론하는 내용이다. 《카타 우파니샤드》 제1권 2장 15~17절은 이 거룩한 음절, 옴에 관해 기술한다.

> 모든 베다가 선포하고 모든 고행이 추구하며 모든 인간이 절제의 삶을 살면서 원하는 것이 있다. 내가 너에게 간단하게 말

할 것이다. 그것은 옴이다. 옴 음절은 실제로 브라만이다. 이 음절은 숭고하다. 누구든지 이 상징을 아는 자는 그가 원하는 모든 것을 획득할 것이다. 이것은 최상의 기반이다. 이것은 최고의 기반이다. 누구든지 이 기반을 아는 자는 브라만의 세계에서 존경을 받을 것이다.

다이몬

옴을 자신의 삶 속으로 유인하여 실천하려는 요가 수련자를 위해 파탄잘리는 구체적인 훈련 방안을 〈삼매품〉 28행에서 다음과 같이 제시한다. "옴 소리의 반복은 그 의미를 드러낸다." 수련의 시작은 정해진 시각에, 정해진 장소에서 동일한 생각과 말, 행동을 반복하는 것이다. 기원전 6세기, 철학자 파르메니데스Parmenides(기원전 515?~기원전 445?)가 등장하여 우주 안에 개별적으로 존재하는 객체의 중요성을 강조했다. 파르메니데스의 철학은 '존재의 철학'이라고 불린다. 그러나 헤라클레이토스는 객체는 존재하지 않고 끊임없이 다른 존재로 변화하는 과정에 있다고 주장했다. 그의 철학은 '변화의 철학'이다.

헤라클레이토스가 말하는 변화는 반복을 통해 형성된 습관으로 일어난다. 그는 다음과 같이 설명한다. "에토스 안스로포 다이몬ethos anthropō daimon." 이 문장은 "습관은 사람에게 운명이다"라고 해석된다. 이 문장 해석의 열쇠는 '다이몬'이란 단어에 달려 있다. 다이몬은 '악마'를 의미하는 영어 단어 '데몬demon'과 같은 어원의 단어로 천사에 대비되는 부정적인 존재로 알려져 있다. 그러나 소크라테스는 다이몬을 자신의 어리석음을 일깨워주는 '천사'로 해석했다. 다이몬은 천사일 수도 있고 악마일 수도 있다. 내 삶에서는 무엇이 천사일 수도 있고 악마일 수도 있는가?

다이몬은 '에토스'가 만든 결과물이다. 에토스는 호메로스의《일리아스》에서 가축들이 거주하는 마구간을 지칭할 때 자주 사용되었다. 가축들은 항상 같은 장소에서 잠을 잔다. 호메로스는 에토스를 동물이나 사람이 항상 반복하면서 안주하는 총체적인 행위를 이르는 용어로 사용했다. 사람은 '그 사람이 자주 하는 그것' 자체이다. 그 사람이 하루 종일 휴대전화만 쳐다보고 있다면, 그 사람은 휴대전화이거나 휴대전화의 노예다. 혹은 어떤 사람이 더 나은 자신을 위해 요가 수련을 한다면, 그는 이미 더 나은 사람이다. 에토스는 반복적인 생각, 말, 행위를 지칭하는 의미로 흔히 습관으로 번역된다. 또한 에토스는 그리스 비극에 등장하는 등장인물과 그 등장인물의 핵심인 개성을 의미한다. 영어에서는 에토스의 이런 다양한 의미를 '캐릭터 character'라는 단어를 이용하여 표현한다. 인간은 운명을 남들이 만들어놓은 환경이라고 생각한다. 그러나 운명은 자신의 습관이 서서히 만들어낸 자신의 집이다. 자신의 반복된 생각, 그 생각의 표현인 말, 말이 몸으로 표현된 행동, 행동의 반복을 통해 만들어진 환경 그리고 그 굳어진 환경이 운명이다. 인간은 흔히 운명 탓만 하고 운명의 원인인 자신의 생각을 돌보지 않는다.

파탄잘리는 옴이 지닌 두 가지 잠재력 중 하나가, 산스크리트어로 '반복'을 뜻하는 '자파japa'라고 설명한다. 옴 암송은 먼저 자신의 입에서 출발하여, 자신의 귀에만 들릴 정도의 작은 소리로 시작되고,

점차 소리를 내지 않는 침묵이 되고, 마침내 마음으로 들어가 정리된다. 옴 소리를 반복하는 것이 요가 수련자에게 필수적이다. 왜냐하면 과거의 습관으로 자연스럽게 돌아가려는 자신을 다독여 자신에게서 탈출해야만, 신과 우주와 하나가 되려는 생각, 말, 행위는 자연스럽게 그의 일부가 되기 때문이다. 자신의 일부로 체화하려는 수고가 반복이다. 이 의도적인 반복으로 요가 수련자는 자신을 다른 수준으로 끌어올려 변화하는 인간이 된다. 한 단계에서 다음 단계로 진입하기 위해서는 자신이 속한 단계의 경계를 조금씩 파괴하여 다른 단계로의 이동을 시도해야 한다. 자신이 알게 모르게 습관적으로 쌓아놓은 경계가 편견이다.

파탄잘리는 옴이 지닌 다른 잠재력은 '그 의미에 대한 명상artha-bhāvanam'이라고 말한다. '아르타artha'라는 단어는 '가리키다', '지칭하다'라는 의미를 지닌 동사 '아르트arth'에서 파생되었다. 아르타는 요가 수련자가 추구하는 삶의 궁극적 의미다. 그는 명상을 통해 그 핵심에 접근한다. 인도철학에서는 인간 삶의 네 가지 목표가 있다. 첫째, 다르마는 우주 원칙을 따르는 자신의 도덕적인 삶이며, 둘째, 카마kama는 인간의 욕망, 감정, 쾌락, 오감의 만족이고, 셋째, 목샤mokṣa는 욕망과 쾌락으로부터의 해탈이다. 넷째, 아르타는 자신의 삶을 지탱하게 만드는 실질적 도구들과 궁극적인 목표를 모두 포함한다. 아르타는 개인적으로는 다르마에 부합하고 카마에 휘둘리지 않으면서, 부, 직업, 생계유지를 위해 경제적인 안정을 꾀하는 것이다.

그뿐 아니라 아르타는 오스트리아 정신분석학자 빅토르 프랭클Viktor Frankl(1905~1997)이 주장하는 '삶의 의미'이기도 하다. 개인이 공동체 안에서 맡는 고유한 역할은 자신의 삶을 빛나게 하고 자신의 삶을 가치 있게 만든다. 따라서 이 역할이 궁극적인 의미가 될 수 있다. 인간이 삶을 지속하는 동기는 삶에서 의미를 찾으려는 인간의 의지 때문이다. 인간은 자신이 무엇을 하든 그 안에서 의미를 자유롭게 찾을 수 있다. 프랭클은 인간이 존재 의미를 발견할 때는 다음 세 가지 경우라고 말한다. 첫째, 새로운 일을 창조할 때, 둘째, 새로운 사람이나 사건을 만날 때, 셋째, 불가피한 고통에 빠져 모든 가능성이 사라지고 그 고통에 대해 자신의 태도를 결정할 자유가 있을 때다.

요가 수련자가 삼매에 진입하면, 그는 자신의 삶의 의미와 목적을 분명하게 깨닫게 된다. 인생의 어떠한 어려움도 극복할 수 있는 마음을 획득하게 된다. 그것이 '아르타'다. 아르타는 씨앗을 싹트게 만드는 신비하고 강력한 힘이다. 씨앗의 껍데기는 그 신비를 감싸는 외면이다.

파탄잘리는 요가 수련자가 간직한 아르타를 발아시키는 자극을 '옴' 소리 반복 암송이라고 말한다. 이 암송 수련이 산스크리트어로 '바바나bhāvana'다. 바바나는 '되다', '변화하다'라는 의미를 지닌 동사 '부bhū'에서 파생된 명사다. 또한 '땅을 개간하다', '존재하게 하다'란 의미도 있다. 농부가 봄에 씨를 심을 때, 그는 자신이 얼마나 정성을 들였느냐에 따라 씨앗이 적당한 시기에 발아하여 열매 맺을 것을 상상한다. 바바나란 단어를 획기적으로 사용한 자가 바로 붓다다. 붓다는 명상을 의미하는 단어로 바바나를 사용했다. 바바나는 농부라면 누구나 아는 자연의 섭리다. 우리가 아는 명상이나 묵상과는 달리 붓다가 선택한 바바나란 단어는 일상적이면서도 다층적이고 생동감이

넘친다. 바바나라는 말에서는 흙냄새가 난다. 이처럼 바바나는 자연스럽고 일상적이지만, 변화의 가능성으로 충만하다. 바바나라는 단어를 살펴보면, 결국 명상이란 굳어진 마음의 땅에 희망의 씨를 뿌리는 행위다.

명상은 가만히 앉아 잡념을 떠올리는 행위나 자신의 이익을 극대화하기 위해 약육강식의 전략을 짜는 행위가 아니다. 명상은 오늘이라는 절체절명의 시간에 자신의 존재 이유를 찾는 거룩한 행위다. 그것은 내가 속한 가족, 이웃, 공동체 그리고 국가 안에서 자신을 위한 최선을 찾는 행위다. 나는 정해진 시간에 정해진 장소에서 인내와 지구력이 필요한 옴을 암송해본 적이 있는가? 내가 이 세상에 존재하는 한 가지 이유를 나는 아는가? '옴'은 그것을 찾아 나선 수련자들의 양심의 소리다.

경구 29

내관이란 무엇인가?

ततः प्रत्यक्चेतनाधिगमोऽप्यन्तरायाभावश्च
tataḥ pratyakcetanādhigamo’pyantarāyābhāvaśca
타타하 프라트약체타나디가모프얀타라야바바쉬차

직역 “그것으로부터 내면을 향한 의식이 획득되고 동시에 방해물이 사라진다.”

의역 “옴 수련을 통해 마음속 깊이 숨어 있는 내면을 향하는 의식, 즉 내관이 획득되고 동시에 그것을 방해하는 장애물들이 소멸된다.”

tataḥ pratyak-cetana-adhigamāḥ-api-antarāya-abhāvaḥ-ca

tataḥ	부사	그것으로부터
pratyak–cetana	명사(m.sg.nom)	내면을 향한 진정한 의식 ◂ prati + ac 구부리다, 향하다 + cit 의식하다
adhigamāh	명사(m.sg.nom)	획득 ◂ adhi 위로 + gam 가다
api	접속사	또한
antarāya	명사(m.sg.nom)	장애물 ◂ antar –사이 + ī 가다
abhāvaḥ	명사(m.sg.nom)	제거, 사라짐, 무존재 ◂ a + bhū –가 되다
ca	접속사	그리고

고니는 내 아침 산책길 친구다. 아니, 고니가 노니는 강과 숲길로

매일 아침 내가 그들의 허락도 없이 들어선다. 겨울 철새로만 알았던 고니는 내가 사는 이곳에서 떠나지 않는다. 그들은 이곳을 자신의 서식지, 자신의 삶의 터전으로 삼았다. 그들은 항상 새끼들을 데리고 물고기를 잡는다. 고니는 7~8마리 정도의 새끼들에게 물고기 잡는 훈련을 시킨다. 가끔 어린 새끼 대신 스스로 나서 검은색 한쪽 발을 가만히 올리고 흐르는 시냇물을 한참 응시하다가 날카롭고 긴 주둥이로 흐르는 물보다 빠른 작은 물고기를 한순간에 낚아채기도 한다. 꽤 빠른 유속에도 중심을 잡고 물을 응시하는 고니의 모습은 정중동靜中動 그 자체이다. 고니의 이 몰입의 순간에 우주가 정지된다. 고니를 보는 나의 숨도, 내가 데리고 나간 반려견 샤갈과 벨라도 그 순간 진공 속으로 들어간다.

숲이 드리워진 강물에 가만히 떠 있는 고니는 하늘에 있는가, 아니면 강에 있는가? 전혀 움직임이 없다. 우리가 다가가면 고니는 어느 정도까지는 접근을 허용한다. 그리고 어디를 보는지 알 수 없는 눈으로 삼매경에 빠져 있다. 주황색 주둥이와 연결된 얼굴 앞부분은 검은색 털로 덮여 있다. 검은색 부분의 끝은 앙증맞게 작지만 또렷한 눈과 연결되어 있다. 그 눈은 모든 것을 보지만 동시에 아무것도 보지 않는 신비로운 느낌이다. 고니는 저 차가운 북한강 지류에서 무엇을 생각하고 있는가? 고니의 눈은 어디를 향하고 있는가?

고대 인도인들은 태초에 호수가 존재한다고 믿었다. 그들은 마나사로와르Manasarovar 호수를 그 천상의 호수로 믿었다. 마나사로와르 호수는 티베트 자치구의 가장 서쪽에 있는 호수로 신비한 카일라스 산 가까이에 있다. 해발 4,556미터에 위치한, 세계에서 가장 높은 담수호다. 누구든지 이 호수 물을 마시면 자신의 죄를 용서받는다고 전해진다. 인도, 네팔, 티베트뿐만 아니라 전 세계에서 몰려온 순례객들이 자신의 삶을 돌아보고 새로운 삶을 결심하는 거룩한 장소다. 이 호수에는 궁극적인 실체를 상징하는 동물이 있다고 믿었다. 바로 '함사hamsa'다. 함사는 백조 혹은 고니라고 번역된다. 함사는 생명의 숨을 상징하고, 명상에서 가시적인 동물로 등장하기도 한다.

《파라마함사 우파니샤드》는 108권으로 구성된 우파니샤드의 하나이며, 《아타르바베다》에 속한 31개 우파니샤드 중 하나이기도 하다. 힌두교의 영적인 스승을 '파라마함사Paramahamsa'라고 부른다. 파라마함사는 축자적 해석으로 '숭고한 백조'라는 뜻으로, 영적으로 깨우친 사람을 지칭한다. 백조는 육지에 있을 때나 호수에 있을 때나, 자신에게 몰입하면서도 주위에서 일어나는 조그만 일도 알아차린다. 그는 다른 사람의 의견이나 비방에 영향을 받지 않고, 누구를 시기하거나 미워하지도 않는다. 그는 자신을 드러내지 않고 겸손하다. 《파라마함사 우파니샤드》 4장에서는 파라마함사를 다음과 같이 묘사한다.

> 그는 고통을 두려워하지도 않고 쾌락을 추구하지도 않는다. 그는 사랑을 포기한다. 유쾌한 것에도 불쾌한 것에도 집착하지 않는다. 그는 미워하지도 않고 즐거워하지도 않는다. 그는 지혜에 굳게 자리를 잡고 스스로에게 만족하고 내적으로 온전하다. 그는 진정한 요기라고 불린다. 그는 아는 자다. 그의 의식은 완벽한 희열로 충만하다. 그는 자신이 브라만이란 사실을 안다. 그는 그 목적을 달성했다.

파라마함사는 자신의 삶에서 범아일여梵我一如를 실천하여 표현하는 자다. 요가 수련자가 파라마함사의 경지에 도달하기 위해서는 온전히 자신의 내적인 중심에 몰입해야 하고, 그래야 삼매경에 들 수 있다. 《아타르바베다》에 속한 것으로 명상과 정신통일을 다룬 '빈두 우파니샤드Bindu Upaniṣad' 다섯 개가 있는데, 그중 하나인 《테조빈두 우파니샤드Tejobindu Upaniṣad》는 몸을 이용한 실제 명상 수련만이 삼매로 진입하는 유일한 길이라고 주장한다. 《테조빈두 우파니샤드》는 명상이 지혜로운 자에게도, 사려 깊은 자에게도 어려운 행위여서, 그것을 인식할 수도 없고, 그 안에 안주할 수도 없으며, 정의할 수도 없다고 말한다. 《테조빈두 우파니샤드》 제1권 17~37행에서는 삼매경으로 진입하기 위한 15가지 단계를 자세한 소개 없이 나열한다. 이 15단계는 금기yama, 제어niyama로 시작하여 '우주적 자아에 대한 명상Ātma-dhyāna'과 '삼매경Samādhi'으로 마친다. 《테조빈두 우파니샤드》 제1권 38행은 《요가수트라》 〈삼매품〉 2행에 등장하는 '마음속에 호수의 물결처럼 항상 출렁이는 잡념을 소멸'하는 방법을 다음과 같이 설명한다.

> 지혜로운 자는 '자신의 내면에 온전히 몰입'했을 때, 삼매경의 희열을 수련할 수 있다.

인간은 자신의 내면에서 흘러나오는 미묘한 소리를 감지하여 자신의 욕심을 제거하고 그 안에 안주해야 더 나은 인간으로 다시 태어날 수 있다. 교육이란 그 미묘한 소리를 감지하는 기술이다. 21세기 IT 세상이 가져온 편리함은 우리의 눈과 귀를 한순간도 가만두지 않는다. 그것은 나와 상관없는 현란한 정보로 나를 유혹하여 결국은 탐닉자로 그리고 중독자로 만든다. 대한민국이 정보통신 기술로 괄목할 만한 경제 성장을 달성하였지만, 정작 정보통신에 들어가는 내용은 빈약하기 그지없다. 햄버거에 빵은 있는데, 그 안에 들어가는 고깃덩어리는 없는 것과 같다. 대한민국의 미디어는 몰라도 인생에 상관없는 잡다한 지식들과 가벼운 농담들로 가득 차 있다. 나아가서 내가 알고 싶지도 않은, 타인들의 민망한 정보만 과도하게 넘쳐난다. 혹은 이념의 노예가 되어 자신의 생각과 다른 사람들을 비난하는 데 대부분의 시간을 보낸다. 자신을 가만히 응시하지 못하는 사람들의 일상이다.

그 자신의 소리

19세기 말 미국 사상가 랠프 월도 에머슨Ralph Waldo Emerson은 《자기 신뢰Self Reliance》라는 에세이를 발표했는데, 그 글은 "Ne te quaesiveris extra(네 테 꾸아이시웨리스 엑스트라)", 즉 "당신과 상관없는 일을 추구하지 마십시오"라는 문구로 시작한다. 에머슨은 미국이란 신생국가가 유럽의 식민지가 아니라, 스스로 자립하여 미래의 위대한 국가가 되길 꿈꾸며 미국 시민들에게 이 문장을 던졌다. 내 삶에서 '나와는 상관없는' 잉여 부분extra은 무엇인가? 내가 굳이 하지 않아도 되는 행위, 혹은 남에게 피해를 주는 행위는 무엇인가? 현대인들이 휴대전화나 TV를 습관적으로 멍하니 보는 이유가 있다. 우리 삶에서 거추장스러운 '잉여 부분'이 무엇인지 생각해본 적이 없기 때문이다. 또한 잉여 부분을 자신의 일부로 착각하여 그 잉여 부분이 만들어내는 욕심, 폭력, 사기에 휩싸여 환경의 노예로 살기 때문이다.

요가는 자신의 귀를 외부가 아니라 내부로 향하게 하는 훈련이다. 요가 수련자가 이 훈련을 반복적으로, 인내하며 진행하다 보면 그의 내면에 숨어 있던 목소리가 조그맣게 소리 내기 시작한다. 인류의 행복을 위해 커다란 업적을 남긴 사람들은 모두 이 소리를 무시하지 않은 자들이다. 그들은 이 하찮은 소리에서 위대함을 발견한 사람들이다. 붓다, 공자, 소크라테스, 예수, 아우구스티누스, 단테, 밀턴, 아인슈타인 등이 모두 그런 자들이다. 이들은 모두 자신의 내면에서 흘러나오는 섬세한 소리를 경청하기 위해 스스로 특정한 공간과 시간을 만들었다. 이런 행위가 고독이다. 내면의 소리는 침묵을 자기 삶의 가장 중요한 일과로 수련하는 사람이 받는 신의 선물이다. 이 수련을 하지 않는 사람들, 즉 자신에게 만족할 수 없고 몰입할 수 없어 항상 동반자를 원하는 사람들은 자신의 내면의 소리를 들을 수 없다. 그들은 그 소리를 들어도 금방 무시한다. 그 소리가 자신의 내면에서 나오는 소리가 아니라 자신의 머릿속 생각이라고 여기기 때문이다.

요가 수련자는 침묵을 수련하여 내면에서 흘러나오는 소리, 즉 그 누구도 이해할 수 없고 들을 수 없지만 자신에게 온전히 감동스러운 자신을 만들어줄 그 '말'을, 성인의 말이나 천사의 명령보다 더 소중하게 생각한다. 그는 자신이 발견해야 할 신이 이미 마음속에 존재하면, 그 신의 목소리가 자신의 유일한 삶의 안내자임을 확신한다. 자신의 사적인 침묵의 공간에서 흘러나오는 가락은 천사의 노래보다, 베를린 필하모닉의 심포니 연주보다 더 감동적이다. 그 소리가 나의 삶이 변화하는 기반이 되기 때문이다.

내관

요가 수련자가 이슈바라에게 온전히 헌신할 때, 그는 두 가지 결과를 얻게 된다. 파탄잘리는 〈삼매품〉 29행에서 옴 수련을 통해 얻는 두 가지 결과를 다음과 같이 기술한다. "옴 수련을 통해 마음속 깊이 숨어 있는 내면을 향하는 의식, 즉 내관內觀을 획득하고, 동시에 그것을 방해하는 장애물들은 소멸된다." 다시 말해 하나는, 자신만의 정금精金과 같은, 온전한 자신을 향하는 의지가 끊임없이 출현하는 것이고, 다른 하나는, 온전한 자신을 찾지 못하도록 방해하는 장애물이 소멸되는 것이다.

이 두 가지 결과를 자세히 설명하면, 첫째, '내면을 향하는 진정한 의식' 혹은 '내관'이라고 번역된 산스크리트어 문장은 '프라트약-체타나pratyak-cetana'다. 체타나는 인간을 생각하게 만드는 의지다. 의지를 꾸며주는 형용사 프라트약이 의미를 전체적으로 확장해준다. 프라트약은 '대항하여', '거꾸로'라는 의미의 전치사 '프라티prati'와 '강제로 굽게 하다'란 의미를 지닌 동사 '아크ak'가 결합한 단어다. '프라트약'을 번역하자면, '외부로 향하려는 마음을 강제로 내부로 향하게 하다'라는 뜻이다. 자신의 내면에 항상 몰입하려는 삶의 태도이자 마음가짐이다.

인간에겐 두 가지 종류의 의지가 있다. 여기에서 언급된 '프라트약'과 '파랑가paranga'다. 프라트약은 '내면을 끊임없이 보려는 의지'이고, 파랑가는 '외부를 보려는 의지'다. 인간 대부분은 파랑가의 영향을 받는다. 그들에게는 외부의 평가와 시선이 자신의 삶의 기준이다. 그는 자신의 의지에 따라 외부를 향한 자신의 모습을 가꾸고 전시하기 위해 애쓴다. 자신의 삶의 기준이 외부에 있기 때문에 외부의 기준을 항상 염탐한다. 다른 사람들이 환호하는 것이 자신이 추구해야 할 일생의 과업이라고 착각하여 남들과의 무한경쟁에 뛰어든다. 파랑가는 자신의 의지를 자신이 근원인 자기 뿌리에 두지 않고 다른 사람들의 뿌리에 두는 마음의 산란함에서 시작한다. 자신을 믿는 사람, 자신의 심연의 소리에 의지하는 사람, 그 사람이 천재다.

요가는 외부를 향해 질주하는 마음을 자신의 내면으로 끌어당기는 행위다. 이는 소년 다윗이 골리앗을 잡기 위해 준비한 조약돌과 무릿매와 같다. 다윗은 조약돌을 무릿매의 헝겊 부분에 가지런히 올려놓고 한 손으로 큰 원을 그리며 돌리기 시작한다. 만일 그 돌이 무릿매 주머니에서 바로 튕겨 나가도록 둔다면 그 돌은 힘과 에너지가 실리지 않아 버려진 돌과 같다. 그러나 밖으로 향하는 돌을 자신의 중심으로 적당히 당겨 돌리기 시작하면 그 힘은 점점 강해진다. 옴 소리를 반복하며 명상하는 행위는 바로 자신의 내면을 끊임없이 찾아 자신의 안으로 잡아당기려는 의지다. 요가의 목적과 과정은 밖에서 안으로 집중하는 것이다. 인생의 궁극적인 신비와 비밀은 우리 존재의 가장 깊은 심연에 숨어 있고, 오직 그곳에서만 존재한다. 요가 수련자는 밖으로 향하려는 인간의 본성을 가만히 관찰하여 의식적으로 안으로 잡아당겨야 한다.

파탄잘리는 요가 수련자의 이런 행위를 '아디가마adhigama'라는 단어를 통해 표현한다. '아디adhi'는 '-로 향하여'라는 의미이며, '감

gam'이란 동사는 '전진하다', '가다'라는 의미다. 따라서 아디가마는 '드러나다', '도달하다'라는 뜻이 된다. 아디가마는 자신의 내면으로 매일매일 조금씩 전진하는 모습이다. 요가 수련자의 모습은 목적지에 도달하여 기뻐하는 모습이 아니라 매일매일 새로운 목적지를 향해 묵묵히 걸어가는 모습이다.

옴 수련으로 얻는 두 가지 결과 중 둘째는 '그것을 방해하는 장애물 소멸'이다. 이 문장은 '안타라야-아바바쉬antarāya-abhāvaś'에 대한 번역이다. '장애물'이라고 번역된 '안타라야'는 '-사이에서'를 뜻하는 '안타르antar'와 '가다'를 의미하는 동사 '이i'가 결합한 말이다. 장애물이란 요가 수련자가 가는 길을 막거나 지체시키는 물건이다. 파탄잘리는 그런 장애물들이 요가 수련의 반복과 명상을 통해 제거된다고 기록한다. '소멸'이라는 산스크리트어 명사는 '아바바abhāva'다. 요가 수련자가 직접 나서서 장애물을 제거할 필요가 없다. 그가 요가 수련에 정진하면, 장애물들은 마치 봄 햇볕에 눈이 사르르 녹듯이 사라질 것이다.

장애물들이란 요가 수련자의 온전하고 행복한 삶을 방해하는 욕심, 폭력, 사기와 같은 마음들이다. 이런 마음들은 사람의 마음에서 생기는 것이기 때문에 마음을 바로잡는다면 그것들은 소멸할 것이다. 《요가수트라》〈삼매품〉 2행에서 파탄잘리는 요가의 목적은 마음 속에 자연스럽게 일어나는 잡념에 대한 소멸이라고 말한 적이 있다. 〈삼매품〉 30행에서는 수련을 하지 않을 때 생기는 병에 대해 언급한다. 요가 수련자는 옴이라는 소리를 정해진 시간과 장소에서 반복적으로 내면서 자신이 안주해야 할 한 장소를 마음의 미궁 속에서 찾는다. 그 중심은 마치 나무의 씨앗과 같아서 언제든지 발아하여 가지를 내고 큰 나무가 될 것이다. 〈삼매품〉 23~29행에서는 요가 수련자가 스스로 신이 되어 자신의 삶을 위대하게 만들기 위해 최선의 선택을 하는 수련 기술을 나열했다. 그가 이 여정을 완주하고 승리할 수 있는 유일한 방법은 수련을 끊임없이 반복하고, 옴 주문을 통해 자신의 생각, 말, 행동을 끊임없이 개선하는 것이다.

6

방해와 산만 극복

30~32행

〈아름다운 궁술 애호가들〉, W. P. 프리스, 1872, 유화, 98.2×81.7cm

——— 《마하바라타》에는 활 연습에 관한 이야기가 나온다. 스승인 드로나Drona는 영웅 아르주나와 그의 네 형제들에게 궁술을 가르친다. 그는 나무로 만든 작은 새를 높은 나무 위에 올려놓고 그 새를 화살로 떨어뜨리라고 말한다. 드로나는 활을 쏘기 전에 다섯 제자에게 묻는다. "너는 무엇을 보느냐?" 형제들은 각각 나무의 웅장함, 가지의 풍성함, 자신과 나무와의 거리, 활과 화살의 견고함, 자신의 몸 상태, 새의 모양 등을 장황하게 설명한다. 드로나는 마지막으로 아르주나에게 질문한다. 그러자 아르주나는 다음과 같이 대답한다. "저는 새를 봅니다." 아르주나가 다시 묻는다. "그러면 새가 어떻게 생겼는지 묘사해보아라!" 아르주나는 "저는 새의 모양을 묘사할 수 없습니다. 저는 새의 눈만 보기 때문입니다." 이윽고 아르주나가 쏜 화살은 여지없이 새의 눈에 명중했다.

아르주나처럼 온통 새의 눈만 생각하는 것을 집중이라고 부른다. 아르주나의 형제들은 가장 중요한 한 가지를 아직 찾지 못했거나 그것에 자신의 시선을 집중하는 수련을 해오지 못했기 때문에 그것을 간과한다. 마음을 한군데에 모으지 못하고 여러 군데로 흩어버리면 원하는 목적을 이룰 수 없다. 나의 눈은 외부를 향하고 있기 때문에 매순간 오감을 직접적으로 자극하는 매력적인 물건들에 둘러싸이기 마련이다. 활과 화살의 성능, 활을 잘 당기기 위한 기능성 의류와 신발, 날씨, 함께 활을 쏘려는 형제들, 이 모두가 아르주나의 정신을 산만하게 하는 것들이다. 오랜 수련으로 그에게는 이것들이 더는 걸림돌이 아니라 무시해도 되는 대상이 되었다. 《바가바드 기타》 제2장 41행에는 크리슈나의 입을 빌려 아르주나의 마음이 다음과 같이 언급된다.

"오, 쿠루의 자손(아르주나)이여! 한 가지 길 위에 있는 자의 생각은 단호하다. 그의 목적은 하나다. 그러나 단호하지 못한 자의 생각은 잡스럽고 끝이 없다."

요가는 산만한 일상을 극복하여 고요를 만드는 기술이다. 요가 훈련은 다른 훈련들과 마찬가지로 자신에게 익숙하지 않은 생각, 말, 행동을 연습하는 쉽지 않은 과정이다. 그러기에 끊임없는 인내와 온전히 몰입할 수 있는 간절한 마음이 훈련에 필수적이다. 게으름은 훈련의 걸림돌로 비겁, 주저, 무기력, 의심을 생산한다. 육체는 자신의 몸에 익숙하지 않은 훈련을 거부하는 경향이 있다. 하지만 가만히 들여다보면 이는 새로운 것을 두려워하는 정신적·영적 저항임을 알 수 있다.

훈련을 시작할 때와 달리 의지는 점점 사그라지기 마련이다. 스스로 훈련을 지속할 수 있는 사기진작이 없다면 시시포스의 바위처럼 저 산 밑에 떨어진 바위를 다시 끌어올려야 하는 허망함, 무력감, 자괴감으로 가득 찰 것이다. 삼매경에 도달했다고 할지라도 수련자의 훈련은 계속되어야 한다. 삼매경은 행복한 상태가 아니라 행복을 유지하려고 애쓰는 노력의 일환일 뿐이다.

파탄잘리는 잡념을 소멸하는 방법을 소개하다가 소멸을 방해하는 걸림돌을 경구 30~32에서 언급한다. 잡념을 완전히 없애려면 현상세계에 안달하는 마음을 완전히 거두고 온전히 집중하는 내관의 힘을 길러야 한다.

경구 30

무엇이 요가 수련을 방해하는가?

व्याधि स्त्यान संशय प्रमादालस्याविरति
भ्रान्तिदर्शनालब्धभूमिकत्वानवस्थितत्वा नि चित्तविक्षेपाः ते अन्तरायाः

vyādhi styāna saṃśaya pramādālasyāvirati bhrāntidarśanāl abdhabhūmikatvānavasthitatvāni cittavikṣepāḥ te antarāyāḥ

브야디 스트야나 상샤야 프라마달라스야비라티 브란티다르샤날라브다부미카트바나바스티타트바니 치타비크셰파하 테 안타라야하

직역 "병, 권태, 의심, 소홀, 게으름, 방탕, 몰이해, 마음의 산만, 불안정 등이 걸림돌이다."

의역 "다음 아홉 가지가 요가 수련을 방해한다. 육체의 병, 마음의 권태, 훈련 효과를 믿지 않는 의심, 훈련을 삶의 우선순위로 여기지 않는 소홀, 무성의하게 훈련하는 게으름, 힘을 낭비하는 방탕, 요가의 목적과 과정을 파악하지 못하는 몰이해, 마음의 산만함, 불안정."

vyādhi styāna saṃśaya pramāda-ālasya-avirati bhrāntidarśana-alabdhabhūmikatva-anavasthitatvāni citta-vikṣepāḥ te antarāyāḥ

vyādhi	명사(m.sg.nom)	병 ◂ vi– 떨어진 + ā –로 + dhi 적재적소 ◂ dhā 적재적소에 두다
styāna	명사(m.sg.nom)	권태 ◂ styā 경직되다
saṃśaya	명사(m.sg.nom)	의심 ◂ saṃ 함께 + śaya 누워 있는 ◂ śī 눕다

pramāda	명사(m.sg.nom)	소홀 ◂ pra 앞으로 + māda 술 취함 ◂ mad 술 취하다
ālasya	명사(n.sg.nom)	게으름 ◂ ā –로 + a 부정접사 + lasa 살아 있는, 움직이는 ◂ las 즐겁게 놀다
avirati	명사(f.sg.nom)	방탕, 방종 ◂ a 부정접사 + vi –로부터 떨어진 + rati 쾌락 ◂ ram 즐기다
bhrānti	명사(f.sg.nom)	방랑 ◂ bhram 이리저리 돌아다니다
darśana	명사(m.sg.nom)	관조, 이해 ◂ dṛś 관찰하다
bhrānti–darśana	명사(f.sg.nom)	몰이해
alabdha	형용사(m.sg.nom)	취하지 못한 ◂ a 부정접사 + labdha 얻은, 취해진 ◂ labh 취하다
bhūmikatva	명사(n.sg.nom)	무대, 장소 ◂ bhūmi 땅 + ka 소유형용사 + tva 추상명사형 어미
alabdha–bhūmikatva	명사(n.sg.nom)	마음의 산만
anavasthitatvāni	명사(m.pl.nom)	불안정 ◂ an 부정접두어 + ava 아래로 + sthita 자리를 잡은◂ stā 서다 + tva 추상명사형 어미
citta	명사(n.sg.nom)	마음, 의식 ◂ cit 의식하다
vikṣepāḥ	명사(m.pl.nom)	산만 ◂ vi 떨어진 + kṣip 버리다, 보내다
te	대명사(m.pl.nom)	이것들
antarāyāḥ	명사(m.pl.nom)	장애물 ◂ antar –사이에 + ī 가다

요가 수련이란 반복이며, 인생의 이상을 미루지 말고 지금 당장 실현하기 위한 연습이다. 가치가 있는 것들은 언제나 정성과 몰입이 필요하다. 이것들이 필요하지 않은 가치는 마치 아침에 등장했다가 저녁이면 시들어버리는 하루살이와 같다. 나는 산 너머에서 여명을 비춰오는 태양을 바라보며 하얀 방석 위에 앉아 자문한다. '거룩한 가치를 달성하기 위해 온전히 집중했는가? 아니면 오감의 자극이나 타인의 평판에 경도되어 하지 않아도 되는 생각, 말, 행동으로 시간을

낭비했는가? 감동적인 나를, 정진하는 나의 걸음을 방해하는 자는 누구인가?'

그 훼방꾼은 다름 아닌 나 자신이다. 파탄잘리는 30행에서 요가 수련자의 마음을 분산시켜 수련을 불가능하게 만드는 아홉 가지 훼방꾼을 나열한다. 마음의 산란함이란 초점이 구심점에서 불특정 다수가 모인 외부로 이동하는 상태다. 요가 수련자가 수련을 통해 장악해야 할 대상들이다. 우리 대부분은 외부 유혹에 쉽게 반응하여 마음이 끊임없이 동요한다.

내가 스스로 나의 마음을 온전히 헌신할 수 있는 목표를 망각하거나 이를 소홀히 여길 때, 나는 내가 당연히 가야 할 길을 잃게 된다. 나는 하루라는 수련장을 이탈한다. 그리고 쓸데없이 힘을 소진하게 된다. 요가 수련은 마라톤 경주와 같다. 마라토너가 완주할 수 있는 이유는 그가 목표 지점을 알고 있기 때문이다. 그러나 누군가 손짓한다면 자칫 샛길로 빠질 수 있다.

인류의 몸은 동물과 경쟁하고 사냥하는 과정을 거쳐 털이 제거되는 방향으로 진화했다. 사족보행을 하는 포유동물들은 온몸이 털로 덮여 있기 때문에 20분 정도 달린 뒤엔 멈춰 서서 숨을 고르며 땀을 배출해 줘야 한다. 체내 온도가 3도 이상 올라가면 죽을 수 있기 때문이다. 그러나 인간은 두 시간 이상을 달려도 끄떡없다. 털이 없는 인간의 피부가 꾸준히 땀을 배출하여, 체온이 일정하게 유지되기 때문이다. 더욱이 30킬로미터 지점을 달릴 때 인간의 뇌에서는 고통을 잊게 하는 신경전달물질인 도파민과 세로토닌 등이 분비된다. 이 경험을 '러너스 하이Runner's High'라고 부른다. 러너스 하이는 목적지를 향해 한 걸음

한 걸음 힘차게 발을 내딛는 선수만 받는 진화의 선물이다.

목표를 상실한 이는 훼방꾼을 물리칠 수 없다. 삶의 궁극적 목표와 일치하지 않는 단기 목표만 가진 이는 일상 속 장애물 앞에서 넘어지고 만다. 그는 자신을 훈련시켜 궁극적인 가치를 실현하도록 이끄는 분명한 목표 설정과 그 목표에 대한 전폭적인 헌신을 하지 못한다. 사회 각 분야에서 최고라고 인정받고 존경받는 리더들은 다른 사람들이 경험하지 못하는 러너스 하이를 경험하기 때문에 시간이 지나면서 더욱더 자신을 수련하고 그 목표점을 숭고하게 만든다.

한편 외부 자극에 관심을 기울이는 이들은 요가 수련에 몰입하지 못한다. 나는 몇 년 전부터 TV 시청 시간을 줄였다. 지금은 외국의 다큐멘터리, 감동적인 영화, CNN 그리고 스포츠 경기만 즐겨 본다. 한 채널 건너 등장하는 홈쇼핑은 지속적으로 나를 '인생의 중요한 것을 소유하지 못한 부족한 사람'으로 만든다. 물건을 구매하지 않았다는 이유로 멍청한 사람, 진부한 사람으로 전락한 기분에 휩싸이게 한다. 휴대전화는 멀리 떨어져 사는 가족, 친구들과 나를 연결해주고 필요한 자료를 쉽게 찾을 수 있게 해주지만 쉴 새 없이 울리는 벨 소리와 SNS 알림 소리는 나를 금세 지치게 한다. 나 자신을 위해 몰입하는 시간과 공간을 함부로 침입하기 때문이다.

자신을 제어하지 않으면 우리의 관심은 본능적으로 중심에서 벗어나 외부로 달려 나가고, 결국 우리는 원심성 환자가 된다. 요가는 원심성 환자를 구심성 인간으로 개조하는 훈련이다. 파탄잘리는 29행에서 요가 훈련의 결과란 "마음속 깊이 숨어 있는 내면을 향하는 의식, 즉 내관이 획득되고 동시에 그것을 방해하는 장애물들이 소멸되는 것이다"라고 말했다. 구심성 인간은 자신이 원하는 고귀한 삶의 모습을 위해 자신의 환경과 주위를 정리하고, 그 삶을 달성하기 위해 효과적으로 자신의 시간과 장소를 장악한다.

파탄잘리는 30행에서 외부 자극에 본능적으로 반응하도록 유혹하는 훼방꾼 아홉 가지를 소개한다.

첫째는 '병vyādhi'이다. 요가 훈련을 위해 몸을 최적의 상태로 유지하는 것이 가장 중요하다. 파탄잘리는 요가가 육체 훈련인 동시에 정신훈련이라고 말한다. 파탄잘리는 육체 훈련을 강조하는 하타 요가의 두 요소인 자세 훈련 '아사나'와 호흡 훈련 '프라나야마'를《요가 수트라》에 포함시켰다. 둘째는 '권태styāna'다. 어떤 수련자는 건강하지만 요가 수련을 하겠다는 의지가 부족하다. 만성피로는 자신의 삶에서 뚜렷한 목표를 상실했을 때 때 오는 병이다. 그는 무기력한 탓에 훈련하지 않아 육체가 점점 약해진 상태다.

셋째는 '의심saṃśaya'이다. 요가 수련의 당위성과 결과에 대한 확고한 믿음이 없는 마음의 상태다. 의심은 성공을 방해하는 가장 큰 요소다. 자신의 목표에 대한 흔들리지 않는 신뢰, 자신과 자신이 선택한 훈련 방법에 대한 충성은 요가 훈련에 필수적이다. 의심은 목표를 가리고, 수련자가 그 길에서 이탈하는 단초를 제공한다. 넷째는 '소홀pramāda'이다. 소홀은 훈련을 하찮게 여겨 탁월함을 퇴색시킨다. 소홀은 인간을 진부하게 만들고, 철저는 인간을 월등하게 만든다. 요가는 어린아이가 불을 가지고 노는 것과 비슷하다. 만일 요가 수련을 소홀히 하고 한눈을 팔면 수련자는 곧 해를 입게 될 것이다.

다섯째는 '게으름ālasya'이다. 게으름은 훈련에 대한 의욕과 의지가 부족한 권태와는 달리, 편리와 익숙함에 빠져 최선을 다하지 않으려는 습관이다. 무기력이 육체적인 병이라면 게으름은 심리적인 병이다. 건강을 회복하면 무기력을 극복할 수 있지만, 게으름을 극복하기 위해서는 습관을 교정해야 한다. 여섯째는 '방탕avirati'이다. 욕심은 자신의 존재 의미가 타인과의 경쟁 속에서 드러난다고 착각하여 끊임없이 남들을 부러워하고 추종하는 마음이다. 만일 세속적인 부·명예·명성을 효과적으로 획득하기 위해 요가를 수련한다면, 그는 실패할 것이다.

일곱째는 '몰이해bhrāntidarśana'다. 몰이해란 자신의 편견과 무식에 근거하여 세상을 보고, 자신이 본 것이 참모습이라고 착각하는 마음이다. 내가 지금 보는 '붉은색'은 정말 붉은가? 나의 인식 범주 안에서 '붉다'라고 추상적으로 간주하는 것은 아닌가? 미혹은 무지에 대한 앎을 통해 줄거나 사라진다. 여덟째는 '마음의 산만함alabdhabhūmikatva'이다. 요가 수련자가 삼매경에 진입하지 못했기 때문에 자신의 하루가 궁극적인 목표로 가는 중요한 단계라는 사실을 깨닫지 못하는데, 그 순간 생기는 마음이 '산만함'이다.

아홉째는 '불안정anavasthitatvāni'이다. 불안정이란 자기 자신을 직시하지 못해 무슨 훈련을 해야 할지 모르는 상태다. 그것은 마치 태권도를 막 시작한 초보자가 검은 띠 훈련을 하려고 시도하는 것과 마찬가지다. 나는 이 훼방꾼들이 내 삶에 들어와 난장판을 만들고 있다는 점을 인식하는가? 나는 나를 위해 정신적 '러너스 하이'를 경험하고 있는가?

경구 31

요가 훼방꾼들이 만들어낸 증상은 무엇인가?

दुःखदौर्मनस्याङ्गमेजयत्वश्वासप्रश्वासाः विक्षेप सहभुवः
duḥkhadaurmanasyāṅgamejayatvaśvāsapraśvāsāḥ vikṣepa sahabhuvaḥ
두카다우르마나스양가메자야트바슈바사프라슈바사하 비크셰파 사하부바하

직역 "고통, 우울, 사지의 동요, 불안정한 호흡은 산만이 만들어낸 증상들이다."

의역 "요가 수련자는 다음과 같은 산만의 증상을 보인다. 온몸에서 느끼는 고통, 수련을 중단하고 싶은 절망적 마음인 우울, 사지가 힘에 겨워 떨리는 동요, 들숨과 날숨이 원활하지 않은 호흡 곤란이다."

duḥkha-daurmanasya-aṅgamejayatva-śvāsapraśvāsāḥ vikṣepa sahabhuvaḥ

duḥkha	명사(n.sg.nom)	고통 ◀ dus 나쁜 + kha 바퀴 중앙의 빈 공간, 속 빈 틀
daurmanasya	명사(n.sg.nom)	우울; 절망적 생각의 지속 ◀ dus 나쁜 + man 생각하다 + asya 명사형어미
aṅgam	명사(n.sg.nom)	사지四肢
ejayatva	명사(m.sg.nom)	동요 ejaya ◀ ej '떨다'의 사역형 + tva 추상명사형어미

aṅgamejayatva	명사(n.sg.nom)	사지四肢의 동요
śvāsa	명사(m.sg.nom)	숨, 들숨 ◂ śvas 숨을 들이마시다
praśvāsāḥ	명사(m.pl.nom)	날숨 ◂ pra 밖으로 + śvas 숨 쉬다
vikṣepa	명사(m.sg.nom)	산만
sahabhuvaḥ	형용사(m.sg.nom)	따라오는 ◂ saha 함께 + bhuva ◂ bhū 존재하다

우주에는 생성과 소멸의 원칙이 있다. 만물은 원인과 결과가 영원한 회귀 안에서 존재한다. 앞마당에 듬직한 구상나무가 서 있는 까닭은 누군가 오래전에 심어놓았기 때문이다. 우리는 인과가 명백하고 정당한 관계를 '정의'라고 부른다. 우주에 존재하는 모든 것들, 심지어 먼지에서 태양까지, 단세포 동물에서 인간까지 모두 원인과 결과의 완벽한 조화를 통해 유지된다. 우주의 공간들은 조화를 유지하기 위해 절묘하게 자신의 위치를 조정한다.

만일 이 우주의 조화가 조금이라도 무너져버린다면 우주는 더는 존재할 수 없다. 우주 이전의 상태, 즉 혼돈으로 돌아간다. 우주와 그 안에 존재하는 모든 것을 유지하는 원칙은 바로 '인과'라는 무한하며 영원한 법칙이다. 모든 것은 인과 원칙을 통해 생성되었고 인간의 생각, 말, 행위도 이 원칙에서 벗어날 수 없다. 인과라는 완벽한 정의가 우주를 지탱하듯이 인간의 삶과 행위도 인과를 통해 전개된다. 인간에게 어떤 일을 선택할 수 있는 자유는 있지만 인간이 그 결과까지 선택할 수 없다. 어떤 것을 생각하고 행동으로 옮길 수 있지만 그 결과까지 마음대로 바꿀 수는 없다. 그 결과는 인과라는 정의를 통해서만 조절되기 때문이다.

인간은 자신의 의지대로 행동하지만 행위의 결과를 변경하거나 회피할 수는 없다. 악한 생각과 행위는 고통으로 이어지고 선한 생각과 행위는 행복으로 이어진다. 그러므로 인간의 행복과 불행은 자신의 생각과 행동이 결정한다고 할 수 있다. 이처럼 인과는 인생을 간결하고 명료하게 만든다.

인생은 산수와 같다. 덧셈과 뺄셈만 배운 초등학생에게 곱셈, 나눗셈 문제는 너무 어렵고 복잡하다. 그러나 곱셈과 나눗셈의 원칙을 알면 문제는 쉽게 풀린다. 기본 원칙만 안다면, 인생의 크고 작은 문제들도 쉽게 풀 수 있다. 만일 문제 풀이에 확신을 갖지 못하는 수준이라 할지라도 문제를 오래 풀어왔다면 선생이 그의 실수를 지적했을 때, 자신의 실수를 금세 알아차릴 수 있다. 사람들은 종종 자신이 무지하여 악행을 저지르고 살면서도 스스로 의롭게 산다고 생각할 수 있다.

응보

인과의 실제적 결과인 '응보'는 14세기 이탈리아의 대문호이자 르네상스와 종교개혁의 불씨를 지폈던 단테의 작품《신곡》의 주제이기도 하다. 단테는 '콘트라파소contrapasso'라는 이탈리아어 개념을 만들었다. 콘트라파소는 '정반대'란 의미를 가진 라틴어 '콘트라contra'와 '고통을 당하다'라는 동사 '파티오르patior'가 결합한 단어다. 콘트라파소는 '지상에서 행한 악한 행동을 지옥에서 그 자신이 그대로 당하다'라는 뜻이다. 콘트라파소는 '지옥편'의 주제이며 '연옥편'에서도 자주 등장하는 주제다.

단테《신곡》지옥편 제20곡은 여덟 번째 환의 네 번째 주머니에 해당한다. 그 주머니에는 마술사, 점성술사 그리고 거짓 예언자들이 등장한다. 이들의 머리는 몸 뒤로 뒤틀려 있다. 왜냐하면 "그들이 앞을 볼 수 없어서 뒤로 걸어야 하기 때문이다."(14~15행) 이들은 지상에서는 자신들이 미래를 예측한다고 장담했지만, 실상은 지옥에서 몸과 머리가 반대로 뒤틀린 채 걸어야 하는 상징적인 신의 형벌을 받았을 뿐이다.

산만의 결과들

요가가 마음을 극도로 집중시키는 훈련이라면, 이 요가 훈련을 방해는 마음이 있다. 훈련되지 않은 마음이다. 예를 들어, 우리가 어떤 책을 읽는 도중에도 마음은 이런저런 생각으로 계속 옮겨 다닌다. 요가에서, 이런 마음을 '비크셰파vikṣepa' 즉 '산만'이라고 부른다. 비크셰파는 넓게 펼쳐진 구름과 같다. 삼매는, 이 흩어진 구름과 같은 마음을 밀도가 높은 작은 물방울 하나로 변화시키는 기술과 같다. 마음은 한 가지 생각에 몰입하고 이 몰입을 유지하며 다른 생각을 떠올리지 않는다. 자신의 의도한 한 생각을 간직하는 훈련이 완성되면, 그는 삼매경 안으로 진입한다.

파탄잘리는 산만이 만들어낸 증상을 네 가지, 즉 고통, 우울, 사지의 동요, 불안정한 호흡으로 설명한다.

첫째, 육체적·정신적 고통인 '두카duḥkha'다. 두카는 일상생활에서 생기는 근본적인 불만족과 고통이다. 해탈은 바로 이 고통에서 벗어나는 것이다. 두카는 요가 수련자를 불편하고 불쾌하고 곤란하게 만드는 상황 자체를 의미하고, 그것에게 당하는 고통을 의미하기도 한다. 두카는 '잘못된', '맞지 않는'이란 의미를 지닌 단어 '두스dus'와 '마차를 끌기 위해 멍에와 연결된 차축을 한데로 모아 원활하게 움직이게 하는 구멍'을 의미하는 '카kha'가 결합한 말이다. 카는 나아가서 '신체의 골격을 이어주는 빈 공간', '감각의 기관', '빈 공간인 하늘'을 의미한다. 카는 자동차나 자전거의 '허브hub'에 해당한다. 아리아인들에게 전차 바퀴의 훌륭한 작동은 전투에서 승리하는 데 가장 중요한 요소였다. 만일 차축이 허브에 잘못 연결되어 있으면 전차는 속도를 내지 못하고 고장이 난다.

산스크리트어 사전을 만든 영국학자 모니어 윌리엄스Monier Monier-Williams(1819~1899)는 두카의 어원을 다르게 분석한다. '잘못된', '맞지 않는'이란 의미를 지닌 단어 두스와 '두 발을 땅에 딛고 서 있다'란 의미의 동사 '스타'가 결합된 것으로 본다. 그에 따르면 두카의 의미는 '자신의 고유 임무를 알지 못하고 잘못된 장소에서 서성거리는 행위'다. 요가 수련자에게 고통이란 자신의 생각, 말, 행동을 한곳으로 모았으나 그들이 원활하게 움직일 수 있는 자신만의 빈 공간이 없는 상태다.

둘째, '절망'이다. 산스크리트어 단어 '다우르마나스야daurmanasya' 도 두카처럼 '잘못된', '맞지 않는'이란 의미를 지닌 단어 두스가 음운법칙에 따라 '다우르'가 되어 앞에 붙었다. 그 뒤에 '마나'는 생각을 의미한다. 요가 수련에서 이 단어는 수련자의 영적 성장을 방해하는 부정적 생각과 그런 생각의 지속을 의미한다. '다우르마나스야'는 절망 혹은 절망적 생각의 표현인 슬픔과 절망적인 생각의 지속인 우울을 뜻한다.

셋째, '사지의 동요'다. '신경쇠약'에 해당하는 산스크리트어 단어 '앙가메자야트바aṅgamejayatva'는 '사지aṅgam'가 '떨리는 상태ejayatva'다. 머리와 몸통을 움직이게 하는 사지가 떨려 작품을 만드는 데에 집중할 수 없고 다리에 힘이 없어지기 때문에 자신이 가고자 하는 장소에 갈 수 없는 무기력한 상태다. 전차 바퀴에 비유하자면 수레바퀴의 바큇살이 바퀴와 허브인 중추에 굳건하게 연결되지 못한 상태다. 전차의 바퀴는 울퉁불퉁한 지면에서 제자리를 찾지 못하고 튕겨 나갈 것이다. 사지의 동요는 요가의 기본 동작인 '앉아 있는 자세'인 아사나에 영향을 준다.

넷째, '불안정한 호흡'이다. '슈바사프라슈바사하śvāsapraśvāsāḥ'는 '헐떡거리다', '숨을 몰아서 들이쉬다'란 의미의 동사 '슈바스śvās'와 '숨을 몰아 내쉬다'란 의미의 동사 '프라슈바스praśvās'가 합쳐진 단어다. 따라서 이 단어는 서로 상반된 의미가 합쳐져 불안정한 호흡을 의미하게 되었다. 호흡은 생명을 유지하는 가장 중요한 기능이다. 들숨과 날숨은 생명을 유지할 뿐 아니라 생물과 무생물을 구분하는 기준이 되기도 한다.

요가 수련자들을 방해하는 훼방꾼이 이 증상들을 일으킨다. 자신의 과거 습관에서 자연스럽게 나온 결과다. '사하부바하sahabhuvaḥ'는 요가 수련에 온전히 몰입하지 못할 때 그 방해꾼들이 슬그머니 수련자에게 다가와 그의 일부가 되어 그를 장악한 병이다. 사하부바하는 '슬그머니 나의 일부로 편입된'이란 의미를 지닌 '사하saha'와 '나의 본성이 되어버린'이란 의미의 동사 '부bhu'가 결합한 단어다. 이 증상들은 단테가 《신곡》에서 사용한 개념을 빌리자면 나의 콘트라파소다. 인간은 자신의 생각을 통해 오래된 자아를 제거하기도 강화하기도 한다. 나는 나의 생각의 가감 없는 표현이며 그 생각의 증상이다. 당신의 훼방꾼은 누구인가?

경구 32

요가를 수련하는 단 하나의 원칙은 무엇인가?

तत्प्रतिषेधार्थमेकतत्त्वाभ्यासः
tatpratiṣedhārthamekatattvābhyāsaḥ
타트프라티셰다르타메카타트바브야사하

직역 "그것에 대항하는 하나의 원칙이 있다. 바로 연습이다."

의역 "요가 수련을 방해하는 것에 대항하기 위해 단 한 가지 원칙이 존재한다. 원칙이란 그것 자체가 수단이고 목적이다. 바로 연습이다."

tat-pratiṣedha-artham-eka-tattva-abhyāsaḥ

tat	대명사(n.sg.nom)	그것
pratiṣedha	명사(m.sg.nom)	대항 ◂ prati –에 대항하여 + sedha 대항하는 ◂ sidh 막다
artham	명사(n.sg.nom)	목적
eka	형용사(m.sg.nom)	단 하나, 유일한
tattva	명사(n.sg.nom)	그것 자체, 원칙 ◂ tad + tva
abhyāsaḥ	명사(m.sg.nom)	연습

올림픽 경기 중에서 가장 숨죽여 보는 경기는 양궁이다. 양궁 선수는 바닥에 표시된 선 밖에 가지런히 발을 둔 뒤 몸을 비스듬히 놓고 가만히 과녁을 응시한다. 그리고 자신이 지난 4년 동안 매일 연습한

동작을 한다. 활시위에 화살을 올려놓는다. 왼손으로는 활을 잡고 오른손은 시위와 그 위에 장착된 화살을 어깨와 팔, 아니 온몸을 이용하여 힘껏 뒤로 당긴다. 왼손은 거의 부러질 듯이 휜 활을 잡고 있지만 힘에 부쳐 손을 떨면 안 된다. 강한 힘으로 미묘하지만 폭력적으로 흔들리는 활을 역설적이게도 고요하게 잡고 있어야 한다. 또한 오른손과 오른쪽 손가락도 힘으로 균형 있게 버텨줘야 한다. 눈은 과녁의 정중앙에 고정되어 있다. 가쁘게 쉬던 숨도 점점 잔잔해진다. 겉으로는 움직임이 없어 보이지만, 자세히 보면 볼수록 미묘한 숨이 천지진동하고 있다. 시위를 떠난 화살이 과녁의 정중앙으로 쏜살같이 달려간다. 대한민국의 신궁 김수녕 선수는 바람과 비와 같은 외부 상황에 연연하지 않았다. 오랜 시간의 반복 훈련으로 비바람조차 다스리는 자신만의 비법이 있었기 때문이다. 그녀는 "시위를 떠난 화살에는 미련을 두지 않는다"라고 말했다. 과녁을 향해 달려가는 화살처럼 일관된 마음인 심지를 방해하는 장애물은 없다.

연습

파탄잘리는 신을 만나 신과 하나가 되는 방법으로 오랜 기간에 걸쳐 반복하는 '자파japa'를 소개했다. 요가 수련자는 매일 반복적으로 자신의 정성을 바쳐 수련해야 한다. 파탄잘리는 32행에서 수련자를 방해하는 것을 제거하기 위한 실질적인 한 가지 원칙이 있다고 소개한다. 그것은 바로 자신에게 어울리는 연습 방법을 발견해 매일 '연습'하는 인내다.

나는 온전한 하루를 살기 위해 다음 두 가지 의례를 연습한다. 바로 30분 앉아 있기와 2시간 걷기다. 앉아 있기는 아침을 여는 초사招詞이고 걷기는 아침에 뜨는 큰 별인 태양을 맞이하는 예배禮拜다. 이 연습에는 언제나 몸과 마음의 정색正色이 필요하다. 의례에 해당하는 영어 단어 리츄얼ritual 혹은 라틴어 리투스ritus는 오래전 인도·유럽인들의 몸가짐과 마음가짐을 상징하는 개념이다. 고대 인도인들은 동일한 어원에서 파생한 단어를 '리타Ṛta'로 부르고, 고대 이란의 조로아스터교는 '아샤aša'라고 불렀다. 이들은 모두 '그 순간에 어울리도록 적당하고 적절하게 연결된 것'이란 뜻이다. 동일한 어원에서 파생한 라틴어 '아르스ars / art'도 마찬가지다. 의례는 하루라는 시간 동안 인간이 최선을 다하기 위해, 자신의 정성을 모으는 절차다. 나는 좌정과 산책을 그날 안에 처리해야 하는 일을 위한 준비 단계로만 여겼다. 내가 이 의례를 대충 해치우면, 그에 비례하여 어수선한 하루를 보냈다. 내가 이 의례를 다른 활동을 위한 준비가 아니라, 그 의례 자체를 목적으로 여길 때, 나는 하루를 계획했던 대로 순조롭게 보낼 수 있었다. 결국 좌정과 산책은 하루를 위한 준비가 아니라 하루 자체이고 나의 최선이 필요한 예술이다.

나는 좌정과 산책을 글쓰기를 위한 워밍업 정도로 폄하해왔다. 앉아 있기와 걷기는 글쓰기만큼 중요하다. 오히려 글쓰기는 걷기가 낳은, 계획에 없던 자식이자 축복이다. 독일 철학자 니체는 30대에 들어서면서 건강이 극도로 악화되었다. 단순한 독서가 그를 지치게 만들었다. 니체는 서른다섯 살이 되던 해인 1879년 심각한 편두통과 만성적인 구토 증상으로 바젤대학교 교수직을 사임하였다. 니체는 세상과 동떨어져 허약한 은둔자로 생을 마감할 뻔하였다. 그러나 그에게는 그를 현대철학사에서 가장 중요한 인물로 만든 새로운 취미가 있었다. 그는 하루에 8시간 넘게 걷는 은둔자가 되었다. 이 산책은 니체의 건강을 회복시켜주었을 뿐만 아니라, 그에게 불멸의 명성을 안겨준 고전 10권을 저술하는 저력이 되어주었다. 보행 연습은 그에게, 자신의 최선을 서서히 드러내게 해준 신의 선물이 되었다. 니체는 《자라투스트라는 이렇게 말했다》 1장 4단락 '몸을 경멸하는 자들에 대하여Von den Verächtern des Leibes'에서 이렇게 말한다.

> 형제자매, 여러분!
> 당신의 생각과 감정 뒤에 막강한 통치자가 서 있습니다.
> 그는 알려지지 않은 현자입니다. 그의 이름은 '자신自身'입니다.
> 당신의 몸에, 그가 거주합니다. 그는 당신의 몸입니다.
> 당신이 소유한 최선의 지혜보다 당신의 몸에는 더 많은 이성이 존재합니다.
> 당신의 몸에 당신의 최선의 지혜가 왜 필요한가를 과연 누가 알고 있습니까?

걷기는 아마도 인간의 움직임 중에서 가장 효율적이며 효과적인 운동이다. 그리고 누구나 어디서든 연습할 수 있는 보편적이며 민주적인 운동이다. 두 발을 앞으로 내디디는 행위는 자신의 삶을 주도하겠다는 의지의 표현이다. 사족보행을 하는 동물 대부분은 자신의 발 앞을 보지만 직립이족보행을 하는 인간은 저 멀리 위치하는 자신의 목표 지점에 시선을 둔다. 그 목표 지점을 향해 내딛는 한 걸음 한 걸음이 과정이며 목적이다. 이런 걷기는 근처 가게나 버스정류장으로 가는 단순한 이동이 아니라, '걷기'라는 거룩한 행위만을 위한 의례다. 이 의례는 분 단위가 아니라 시간 단위로 진행된다.

미국 사상가 소로도 '걷기'를 통해, 미국 철학사상의 초석이 된 초월주의超越主義의 근간을 마련하였다. 그의 에세이 〈걷기Walking〉는 그가 죽고 그다음 달인 1862년 6월 월간지 《The Atlantic Monthly》에 게재되었다. 그는 자신이 1851년 4월 매사추세츠 콩코드 라이시엄Concord Lyceum에서 연설했던 내용을, 인생을 마감하면서 다시 다듬어 월간지에 실었다. 소로는 들과 산으로 이리저리 돌아다니는 산책의 혜택을 설명한다. 걷기는 그 어디에서도 찾을 수 없는 '나는 누구인가'를 찾기 위한 '자기 숙고'다. 우리 대부분은 자연에 혼자 있기보다는 누군가와 함께 어울리기를 좋아한다. 인간은 타인과 집단을 형성하고 그들과 함께 문명과 문화를 구축하고 향유하면서 인생의 의미를 발견한다. 그는 〈걷기〉에서 다음과 같이 말한다.

> 만일 제가 하루에 적어도 4시간을, 사실은 그 이상의 시간을 숲, 언덕, 들판 사이를 산책하는 데 할애하지 않았다면, 저는 저의 건강과 영혼을 유지하지 못했을 것입니다. 그 산책은 세상과 관련된 모든 것들과 분리된 완전한 자유입니다.

걷기는 자신의 몸을 그대로 인정하고, 그것을 소중하게 여기는 마음, 즉 자족自足을 선물한다. 자신이 아닌 타인의 몸을 부러워하고 찬양하는 사회에서, 고고함과 개성을 유지하게 해주는 것이 '산책'이다. 한 사람의 개성은 그의 몸짓, 특히 걸음걸이를 보면 알 수 있다. 몸은 그 사람이 누구인지 알려주는 언어다. 눈은 그 사람의 영혼이 무엇을 하고 있는지 알려주고, 걸음은 그가 무엇을 향해 가고 있는지를 알려주는 지표다.

연습은 실전이며, 실전이 곧 연습이다. 연습의 과정에 실전이 있다. 연습과 실전을 구별하는 사람은 실패한다. 평상시 자신의 마음을 다스려 최적의 결과가 나오도록 끌어올린 그 연습을 실전으로 연결하지 못한다. 평상시 연습을 게을리하고 실전에 임할 때나, 연습과 실전을 구별해 실전에 임했을 때 당황하기 때문이다. 연습은 자신이 원하는 목표를 삶에 적용하는 훈련이다. 예를 들어 태권도 검은 띠가 상징하는 실력을 갖추기 위해서는 흰 띠 과정을 충실하게 이수해야 한다. 왜냐하면 흰 띠는 검은 띠로 가는 과정의 시작이기 때문이다. 흰 띠 없이 검은 띠는 존재할 수 없다.

하나의 원칙

우리는 무엇을 연습해야 하는가? 파탄잘리는 연습 대상을 산스크리트어로 '에카-타트바eka-tattva'란 문구를 이용하여 표현했다. '하나'를 의미하는 산스크리트어 '에카eka'는 인간 세상을 이해하기 위해 만들어낸 이원론적인 구조 이전의 원래 모습이다. 하나를 통해 둘이 등장한다. 파탄잘리와 동시대 인물인 로마 철학자 플로티노스는 만물의 기원은 하나며 현실은 그 하나에서 흘러나온 것이라고 설명한다. 그는 최고의 현실이자 우주의 기반이 되는 제1원칙을 고대 그리스어로 '토 헨to hen', 즉 '그 하나'라고 정의했다. 요가 수련자는 실질적인 수련을 위해 자신에게 훌륭한 수련 방법을 채택해야 한다. 이 문구의 두 번째 단어인 타트바는 축자적으로 해석하면 '그것 자체'란 의미다. '그것 자체'란 어떤 사물이나 사람의 본질이자 현상이다. 어떤 사건의 시작이자 마지막이다. 어떤 현상의 원인이자 결과다. 타트바는 우리가 흔히 말하는 추상적인 개념인 '진리'이기도 하다.

인간은 자신이 소중하게 생각하는 원칙을 생각, 말, 행위를 통해서 자연스럽게 표현한다. 그 원칙은 개별적이면서도 보편적이다. 《찬도그야 우파니샤드》 제6권 8장 7절의 말미에 현인 웃달라카Uddalaka와 그의 아들 슈베타케투Śvetaketu의 대화가 등장한다. 웃달라카는 오랫동안 경전 공부에 몰두한 아들이 대견했다. 아들은 아버지에게 힌두 경전을 암송하며 자신의 지식을 자랑했다. 아버지는 배움의 목적이 타인이 만들어놓은 지식의 축적이 아니라 '자기됨'을 발견하는 수련이란 사실을 알려주고 싶었다. 현인 웃달라카가 말한다. "타트 트밤 아시tat tvam asi!" 이 문장의 의미는 "그것은 바로 너다!"라는 것이다. 인간에게 존재 이유와 의미를 알려줄 열쇠는 자신의 마음이라는 자물통 안에 숨겨져 있다. 요가 수련은 그 자물통을 열 열쇠를 만드는 작업이다.

어리석은 사람은 자신에게 던져진 인생이란 거대한 질문지를 들여다보지 않는 자다. 그의 시선은 타인에게 가 있다. 그는 자신의 존재 이유를 질문해본 적이 없다. 혹은 그 이유를 옆에 있는 사람을 곁눈질해서 찾는다. 평범한 사람은 자신의 존재 이유와 목적을 어렴풋이 알지만 그것을 위해 매일 수련할 의지와 인내가 부족하다. 요가 수련자에겐 유일한 삶의 목표가 있다. 그 목표는 '타트바'로 결국 '나에게 감동적인 나 자신'이다. 나는 그 '나 자신'을 매일매일 혁신하여 새롭게 선정하고, 하루라는 시간 동안 그것을 완성하기 위해 수련한다. 나는 그런 나를 만들기 위해 지금 이 순간, 바로 여기에서 최적의 환경을 만들어 연습하고 있는가? 나는 나의 삶을 이끌어줄 삶의 원칙이 있는가? 그 원칙은 마음속 깊이 숨어 있으며 내가 끌어내길 기다리고 있다는 사실을 아는가?

7

평정심

33~40행

〈고요한 백조〉, 폴란드 드로스코 포모르스키의 오크라 호수(CC BY 3.0)

—— 수년 전, 새해 첫날에 강원도 홍천군에 위치한 한 이름 모를 산을 올랐다. 새해맞이 등산이었다. 화전민들이 개간하던 논밭이 곳곳에 남아 있었다. 나는 미끈한 낙엽과 얼어붙은 땅을 디디며 넘어지지 않으려고 막대기를 들었다. 가시덤불과 마른 가지들을 이리저리 헤치며 정상을 향해 올라가기 시작했다. 얼마 오르지 않았는데, 고니의 가죽과 거기에 붙은 뒷다리만 앙상하게 남은 사체가 눈에 띄었다. 이곳은 야생동물의 터전인데, 내가 잠시 불법 침입을 한 것 같았다. 20미터는 족히 되는 전나무, 잣나무, 밤나무, 소나무가 빽빽이 들어선 신비한 공간에서 나무들은 앙상한 가지만 남긴 채 가파른 언덕에서 겨울바람을 머금고 알 수 없는 소리를 내고 있었다.

바람 소리, 새소리와 함께 저 멀리서 미묘한 소리가 들렸다. 귀를 기울여야 들리는, 침묵으로 뒤덮인 물소리였다. 이런 소리는 스스로가 고요한 사람만 들을 수 있다. 내가 정상 근처에서 발견한 것은 샘물이 아니라 60미터나 되는 큰 호수였다. 홍천강과 모곡유원지의 물은 호수를 머금은 겸손한 산이 조용히 흘려보낸 선물이다. 호숫가 위에는 1980년대까지 이곳에 터전을 잡았던 화전민들의 삶의 흔적이 남아 있었다. 아마도 이 천혜의 땅, 숲속에서 논밭을 가꾸고 야생 식물들을 뜯어먹으며 호수를 바라보며 삶을 노래했을 것이다. 지난 50년 동안 누구의 발길도 닿지 않은 원시림은 나를 숙연하게 만들었다.

인간은 자신이 경험한 세계를 넘어선 장소에 들어서면, 주체할 수 없는 반응을 보인다. 눈앞에 펼쳐진 광경에 놀라움으로 침묵하고 이유 모를 눈물을 흘린다. 산 정상이 눈에 들어와 등반을 다시 시작했다. 나는 계곡으로 흘러 들어가는 또 다른 샘물의 원천源泉을 찾기로

했다. 이 겨울 산의 추위에도 아랑곳하지 않고, 저 대지의 깊은 곳에서 용솟음쳐 올라오는 샘물을 보고 싶었다. 우여곡절 끝에 가파른 언덕에 움푹 파인 곳을 발견했다. 정상에서 얼마 떨어지지 않은 곳이었다. 나는 샘물이 졸졸 흘러나오는 구멍에 양손을 오므려 대고 웅크린 자세로 물을 받았다. 물은 차지 않고 미지근했다. 이 산의 어딘가에 있을 심연에서 뿜어 올린 용출수임이 틀림없었다.

이 샘물은 마르지 않는다. 이 야산이 생성된 순간부터 샘물은 자신이 해야 할 일을 묵묵히 수행하고 있다. 샘물은 흘러내리고 뿜어내야 한다. 샘물은 다른 곳이 아니라 저 땅 밑으로부터 하나로 연결되어 길을 따라 뿜어 올린 물을 자연스럽고 겸허하게 흘려보낸다.

파탄잘리는 마음속 소용돌이를 잠재울 수 있는 다른 수행 방식들을 소개한다. 또한 인간이 마음속 잡념을 없애고 더 나은 자신을 수련하는 과정에서 획득할 수 있는 네 가지 마음을 소개한다. 이는 후대 불교인들에게 '사무량심四無量心',• 즉 '셀 수 없고 표현할 수 없는 숭고한 마음 네 가지'로 전수되었다.

첫째는 '마이트리maitrī'다. 산스크리트어 '마이트리'는 한자 '자慈'로 표기된다. 자는 흔히 '사랑'으로 번역된다. 사랑은 내가 상대방에게 일방적으로 느끼고 주는 감정이나 행동이 아니라 상대방의 처지를 생각하고 상대방이 간절히 원하는 것을 미리 살펴 아는 마음이다. 나아가서 상대방의 즐거움을 함께 즐거워하고 나누며 그것을 마련

• Kyabgon, Traleg, *The Practice of Lojong: Cultivating Compassion through Training the Mind* (Boston: Shambhala, 2007), pp. 120–146.

해주려는 애틋한 마음이다.

둘째는 '카루나karuṇā'다. 카루나는 한자 '슬플 비悲'로 번역된다. 슬픔이란 이웃의 아픔을 공감하고 함께 울 수 있는 마음이며, 그 이웃이 슬픈 상황에 처하지 않도록 미리 헤아리고 그 방안을 마련해주는 용기다. '자비慈悲'라는 가치를 자신의 생각과 말, 행동을 통해 실천하면 그다음 단계로 들어간다.

셋째는 '무디타muditā'다. 무디타는 한자로 '기쁠 희喜'로 번역된다. 기쁨이란 한마디로 친구의 출세를 진심으로 축하하는 마음이다. 친구의 불행을 함께 슬퍼하기는 쉬워도 친구의 행복을 함께 즐거워하기는 그리 쉽지 않다. 기쁨이란 이웃이 땅을 살 때 진심으로 기뻐하고 그곳에서 함께 우정을 쌓으려는 아량이다.

넷째는 '우펙샤upekṣā'다. 우펙샤는 한자로 '사捨'로 표기된다. '버릴 사'로 번역되는 이 단어의 기본 의미는 평정심이다. 평정심이란 깊은 묵상을 통해 자신에게 감동적인 인생의 임무를 찾아 흔들림 없이 한 걸음 한 걸음 나아가는 마음이다. 그런 마음을 지닌 사람은 자신에게 옳은 것에 진정성이 있다면 목숨을 바칠 정도로 간절해 어떤 외풍에도 흔들리지 않는다.

경구 33

당신에게는 이 네 가지 마음이 있는가?

मैत्री करुणा मुदितोपेक्षाणांसुखदुःख पुण्यापुण्यविषयाणां भावनातः चित्तप्रसादनम्

maitrī karuṇā muditopekṣāṇāṃsukhaduḥkha puṇyāpuṇyaviṣayāṇāṃ bhāvanātaḥ cittaprasādanam

마이트리 카루나 무디토페크샤남수카두카 푼냐푼냐비샤야남 바바나타하 치타프라사다남

직역 "행복하거나 불행하거나 이롭거나 해롭거나 자신에게 일어나는 일상에서 자慈, 비悲, 희喜, 사捨를 고양하여 의식의 평정을 유지할 수 있다."

의역 "요가 수련자는 자신에게 일어나는 일들이 행복하거나 불행하거나 이롭거나 해롭거나 무엇이든 간에 상관없이 모든 일에 자, 비, 희, 사를 고양하는 훈련을 통해 의식의 평정을 유지할 수 있다."

maitrī karuṇā muditā-upekṣāṇāṃ-sukha-duḥkha puṇya-apuṇya-viṣayāṇāṃ bhāvanātaḥ citta-prasādanam

maitrī	명사(f.sg.nom)	사랑, 친절, 자 ◂ mid– 밀착하다
karuṇā	명사(f.sg.nom)	연민, 공감, 비 ◂ kṛ 행동하다, 쏟다
muditā	명사(f.sg.nom)	즐거움, 희 ◂ mud 기뻐하다
upekṣāṇāṃ	명사(f.pl.gen)	평정심, 사 ◂ upa 위에 + īkṣ 보다

sukha	명사(n.sg.nom)	행복 ◂ su 알맞은 + kha 바퀴 중앙에 있는 빈 공간
duḥkha	명사(n.sg.nom)	고통 ◂ dus 맞지 않은 + kha 바퀴 중앙에 있는 빈 공간
puṇya	명사(n.sg.nom)	이로움 ◂ puṇ 덕을 행하다
apuṇya	명사(n.sg.nom)	이롭지 않음, 해로움 ◂ a 부정접두어 + puṇ 덕을 행하다
viṣayāṇāṃ	명사(m.pl.gen)	대상, 일
bhāvanātaḥ	명사(f.sg.abl)	고양, 증진 ◂ bhū '되다'의 사역형 + tas 명사형 어미
citta	명사(n.sg.nom)	의식, 생각
prasādanam	명사(n.sg.nom)	명료, 평정, 침착 ◂ pra 앞에 + sādana 정착 ◂ sad 앉다

요가 수련의 궁극적인 목적은 무엇인가? 파탄잘리가 2행에서 언급한 대로 요가는 불현듯 일어나는 잡념을 잠재우는 수련인가? 수련자는 수련하지 않는 사람과 무엇이 다른가? 몸을 자유자재로 움직이고 구부리며 남들이 인정하는 건강하고 아름다운 신체가 있다는 점인가? 인간은 외딴섬에서 홀로 지내는 동물이 아니라 공동체 생활을 영위하며 지하철, 백화점과 같은 장소에서 낯선 사람들과도 끊임없이 마주치면서 살아가는 존재다. 아리스토텔레스는 인간은 낯선 사람들과 도시라는 인위적인 공간을 만들어 행복과 안전을 보장하려고 하는, '도시에서 사는 동물'이라고 정의했다. 요가를 오랫동안 수련한 자는 정돈되어 있고 예의가 바를 뿐 아니라 타인에게도 친절하다.

요가 수련자의 수련 정도는 그가 다른 사람을 대하는 태도를 보고 가늠할 수 있다. 어떤 사람이 오랫동안 요가를 수련했다고 주장하나 그의 말이나 행동이 자신의 육체를 통해 표현되는 섬세하고 아름다운 요가 동작의 수준에 미치지 못한다면, 그는 요가 수련자가 아니다. 그는 그저 남들에게 보여주기 위해 몸을 치장하는 분장사나 몸을 비트는 곡예사에 불과하다. 수련하는 자는 자신의 몸가짐의 정교함과 섬세함을 자신의 말과 행동으로 표현한다. 수련자는 자신의 숭고한 생각을 몸으로 표현하는 방법을 훈련하여 이를 자신의 습관으로, 자신의 삶의 일부로 만들려고 노력한다.

요가 수련자는 오랜 수련을 통해 마음속 깊은 곳에 존재하는 '자기 자신'이라는 보물을 발견할 것이다. 그 보물이란 자기 자신만 빛나게 하는 유아독존의 태도 같은 카리스마가 아니다. 그 보물은 그가 주변 사람과 사물을 대하는 태도로 발현된다. 파탄잘리는 33행에서 요가 수련자의 특징을 설명한다. 최고의 요가 스승은 자신의 몸을 한없이 비트는 '육체의 곡예사'가 아니라, 상상할 수 없을 정도로 마음을 수련해 자신과 주위 사람들에게 감동을 주는 '영혼의 곡예사'다.

평정심 훈련

요가 수련자가 자신에게 몰입하지 못하고 타인에게 시선을 돌리는 순간, 부러움과 시기가 그를 공격한다. 수도자들이 힌두 사원에 입문할 때 암송하는 구절은 다음과 같다.

> 파리는 더러운 것을 찾습니다. 벌은 꿀을 찾습니다. 나는 파리의 습관을 억제하고 벌의 행동을 따르겠습니다.•

• Swami Prabhavanada and Christopher Isherwood, *How to Know God: The Yoga Aphorism of Patanjali* (Hollywood: Vedanta Press, 2007), p. 69.

요가 수련을 하지 않는 사람의 마음은 어수선하다. 인생에서 겪는 행복과 불행, 이로운 일과 해로운 일들 사이에서 이리저리 흔들린다. 그것을 산스크리트어로 '치타 비크세파citta vikṣepa'라고 한다. 하지만 요가 수련자의 마음은 '치타 프라사다나citta prasādana'다. 수련자의 마음은 고요한 호수처럼 청명하고 잔잔하다.

파탄잘리는 요가 수련을 가로막는 훼방꾼들을 극복하는 방법을 다양하게 제시하면서 요가 수련자가 지녀야 할, 자신의 일상생활에서 수련해야 할 마음가짐을 열거한다. 온전한 요가 수련을 완수하려면 스승의 지도 아래 육체를 훈련하는 것뿐 아니라 일상생활에서 마주치는 다양한 상황에서 내 마음을 다스려야 한다. 수련하지 않는 사람들은 크고 작은 일에 감정이 반응하여 혼돈에 빠지기 쉽다. 파탄잘리는 요가 수련장은 자신의 육체를 실제로 수련하는 공간을 이르기도 하지만 자신이 생활하는 일상 자체이기도 하다고 말한다.

요가 수련자는 자기 자신뿐 아니라 다른 사람과도 조화롭고 명료한 관계를 유지한다. 일상은 내가 의도하지도 상상하지도 않았던 모습으로 항상 나를 엄습한다. 이를 두고 파탄잘리는 '기쁘고 슬프고 행복하고 불행한' 상황들이라고 표현한다. 이는 정반대의 의미를 지닌 단어를 병렬하여 결과적으로 '전체'를 표현하는 수사학적 방식이다. 오늘 나에게 예상치 못한 기쁜 소식이 전달될 수도 있고 슬픈 소식이 들려올 수도 있다. 어떤 사람을 통해 행복을 느낄 수도 있고 불행하다고 생각할 수도 있다. 하지만 사건 자체가 기쁘거나 슬프거나 행복하거나 불행한 것은 아니다. 그 사건을 대하는 나의 감정이 그렇게 느낄 뿐이다.

사무량심

파탄잘리는 일상생활 속에서 네 가지 심성을 훈련해야 한다고 주장한다. 이 네 가지 마음은 요가 수련 후 획득하는 당연하고 자연스러운 결과다. 파탄잘리는 이 네 가지 심성을 산스크리트어로 '차트바로 브라흐마비하라하catvāro brahma-vihārāḥ', 즉 '신이 거주하는 네 곳'이라고 말한다. 요가 수련과 명상을 통해 네 가지 사회적인 감정이 자신의 몸, 말, 행위를 통해 사방으로 퍼져나간다. 요가 수련자의 마음은 이러한 감정들이 모이는 거대하고 무한한 저수지가 된다. 이 무한성이 '브라흐마brahma'란 단어로 표현된다. 고대 인도에서 브라흐마 신은 천상에 거주하면서 삼라만상을 다스린다. 브라흐마의 무한성이 한자로 번역되면서 '셀 수 없는'이란 의미가 담긴 '무량'이 되었다. 불교에서는 극락정토에 사는 아미타불을 모시는 불전을 '무량수전無量壽殿'이라고 한다. 경북 영주 부석사에 있는 고려시대 불전 이름이 '무량수전'이다. 요가 수련자의 마음은 브라흐마와 같아 네 가지 숭고한 마음이 자연스럽게 일상에서 드러난다.

첫째 마음은 다른 사람을 있는 그대로 수용하여 그에게 친절히 대하고 그를 사랑하는 마음이다. 이를 산스크리트어로 마이트리maitrī라고 한다. 후대에 등장한 팔리어로는 '메타metta'다. 마이트리가 중국으로 건너와 한자 '자慈'로 번역되었다. 마이트리란 상대방과 나의 경계가 허물어져 가물가물한玄 상태다. 산스크리트어 마이트리는 고대 인도·이란의 '미쓰라Mithra'라는 신 개념에서 출발했다. 《아베스타》 문헌에서는 '미쓰라'로 나오고, 《베다》에서는 '미트라mitra'로 표현되었다. 미쓰라는 '서로 다른 요소를 하나로 묶다'라는 의미를 지닌 동사 '미mi-'와 앞에 위치한 동사를 사역동사로 바꾸는 어미 '쓰라-thra'가 결합된 단어다. 미쓰라는 '이질적인 것을 하나로 묶어 운명공동체로 만들다'란 의미다. 아베스타어에서는 미쓰라가 '체결', '맹세', '계약'이란 의미다. '자'는 소극적으로는 나 자신을 대하듯 타인에게 친절히 하며 그를 사랑하는 것이고, 적극적으로는 상대가 사랑하는 것을 즐길 수 있는 환경을 만들어주기 위해 노력하는 것이다.

둘째 마음은 타인의 고통을 나의 고통으로 느낄 수 있는 마음인 카루나karuṇā다. 카루나는 다른 사람이 겪는 고통을 함께 슬퍼할 뿐 아니라 그 고통을 없애주려고 하는 마음과 행동이다. 우리가 미디어를 통해 비참한 상황에 처한 낯선 사람의 이야기를 들었을 때 그를 불쌍히 여기는 마음이 생겨 눈물을 흘리는 것은 자연스러운 현상이다. 카루나는 그런 감정 이상이다. 다른 사람의 고통을 나의 고통과 동일한 것으로 느껴 상대방을 고통에서 구출하고 싶어 하는 마음과 행동이다. 카루나는 한자로 '비悲'로 번역되었다. 이 한자에는 흔히 '아닐 비'로 알려진 한자 非가 있다. 비非는 원래 새가 날기 위해 양 날개를 좌우로 펼친 것에서 형상화한 것이다. 새가 자신이 가고 싶은 목적지로 날기 위해서는 양 날개를 모두 사용해야 한다. 여기서 한쪽 날개는 고통을 겪는 타인을 의미한다. 즉, '나는 타인의 고통과 아픔을 치료하지 않고는 조금도 비상할 수 없다'라는 의미다. 카루나는 영어로 '컴패션compassion'으로 번역된다. 컴패션이란 다른 사람의 고통passion을 내가 함께com 지고 가려는 숭고한 마음이다.

셋째 마음은 무디타muditā이고 '희喜'로 번역되었다. 무디타는 상대의 행복을 나의 행복처럼 느끼는 마음이다. 모든 인간에겐 어릴 때부터 무디타를 가르쳐주는 스승이 있다. 바로 부모다. 부모는 자식의 행복을 자식보다 더 기원하며 자식이 행복하면 더 기뻐한다. 그 사람의 인격은 무디타를 통해 확인할 수 있고, 무디타가 있는 사람은 인격이 더 성숙되어간다. 어떤 사람이 자신의 가까운 친구, 동료 혹은 자신이 모르는 어떤 사람의 성공을 시기하거나 질투하지 않고 진심으로 축하할 수 있다면, 그는 숭고한 감정인 무디타를 소유한 것이다.

넷째 마음은 우펙샤upekṣā다. 한자로는 '사捨'이고 어떤 외부의 자극에도 평정심을 잃지 않고 수련하는 마음이다. 우펙샤는 유혹에 흔들리지 않고 가야 할 목적지를 향해 천천히 정진하는 의연함과 자신감을 뜻한다. 요가 수련자는 자신의 목적지를 알고 있다. 그는 시위를 떠난 화살처럼 뒤돌아보지 않고 목적지를 향해 나아갈 뿐이다. 그는 수련을 방해하던 욕망을 버리고 온 정성을 다해 수련에 집중한다. 우펙샤는 한자로 '버릴 사' 혹은 '베풀 사'로 번역된다. 요가 수련자는 일상에서 자, 비, 희, 사 등 네 가지 마음을 실천하여 자신이 가야 할 길을 선명하게 인식하는 명료함을 획득한다.

경구 34

당신은 숨을 내쉬기 전에 잠시 멈추는가?

प्रच्छर्दनविधारणाभ्यां वा प्राणस्य
pracchardanavidhāraṇābhyāṃ vā prāṇasya
프라차르다나비다라나브얌 바 프라나스야

직역 "혹은 날숨 전에 숨을 정지하는 숨을 통해"

의역 "혹은 날숨 전에 숨을 정지하고 응시하는 훈련을 통해 삼매에 도달할 수 있다."

pracchardana-vidhāraṇābhyāṃ vā prāṇasya

pracchardana	명사(n.sg.nom)	날숨 ◂ pra 앞으로 + chṛd 내보내다
vidhāraṇābhyāṃ	명사(n.du.instru)	유지, 참기 ◂ vi 강하게 + dhṛ 유지하다
vā	접속사	혹은
prāṇasya	명사(m.sg.gen)	숨, 생명 ◂ pra 앞으로 +◂ an 숨 쉬다

나의 목숨을 지탱하는 필수적인 물질들이 있다. 나는 손으로 음식을 집으며 입으로 그것을 섭취한다. 그러나 인간은 최대 30일 정도 금식할 수 있다. 사실 음식을 먹는 행위보다 더 중요한 건 신체 내부 활동인 '심장 박동'과 '호흡'이다. 우리는 목숨을 매 순간 지탱해주는 이 신체 활동들을 간과한다. 당연하게 여기기 때문이다. 우리가 활동

하든 수면 상태에 있든 상관없이 심장은 뛰고 숨은 쉬어진다. 심장은 하루에 10만 회 정도 박동한다. 그러나 심장이 1분 이상 뛰지 않으면 인간은 곧 목숨을 잃는다. 인간은 하루에 2만 3천 회 호흡한다. 우리는 숨을 최대 3분 정도 참을 수 있다. 그 이상으로 숨을 쉬지 못한다면 바로 죽음에 이른다. 우리 대부분은 심장 박동과 숨을 의식하지 않고 하루를 보낸다. 몸에 이상이 생겨 병원에 갔을 때 의사가 가장 먼저 하는 일은 청진기를 귀에 꽂고 심장박동 소리와 숨소리를 듣는 것이다. 인간은 무엇을 먹을까 고민하면서 먼 곳까지 차를 타고 가 즐기는 일은 생각하지만, 정작 매 순간 자신의 생명을 연장하는 숨에 대해서는 인식하지 않는다. 숨은 인간을 비롯한 모든 생명체에게 자기보존을 위해 필요한 가장 근본적인 활동이다.

플라톤에서 시작된 서양철학은 인간의 육체 연구가 아니라 마음의 연구에 몰두해왔다. 사상가들은 숨과 같은 신체 활동을 마음 활동의 연장 혹은 부속품쯤으로 여겼다. 18세기 프랑스 정치철학자 장자크 루소Jean Jacques Rousseau(1712~1778)는 저서《에밀: 교육에 관하여Émile, ou De l'éducation》에서 다음과 같이 말한다. "산다는 것은 숨쉬는 것이 아니라 행동하는 것이다. 우리의 신체 기관들, 감각들, 지적 사고들이 우리의 존재에 의미를 부여한다." 마음 연구에만 몰두한 사상가들에 대해 19세기 독일 철학자 니체는 저서《즐거운 학문Die fröhliche Wissenschaft》에서 다음과 같이 신랄하게 비판한다.

> 이런 학자가 쓴 책은 항상 누군가를 억압하거나 그들이 억압당하고 있다. 소위 '전공자'가 어디에선가 등장한다. 그는 열

의에 차 있고 심각하며 분노한다. 그는 자신이 앉아 있거나 빙빙 돌기만 하는 방구석을 과대평가한다. 모든 전공자는 등이 굽어 있다. 모든 학자는 자신의 책에 왜곡된 자기 영혼을 반영한다. 결국 그가 하는 작업은 왜곡하는 것이다.

나는 니체의 말에 전적으로 동의한다. 나도 학자의 길에 들어서 매일 계속되는 장기간의 독서와 집필로 등과 목이 뒤틀렸고 시력은 점점 나빠졌다. 그리고 신체 건강이 정신 건강의 필수조건이란 진리를 깨닫는 데 긴 세월이 걸렸다.

호흡과 육체 훈련은 정신을 고양하는 데 필요한 첫 관문이다. 우리는 일상에서 무의식적으로 호흡하지만, 분노하거나 두려운 상황에 처했을 때는 숨이 가빠지고 심장이 빨리 뛰는 것을 느낀다. 그리고 이러한 신체 현상은 감정과 이성에 지대한 영향을 미친다. 현대과학은 느리고 깊은 호흡 습관이 혈압과 심장박동수를 줄이고 생활에 활력을 준다고 말한다.

생명체

기원전 10세기 예루살렘에 거주한 한 무명 유대인이 〈창세기〉 2장에 인간 창조의 과정을 기록했는데, 아마 역사상 이만큼 세밀한 기록은 없을 것이다. 그는 생명체의 핵심은 '호흡'이라고 주장한다. 고대 히브리인들은 인간을 '아담adam'이라고 불렀다. 아담은 히브리어로 '붉은 흙'이란 뜻이다. 그들은 인간은 다른 동식물과 마찬가지로 자신에게 정해진 시간을 마친 뒤에 다시 땅으로 돌아가 흙이 된다는 사실을 알았다. 그 무명 저자는 인간 창조의 순간을 〈창세기〉 2장 7절에서 다음과 같이 설명했다. "주 하나(느)님이 땅에서 떼어낸 먼지들로 아담을 빚어 만들었다. 그 신은 인간의 코에 생명의 호흡을 불어넣었다. 그랬더니 그 인간이 생명체가 되었다." 태초에 신이 먼지를 모아 흙으로 빚어 인간의 형상을 만들었다. 하지만 그 모형은 아직 인간이 아니다. 신은 그 모형의 코에 무엇인가를 불어넣었다. 저자는 이를 '니슈마트 하임nišmat hayyîm'이라고 표현했다.

이 구절은 '숨'을 의미하는 '니슈마nišmā(h)'와 '생명'을 의미하는 '하임hayyîm'으로 구성되었다. '생명'을 의미하는 '하임'이란 히브리 단어는 복수형이다. 그러므로 숨 하나하나가 매 순간 생명을 연장하는 도구가 된다. 인간이 하루에 2만 3천 회 숨을 쉬니 매일 그와 동일한 숫자만큼의 삶을 사는 것이다. 숨과 숨 사이의 찰나가 인생이며, 이 찰나를 셀 수 없지만 이것 또한 인생이다. 숨은 생명을 유지하는 실질적이면서도 총체적인 힘이다. 특히 의식적인 숨쉬기는 자신이 지금 살아서 존재하고 있음을 인지하게 해주는 첩경이다. 호흡에 관한 이해는 요가 수련의 기본이다. 훈련된 호흡은 요가 수련자의 온몸을 열어 호흡을 통해 전달되는 생명의 에너지를 신체 구석구석으로 전달한다. 의식적인 호흡은 수련자 몸의 균형을 잡아주며 수련자를 명상 상태로 인도한다.

불안하면 호흡이 가빠진다. 호흡 훈련은 빨라진 호흡을 가다듬어 편안하고 길게 늘리는 수련을 말한다. 고대 인도인들은 베다 시대인 기원전 12세기 무렵에 의식적인 호흡인 '프라나prāṇa'를 인지했다. 프라나는 호흡이란 의미지만 현대에 들어서는 매 순간 삶을 지탱해주는 '활력'을 의미한다. 프라나는 우리를 둘러싼 우주에서, 더 자세히 설명하자면 공기에서 삶을 지탱하는 에너지를 얻는 방식이다. 프라나는 우리의 안팎에서부터 에너지를 끌어와 공급하고 이를 조절해서 편만하게 퍼뜨린다. 인체의 활동은 복잡하고 섬세하다. 아침이면 눈이 떠지고 음식을 먹으면 소화가 되고 달리기를 하면 심장이 빨리 뛰고 바이러스가 침투하면 면역력이 작동한다. 이때 프라나는 인간이 만든 어떤 첨단기계보다 정확하고 간결하게 자신의 임무를 수행한다. 지구의 자전과 공전, 사계절의 변화, 철새의 이주, 식물의 변화 등에도 보이지 않는 거대한 힘인 프라나가 작용한다.

호흡은 요가 수련자 안에 있는 오래된 자아를 밖으로 내보내고 우주에 있는 에너지를 자신의 몸속으로 가져오는 의례다. '영감'을 의미하는 영어 단어 '인스퍼레이션inspiration'은 프라나가 지닌 의미를 정확하게 전달한다. 프라나는 영감이라는 몰입을 통해 영적인 기운인 '스피릿spirit'을 몸속으로in 불러들이는 행위다.

학교는 인생에서 가장 중요한 행위들을 가르쳐주지 않는다. 걷기, 달리기, 식사하기, 인사하기, 숨쉬기, 말하기, 읽기, 쓰기, 생각하기 등을 우리는 성인이 돼서야 스스로 배우기 시작한다. 인도인들은 오래전에 인간에게 매 순간 에너지를 공급하는 호흡 훈련, 즉 프라나야마를 요가 훈련의 기초로 삼았다. 이 단어는 '삶의 에너지'를 의미하는 '프라나prāṇa'와 '늘리다', '조절하다'란 의미의 '아야마āyāma'를 결합한 단어다. 즉, 프라나야마는 '삶의 에너지를 조절yama하는 방법' 혹은 '삶의 에너지가 자유롭게 흐르도록 장애물을 제어하고 제거하는 방법'이다. 프라나야마는 우주의 조용한 섭리를 관찰하고 이에 동참하려는 인간의 노력이다.

의식적이며 자연스러운 호흡법은 《요가수트라》 제2장 〈수련품〉 49~51행에서 '하타 요가'란 명칭으로 자세히 소개될 것이다. 파탄잘리는 〈삼매품〉 34행에서 요가 수련의 중요한 과정으로 호흡법을 간략하게 소개한다. 34행에는 '혹은'이란 의미를 지닌 단어 '바vā'가 들어 있다. 34~39행에는 모두 이 단어가 들어가 있다. 파탄잘리는 요가 수련의 방해물을 제거하기 위한 다양한 방법을 이 접속사를 이용하여 열거한다.

프라나는 앞에서 언급한 것처럼 '생명력', '활력', '에너지', '생명의 원칙' 등 다양하게 번역된다. 프라나는 '앞으로 나가다'란 뜻의 접두어 '프라pra'와 '숨 쉬다'란 뜻의 동사 '안an'이 결합한 단어다. '안'이란 단어는 인간의 숨쉬기 행위를 그대로 옮긴 의성어에서 시작된 단어인 듯하다. '안'이란 단어의 첫 음가인 '아'를 발음하기 위해서 먼저 숨을 들이마셔야 하고 두 번째 음가인 자음 'ㄴ'을 발음하기 위해서는 숨을 내쉬어야 한다. 그래서 '안'은 들숨과 날숨을 표현한 단어다.

프라나는 힌두 철학에서 우주에 존재하는 생물과 무생물 모두에게 깃든 에너지를 지칭하는 용어다. 요가 수련자는 자신의 활력을 높이고, 육체적이고 정신적인 건강을 향상하기 위해 프라나를 이해하고 훈련해야 한다. 프라나는 몸속에서 '나디nāḍī'라는 힘의 통로로 이동한다. 몸속에는 수천 개의 통로가 있다. 그들 중 가장 중요한 것은 다음 세 가지다. '이다iḍā'는 척추 왼편에 위치한 들이마시는 음의 통로, '핑갈라piṅgalā'는 척추 오른편에 위치한 내쉬는 양의 통로 그리고 '수슘나suṣumnā'는 척추 가운데 위치하는, 음양이 모두 드나드는 통로다.

호흡에 관한 전통적인 네 단계 용어는 다음과 같다. 숨을 들이마시는 '푸라카pūraka', 숨을 들이마신 뒤 그 상태를 유지하는 '아브얀타라 쿰바카abhyantara kumbhaka', 그런 뒤에 다시 숨을 내쉬는 '레차카recaka'(exhalation) 그리고 마지막으로 숨을 내쉰 뒤 그 상태를 유지하는 '바흐야 쿰바카bahya kumbhaka'다. 파탄잘리는 이 네 단계 중 세 번째 레차카와 네 번째 바흐야 쿰바카를 수련에 사용하는 실질적 용어로 대치했다. 그는 레차카를 '프라차르다나pracchardana'로, 바흐야 쿰바카를 '비다라나vidhāraṇa'로 표현했다.

프라차르다나는 수련을 방해하는 생각을 과감하게pra 몰아내는cchardana 행위다. 그런 뒤에 '용감하게 자신의 고유한 임무를 위해 자신을 가다듬는dhāraṇa 훈련이다. 요가 수련을 위한 훈련은 꼭 요가 수련장이 아니더라도 일상에서 매 순간 이루어진다. 내가 숨을 쉬는 이 찰나도 수련의 과정이다. 숨을 내쉬는 행위는 잡념을 쓸어내 보내는 과감한 행위며 날숨 후 잠시 정지하는 순간은 내가 지금 이 시간에 이루어야 할 고유한 임무를 상기하고 다지는 패기가 있는 결심이다.

경구 35

당신은 대상을 무심하게 바라보는가?

विषयवती वा प्रवृत्तिरुत्पन्ना मनसः स्थिति निबन्धिनी
viṣayavatī vā pravṛttirutpannā manasaḥ sthiti nibandhinī
비샤야바티 바 프라브리티루트판나 마나사하 스티티 니반디니

직역 "혹은 마음에서 일어난 대상을 지닌 활동을 안정적으로 잡을 때,"
의역 "혹은 마음에서 일어난 대상을 지닌 활동을 안정적으로 제어할 때, 삼매에 도달할 수 있다."

viṣayavatī vā pravṛttiḥ-utpannā manasaḥ sthiti nibandhinī

viṣaya	명사(f.sg.nom)	대상, 개체, 물건, 것, 일 ◂ viṣ 활기가 있다 + aya 가는 중
vatī	분사(f.sg.nom)	가지고 있는 ◂ vant 소유하다
vā	접속사	혹은
pravṛttiḥ	명사(f.sg.nom)	활동 ◂ pra 앞으로 + vṛtti 소용돌이 ◂ vṛt 돌다
utpannā	형용사(f.sg.nom)	일어난 ◂ ud 위로 + pad 떨어지다
manasaḥ	명사(n.sg.gen)	마음 ◂ man 생각하다
sthiti	명사(f.sg.nom)	안정 ◂ sthā 서다, 자리를 잡다
nibandhanī	형용사(m.sg.nom)	잡은, 묶은 ◂ ni 아래로 + bandh 묶다 + in 소유형 어미

나는 오감을 통해 주위에서 일어나는 일들을 감지한다. 오감은 내가 세상을 인지하는 유일한 통로다. 문제는 내 생활을 침범하는 외부

정보들을 거를 수 있느냐는 점이다. 만일 마음의 여과기가 없다면 용량이 꽉 찬 컴퓨터처럼 작동이 느려지고 바이러스가 생겨 급기야는 고장이 나고 말 것이다. 내가 사는 시골집 마당 한가운데에는 처진개벚나무 한 그루가 서 있다. 그 나무는 한 달 전부터 추운 겨울을 준비하기 위해 자신의 몸을 간결하게 다듬기 시작한다. 가지에 처량하게 매달린 색 바랜 나뭇잎을 하나둘씩 땅으로 아랑곳하지 않고 떨어뜨린다. 낙엽들은 햇빛을 받으며 스스로를 오그라뜨린다. 나는 무엇을 통해 낙엽을 관찰하고 있는가? 떨어지는 잎이 나로 하여금 관찰하게 했나? 아니면 내 머릿속 무엇인가가 낙엽의 움직임을 감지하고 이해하도록 작동해서 그런 관찰이 가능해졌는가? 나는 낙엽이 지는 장면을 보는가? 아니면 잎의 추락을 보고 있는 나 자신을 인식하는가?

파탄잘리는 요가 수련자의 마음을 침착하게 만들고 사물을 명료하게 관찰하기 위한 또 다른 방법을 〈삼매품〉 35행에서 소개한다. 그는 물건이 아니라 물건을 관찰하는 자신의 감각을 응시하라고 조언한다. 오감은 인간이 매 순간 마주치는 사람과 사물에 대한 정보를 제공한다. 우리는 낙엽이 지면에 닿는 정교한 순간을 눈으로 보면서 그 우아한 착지의 모습을 감상할 수도 있다. 바닷가로 몰려오는 파도는 우리를 치유하는 소리를 내며, 바다의 냄새를 실어 나른다. 나아가 자연의 웅장함과 존재의 덧없음도 알려준다. 현상은 단순하지 않고 복잡하며 정교하다. 그래서 요가는 단순한 현상을 다양하게, 다양한 현상들을 간단하게 보는 연습이다. 즉, 요가는 단순하고 무료한 인생을 정교하고 감동적인 인생으로 보도록 훈련하는 과정이다.

요가 수련자는 감각 훈련을 통해 세상을 이전과는 다른 방식으로 본다. 나의 오감은 다섯 마리의 말과 같다. 나는 전차에 앉아 다섯 마리 말에 연결된 고삐를 쥐고 있다. 나는 이 다섯 마리 말을 다룬다. 만일 각각의 말들이 마음대로 행동한다면 나는 목적지에 도착할 수 없다. 우리 대부분은 이 오감을 다룰 고삐가 있다는 사실조차 모르고 있거나, 그 존재를 어렴풋이 알더라도 사용해본 적이 없기 때문에 다양한 자극에 이리저리 끌려다닌다. 오감은 지금 당장 나를 자극하는 쾌락을 제공한다. 그러나 그 쾌락은 마음의 평온을 가져오는 것이 아니라 더 자극적인 쾌락을 갈망하게 한다. 만일 이 오감이 우리의 삶을 지배하도록 방치한다면 우리 자신은 사라지고 쾌락에 충실한 노예가 될 것이다.

초감각의 주인

파탄잘리는 요가 수련자들이 오감을 통해 그들을 공격하는 외부 자극에 뒤늦게 반응하는 수동적인 상태에서, 외부 자극에 반응하는 오감을 미리 능동적으로 훈련해두면 외부 자극이 와도 평정심을 유지할 수 있다고 말한다. 요가 수련자가 무방비하게 수많은 외부 자극의 공격을 받아 마음이 지친 상태라면 이런 상태에서 벗어나는 훈련은 무엇인가? 높은 경지의 감각 훈련이란 단순히 외부의 자극을 수동적으로 인식하는 단계를 넘어서 자신이 그것을 인식하는 내적인 과정을 바라보는 단계에 이르는 것이다.

높은 경지의 감각 훈련은 내가 듣는 소리, 보는 이미지, 느끼는 감각에 대한 반응이 아니라, 내가 그 자극들을 어떤 방식으로 수용하는지를 응시하는 방법을 배우는 것이다. 예를 들어 멋진 레스토랑에서 먹고 싶은 요리를 주문한 후 웨이터가 그 요리를 식탁 위에 올려놓는 순간, 나의 오감은 혼돈에 빠진다. 마음속에 깊이 잠자고 있던 식탐이 등장하여 내가 좌정한 주인 자리를 빼앗아 그 자리에 앉는다. 나는 그 순간 식탐의 노예가 되어 수동적으로 반응하는 로봇이 된다. 내 후각은 갑자기 예민해져 음식의 향기를 만끽하고, 눈은 밝아져 음식의 색깔에 탐닉한다. 음식이 입안에 들어오지도 않았는데 입안엔 이미 군침이 돌아 음식이 들어오기만을 간절히 기다리게 된다. 식탐은 나의 손을 움직이게 하고 나는 나도 모르는 사이 한 번에 소화할 수 있는 양보다 많은 양의 음식을 입안에 집어넣는다. 이때 요가는 일상에서 일어나는 수많은 무의식적인 행동을 제어하고 관찰하게 한다.

산스크리트어 '비샤야바티viṣayavatī'는 이 감각을 지칭하는 용어다. 비샤야바티는 나를 자극하는 대상에 습관적으로 반응하는 것이 아니라 대상 그 자체의 움직임을 응시하는 것이다. 요가 수련자의 응시 대상은 어떤 자극에 반응해 자신도 모르는 사이 '힘차게viṣ' '나가는aya' 마음의 상태를 '가지고 있는vat' 자기 자신의 모습이다. 내가 보는 것은 외부 자극이 아니라 내 마음속에 자리 잡은, 외부 자극에 반응하는 '나 자신'이다. 파탄잘리는 〈삼매품〉 34행에서 요가 수련자의 응시 대상의 한 예로 '날숨'과 '숨의 정지'를 들었다. 그는 들숨과 날숨을 당연한 자연현상으로 받아들이지 않고, 그것을 예민하게 관찰해야 하는 수련 대상으로 삼았다.

파탄잘리는 자기 자신을 관찰하는 높은 차원의 감각을 '프라브리티pravṛtti'란 용어를 사용하여 설명한다. 프라브리티는 다음 두 단어가 결합한 것이다. 프라는 '특별한', '정교한', '탁월한'이란 의미가 있는 접두어이며 브리티는 인간이 일상 경험을 하며 생기는 '생각들'이다. 즉, 프라브리티는 요가 수련자가 외부 자극에 반응하는 자신의 참모습을 인식하는 탁월한 생각을 의미한다. 요가 수련자는 이 훈련을 통해 흔들리지 않는 마음을 획득할 수 있다. 그런 마음의 상태가 '스티티 니반디니sthiti nibandhinī'다. 이 상태에 도달한 요가 수련자는 마음에서 온갖 잡념을 제거ni하여 온전히 자신의 마음을 한곳에 묶고bandhinī 더는 흔들림 없이 가만히 서 있게sthiti 된다. 그는 자신이 정한 한 점을 향해 의연하게 정진할 뿐이다.

요가 수련자는 자신의 마음속 생각, 말, 행동을 관찰하고 제어하는 '또 다른 나'가 있는 자다. 그런 나는 나의 행동과 감각과는 구별되는 독립적인 자아다. 나의 행동과 감각은 '또 다른 나'의 생각을 표현하는 수단이다. 요가는 외부를 향한 눈을 감고 '또 다른 나'를 향해 눈을 떠서 발견하는 과정이며, '또 다른 나'의 탁월한 시선으로 외부 자극에 휘둘리지 않고 나만의 자리를 잡아가는 수련 과정이다. 나는 지금 외부 자극을 감각하고 있는가? 아니면 그런 자극을 감각하는 나 자신을 인지하고 있는가? 나는 감각의 노예인가? 혹은 나는 그런 감각을 조절하는 초감각의 주인인가?

경구 36

당신의 마음에는 슬픔이 없는가?

विशोका वा ज्योतिष्मती

viśokā vā jyotiṣmatī

비쇼카 바 죠티슈마티

직역 "혹은 슬픔이 없는 내면의 빛으로."

의역 "혹은 슬픔이 없는 내면의 빛으로 삼매에 도달할 수 있다."

viśokā vā jyotiṣmatī

viśokā	명사(f.sg.nom)	슬픔이 없음 ◂ vi 제거한 + śokā 슬픔 ◂ śuc 강렬한 태양 빛에 데다, 고통을 받다
vā	접속사	혹은
jyoti	명사(f.sg.nom)	빛, 내면의 빛
jyotiṣmatī	형용사(f.sg.nom)	내면의 빛을 소유한 ◂ jyotis + matī (mant '소유한'의 여성형)

세상은 컴컴한 숲이다. 나는 나의 등불을 손에 들고, 내가 가고자 하는 목적지를 향해 갈 것이다. 그렇다면 나는 등불을 어떻게 준비할 것인가? 인터넷을 통해 주문할 수 있을까? 여기서 말하는 등불은 내 발걸음이 가는 대로 따라오는 물건이 아니다. 그 등불은 내가 어디로 가야 하는지 그 목적지를 알려줄 뿐 아니라 지금 내가 발을 내디뎌야 할

위치를 섬세하고 강력하게 가르쳐준다. 등불이 발걸음을 움직이게 하는 기준이 된다. 내 머리나 발이 나를 인도하는 것이 아니라 등불이 나를 이끈다. 그 등불은 각자에게 유일하고 독창적이다. 그렇기 때문에 강력하고 감동적이다. 또한 그 등불은 주관적이면서도 보편적이다. 이는 다른 사람이 지닌 등불과는 전혀 다른 모양이지만 일반적으로 각자가 궁극적으로 도착해야 할 숭고한 목표를 가리키기 때문이다.

지혜로운 침묵

미국 초월주의의 창시자인 랠프 월도 에머슨은 1836년 여러 에세이를 묶은 《자연Nature》이란 책을 출간한다. 이 책은 미국의 정체성을 확립하는 사회적이고 지적인 정신운동인 초월주의의 근간을 제시하는 교과서가 되었다. 초월주의는 유한한 순간을 살다 사라져버리는 인간이 자신의 존재 의미를 내면에 있는 신적인 불꽃을 통해 확인한다는 사상이다. 에머슨은 개신교 목사 집안에서 태어나 열네 살에 하버드 대학에 입학하여 스물여섯 살에 보스턴에서 목회를 시작했지만, 논쟁적이며 부질없는 교리에 염증이 나 신앙을 버리고 강연과 글쓰기에 전념했다.

에머슨은 인간의 위대함은 자신의 내면에 존재하는 '오버소울Oversoul'을 발견하는 데서 시작한다고 말한다. 이 단어가 한국어로 '대령大靈'으로 번역되나 필자는 '오버소울'이란 영어 단어를 그대로 사용할 것이다. 오버소울은 인간의 경험보다 더 실제적인 인간의 최선을 가동하게 하는 엔진이다. 에머슨은 이 오버소울을 다음과 같이 표현한다.

> 우리 삶을 영위하게 해주는 위대한 자연은 모든 생물과 무생물을 포함하는 '오버소울'입니다. 우리는 연속, 분할, 부분 그리고 지극히 작은 분자 안에서 삽니다. 그러나 인간 내면에는 우주 전체를 품는 영혼이 있습니다. 그것은 지혜로운 침묵, 보편적인 아름다움입니다. 모든 부분과 분자들은 영원한 하나의 존재와 연결되어 있습니다. 우리는 이 심오한 힘 안에서 존재하고 그 아름다움을 경험합니다. 오버소울은 스스로 만족하고 매 순간 완벽합니다. 오버소울 안에서는 보는 행위와 보이는 행위, 보는 사람과 보이는 대상, 주어와 목적어가 하나입니다. 우리는 세상을 별개로 나눠서 봅니다. 태양, 달, 동물, 나무를 각각 다르게 봅니다. 그러나 이 빛나는 부분들이 모인 전체가 바로 오버소울입니다.•

오버소울은 내면의 빛이다. 인간은 그 빛의 투과로 사물과 사람의 아름다움을 드러내는 도구다. 인간은 지혜와 선이 거주하는 내면이라는 신전의 외관에 해당한다. 내면의 빛이 한 인간을 통해 숨을 쉬면 천재성이 되고, 그의 의지를 통해 숨을 쉬면 덕이 되고, 그의 관심을 통해 흘러나오면 사랑이 된다. 에머슨은 이 내면의 빛은 인간의 언어로 표현할 수도, 색으로 표현할 수도 없는 미묘한 것이라고 말한다. 이 빛은 정의할 수도, 측정할 수도 없지만 인간의 위대한 삶의 원칙이며 신의 특성이다.

• R.Waldo Emerson, *Nature and Selected Essays* (New York: Penguin Books, 1982), p. 207.

내면의 빛

요가 수련자는 내면의 빛을 발견하여 불을 밝힘으로써 삼매경에 들어가기 위한 마음의 평정을 이룰 수 있다. 이 내면의 빛은 노자에게는 '도道'이고, 플라톤에게는 '선과 아름다움', 아리스토텔레스에게는 '존재', 플로티노스에게는 '무한', 예수에게는 '내면의 천국'이며, 유대교에서는 '에인 소프ein sof'라는 '무한'을 의미한다. 내면의 빛이 각 문화권에서 다양한 용어로 표현되었지만, 그것은 결국 인간 내면에 있다가 경험을 통해 깨어나길 바라는 보편적 의식을 말한다. 인도의 초월명상법을 개발한 마하리시 마헤시 요기Maharishi Mahesh Yogi(1917?~2008)는 인간이 자연스럽게 자신의 내면에 들어가 머무르면 에머슨이 말한 '지혜로운 침묵'을 경험할 수 있다고 말한다.

파탄잘리는 〈삼매품〉 36행에서 요가 수련자가 삼매경에 들어가기 위해 잡념을 없애는 방법으로 '내면의 빛' 수련을 소개한다. 유한한 인간이 생로병사의 경험을 통해 느끼는 상실감이 슬픔이다. '슬픔'을 의미하는 산스크리트어 '쇼카śokā'는 '(불이) 타오르다'라는 의미의 동사 '슉śuk'의 명사형이다. 슬픔이란 상실을 경험한 인간의 마음에서 일어나는 불길과 같다. 하지만 이 슬픔도 가만히 들여다보면 슬픔을 일으키는 대상에 대한 자신의 집착(파리그라하parigraha)에서 출발한다. 요가 수련자는 내외부의 자극에 의한 슬픔에 영향을 받지 않는 상태를 유지해야 평정심을 유지할 수 있다. 파탄잘리는 슬픔에서 '자유로운vi' 마음의 상태가 있다고 했다. 파탄잘리는 〈삼매품〉 35행에서 그런 마음을 '스티티 니 반디니sthiti ni bandhinī', 즉 '모든 잡념을 없애 하나가 된 흔들리지 않는 마음'이라고 말했다. 슬픔에서 자유로운 마음이란 바로 이 설명과 같다.

'내면의 빛을 소유한'이라고 번역된 '죠티슈마티jyotiṣmatī'는 '빛나다'라는 의미를 지닌 산스크리트어 동사 '쥬트jyut'에서 파생한 명사 '죠티쉬jyotiṣ'와 '-을 지니고 있는'이라는 의미의 접미사 '만티manti'가 결합한 단어다. 조티는 태양신인 수르야의 아내 넷 중 하나다. 수르야는 우주의 원칙인 브라만의 현현이다. 브라만은 인간의 마음속 깊은 곳에 숨겨진 내면의 빛과 조우하고자 한다. 요가 훈련이란 그 빛이 내면에 불을 밝히는 것을 허락하는 준비 과정이다.

인간의 마음속에는 외부 자극, 특히 슬픔이란 마음의 불길을 잠재울 수 있는 더 큰 불길이 존재한다. 그것이 바로 '내면의 빛'이다. 내면의 빛은 외부의 자극으로 조절되는 인위적인 슬픔을 극복하게 한다. 유일한 선의 모습은 바로 이 내면의 빛이다. 우리는 이 빛을 통해 만물들을 있는 그대로 볼 수 있다. 요가 수련자는 자신의 내면에 존재하는 '나의 나됨'인 '아스미타asmitā'를 깨닫는다. 아스미타는 외부 자극에 대한 정신적이며 영적인 반응을 응시하여 자신에게 온전히 몰입한 정중동의 상태다. 높은 수준의 의식은 외부에 반응하는 자신의 변화를 감지하고 그 변화를 자신이 궁극적으로 가고자 하는 목적지와 일치시키려는 생각 훈련이다.

요가 수련자는 외부의 가르침, 특히 학교나 종교 혹은 책이 설파하는 진리보다 자신의 힘으로 발견한 진리가 더 거룩하다는 사실을 깨닫는다. 교육이란 이런 진리를 깨닫도록 학생들을 자극하는 과정이다. 우리의 시선은 외부에 고정되어 있어 우리는 우리 자신도 모르는 사이 외부 대상을 부러워한다. 부러움은 자신의 빛을 찾지 않고 게으름을 피우는 것이고 그 빛을 발견하지 못하는 어리석음을 저지르는 것이며 그 빛을 밝히지 않는 비겁한 태도다. 외부의 찬란한 빛에 현혹되어 그 빛을 따라가는 것은 불나방이 자신을 불태워 죽이는 불로 뛰어드는 치명적인 실수와 같다. 현대인의 삶의 문법인 흉내는 자신에게 집중하지 못하는 권태며 자신보다 남을 더 사랑하는 마음의 산란이고 인생이란 마라톤을 달리면서도 그 결승점을 확인하지 않는 바보짓이다.

따라서 내면의 빛을 찾는 그 시작은 다음과 같다. 요가 수련자는 자신의 삶을 주관적으로 살펴보고 그것을 자신이 사랑할 수밖에 없는 운명으로 여겨야 한다. 모든 나무나 식물은 자신의 조그만 땅에서 자양분을 흡수한다. 자신의 환경이 자신의 위대함을 발견할 수 있는 유일한 토대다.

나의 최선이 내면의 빛으로 존재하는데, 나는 무엇을 찾아 헤매고 있는가? 나는 슬픔을 더해주는 외부 자극에 집중하고 있는가? 아니면 그 슬픔을 기쁨으로 바꿔줄 내부를 향해 온전히 정진하고 있는가?

경구 37

당신의 생각은 자유로운가?

वीतराग विषयम् वा चित्तम्

vītarāga viṣayam vā cittam

비타라가 비샤얌 바 치탐

직역 "혹은 의식의 대상에 집착하지 않을 때"

의역 "혹은 의식에 대상에 집착하지 않을 때, 삼매에 도달할 수 있다."

vīta-rāga viṣayam vā cittam

vīta	형용사(m.sg.nom)	자유로운, 집착하지 않는 ◂ vi 떨어진 + ita 나간 ◂ ī 가다
rāga	명사(m.sg.nom)	집착 ◂ raj 흥분하다, 집착하다
viṣayam	명사(n.sg.nom)	대상, 일
vā	접속사	혹은
cittam	명사(n.sg.nom)	의식

인간은 매 순간 자신이 이전에 경험하지 못한 생경한 시간과 공간으로 들어간다. 어리석은 사람은 '지금'과 '여기'라는 시공간을 과거에 자신이 반응하던 방식으로 대처한다. 지혜로운 사람은 그 시공간을 마치 인생의 첫날을 마주한 것처럼 대한다. 그는 자신의 하루를 효율적으로 사용하여 궁극적 목적지로 향한다. 그 하루는 건너뛸 수

없으며 우리가 거쳐야 할 유일한 통로다. 이런 하루가 이어져 인생이 되기 때문이다. '지금', '여기'는 불안, 위험, 위험을 피해 가려는 심리적 피난처에 대한 유혹으로 가득 차 있다. 그런 나를 이끌어줄 등대와 같은 존재가 있다. 바로 스승이다.

스승은 단순히 나를 가르치는 사람이 아니라 내가 최선을 다하도록 자극하는 삶의 모델이자 멘토다. 스승은 인생이란 험준한 산을 등반하기 시작한 후로 그 나름대로 자신만의 길을 발견하여 정진하는 인간이다. 그는 자신에게 어울리는 길을 매일 조금씩 수련하여 정상에 접근했기 때문에 고유한 카리스마가 있다. 스승은 나에게 정상으로 향하는 길은 수없이 많다고 말한다. 그리고 내가 나에게 어울리고 나만이 갈 수 있는 유일한 등산로를 개척하기를 촉구한다. 그는 자신이 일생을 통해 밟아온 길은 진리가 아니며 나침반일 뿐이라는 사실을 알려준다. 나는 그가 사용한 나침반을 통해 방향을 알 뿐이다. 나는 나만의 길을 매일 개척하고 그 길에 용기 있게 들어서야 한다.

구루

앞서 설명한 스승인 구루는 특정 분야의 지식을 전달하는 선생 이상이다. 그는 내 삶의 최선이 무엇인가를 고민하고 조언해주는 상담자이며 내 정신과 영혼이 새롭게 태어나도록 돕는 산파이자 인생의 궁극적인 목표가 무엇인지 어렴풋이 알려주는 별과 같은 존재다. 구루는 우주의 진리를, 인생 경험을 통해 이해한 앎, '즈냐나jñāna'를 자신의 삶 자체로 전달해주는 자다. 그는 자신의 생각, 말, 행동을 통해 문하생들을 가르친다.

구루는 삼라만상의 핵심을 자신의 몸을 통해 경험하여 그것이 몸속에 있는 자다. 자신이 입으로 말하지 않아도, 자신이 구루인 척을 하지 않아도 주위 사람들은 그가 구루인지 안다. 왜냐하면 그에겐 구루의 기품이 있기 때문이다. 구루는 그 사람만의 향기가 있다. 그 향기를 '훈습薰習'이라고 부른다. 훈습은 내가 자주 머무르는 장소의 향이 내 몸에 배었다가 다시 몸을 통해 외부로 분출되며 나는 독특한 향기다.

훈습

인간은 누구에게나 그 사람만의 독특한 인상이 있다. 어릴 적 친구 혹은 대학 동창을 잠시 떠올려보자. 이때 떠오르는 그 사람에 대한 독특한 기억이 바로 '훈습薰習'이다. 훈습은 산스크리트어 '바사나vāsanā'를 한자로 번역한 것이다. 바사나는 나의 습관, 나의 특정한 행위와 나의 인상이다. 동일 어원에서 나온 '바사나vasana'는 '의상', '장식', '거주자'란 의미다. 즉, 나는 내가 입는 옷이며 내가 몸에 착용하는 장신구이고 내가 주로 거주하는 장소다. 그 자신의 일상을 제어하고 훈련하지 않으면 수련생들에게 가르치려는 내용과 구루 자신 사이에 괴리가 생긴다. 그러면 그의 말은 힘을 잃게 된다.

파탄잘리는 〈삼매품〉 37행에서 삼매경으로 진입할 수 있는 또 다른 방법을 제시한다. 오랜 수련을 통해, 오감으로 인지하는 대상을 보아도 마음의 평정심을 유지할 수 있는 상태로 진입하는 것이다. 수련자는 일상에서 오감을 자극하는 대상을 만나도, 구루의 훈습을 통해 평정심을 유지할 수 있는 삶을 엿볼 수 있다.

인도 영성에서 '구루'와 구도자인 '쉬스야śiṣya'의 관계는 남다르다.

《바가바드 기타》 제4장 34행에 수련생 아르주나와 구루 크리슈나와의 대화가 나온다. 크리슈나가 아르주나에게 말한다. "진리를 아는 자는 진리를 너에게 알려줄 수 있다. 진리를 아는 사람에게 승복하고 봉사하고 질문을 주고받으면서 알게 된다." 요가 수련자는 구루의 언행을 납득하고 봉사하고 구루와 질문을 주고받는 지적인 활동을 하며 평정심을 얻을 수 있다. 많은 힌두교 전통에서 구루에 대한 절대적인 복종과 봉사를 가장 높은 경지의 명상으로 여긴다. 구루는 세속적 욕망이나 집착을 초월한 사람이어야 한다. 구루가 세속적인 욕망과 집착에서 벗어나 수련자들을 가르칠 때, 수련자들은 그 구루에게 기꺼이 승복하고 봉사할 수 있다.

남 보기에는 그럴듯한 구루와 종교 지도자들이 있다. 요즘 우리 사회에서 존경을 받아야 할 종교 지도자들이 종교를 자신의 부를 축적하고 권력을 휘두르기 위한 수단으로 사용하여 사회적 물의를 일으킨 뉴스를 심심치 않게 접할 수 있다. 그들은 추종자들에게 절대적인 헌신과 복종을 요구하면서 자신은 스스로 깨우친 인간인 양 가면을 쓰고 행동한다. 구루는 세속적 욕망을 초월한, 정결한 사람이어야 한다. 그것이 구루의 첫 번째 요건이다. 구루는 단순하게 종교 지도자에 국한되는 용어가 아니다. 가족 공동체를 이끄는 가장, 한 회사를 책임지는 경영자, 도시와 국가를 지휘하는 지도자의 첫 번째 요건은 다음과 같은 질문에서 출발한다. 나는 과연 나 자신에게 구루인가? 나는 남에게는 구루지만 나 자신에게는 부끄러운 인간인가?

경구 38

당신은 깊은 잠이 드는가?

स्वप्ननिद्रा ज्ञानालम्बनम् वा
svapnanidrā jñānālambanam vā
스바프나니드라 즈냐날람바남 바

직역 "혹은 깊은 잠을 기반으로 한 잠이나 꿈에서 얻은 지혜."

의역 "혹은 깊은 잠에서 꾸는 꿈에서 나온 지혜를 이용해 삼매에 도달할 수 있다."

svapna-nidrā jñāna-ālambanam vā

svapna	명사(m.sg.nom)	잠 ◂ svap 자다
nidrā	명사(f.sg.nom)	깊은 잠 ◂ ni 아래로 + drā 자다
jñāna	명사(n.sg.nom)	지식
ālambanam	형용사(n.sg.nom)	의지하여, 매달려 ◂ ā 위에 + lambana 매달린 ◂ lamb 매달리다
vā	접속사	혹은

구데아Gudea는 메소포타미아(오늘날 이라크)의 남부 도시인 라가시(현재의 텔 알-히바Tell al-Hiba)를 기원전 2144년부터 기원전 2124년까지 다스리던 수메르의 왕이다. 그는 다른 고대 왕들이 그렇듯 자연의 운행을 관장하는 신들을 숭배했다. 라가시는 움마, 우루크와 같은 주

변 수메르 도시국가들과 잦은 국경분쟁을 치르면서 전쟁의 신 '닌기르수Ningirsu'를 주신主神으로 모셨다. 구데아는 닌기르수 신을 위해 웅장하고 아름다운 신전을 건축하기로 결정했다.

구데아는 그 신전을 어떤 모양으로 건축할 것인가를 두고 고민했다. 고대인들은 자신과 자신이 속한 공동체의 중요한 일을 결정하기 위해 특별한 의례를 행했다. 그 의례는 다름 아닌 '잠'이었다. 잠은 의식 상태에서는 떠올릴 수 없던 것을 선명하게 볼 수 있는 무의식 상태다. 유일신 종교의 조상, 아브라함은 신과 특별한 관계를 맺기 위해 특별한 동물들을 선별하여 반으로 가른 뒤 신과 만나기 위해 깊은 잠을 잤다. 잠은 새로운 창조를 위한 혼돈 상태이자 자신이 버려야 하는 과거를 의미한다. 인간은 잠이라는 경계를 거쳐, 새로운 질서와 미래를 준비한다.

구데아는 닌기르수의 새로운 신전을 건축하기 위한 구체적인 청사진을 얻으려고 가장 거룩한 장소인 '지성소至聖所'로 들어간다. 지성소에 간다는 것은 일상적 공간에서 자신을 의도적으로 분리해 격리된 장소로 들어간다는 의미다. 구데아는 목욕재계 후, 거대한 신전 안 특별한 공간에서 좌정한다. 그는 세상의 번잡한 소리를 멀리하고 자신에게만 집중한다. 그는 라가시의 왕으로서 닌기르수 신전을 건축하여 도시를 강화하고 시민들을 하나의 이념으로 묶어 다스릴 것을 상상한다.

구데아는 닌기르수 신전 안에 위치한 '지성소至聖所'로 들어가 가운데에 놓인 침대에 반듯이 누워 한참 동안 있었다. 시간이 지나면서 침묵의 소리가 들리고 칠흑과 같은 어둠이 선명해졌다. 그는 일상과 거룩함의 경계에서 헤매다 특별한 경지에 이르렀다. 구데아는 이 경험을 새로 지은 신전의 주춧돌에 자세히 기록했다. 프랑스 고고학자들은 1878년 라가시의 닌기르수 신전인 에닌누 신전에서 대략 4천년 전 수메르어 쐐기문자로 된 토판문서들을 발견했다. 이 토판문서는 현재 루브르 박물관에 있다.

이 토판문서에는 구데아가 당시 느낀 감정과 신전에서 꾼 꿈이 자세히 기록되어 있다.

> 닌기르수 신이 나에게 신전을 재건하라고 구체적인 지령을 내렸다. 꿈에 한 사람이 나타났다. 하늘과 같이 거대하고 땅과 같이 광활하다. 그의 상반신은 신이었고 임두구드Imdugud라고 불리는 새(괴조)의 날개를 장착했다. 그의 하반신은 폭풍이 휘감고 있었다. 그의 좌우에는 웅크린 사자가 있었다. 그가 나에게 신전을 지으라고 명령했다. 그러나 나는 그 당시 그를 이해하지 못했다. 두 번째 영웅이 등장했다. 그는 팔들을 구부려 내 손에 청금석으로 만들어진 석판을 올려주었다. 그는 거기에 지어진 신전의 도면을 그렸다. 그는 내 앞에 정화된 벽돌을 나르는 나무통과 벽돌을 만드는 주형틀을 놓고 '운명을 결정할 벽돌'을 정해주었다.

신전을 짓는 데 쓰일 첫 번째 벽돌의 크기와 모양을 정하는 일에는 왕의 책임이 따른다. 그는 꿈을 통해 자신의 운명을 바꿀 벽돌의 모양을 결정한 것이다.

꿈

요가는 삶의 가장 기초가 되는 요소들을 인식하고 장악하는 훈련이다. 숨과 함께 인간의 생명을 유지하는 데 필요한 절대적인 시간이 있다. 바로 잠이다. 인간은 잠을 자면서 비로소 자신에게 온전히 집중한다. 잠은 자연적이며 의도적인 자기몰입이다. 주변의 소음, 움직임을 제거하거나 이에 신경 쓰지 않을 때 우리는 잠에 든다. 혹은 원하지 않아도 내 안의 무엇인가가 나에게 잠잘 것을 명령한다. 인간 삶의 3분의 1을 차지하는 잠이란 무엇인가? 이 경험은 깨어 있는 3분의 2의 시간보다 이해하기 어렵다. 깨어 있는 시간 동안 의식은 뇌, 신경, 오감을 통해 작동한다. 요가에서는 이 의식을 '마나스manas'란 용어를 사용하여 설명한다. 마나스는 오감을 통해 주변을 지각한다. 그러나 인간의 오감으로 지각할 수 없는 것들, 예를 들어 세상이 돌아가는 원리를 보는 통찰력이나 우주의 운행을 어렴풋이 읽는 지혜는 어디에서 나오는가?

깊은 잠과 꿈은 자신에게 온전히 몰입하도록 인간의 마음을 돕는다. 주변을 감지하던 오감의 스위치는 꺼지고 뇌와 신경의 활동은 수면 상태로 들어간다. 의식의 마음인 마나스는 휴식을 취한다. 이때 인간은 심연에 저장된 기억을 경험하기 시작한다. 이 마음은 깨어 있는 동안에는 활동하지 않고 의식의 경계 밖에 있다. 우리는 이 의식을 '무의식'이라고 부른다. '무의식'은 '의식'의 반대개념으로 만들어진 수동적이며 제한적인 용어다. 하지만 우리 마음속에는 무한하고 광대한 의식이 존재하며, 깨어 있는 동안 인간이 의식하는 부분은 그 중 일부일 뿐이다.

프로이트는《꿈의 해석》에서 인간의 마음 구조를 다음과 같이 네 부분으로 설명했다. 첫째는 '의식'으로 우리가 알고 있는 정신 활동의 일부분이다. 둘째는 '잠재의식'으로 우리가 기억을 통해 알 수도 있는 것들이다. 예를 들어 초등학교 시절을 회상하다 보면 떠오르는 얼굴이나 사건이 있다. 이것은 잠재의식 속에 존재한다. 셋째는 '무의식'이다. 우리가 알고 있다는 사실을 인식하지 못하는 것들이다. 예를 들어 야구장에서 갑자기 날아오는 공을 피하려고 무의식적으로 몸을 움직이게 하는 역할을 한다. 그리고 넷째는 '이드id'라고 불리는 무의식으로 삶을 지향하고 죽음을 회피하려는 본능적인 마음이다. 프로이트는 인간이 이룬 문명이 무의식의 가장 깊은 곳에 있는 이드 속 인간의 본성을 제어하는 장치라고 설명한다.•

깊은 잠

파탄잘리는 깊은 잠과 꿈에서 얻은 통찰로 삼매경에 진입할 수 있다고 말한다. '니드라'는 단순한 잠drā이 아니라 마음이 온전히 평화롭고 고요한 상태에서만 들어갈 수 있는 깊은ni 잠을 말한다. 깊은 잠을 자야 깨어 있는 동안 의식이 온전히 활동할 수 있다.

파탄잘리는 깊은 잠은 삼매경과 유사하다고 말한다. 잠은 의식이 만들어낸 허상을 온전히 버리고 백지상태로 들어가게 하는데, 이는 새로운 '나'를 발견하기 위한 조용한 출발점이다. 어린아이가 온전히

• Desikāchār, T.K.V. and Hellerfried Krusche, *Freud and Yoga: Two Philosophies of Mind Compared* (New York: North Point Press, 2014), p. 13.

잠에 빠질 수 있는 이유는 자신을 안고 있는 엄마를 완전히 신뢰하기 때문이다. 현대인들은 어머니의 품과 같은 정신세계를 소유하지 못했기 때문에 불면증에 시달린다. 만일 깊은 잠을 자지 못한다면 이는 정상적이며 생산적인 삶을 영위하지 못한다는 증거다. 깊은 잠과 자면서 보고 느끼는 꿈(스바프나svapna)은 깨어 있을 때는 의식하지 못하는 나의 원대한 꿈에 대한 원천이 될 수 있다.

파탄잘리는 묻는다. "당신은 하루의 3분의 1을 차지하는 잠을 위해 몸과 마음을 정돈하였습니까? 당신은 심연에 숨은 당신만의 원대한 꿈을 볼 수 있는 눈과 들을 수 있는 귀가 있습니까?" 나는 깊은 잠을 잘 수 있는가? 깊은 잠을 통해 얻은 통찰력으로 하루를 계획하고 살아가는가?

경구 39

당신의 취미는 무엇인가?

यथाभिमतध्यानाद्वा
yathābhimatadhyānādvā
야타비마타드야나드바

직역 "혹은 자신이 원하는 대상에 대한 명상을 통해."

의역 "혹은 자신이 원하는 대상에 대한 명상을 통해 삼매에 도달할 수 있다."

yathā-abhimata-dhyānāt-vā

yathā	접속사	– 하는 대로
abhimata	형용사(m.sg.nom)	원하는 ◂ abhi –로 + mata 생각, 감정 ◂ man 생각하다
dhyānāt	명사(m.sg.al)	명상, 몰입 ◂ dhyai 명상하다
vā	접속사	혹은

나는 누구인가? 만물 가운데 나의 위치를 고려해 다시 질문하자면 나는 무엇인가? 지하철에서 우연히 옆자리에 앉은 낯선 이가 내게 "당신은 누구십니까?"라고 묻는다면 나는 뭐라고 대답해야 할까? 질문을 한 사람은 어떤 대답을 원하는 걸까? 만일 내가 "나는 대통령입니다"라고 말했다고 가정하자. 나는 이 대답을 통해 이 질문을 던진

사람과 '권력관계' 혹은 '주종 관계'를 형성하려고 시도한 것이다.

'나'라는 존재를 비교적 정확하게 정의하는 것이 있다. 바로 나의 취미趣味다. 취미는 복잡한 인간관계에서 만들어진 나의 정체성, 습관, 개성을 가장 잘 드러낸다. 직업은 생계를 보장하고 타인과의 관계를 유지해주는 중요한 수단이다. 직업에는 체면, 허례허식의 속성이 들어가 있기 마련이다. 그러나 취미는 내가 나를 위해 정기적으로 시간과 정성을 바쳐 즐기는 행위다. 내가 자발적으로 자주 떠올리는 생각, 자주 하는 말 그리고 무의식에서 선호해 자주 하는 행위가 나의 습관이다. 그 습관을 삶의 일부로 수용하여, 자기 개선을 위한 사적인 활동에 활용하는 것이 취미다. 취미는 미는 가지각색이다. 취미는 주변 환경의 영향으로 형성되기도 하고 우리가 의도적으로 선택하기도 한다. 취미는 그 취미를 가진 사람의 정체성을 보여준다.

누군가 내게 "당신은 무엇입니까"라고 묻는다면 나는 거침없이 나의 정체성을 가장 잘 드러내는 나의 취미를 말한다. 내가 아침이면 반드시 하는 나의 의례이자 취미는 다음과 같다. 나는 아침 일찍 일어나 30분간 하얀 방석에 앉아, 오늘 굳이 하지 않아도 되는 일을 생각한다. 그러고는 내 명상이 끝나기만을 기다리는, 내가 사랑하는 반려견과 동네를 한 바퀴 돌며 조깅을 하고 집으로 돌아와 싸리비로 마당을 쓴다. 반려견에게 밥을 주고 이들의 변을 치우고 집 안 전체를 밀대로 청소하고 책상을 정리한다. 찬물로 샤워를 한 뒤에는 책상에 앉아 종교적, 철학적 통찰을 제공하는 책들을 한 시간가량 꼼꼼히 읽는다. 이 일련의 행위가 나의 취미다.

데이비드 흄의 〈취미의 기준에 관하여〉

스코틀랜드 사상가인 데이비드 흄David Hume(1711~1776)은 자신의 경험을 통해 얻는 주관적인 취미에 관한 의미심장한 에세이를 썼다. 그는 인간의 행동을 지배하는 것은 경험세계를 넘어서 존재하는 이성이 아니라 인간의 감성, 감정, 열정이라고 생각했다. 그는《네 편의 에세이Four Dissertations》(1757)이라는 책을 저술했다. 이 책에 수록된 에세이 〈취미의 기준에 관하여〉에서 흄은 자신이 생각하는 미학과 예술 이론을 가장 명확하게 표현했다. 흄에 따르면 아름다움은 대상에 내재한 객관적 성질이 아니라 관찰자 내면에서 일어나는 감정적 판단으로 발견되는 것이다. 이때 미적 판단의 불일치는 다음 두 가지 이유 때문이다. 첫째, 사람마다 다른 '정서' 때문이다. 둘째, 대상을 파악하는 눈을 기르는 '배움과 훈련'이 각자 다르기 때문이다. 다시 말해, 정서와 훈련의 정도 차이에 따라, 대상에 대한 미적 판단의 기준이 달라진다.

취미는 주관적이다. 이성적인 영역이 아니라 감성적인 영역에서 활동하기 때문에 모든 사람이 동의하는 객관적인 아름다움이란 존재하지 않는다. 인간은 '배움'이라는 훈련을 통해 미의 기준을 바꿀 수 있고 강화할 수도 있다. 이 훈련 과정을 통해 인간은 취미를 획득한다.

내가 취미를 판단할 때 나만의 기준이 있는데, 때로 편견이 이 기준을 방해한다. 이때 '배움'이 이 편견을 제거하는 작업이다. 나는 취미생활을 통해 일상의 사소한 것에 대해서도 나만의 기준과 가치를 세운다. 이 기준이 내 삶의 정체성이며 철학이다. 취미에는 진부한 것이 있고 세련된 것이 있다. 진부한 취미는 변덕스럽고 방향이 없으며 일회적이다. 그러나 세련된 취미는 방향성이 있고 지속적이다. 후에 이마누엘 칸트Immanuel Kant(1724~1804)는 '센수스 코뮈니스sensus communis', 즉 모든 사람이 상식적으로 인정할 만한, 주체와 객체 사이의 밀접한 상호작용을 강조한다. 흄은 이 관계보다 주체의 문화적인 기질을 강조했다.

아비마타

파탄잘리는 요가 수련자가 삼매경으로 들어가는 데 필요한 수련으로 '취미'를 소개한다. 요가 수련자는 자신의 취미에 집중함으로써 평정심을 느낄 수 있다. 내가 '취미'라고 번역한 산스크리트어 단어는 '아비마타abhimata'다. 단어 '아비마타'의 뒷부분 '마타'는 '생각하다'라는 의미를 지닌 산스크리트어 동사 '만man-'의 과거분사형으로 '생각된 것', 즉 '생각', '의견', '선택'이란 뜻이다. 아비마타의 의미는 어원이 불분명한 '아비'를 어떻게 해석하느냐에 달려 있다.

'아비'는 부사 혹은 전치사로, 문맥에 따라 다음과 같은 의미를 지닌다. '~에 가까이', '~를 향하여'란 의미로 아비마타를 번역한다면 '간절한 선택', '생각'이란 뜻이다. '아비'가 명사로 '태양의 첫 번째 광선'이란 의미도 있다. 이때 아비마타는 '섬광과 같은 생각'이란 의미도 된다.

아비마타는 요가 수련자가 자신에게 감동과 삶의 활력을 주는, 매일매일 생각하고 말하고 행동하고 싶은 취미다. 아비마타는, 태양의 섬광같이 강력하기 때문에 내가 의도적으로 선택한 고유한 생각을 말한다. 그 생각을 과감하게 자신의 삶의 일부로 수용하여, 자기개선을 위한 훈련으로 사용하는 행위가 취미다.

드야나

나는 그 취미를 내 삶의 일부로 만들어 깊이 명상한 후 내 삶에 아낌없이 강력하게 적용한다. 산스크리트어 '드야나dhyāna'는 '자신이 선택한 하나에 온 마음을 집중하는 명상'을 의미한다. 요가 수련자는 군더더기 없이 단순하면서도 강력하게 마음을 한데로 모아줄 마음훈련이 필요하다. 이 훈련이 바로 드야나다. 만일 내가 물건 하나, 사람 하나, 개념 하나에 정성을 들인다면 나는 그 대상에 대해 다른 사람들이 내리는 평가에 휘둘리지 않는다. 드야나는 불교경전이 기록된 팔리어로는 '자나jhāna'이고 '생각하다', '명상하다'라는 뜻이 되었다. 중국으로 불교가 전파되면서 드야나는 '선禪'으로 번역되었다. 드야나는 '우주의 질서에 맞게 정렬하다'라는 의미의 인도·유럽어 $*d^{h}eh_{1}$-에서 유래했다. 명상이란 자신을 무한한 우주의 유한한 점 하나로 우주를 머금은 거대하면서도 지극히 작은 점 하나로 보는 수련이다.

요가 수련자는 자신이 선택한 것을 깊이 생각함으로써 마음의 평온을 찾을 수 있다. 자신이 선택한 대상에 대한 객관적인 평가에 안주하고 연연해하는가 혹은 아니면 깊은 명상을 통해 자신의 삶을 개선하는 행위에 몰입하느냐가 중요하다. 결국 자신에게 의미를 부여해주는 행위가 바로 취미다. 그는 일상에서 자주 하는 일들을 무시하지 않고 정성을 다해 몰입함으로써 평정심을 누릴 수 있다.

경구 40

당신은 만사에 평정을 유지하는가?

परमाणु परममहत्त्वान्तोऽस्य वशीकारः

paramāṇu paramamahattvānto'sya vaśīkāraḥ

파라마누 파라마마하트반토스야 바쉬카라하

직역 "그의 장악은 가장 작은 것에서 시작하여 가장 큰 것에 이른다."

의역 "요가 수련자의 마음은 어떤 크기의 대상에 대해서도 온전히 몰입할 수 있다. 원자처럼 아무리 작아도, 우주처럼 아무리 커도 상관없다. 그는 모든 것에 집중할 수 있다."

parama-aṇu parama-mahattva-antaḥ-asya vaśīkāraḥ

parama	형용사(m.sg.nom)	가장(para의 최상급) ◀ pṛ –을 능가하다
aṇu	명사(m.sg.nom)	가장 작은 것, 원자
mahattva	명사(n.sg.nom)	가장 큰 것, 우주 ◀ maha 큰 + tva 추상명사형 어미
antaḥ	명사(m.sg.nom)	끝, –까지
asya	대명형용사(m.sg.gen)	그의
vaśīkāraḥ	명사(m.sg.nom)	조절, 장악

요가 수련자는 요가 강습소에 일주일에 한두 번씩 가는 사람이 아

니다. 그의 수련이 일상생활에서 항상 이루어지지 않는다면 그는 약간 개선된 몸으로 그동안 즐겨온 순간적 쾌락을 더 즐기려 하는 사람일 뿐이다. 요가 수련자는 언제 어디서나 누구도 방해할 수 없는 온전한 몰입을 실천하는 사람이다. 식사를 할 때나, 걸을 때나, 대화할 때나, 혼자 있을 때나 최선의 자신을 만들기 위해 신독愼獨하는 자다. 온전한 몰입이란 자신의 약점과 강점을 파악한 뒤 약점은 버리고 강점은 살리는 자기 정복의 과정을 말한다. 수련을 시작하면 수련을 방해하는 유혹도 본격적으로 덤벼들기 시작한다. 갑자기 유혹이 많아진 것이 아니라 수련자의 심안心眼이 맑아져 이전에 보이지 않던 유혹이 선명하게 보이는 것이다. 자신을 정결하게 만들려는 영적인 수련자는 매 순간 도사리는 유혹을 발견하고 자신을 가다듬는다.

시간

무한은 유한에서 출발한다. 영원한 시간은 순간의 연속이다. 순간만을 인식하며 사는 나에게 나의 삶을 지배하는 괴물이란 바로 시간이다. 시간을 알아차리려 노력한 인간에게만 시간이 의미가 있다. 까마득한 옛날부터 한순간도 쉬지 않고 지금 이 순간까지 달려온 시간은, 그 속도를 늦추지 않고 미지의 세계로 영원히 달아날 것이다. 하염없이 흘러가는 시간을 멈춰 나를 위한 순간으로, 나의 최선을 위한 거룩한 시간으로 만들려면 해야 할 일이 있다. 내가 '또 다른 나'에 들어가기 위해 거쳐야 하는 경계의 문턱에서 시간의 흐름을 일깨워주는 일출을 가만히 응시해야 한다. 그 장소가 바로 '시時'다. 태양의 움직임과 기운을 감지할 수 있는, 내가 발을 디디고 선 땅에서 시간의 움직임을 감지할 수 있는 섬세한 '마디'다.

그 마디의 시간은 순간이면서 영원이다. 한없이 작은 단위면서 한없이 큰 단위다. 5분 전이기도 하고 빅뱅이 일어났던 138억 년 전이기도 하다. 현재의 시점에서는 5분 전이나 138억 년 전이나 모두 순간의 마디이기 때문이다. 그 시간은 얼마나 긴가? 혹은 얼마나 짧은가? 한 해는 열두 달, 한 달은 28일에서 31일, 하루는 24시간, 한 시간은 60분, 1분은 60초다. 1초를 장악하는 사람이어야 1년을 감동적으로 보낼 수 있다. 내 인격과 내 인생은 한 번도 쉬지 않고 나타났다가 금방 사라지는 수많은 생각과 행동이 만든다. 내 인격은 내가 떠올리는 이 순간의 생각이며, 내 인생은 내가 지금 하고 있는 행위다.

전체는 부분으로 이루어져 있다. 그 부분들의 공통분모가 전체의 특징이며 성격이다. 오늘의 작은 친절, 배려가 나를 친절하고 관대한 사람으로 만들 것이다. 진실로 정직한 사람은 삶의 가장 작은 생각, 말, 행동에서 정직하다. 숭고한 사람은 공적으로나 사적으로나 모든 면에서 숭고하다. 나는 사회에서 독립적인 한 개인으로서 산다. 개별적인 인간들이 모여 대중이 된다. 깨달은 인간들이 모였을 때 사회도 깨어 있을 수 있다. 선진적인 인간들의 집합이 곧 선진국이다. 내가 오늘 하루를 친절하고 숭고하게 산다면 내가 속한 공동체도 친절해지고 숭고해질 것이다.

바라밀

나는 무엇으로 이 순간을 잡을 것인가? 그것은 바로 내가 지금 생각할 수 있는 최선을 지향하는 마음가짐이자 수행이다. 불교에서 붓다의 뜻을 실천하려는 보살이 피안彼岸의 경지에 도달하고자 하는 수행을 총체적으로 '바라밀波羅蜜'이라고 한다. 자신의 최선을 알고 그것을 자신의 몸으로 실천하려는 사람만이 이 순간을 영원으로 전환할 힘을 소유하게 된다. 나는 바라밀을 소유하고 그것을 실천하고 있는가?

바라밀은 산스크리트어 '파라미타pāramitā'의 한자 음역이다. 파라미타는 흔히 '완벽' 혹은 '온전'을 의미한다. 파라미타를 설명하는 두 가지 어원설이 있다. 하나는, 이 개념이 '가장 높은' 혹은 '가장 먼'을 의미하는 단어인 '파라마'에서 유래했다는 설이다. 파라마는 요가 수련자가 도달하는 가장 높은 경지, 혹은 궁극적인 지점이다. 다른 어원설에서는, 파라미타를 두 단어로 구분하여 의미를 설명한다. 첫 번째 단어인 파라pāra는 '저 멀리 존재하는 경계', '해변', '지평선의 가장자리' 등에서 공통적으로 발견되는 '한계'와 '초월'의 의미를 지닌다. 두 번째 단어는 '도착한 장소'를 의미하는 '미타mita' 혹은 '(내가) 가는 곳'을 의미하는 '이타ita'로, 이때의 파라미타는 '보통 사람들이 도착한 곳을 초월한 장소'라는 뜻이다.

요가 수련자의 목적지는 '초월'이다. 인간은 객관적이며 이성적인 판단에 담긴 진, 선, 미를 초월한 숭고를 느끼고자 하며 형언할 수 없는 어떤 것, 바로 '궁극적인 존재' 혹은 '신'을 닮고자 한다. 수련자는 욕망을 제어함으로써 훈련을 시작한다. 그는 이제 과거의 습관을 버리고 두 눈을 부릅뜬 채 유혹을 인식한다. 이제 그는 이기적 만족을 위해 쉽게 등장하는 마음의 경향, 말의 습관 그리고 행동에서 자신을 지킨다.

습관

바라밀로 가는 길을 막아서는 방해꾼은 커다란 창과 칼을 든 괴물이 아니다. 그것은 내 생각, 말, 행동에 오랫동안 숨겨진 나의 습관이다. 이 습관들은 그 정체를 잘 드러내지 않아 우리 몸에 항상 있는 유해한 바이러스 같다. 이 바이러스는 과학적이며 객관적인 진단으로는 감지할 수 없는 유해균이다. 사람들은 이 정신적 유해균을 눈으로 볼 수 없기 때문에 방치한다.

인간은 습관이 드러나는 존재다. 나의 정신을 수련하고 고양하지 않을 때 나는 고약한 냄새가 나는 생각의 소유자로 전락한다. 말과 행동을 통해, 육체의 병보다 더 치명적인 정신적 유해 물질이 분출된다. 파탄잘리는 요가 수련자에게 마음을 가다듬어 삼매경으로 들어가려면 습관을 억누르라고 조언한다.

완벽한 지배

파탄잘리는 〈삼매품〉 40행에서 요가 수련을 통해 삼매경에 진입할 경우 생기는 힘을 처음으로 언급한다. 《요가수트라》 제3장 〈현현품〉에서는 수련자가 얻는 힘과 훈련의 효과에 대해 자세히 설명한다. 파탄잘리는 〈삼매품〉 40행에서 그 힘을 간단하게 요약한다. 요가 수련자는 일상의 가장 작은 원자부터 가장 큰 일까지 모두를 중요하게 생각하며 그것을 완벽하게 지배한다. '지배'라고 번역한 단어 '바쉬카라흐vaśīkāraḥ'는 '자신이 원하는 절대적인 목적을 위해 뜻을 세우다', '의도하다'란 의미를 지닌 동사 '바스vaś'와 '실제 자신의 일상에서 표현하다', '행동하다'란 의미를 지닌 동사 '카르kar'가 결합한 것이다. 지배란 숭고한 목적을 위해 마음속에 숨은 훈습까지도 제어하는 자신의 일상의 힘이다.

작은 일이 큰일이고 큰일이 작은 일이다. 어리석은 사람은 일상에서 일어나는 일들의 경중을 따져 각기 다르게 대처하다가 일을 망친다. 요가 수련이란 일상 속 모든 일을 철저하게 대하는 삶의 태도에 대한 훈련이다. 혹시 나는 작은 일을 무시하고 있지는 않은가?

8

유종삼매의 특징과 유형

41~50행

〈엘리 로타르 II〉, 알베르토 자코메티, 청동

——— 스위스 출신 프랑스 조각가 알베르토 자코메티Alberto Giacometti는 1960년대 초, 자신의 죽음이 다가오고 있다는 사실을 알았다. 그는 파리의 한 카페에서 철학자 장 폴 사르트르Jean-Paul Sartre와 술을 마셨고 화가 파블로 피카소Pablo Picasso를 조롱했으며 소설가 사뮈엘 베케트Samuel Beckett와 파리 뒷골목을 누볐다. 1950년대 후반에 몽파르나세에 있는 그의 작업실은 엉망진창으로 창고나 다름없었다. 그러나 그의 예술은 이 난장판에서 기적처럼 살아나기 시작했고, 바닥에 널려 있던 회반죽이 벌떡 일어나 그의 예술세계를 독특하게 구현했다.

그는 죽음이 다가오고 있다는 사실을 인식하고 나서 자기 자신을 조각하고 싶었다. 그는 일생을 자기 조각을 위한 연습으로 삼았다. 그의 말년에 두 사람이 그의 유작을 도왔다. 한 사람은 동생 디에고Diego였다. 그는 형의 개인적이면서도 독특한 작품들을 유럽의 예술 시장에 알렸다. 한때 화가이자 가구공예가였던 디에고는 자신의 작품 활동을 줄이고 천재적인 형과 그의 작품들을 세상에 알리는 예술 기획자가 되었다. 또 한 사람은 사진작가이자 영화감독이었던 엘리 로타르Eli Lotar다. 엘리 로타르는 레바논 출신 사진작가로 조르주 바타유Georges Bataille의 실험적인 초현실주의 잡지 〈도큐망Document〉에 도축된 소의 다리들을 적나라하게 일렬로 배치한 '아바트와abattoir', 즉 '도축장' 사진을 실었다. 사진작가 앙리 카르티에 브레송Henri Cartier-Bresson도 그의 재능을 알아보았다고 전한다. 엘리 로타르는 일생을 술에 찌들어 살다 파리의 걸인으로 전락했다. 그때 자코메티를 만나 그의 모델이 되었다.

자코메티가 엘리 로타르를 일생의 유작으로 남기려고 한 것은 엘리의 인생 여정이 그와 닮았기 때문이다. 엘리가 하는 일은 절대 움직이지 않고 하루에 8시간 이상 고요하게 앉아 있는 것이다. 자코메티는 루브르 박물관에 보았던 기원전 15세기 이집트 서기관을 조각한 좌상과 유사한 조각을 떠올렸다. 엘리는 무릎을 꿇고 앉는다. 그는 자코메티의 눈동자를 뚫어지게 쳐다본다. 눈을 잠시 깜짝이는 것조차 허용될 것 같지 않은 영원한 순간을 서로가 구축하고 있었다. 자코메티의 눈은 이상한 섬광으로 가득 찼다. 모세가 돌판을 들고 있었을 때, 시나이산 꼭대기에서 빛으로 가득한 신의 손과 유사했다. 그의 눈은 엘리의 눈으로 침투하여 온몸을 전율하게 만들었다.

자코메티의 아우라는 그의 사지를 떨게 만든다. 회반죽을 든 그의 손, 팔, 다리가 떨린다. 그는 사실 그가 아니다. 그는 엑스터시의 순간으로 진입했다. 자코메티도 엘리도 숨을 멈춘다. 숨 쉬는 것조차 불경해 보이는 초연하고 숭고한 순간이다. 엘리가 자코메티에게 훌륭한 모델이 된 이유는, 그가 산 자가 아니라 죽은 자였기 때문이다. 그는 더 이상 숨을 쉴 수도 없고, 생각할 수도 없고, 저 높은 한 점에 온전히 몰입되어 있다. 자코메티에게 여성은 이집트 여신 조각상이며 남성은 이집트 사제였다. 낯익고 매우 친숙한 존재 같지만, 결코 다가갈 수 없는 존재였다.

자코메티는 엘리를 통해 자신을 조각했다. 그는 신비한 세계를 본 자신을 조각하고 있었다. 엘리는 무릎을 꿇었다. 자신이 꿇은 그 자리가 세상에서 가장 거룩한 공간이기 때문이다. 아니, 그의 모든 것을 내려놓았다는 겸허의 표식인 무릎 꿇기는, 자신의 무릎이 닿은 모든 지면을 거룩하게 만들겠다는 의지다. 그는 두 손을 그 무릎 위에 가지런히 놓는다. 자신의 손은 남을 해치기 위한 폭력의 수단이나 세상의 권력과 부를 거머쥐겠다는 이기심의 파리채가 아니다. 그의 손은 자신이 가야 할 그곳에 도달하기 위해 쉬어야 할 무릎을 가만히 달래고 있다.

그의 몸에서 살과 피는 하나다. 겉과 속은 분리할 수 없는 온전한 하나다. 일생 동안 우여곡절을 겪은 엘리의 삶을 그대로 담고 있는 예술작품이다. 그는 입을 굳게 닫았다. 이젠 침묵沈默하며 신을 눈으로 발견하고 귀로 경청할 시간이기 때문이다. 침묵이란 한없이 깊은 심연으로 자신을 침잠沈潛시켜, 그 멍한 소리만을 듣겠다는 의지다. 침묵은 검은 개가 곁에 지나가는 다른 동물을 보고도 짖지 않고 입을 다무는 절제다. 엘리는 저 높은 곳에 달린 자신을 어렴풋이 본다. 자코메티는 인간이라면 돌아갈 수밖에 없는 저 먼 곳을 바라보는 자신을 엘리를 통해 조각했다. 그는 한곳을 응시凝視하고 자신에게도 생경한 경지로 들어가고 있었다.

엘리 로타르처럼, 요가 수련자가 명상을 오랫동안 수련하면 잡념이 사라진다. 그리고 그의 생각은 한없이 맑고 투명한 수정과 같은 것으로 변모하여 자신이 선택한 대상과 혼연일체가 된다.

'삼매'는 요가 수련의 궁극적인 단계다. 삼매는 요가 수련자가 구별된 시간과 장소에서 좌정하여 하나의 대상에 깊이 몰입하는 두 가지 명상 수련을 통해 진입한다. 하나는 의도된 수련인 '응념凝念(dhāraṇā)'이고, 다른 하나는 자신이 몰입수련을 수행하는 사실도 모르게 물처럼 자연스럽게 진입하는 '정려靜慮(dhyāna)'다.

삼매三昧는 응념과 정려를 거친 마지막 단계다. 삼매는 마치 '레이저 광선'과 같다. 그 주위가 밝거나 어둡거나, 한곳을 향해 온전하게 집중된 광선처럼, 명상 자체에 대한 인식, 명상의 과정, 그리고 명상의 목적이 '신비한 하나'가 된다.

파탄잘리는 삼매의 종류를 크게 두 종류로 구분하였다. 요가 수련자가 현생 혹은 전생의 경험을 통해 상想을 만들 수 있는 잠재적인 단초를 지닌 삼매와, 그런 단초조차 존재하지 않는 삼매다. 전자가 '유종삼매有種三昧', 후자가 '무종삼매無種三昧'다. 그는 〈삼매품〉의 마지막 경구인 49-50행에서 '무종삼매'의 성격을 설명하고 51행에서 '무종삼매'라는 용어를 소개한다.

I. 유종삼매有種三昧 sabījaḥ samādhi (41행-50행)
II. 무종삼매無種三昧 nirbijah samādhi (51행)

인식의 대상이 있는 '유종삼매有種三昧'는 다시 인식의 대상이 분명하게 존재하는 '유상삼매有想三昧 saṃprajñāta samādhi'와 그 대상이 희미하게 존재하거나 거의 사라진 '무상삼매無想三昧 asaṃprajñāta samādhi'로 구분하였다. 파탄잘리는 유상삼매와 무상삼매에 해당하는 모든 유형들에 '사마디samādhi'란 용어를 접미하였다. 유일한 예외는 유종삼매의 첫 번째 유형인 '분별등지'와 '초분별등지'에만 '사마파티samāpatti'라는 용어를 사용하였다. 나는 이 책에서 '사마디'를 한자 음역인 '삼매三昧'로 '사마파티'를 '등지等至'로 번역하였다.

파탄잘리는 유상삼매와 무상삼매를 다시 각각 넷으로 구분하였다.

I. 유종삼매有種三昧 sabījaḥ samādhi

1. 유상삼매有想三昧 saṃprajñāta samādhi (17행)

i. 분별등지分別等至 savitarkā samāpatti (17행, 41행, 42행)

iii. 관조삼매觀照三昧 savicāra samādhi (17행, 44행)

v. 희열삼매喜悅三昧 (sa)ananda (samādhi) (17행)

vii. 유아삼매唯我三昧 (sa)asmita (samādhi) (17행)

2. 무상삼매無想三昧 asaṃprajñāta samādhi (18행)

ii. 초분별등지超分別等至 nirvitarkā samāpatti (43행)

iv. 초관조삼매超觀照三昧 nirvicāra samādhi (44행)

vi. 초희열삼매超喜悅三昧

viii. 초유아삼매超唯我三昧

II. 무종삼매無種三昧 nirbijah samādhi (51행)

요가 수련자는 앎을 구성하는 세 가지 구성요소를 분명하게 인식한다. 그 요소는 대상을 인식하는 주체, 그 대상을 이해하려는 인식, 인식의 대상이다. 대상을 지닌 깊은 명상인 '분별등지分別等至'는 그 대상이 지니고 있는 명칭과 의미에 대한 인식(42행)이다. 그 대상이 지닌 명칭과 정체성이 수련자의 기억 속에서 그 구분이 희미해져 결국 사라지는 명상이 '초분별등지超分別等至'(43행)다. 초분별등지에서는 인식의 주체자, 인식의 과정, 대상의 경계가 희미해진다.

대상에 대한 규정인 언어가 사라지고 언어를 통해 획득되는 대상에 대한 지식이 사라질 때, 그 명상은 고요하고 선명해진다. 그러면 그 대상에 대해 알려는 노력 없이도 수련자는 명상의 대상과 하나가 된다.

분별등지分別等至와 초분별등지超分別等至는 수련자의 오감을 통해 진행된다. 파탄잘리는 인식의 대상을 넘어서는 경계에 존재하는 '미묘한' 대상에 대해 설명한다. 44행에서의 미묘한 대상은 이름도, 형태도, 그 대상에 대한 정보를 줄 만한 것이 없다. 우리가 인식하는 세상에서 멀리 떠난 대상이다. 상캬 철학은 물질세계를 오감으로 확인이 가능한 '드러난 것'과 오감으로 확인이 불가능하여 인식으로만 상상할 수 있는 '미묘한 것'으로 구별한다. 전자는 흙, 공기, 불, 물, 대기를 말하고, 후자는 자아, 지각, 심성과 같은 마음의 작동과 청각, 촉각, 후각, 시각, 미각이 가능하게 만드는 능력을 뜻한다. 예를 들어 숲속에서 지저귀는 파랑새의 소리를 듣는 행위는 '드러난 것'이지만, 소리 듣는 것을 가능하게 만드는 능력은 '미묘한 것'이다.

파탄잘리는 44행에서 '미묘한 것'을 감지하기 위해 오감을 초월하는 깊은 명상의 단계인 '관조'와, '관조'의 두 단계인 '관조삼매'와 '초관조삼매'를 나열한다. 45행에서는 겉으로 드러난 표식이 없는 '미묘한 것'을 감지하는 관조를 다시 설명한다. 46행에서는 42행부터 시작한 대상이 있는 삼매인 '유종삼매'를 재정의한다. 47행에서 50행까지는 초관조삼매의 특징을 설명한다.

경구 41

당신은 관찰하는 자신을 관찰하는가?

क्षीणवृत्तेरभिजातस्येव मणेर्ग्रहीतृग्रहणग्राह्येषु
तत्स्थतदञ्जनता समापत्तिः

kṣīṇavṛtterabhijātasyeva maṇergrahītṛgrahaṇagrāhyeṣu
tatsthatadañjanatā samāpattiḥ

크쉬나브리테라비자타스예바 마네르그라히트리그라하나그라흐예슈 타트스타타드앙자나타 사마파티히

직역 "잡념이 줄어들고 모든 것이 수정처럼 투명해진다. 관찰하는 주체, 관찰 자체, 관찰하는 객체가 붙어 하나가 되고, 서로 같은 색을 띠게 된다. 이것이 등지다."

의역 "요가 수련을 통해 삼매경 안으로 들어가면 소용돌이치던 잡념이 점점 줄어든다. 수련자의 마음은 투명한 수정처럼 투명해져 자신이 몰입하던 대상과 하나가 된다. 대상을 관찰하는 주체, 관찰 행위 자체, 관찰의 객체가 하나로 융합하여 동일한 색을 띠게 된다. 이것이 바로 상극의 일치가 일어나는 등지等至다."

kṣīṇa-vṛtteḥ-abhijātasya-iva maṇeḥ-grahītṛ-grahaṇa-grāhyeṣu
tatstha-tadañjanatā samāpattiḥ

kṣīna	형용사(m.sg.nom)	줄어든 ◂ kṣi 파괴하다
vṛtteḥ	명사(m.sg.gen)	잡념, 파도, 소용돌이

abhijātasya	형용사 (m.sg.gen)	귀중하게 태어난, 투명한 ◂ abhi −로 향해 + jāta 태어난 ◂ jan 태어나다
iva	전치사	−처럼
maṇeḥ	명사(m.sg.gen)	다이아몬드, 보석, 수정
grahītṛ	명사(m.sg.nom)	잡는 사람, 의식하는 자, 관찰자 ◂ gṛh 잡다 + tṛ 동작 접미사 −하는 사람
grahaṇa	현재분사(m.sg.nom)	잡고 있는 (▸ 잡는 행위, 의식하는 행위, 관찰 자체)
grāhyeṣu	과거분사(m.pl.loc)	잡힌 (▸ 잡힌 것, 관찰된 대상)
tad	대명사(n)	그것 (◂ tat)
tatstha	현재분사(m.sg.nom)	그것에 붙어 서 있는 (◂ sthā 서 있다)
tadañjanatā	명사(f.sg.nom)	근처에 있는 것과 같은 색을 띤 것 ◂ tat + añj 기름을 바르다; 색으로 물들다 + ana + tā
samāpattiḥ	명사(f.sg.nom)	등지等至; 최고의 경지 ◂ sam 함께 + ā − 까지 + pat 떨어지다

우주 안에 머무는 존재들은 각자 개성을 지닌 개체로 존재한다. 이 개체는 스스로 주체가 되어 자신이 아닌 객체를 자신과 구분한다. 구분하는 이러한 특징들이 모여, 그 개체의 정체성이 된다. 그것은 자기 존재 안에서 조화롭고 순조롭다. 우리는 흔히 개체가 지닌 외적인 통합체계를 '몸'이라고 한다. 만일 자기 정체성과 어울리지 않는, 혹은 그 정체성을 해치려는 의도가 있는 이질적인 요소가 몸에 침입하면 거부 반응을 보인다. 그러나 이질적인 요소를 거부하는 데 실패하면 결국 자기 몸에 정착하여 '병'이라는 부작용이 생긴다.

인간은 눈을 통해 인식한 정보로 내부와 외부를 구분한다. 자신을 직접 볼 수 없는 '눈'은 그 볼 수 없는 주체를 1인칭 '나'로 여기고, 자신의 눈으로 지금 당장 확인하는 '외부'를 2인칭 '너'라고 부른다. 내가 눈으로 직접 볼 수는 없지만, 과거에 본 적이 있어 기억에 저장되었거나, 매체를 통해 다른 존재를 지식으로 알게 된 외부를 '그', '그녀' 혹은 '그것'이라고 칭한다. 이처럼 인간은 자기 존재를 확인해주는 '나'를 기반으로 외부세계인 '너'와 '그것'을 구분한다.

'나'는 역설적으로 '너' 없이 존재할 수 없다. '너'라는 존재가 '나'라는 구분을 확정해주기 때문이다. 너는 내가 개체로서 존재하기 위한 필요충분조건이다. 종교는 오랫동안 타인에 대한 친절한 인식인 자비, 사랑 혹은 배려가 인간의 삶을 숭고하게 만드는 가장 중요한 가치라고 선언해왔다. '나'와 '너'가 하나가 되는 '우리'는 자신의 기억과 경험이라는 좁은 울타리에서 형성된 이기심과 욕심을 탈출시키는 평원이다.

모든 생물이 그렇듯 어느 주체든 다른 객체와 생식 작용을 하며 개체로 진화한다. 아버지와 어머니로 상징되는 서로 다른 성의 결합 없이 인간이라는 생명이 태어나지 않는다. 새로 태어난 생명은 시간이 지나면서 성장하여 아버지 혹은 어머니가 된다. 인간은 이 영원한 생명 순환 과정의 한 결절結節이다. '우리' 또한 '우리'가 아닌 '그들' 없이 존재할 수 없다. 불특정 다수의 '그들' 혹은 '우리'와는 구분되는 '그들'이 '우리'라는 정체성을 확인해주는 절대적인 필요조건이다.

상극의 일치

인류는 오랫동안 상극을 통해 세상을 해석해왔다. 하늘과 땅, 남성과 여성, 신과 인간, 생물과 무생물, 위와 아래, 왼쪽과 오른쪽, 나와 너, 아군과 적군, 참과 거짓, 천국과 지옥 등등. 이원론적인 세계관은 인간이 관찰한 외부를 손쉽게 관찰하고 간결하게 체계화하기 위한 임시방편이다. 하늘과 땅의 구분은 어디인가? 어디가 왼쪽이고 어디가 오른쪽인가? 참과 거짓을 구분하는 분명한 기준은 무엇인가? 어디가 천국이고 어디가 지옥인가?

밀레토스학파의 철학자들은 세상을 둘로 구분했다. 그 대표적인 철학자 아낙시만드로스Anaximandros(기원전 610~기원전 546)는 스승 탈레스에게서 세상을 객관적으로 관찰하는 방법을 배웠다. 그는 우주가 인간 사회의 법률처럼 자연법칙에 따라 운행된다고 주장했다. 그는 특히 만물의 기원을 고대 그리스어로 '아페이론apeiron'이라고 하는 '무한無限'이란 개념을 들어 설명했다. 무한은 유한의 상대적인 개념으로 실제로는 확인할 수 없는 추상적 개념이다. 만물은 상극의 하나이거나 그것에 연결되어 있다. 아낙시만드로스에 따르면, 물질세계는 흙, 공기, 불, 물을 생성한 '무한'과 '뜨거움과 차가움' '마름과 젖음'따위의 상극으로 이루어진 쌍으로 구성되었다.

헤라클레이토스는 아낙시만드로스의 이원론을 극복하기 위해 새로운 이론을 내놓는다. 헤라클레이토스의 철학의 핵심은 '모든 것은 흘러간다'라는 의미의 그리스 문장인 '판타 레이panta rhei'에서 찾을 수 있다. 만물을 그것 자체로 영속적으로 존재하지 않고, 다른 것으로 변화하고 있다. 높은 산에서 내려오는 시냇물은, 다른 시냇물들과 합류하여 강이 된다. 그 강은 다른 강들과 조우하여 자연스럽게 바다로 흘러간다. 거대한 하늘을 자신의 몸에, 거울처럼 비추는 바다는 태양의 강렬한 빛과 열로, 더 이상 액체가 아니라 안내나 수증기와 같은 기체가 되어 하늘로 올라간다. 세상에 원래 그 상태로 존재하는 것은 하나도 없다. 그것은 다른 것으로 변화하기 위해 자신을 새롭게 생성 중이다.

그에게 우주는 고정된 개체가 아니 끊임없이 변화하는 개체다. 이 변화를 주도하는 원칙을 '로고스'라고 명명했다. 2세기 초 한 유대인이 로고스 이론을 이어받은 〈요한복음서〉를 기록했다. 그는 태초에 '로고스'가 있었으며, 이것을 통해 만물이 생성되었다고 주장한다. 나아가서 신은 로고스를 통해 '예수'라는 인간으로 지상에 탄생되었다. 신과 인간이라는 견고한 구조가 '로고스'를 통해 허물어지고 하나가 되었다. 복음서의 저자는 예수를 자신의 삶을 통해 상극의 일치를 실천한 로고스로 해석했다.

코인키덴치아 오포지토룸

헤라클레이토스의 '상극의 일치' 이론은 15세기 독일 철학자인 니콜라우스 쿠자누스Nicolaus Cusanus(1401~1464)의 저작 《박학한 무지De docta ignorantia》(1440)에서 구체적으로 등장한다. '박학한 무지'는 신학자 아우구스티누스가 신에 관한 앎은 인간의 지식으로 부족하다는 의미로 처음 사용되었다. 쿠자누스는 유한한 인간이 무한한 신을 이성적인 지식으로 알 수 없기 때문에 과학의 한계는 인간 사고를 초월해야 한다고 주장했다. '유식한 무지'는 '앎'과 '모름'의 경계를 허물뿐만 아니라 초월한다. 쿠자누스는 신과 우주를 이해하려는 노력을 '코인키덴치아 오포지토룸coincidentia oppositorum', 즉 '상극의 일치'라고 불렀다. 만물은 상호침투, 상호의존, 상호변화를 통해 말로는 설명할 수 없는 결과를 도출한다.

서양철학의 기반은 '무모순성의 원칙'이다. 그러나 상극의 일치는 '모순의 원칙'을 주장한다. 상극의 일치는 그 이후, 신비주의자 마이스터 에크하르트, 변증 철학자 헤겔 그리고 현대 철학자들, 특히 데리다Jacques Derrida(1930~2004)에게 지대한 영향을 주었다. 이들은 상극이 배타적인 관계가 아니라 상호보완적이며 발전적이라고 해석했다. 20세기 물리학자 닐스 보어Niels Bohr(1885~1962)는 피상적으로 보면 상극이 거짓이지만, 깊이 보면 상극도 참이라고 진술했다. 심리학자 카를 융Carl Gustav Jung(1875~1961)은 자아는 상극의 일치며 자신 안에 존재하는 상극의 요소들을 하나로 일치시켜야 온전한 인간으로 태어난다고 주장했다.

유출

상극의 일치는 오랫동안 동양철학과 신비주의 전통의 핵심이었다. 파탄잘리는 요가 수련자가 삼매경으로 들어가는 갖가지 방법들을 소개했다. 그는 〈삼매품〉 17행부터 40행까지 수련자가 명상을 실행하는 가운데 자신의 마음속에 일어나는 다양한 단계를 설명했다. 그는 이제 41행에서 명상, 명상 수련자, 명상 대상 사이에 일어나는 현상을 비로소 설명한다.

이 구절은 《요가수트라》 〈삼매품〉에 등장하는 가장 중요한 구절들 중 하나다. 파탄잘리는 이 구절에서 '삼매경'을 '수정水晶'이라는 보석을 이용하여 은유적으로 알기 쉽게 설명한다. 독자들은 이 은유를 통해 의식과 깊은 명상의 구성, 그리고 그 구성 사이에 일어나는 상호작용을 이해한다. 나아가서 요가 수련의 궁극적인 방법을 간결하게 제시한다.

41행에서 간략하게 언급된 삼매경의 과정과 효과를 이해하려면 이 구절이 근거로 하는 철학적인 설명을 먼저 떠올려야 한다. 나는 설명을 북 이집트 리코폴리스 출신의 로마 철학자 플로티노스 Plotinos(205?~270)에서 찾았다. 플로티노스는 그 이전에 서양세계관의 토대를 마련한 플라톤의 이데아 이론을 극복, 발전시켰다. 플라톤의 이데아 세계를 '하나'라는 의미를 지닌 그리스어 '헨Hen'으로 표시했다. '하나'에는 구분과 구별이 없다. 이 '하나'는 이 세상에 존재하는 개체가 아니라, 이 모든 개체 이전에 존재하는 어떤 것이다.

만물은 하나'에서 자연스럽게 흘러나온 것으로, 즉 '유출流出'로 만들어진다. 인간의 영혼은 신에게서 흘러나와 매개물인 인간의 몸에 유입된다. 인간은 '하나'와 일체를 이룰 때까지 끊임없이 재생을 거듭한다. 인간의 몸에 유입된 '하나'는 완벽한 신이 될 수 있는 '잠재력'이 있다. 그는 '하나'를 '빛'으로, 신적인 지성을 '태양'으로, 인간의 영혼을 '달'로 풀이한다. 인간의 영혼은 태양에서 나온 빛을 잠시 간직한 상태다.

파탄잘리는 요가 수련자가 삼매경으로 들어간 상태를 정결한 수정水晶과 비교하여 설명한다. 수정은 결정형이 분명한 무색투명한 석영이다. 수정은 그 자체로는 아무런 색을 내지 않지만, 태양이 내는 광선을 모아 오색찬란한 색을 화사하게 내뿜는다. 수정은 그 주변에 있는 물건의 색을 있는 그대로 투명하게 보여준다. 요가 수련자는 자화자찬하지 않으며, 자신의 주변에 있는 타인을 빛나게 하는 수정 같은 존재다. 투명한 수정은 주위에 있는 히비스커스 꽃의 붉은색을 그대로 비춘다. 요가 수련자는 자신의 욕심을 남들에게 드러내거나 관철하기 위해 애쓰지 않는다. 삼매경 안으로 들어간 요가 수련자는 주로 경청한다. 그는 자신의 곁에 있는 배우자나 자식들의 말에 몰입하여 어느 순간 그들이 된다. 주체와 객체가 하나가 되어 이제는 객체의 입장에서 주체를 본다. 수련자는 자신만의 세계에서 탈출하여 상대방의 세계로 진입하는 황홀경을 경험한다. 이 황홀경이 종교에서는 해탈이고 영적인 체험이다.

요가 수련자의 의식에 기적이 일어난다. 세상이 돌아가는 방식인 구분이 희미해지고 사라진다. 어떤 대상을 관찰하는 주체(그라히트리 grahītṛ), 관찰이라는 행위(그라하나grahaṇa) 그리고 관찰의 대상인 객체(그라흐예슈grāhyeṣu)가 신비하게 합일한다. 파탄잘리는 하나가 된 상태를 '타트스타tatstha'란 단어로 표현했다. '타트tat'는 원격지시대명사로 3인칭 '그것'이고 '스타stha는 '서 있다', '거주하다', '어울리다'란 의미다. 타트는 요가 수련자와는 상관없는 저 멀리 있는 '그것'일 수도 있지만, 그가 궁극적으로 도달해야 할 해탈의 경지일 수도 있다. 나, 관찰 그리고 너 혹은 그것이 하나가 되는 상극의 일치가 일어난다.

파탄잘리는 이 '상극의 일치'를 '사마파티samāpatti'란 단어를 사용하여 표현한다. '사마파티'는 '함께', '정성을 다하여'라는 뜻의 접두어 '삼sam'과 '~경계까지', '지평을 넓히기 위해 한계에 도전하는'이란 뜻의 접사 '아ā' 그리고 '떨어지다', '날다', '발견하다'란 뜻의 동사 '파트pat'가 결합된 단어다. 신라 시대 원효가 주석을 단《금강삼매경론金剛三昧經論》에서 사마파티를 '삼마발제三摩鉢提'라고 음역했다.

이 용어만으로는 그것이 지향하는 바를 알 수 없다. 후대에 사마파티는 '등지等至'라는 용어로 해석, 정의되었다. 등지란 삼매경으로 진입하여 도달한 가장 높은 경지다. 한자 등等은 원래 관청[寺]에서 일하는 사람[寺人]이 기록보관을 위해 사용한 죽간竹簡을 가지런히 정리하여 순서대로 배열하는 행위를 뜻하는 글자다. 그는 산란한 마음을 모아 가지런히 가라앉히고 전후좌우상하를 일정하게 배치한다. 한자 지至는 그가 도달할 수 있는 최선의 단계에 도착한 상태를 가리킨다. 그는 자신의 생각을 모아 반드시 그리고 마침내 지극한 경지에 들어서게 된다. 따라서 사마파티는 명상 자체를 즐기는, 자신이 가야 할 곳에 들어가 몸과 마음을 좌정시킨 '입정入定'의 단계다.

우리가 사상적으로 독립하려면 삼마발제와 같이 뜻과는 상관없이 음역된 수많은 학문 용어를 수정해야 한다. 사마파티란 요가 수련자가 자기라는 과거의 잡념에서 벗어나 무지한 자신의 경계를 확장하여 나와 너, 나와 그것이 하나라는 사실을 깨닫는 경지다. 요가 수련자는 내면에서 흘러나오는 소리를 경청할 뿐 아니라 주변 사람을 비롯해 동식물까지도 면밀히 관찰하고 이들의 소리를 경청한다. 이처럼 응시와 경청을 거듭하다 보면 관찰 대상, 관찰자, 관찰이 하나가 되는 등지 상태로 들어간다.

경구 42

당신은 대상을 있는 그대로 분별하는가?

तत्र शब्दार्थज्ञानविकल्पैः संकीर्णा सवितर्का समापत्तिः

tatra śabdārthajñānavikalpaiḥ saṃkīrṇā savitarkā samāpattiḥ

타트라 샤브다르타즈냐나비칼파이히 상키르나 사비타르카 사마파티히

직역 "거기에 말, 의도, 지식, 상상력이 섞여 있는 분별등지다."

의역 "만일 마음이 한 대상에 몰입하여 삼매경 안으로 들어갔을 때, 그것은 필연적으로 그 대상의 이름, 존재 의미, 대상이 지닌 심오한 지식, 지식을 기반으로 한 무한한 상상력과 섞여 있다. 우리는 그것을 유종삼매 안에서 '분별등지分別等至'라고 한다"

tatra śabda-artha-jñāna-vikalpaiḥ saṃkīrṇā savitarkā samāpattiḥ

tatra	부사	거기에
śabda	명사(m.sg.nom)	말; 낱말 (경구 9 참조)
artha	명사(m/n.sg.nom)	세속적 성공, 목적, 의미, 의도
jñāna	명사(n.sg.nom)	지식 (경구 8 참조) ◂ jñā 알다
vikalpaiḥ	명사(m.pk.instr)	상상 (경구 9 참조) 개념, 허상 ◂ vi + kḷp 알맞다
saṃkīrṇā	형용사(f.sg.nom)	함께 흩어져 섞인 ◂ saṃ 함께 + kīrṇa 흩어져 섞인 ◂ kṛ 흩어버리다
savitarkā	형용사(f.sg.nom)	분별력이 있는 ◂ sa 함께 + vi 떨어져 나간 + tarka 숙고, 분별

vitarka	명사(m.sg.nom)	분별력, 심尋, 각覺
samāpattiḥ	명사(f.sg.nom)	등지等至
savitarkā samāpattiḥ	명사(f.sg.nom)	분별등지分別等至

몇 년 전 겨울밤이었다. 저 높은 하늘에서 함박눈이 한바탕 쏟아지더니 정원을 하얀 눈으로 덮어버렸다. 나는 이 신기한 광경을 보려고 하얀 방석 위에 고요히 좌정하고 겨울을 맞이하는 처진개벚나무를 한참 응시했다. 축 처진 가지 위에 눈이 아슬아슬하게 쌓였다. 마당 왼편에 당당히 자리 잡은 벚나무는 앙상한 가지 위에 무거운 눈을 이고, 미묘한 바람에 낭창낭창 춤을 추며 이리저리 흔들거렸다. 내가 이전에 한 번도 본 적이 없는 진풍경이었다. 처진개벚나무는, 빅뱅의 순간부터 지금까지 한 번도 취해본 적이 없는 낯선 모습으로 처음이자 마지막 춤을 추고 있는 것이 아닌가! 자신에 온전히 몰입한 이 나무는, 내가 과거에 알고 있었던, 그 '처진개벚나무'가 맞는가?

왜 나는 굳이 이 나무를 '처진개벚나무'라고 부르는가? 그 이유는 누군가 오래전에 그렇게 이름 붙이자고 제안했고, 이에 내가 암묵적으로 동의했기 때문이다. '처진개벚나무'라는 말이 이 나무의 개성을 드러내는가? 내 눈앞에 생경한 모습으로 우두커니 서 있는 이 나무는 내 기억 속의 나무와 무슨 상관이 있는가?

소쉬르는 그의 저서《일반언어학강의Cours de linguistique générale》에서 언어를 '기호記號'로 정의한다. 기호란 '어떤 뜻을 전달하기 위해 사용된 부호, 문자 혹은 표시'다. 건널목에 있는 '빨강 신호등'은 자동차 운전자나 보행자에게 모두 가던 길을 멈추고 기다리라는 의미다. 만일 운전자가 이 기호를 무시하면 큰 사고가 날 것이다. 그러나 '빨강 신호등'이 원래 '멈추다'라는 의미는 아니었다. 한 집단의 구성원들이 자신들의 안전을 위해 빨강 신호등은 멈추라는 의미가 있다는 사회적 약속에 동의했을 뿐이다.

소쉬르는 '빨강 신호등'이라는 말을 '기표記標'라고 불렀고 '멈추다'라는 숨은 의미를 '기의記意'라고 불러 둘을 구분했다. 따라서 기표와 기의는 원래 서로 상관이 없었지만 당사자들이 둘의 관계를 임시로 결정했기에 '임의적'이다. '임의적任意的'이란 공동체 안에서 동의하여 맺은 약속이다. 임의성은 당연히 필요하다. 인간이 언어로 만물, 개념을 표현하는 데에는 한계가 있기 때문이다. 인간이 할 수 있는 일이란 기껏해야, 그 의미를 축소하여 최소한의 특징만을 담은 문장으로 정의 내리는 것뿐이다.

내 눈앞에 나타난 이 나무는 '처진개벚나무'라는 문자로는 담을 수 없는 수많은 특징과 개성을 지니고 있다. 이 벚나무의 가지는 축 처져 있다. 가지는 항상 자신이 마지막에 돌아가야 할 땅을 향해 겸손하게 처져 있지만 언제나 큰 가지와 줄기에 매달려 인내한다. 언어로는 담을 수 없는 이 나무만의 특징을 총합한 것이 바로 '처진개벚나무'다.

'나'는 누구인가? 나라는 인간을 가장 잘 드러내는 것은 무엇인가? 거울에 비친 내 모습이 '나'인가? 아니면 그것을 '나'라고 인식하는 의식이 '나'인가? 심리학자 융의 주장처럼 의식을 조절하고 만들어 내는 무의식이 '나'인가? '배철현'이란 이름은 '나'일 수 없다. 인터넷 공간에서 떠돌아다니는 어떤 사람에 대한 정보가 그 사람의 전부일리 없다. '배철현'이란 음성기호는 철수, 영희 등과 같이 '나'라는 인간의 됨됨이까지 전부 담을 수 없다. 그러나 이 이름은 공동체 안에서 사는 인간인 나를 타인과 구별하여 표시해주는 효과적인 분류법이다. 내 이름은 내가 아닌 다른 사람을 통해 내가 갖게 되었고, 다른 사람들은 이 이름을 통해 나를 인식한다.

사람의 이름에는 수많은 상징이 담겨 있다. 예를 들어, '스티브 잡스'를 떠올려보자. 매킨토시, 아이폰, 영화 〈토이 스토리Toy Story〉, 스탠퍼드대학교 졸업식 연설, 혁신 등 수많은 단어가 떠오른다. '스티브 잡스'라는 이름이 품고 있는 다양한 내용과 의미들이다.

나는 지난 7년 동안 이 벚나무가 보이는 방에 앉아 명상을 수련해왔다. 나에게 이 벚나무는, 그 누구도 알지 못하는 특별한 의미가 있다. 식물사전에는 '처진개벚나무'의 특징들이 나열되어 있다. 이 특징들의 집합은 이 나무를 구상나무나 소나무와 구분한다. 이 나무는 4월에는 화사하게 연분홍색 꽃을 피우고, 가지는 항상 축 처져 있다. 이 특징들은 객관적이어서 이 나무를 다른 나무들과 다른 처진개벚나무로 정의한다. 이처럼 우리가 일상에서 경험하는 대상의 정체성은 그것의 '이름', 그것과 관련된 주관적 경험을 통해 얻은 '진정한 의미' 그리고 다른 것과 그것을 구분하는 '객관적 정보'로 구성된다.

내가 좌정하고 어떤 대상을 명상의 대상으로 삼아 '등지' 상태로 진입하면, 그 대상에게 있는 이름 이상의 정보를 발굴할 수 있다. 그 대상에 대한 소문이 아니라 그 대상 자체를 깊이 경험하면, 그전에 볼 수 없었던 정보를 알게 된다. 앎이란 인연으로 만난 대상에 대한 존경과 배려를 통해 서서히 알아가는 심오한 정보다. 명상은 임의성에 가려진 그 대상의 본질을 발굴하는 도구다.

분별등지

파탄잘리는 경구 17행에서 명상과 신체 수련을 통해 진입할 수 있는 단계를 '사마디samādhi'라는 용어를 사용하여 saṃprajñāta samādhi라고 소개하였다. 나는 이것을 '유상삼매有想三昧'라고 번역하였다. 유상삼매의 첫 번째 단계가 분별등지分別等至다. 파탄잘리는 42행에서 요가 수련자가 어떤 대상을 깊이 묵상하여 경내에 들어서면 그의 의식에 떠오르는 내용을 나열한다. 명상의 대상이 존재하는 분별등지는 요가 수련자의 의식이 한곳에 집중되어 자연스럽게 외부 자극이 소멸되는 상태다. 이때 의식은 집중되었을 뿐 아니라 명상의 대상 안으로 깊이 들어가 있다.

그 대상은 처진개벚나무의 예처럼 단순한 명칭을 넘어 다음 네 가지 정보를 제공한다. 첫째, '처진개벚나무'라는 이름이다. '이름'은 산스크리트어로 '샤브다śabda'다. 이름이란 사람들이 임시로 그리고 임의로 구별하기 위해 붙인 명칭이다. 이해할 수 없는 우주의 질서와 원칙을 신앙인은 '신'으로, 과학자와 철학자는 '이성'으로, 스토아 철학자는 '자연'으로 불렀다. 고대 이스라엘인은 '엘로힘Elohim'으로, 그리스인은 '테오스theos'로, 로마인은 '데우스deus'로, 고대 인도인은 '데바deva'로, 미국인은 '갓God'으로, 한국 개신교인은 '하나님'으로 그리고 한국 가톨릭 신자는 '하느님'으로 부른다. 이런 명칭들은 사실 '신'과는 아무런 연관이 없다. 사람들은 자신이 속한 혈연-지연공동체, 그리고 그 공동체가 사용하는 언어를 통해 초월적인 존재를 음성기호로 표시했다. 요가 수련자는 '등지' 상태로 진입하여 그 대상이 가진 이름의 의미를 깨닫는다.

둘째, '아르타artha'다. '아르타'는 눈으로 볼 수 없는, 그 대상만이 지닌 궁극적인 의미와 목적을 드러내기 위한 표식이다. 아르타는 이름을 가진 대상을 존재하게 하고 의미 있게 하는 어떤 것이다. 아르타는 개인적 차원을 넘어 타인과 함께 공동체를 이루고, 자신에게 맡겨진 고유한 임무를 깨달아 그것을 성공적으로 완수하려는 마음가짐이다. 아르타는 자신의 임무를 훌륭하게 마쳤을 때, 타인이 그 사람에게 기대하는 세속적인 성공, 즉 부, 명예, 권력을 의미하기도 한다. 또한 '나'라는 존재를 생존하게 만드는 나의 이상, 삶의 태도, 결심, 개성 등과 같은 것이다.

셋째, '즈냐나jñāna'다. 그 대상을 다른 대상과 구분 짓는 최소한의 정의다. '즈냐나'는 대상이 가진 객관적인 지식을 넘어 사적인 경험을 통한 통찰력과 안목을 말한다. '즈냐나'는 명상의 대상을 오랫동안 경험하며 자신의 오감을 통해 파악한 깊은 지식이다. 즈냐나는 경험이 가져다주는 지혜다.

넷째, '비칼파vikalpa'다. 그 대상을 진정으로 파악할 때, 그 혜안을 넘어서는 생각의 도구가 등장한다. 바로 '상상'이다. 상상은, 그 대상을 통해 무한한 지점으로 진입할 수 있는 길목 같은 것이다. 명상의 대상이 그 대상과 깊이 연관되어 있는 개체를 떠올린 뒤 구체적인 모습으로 상상하도록 '등지' 안에서 훈련시킨다. 이 네 가지가 유종삼매有種三昧의 '분별등지'를 구성한다.

경구 43

당신은 대상의 핵심을 파악하는가?

स्मृतिपरिशुद्धौ स्वरूपशून्येवार्थमात्रनिर्भासा निर्वितर्का
smṛtipariśuddhau svarūpaśūnyevārthamātranirbhāsā nirvitarkā
스므리티파리슛다우 스바루파슌예바르타마트라니르바사 니르비타르카

직역 "만일 모든 기억이 정화되고, 즉 자신의 본성조차 비워지면, 대상 자체만 빛을 발한다. 이것이 초분별등지다."

의역 "만일 마음이 한 대상에 몰입해 삼매경 안으로 들어갔고, 그것이 그 대상의 이름, 존재 의미, 지식, 상상과 섞이지 않고, 자신 본연의 자기 모습조차 비워진다면, 그것은 그 목적만 홀로 빛난다. 이를 초분별등지超分別等至라고 한다."

smṛti-pariśuddhau svarūpa-śūnya-iva-artha-mātra-nirbhāsā nirvitarkā

smṛti	명사(f.sg.nom)	기억 ◂ smr 기억하다
pariśuddau	명사(f.sg.loc)	정화, 청결 ◂ pari 주위 + śuddi 정화 ◂ śudh 정화하다
svarūpa	명사(n.sg.nom)	본연의 모습, 자기 모습 ◂ sva 자신의 + rūpa 모양
śūnyā	명사(f.sg.nom)	공, 빔
iva	접속사	그것은 마치 – 같다
artha	명사(m/n.sg.nom)	세속적 성공, 목적, 의미, 의도

mātra	부사	단지
nirbhāsā	형용사(f.sg.nom)	빛나는 ◂ nir 초월한 + bhāsa 빛 ◂ bhās 빛나다
nirvitarkā	명사(f.sg.nom)	초분별 ◂ nir 초월한 + vi 없는 + tarka 숙고, 분별

영국의 보수주의 정치가이자 사상가인 에드먼드 버크Edmund Burke(1729~1797)는 저서《숭고와 아름다움의 관념의 기원에 대한 철학적 탐구A Philosophical Enquiry into the Origin of Our Ideas of the Sublime and Beautiful》에서 서양철학의 핵심 주제인 '아름다움'에서 '숭고'라는 개념을 분리했다. 아름다움이란 빛이 어떤 대상을 비추어 객관적인 정보를 제공하는 것을 말한다. 그러나 빛의 부재인 어둠은 대상을 아예 관찰하지 못하게 해 무의미와 혼동을 일으키고 그 대상에 대한 경외와 공포를 조장한다. 숭고와 아름다움의 관계는 상호배타적이지만 둘 다 쾌락을 제공한다.

버크는 이전 철학자들의 주장을 뒤집는다. 특히 플라톤이《향연Symposium》에서 정의한 '아름다움은 즐거운 경험'이라는 명제를 뒤엎는다. 아리스토텔레스가 정의한 예술의 기능이란 관찰자에게 즐거움을 주는 것이다. 그는 또한 '추함'이란 개념을 만들어서 추한 작품은 관찰자에게 고통을 준다고 기록했다. 그는《시학Poetics》에서 고대 그리스의 비극작품들을 분석했다. 비극적인 이야기는 인간에게 공포와 연민이라는 감정이 들게 해 카타르시스를 통해 억압된 감정이 분출되게 한다. 아리스토텔레스의 추함 개념을 이어받아 아우구스티누스는 아름다움을 창조물 안에 존재하는 신의 은총으로, 추함을 은총의 부재로 설명했다. 버크는 숭고가 일으키는 생리적 반응,

즉 그 대상이 유발하는 '공포'와 '매혹'이라는 이중적인 감정을 연구했다. 그는 숭고를 '아픔 혹은 불편이 부재한 상태'라고 설명한다. 그는 이 상태를 '즐거움delight'이란 단어로 표현했다. 즉 즐거움은 숭고한 대상과의 만남을 통해 고통이 제거된 상태다.

숭고는 인식 가능한 경계를 넘은 어떤 것, 즉 '위대함'을 뜻하는 단어다. 우리는 오감을 통해 숭고를 일부 느낄 수 있고, 이성으로 이를 인정할 수도, 형이상학적으로 이해할 수도 있다. 숭고는 예술적, 영적으로 매혹적인 어떤 것이다. 숭고는 숫자와 언어로 측량되거나 표현될 수 없고 누군가 흉내 내서 만들 수도 없다.

18세기 영국 화가 조지프 라이트Joseph Wright(1734~1779)는 에드먼드 버크의 숭고 개념을 화폭에 담았다. 그는 1773년에 이탈리아 나폴리를 여행하면서 저 멀리 보이는 활화산 베수비오산에 매료되었다. 그는 이후에 30점 이상의 화산 그림을 그렸다. 그는 '베수비오 화산 폭발Vesuvius in Eruption'이란 그림에서 베수비오산의 화산 폭발과 바다의 정적을 대비하여 묘사했다. 산의 중앙에서 용해된 물질이 하얀 연기를 뿜으며 하늘로 치솟지만, 오른편에 있는 보름달은 하얀 구름에 초연히 가려져 있다.

쇼펜하우어의 숭고

쇼펜하우어는 저서 《의지와 표상으로서의 세계Die Welt als Wille und Vorstellung》의 39번째 단락에서 아름다움과 숭고의 관계, 전이 과정 그리고 둘의 차이에 주목했다. 아름다움은 관찰자가 대상의 친절한 초대에 응해 그가 가진 개인성을 초월해 대상에 다가갈 때 생기는 감정이다. 반면 숭고의 경우, 관찰 대상이 관찰자를 초대하지 않는다. 대상은 스스로에게 몰입되어서 외부의 관심이나 시선을 의식하지 않는다. 오히려 관찰자의 경계를 침범해 그가 외부를 인식하는 체계를 허문다.

숭고의 감정을 일으키는 대상은 인간이 이해하기엔 너무 광대하고 강력하기 때문에 그 대상을 통해 관찰자는 자기 자신을 한낱 우주 먼지로 인식하게 된다. 우리가 광활한 사막 한가운데에서 셀 수 없이 많은 밤하늘의 별을 보았을 때 느끼는 감정과 비슷하다. 이 감정은 미적인 묵상을 순간적으로 요구하고 이내 사라져버린다.

상극의 일치

요가 수련자가 어떤 대상을 관찰하는 자신을 제3자처럼 관찰할 때, 그는 관찰하는 자신, 관찰이라는 행위 그리고 관찰 대상을 하나로 인식하는 '상극의 일치'를 경험하게 된다. 파탄잘리는 42행에서 그런 삼매경을 '사비타르카 사마파티savitarkā samāpatti'라고 소개하는데, 이는 '분별등지'로 번역되었다. 파탄잘리는 43행에서 관찰자, 관찰, 관찰 대상에 대한 정보와 기억조차 사라진 상태를 묘사한다.

요가 수련자가 명상 대상과 온전히 일치할 때, 무슨 일이 일어날까? 그는 삼매경에 진입한 후, 세상이 정해놓은 시간과 공간이란 미로와 같은 구조에서 탈출한다. 과거와 미래가 지금 이 순간으로 빨려 들어간다는 사실과 동서남북이라는 방위도 결국 그 방향을 측정하려는 주관자의 임의적인 선택이란 사실을 깨닫게 된다. 위가 아래가 되고, 왼쪽이 오른쪽이 되면서 자신이 좌정한 자리가 빅뱅 이전의 소실점이며 지속적으로 팽창하고 있는 우주의 언저리라는 사실을 절실하게 깨닫는다.

어떤 대상의 관찰자인 '나'가 사라진다. 나는 무아無我다. 무아는 신적인 '나', 아트만, 푸루샤를 발견할 수 있는 기반이 된다. 관찰자뿐 아니라 대상을 인식하려는 행위인 '관찰'도 사라진다. 관찰이라는 행위는 관찰자와 관찰 대상을 이어주는 끈이다. 관찰자는 자신의 시선이란 도구를 통해 대상의 존재를 인정하고 대상의 내용을 이해한다. '사마파티'의 단계에서는 이 시선조차 사라진다. 관찰이라는 시선은 여전히 관찰자라는 주체가 있어야 가능하기 때문이다. 관찰자와 관찰 대상이 관찰이라는 팽팽한 시선으로 서로 밀고 당기다 급기야 관찰 대상만 남는다.

파탄잘리는 요가 수련자가 인식하려는 관찰 대상만 오로지 남는 경지를 43행에서 함축적으로 표현했다. 그 첫 단계는 '모든 기억의 추방'이다. '스므리티smṛti'는 요가 수련자가 관찰하는 대상을 통해 얻은 정보일 뿐 아니라 심층심리학에서 말하는 무의식 속에 있는 기억까지 포함한 포괄적 기억이다. 한 번도 관찰하지 못했던 광경을 실제로 보았을 때, 그 광경에 대해 인식하게 하는 도구는 바로 무의식 속의 '기억'이다. 그는 이런 기억조차 추방한다. 사물을 사물 자체로 인식하는 데 방해되기 때문이다.

수련자는 주위를 원하는 방향으로 전환하고자 하는, '자기 자신'이라는 주체조차 소멸되는 환경으로 들어선다. '스바루파svarūpa는 자신이 원하는 '이상적인 이데아rūpa'를 자신 안에서sva 찾는 깨달음의 경지를 말한다. 중력이 존재하지 않는 빈 공간에서 자기 자신도 갑자기 무의미해진다. 파탄잘리는 관찰 대상만 남은 상태를 마치 '자신의 본성과 시공간조차 생성되기 전의 상태, 즉 빅뱅 이전의 빔śūnya'으로 비유한다. 모든 것이 사라지고 오직 그 대상만이 빛을 발하며 남는다. 이것이 바로 '초분별등지超分別等至 nirvitarkā (samāpattiḥ)'다.

경구 44

당신은 눈으로 감지할 수 없는 것을 감지할 수 있는가?

एतयैव सविचारा निर्विचारा च सूक्ष्मविषय व्याख्याता
etayaiva savicārā nirvicārā ca sūkṣmaviṣaya vyākhyātā
에타야이바 사비차라 니르비차라 차 숙슈마비샤야 브야크야타

직역 "그리하여 이것과 마찬가지로 미묘한 대상에 관한 명상인 관조삼매와 초관조삼매가 설명된다."

의역 "그리하여 위에서 소개된 분별등지와 초분별등지와 같은 방식으로 관조삼매와 초관조삼매가 설명된다. 관조삼매는 미묘한 대상에 관한 것이다."

etayā-eva savicārā nirvicārā ca sūkṣma-viṣaya vyākhyātā

etayā	지시대명사 (f.sg.inst)	이것을 통해 ◂ etad '이것'
eva	접속사	그리하여
savicārā	명사(f.sg.nom)	관조, 사伺 ◂ sa 함께 + vi 떨어져 나간 + cāra 동작, 진행 ◂ car 가다
nirvicārā	명사(f.sg.nom)	초관조 ◂ nir 초월한 + vi 떨어져 나간 + cāra 동작, 진행 ◂ car 가다
ca	접속사	그리고
sūkṣma	형용사 (m.sg.nom)	미묘한 ◂ siv 꿰매다

viṣayā	명사(f.sg.nom)	대상
vyākhyātā	형용사(f.sg.nom)	충분히 설명된 ◂ vi + ā + khyātā 설명된 ◂ khyā 언급하다

벚꽃은 봄을 화려하게 알리는 전령이다. 4월 초에 완연한 봄이 되었다는 사실을 온 세상에 알린다. 죽은 줄 알았던 시커먼 나뭇가지에 연분홍색 꽃이 피고 그 향기가 은은하게 퍼져 멀리 산골짝에 사는 벌들이 호출된다. 벌들은 나무 하나에 적어도 수만 개 이상 달린 꽃잎들을 일일이 방문하여 자신의 임무인 수분을 수행한다. 벚꽃은, 아니 인간을 제외한 동식물들은, 자연의 이치와 질서를 정확하게 이해한다. 그것이 자연스럽기 때문이다. 움츠릴 때와 확장할 때, 뽐낼 때와 수그릴 때를 안다. 우리에게는 복잡하게 나누어진 것들이 벚나무에게는 조화로운 하나다. 우리는 그런 현상을 '신비한 합일' 혹은 '내가 그것이다tat tvam asi', 혹은 '원수를 사랑하라'라는 근사한 말로 포장한다.

내가 사는 가평군 설악면의 4월 아침 기온은 영상 1도로 춥다. 나는 반려견 샤갈, 벨라와 함께 산책이란 의례를 위해 집을 나섰다. 산책은 다른 운동과 마찬가지로 쌀쌀한 날씨를 감수해도 좋을 만큼 언제나 보람이 있다. 산책길로 가려면 시냇물과 북한강이 만나는 호숫가를 지나야 한다. 아침 햇살은 특히 눈부시다. 호수에 반사되어 내 눈에 들어온다. 잔잔하게 반짝이며 요동치는 강물이 하루를 시작하는 나를 가만히 바라본다.

이 호수는 끊임없이 움직이지만 동시에 모든 것이 정지된 듯 보여

거대한 천상의 거울 같다. 진귀한 남청색 비단처럼 광활하게 펼쳐져 있어 하늘을 그대로 비추는 거울이 된다. 가던 길을 멈추고 호수를 가만히 쳐다보면 신비한 현상이 일어난다. 웅장한 거울에 보이는 것은 물도 아니고 반짝이는 빛도 아니다. 나는 가끔 그 거울에서 물과 빛을 초월한 생명의 약동을 느끼고 발견한다. 그 생명의 약동은 심연에 존재하는 삶에 대한 희구 또는 열망과 조우하게 하며 나도 그 존재를 알지 못했던 '자기 자신'이라는 보물을 조금씩 보여준다. 철학이나 종교에서 나오는 경구에는 없는, 형용할 수 없는 그 무엇이 나를 정색하게 만든다. 오늘 내가 해야만 하는 한 가지 일은 무엇인지 자문한다. 나는 인간의 마음속에 이런 숭고한 것이 숨겨져 있다는 사실에 가끔 놀란다. 자연은 일상이 강요하는 산만함과 진부함에서 매일 아침 나를 구원한다.

자연이 혹은 우리의 일상이 상식을 뒤집고 새로운 자신을 발견하지 못하게 하는 이유는 무엇인가? 내가 그 대상을 당연하게 보았고 내가 아는 지식 선에서, 혹은 나의 무지란 틀에서 '그저' 보았기 때문이다. 자연은 어떤 사람에겐 예술적 영감의 원천이지만 어떤 사람에겐 아무것도 아니다. 자연을 가만히 응시할 수 있는 평정심을 가진 자에게는 자연이 인위적인 예술작품과 비교할 수 없는 최상의 예술작품이지만, 마음이 불안한 자에겐 평범한 풍경일 뿐이다.

화가였던 피카소의 아버지는 아들의 천재성을 발견하고, 한 가지를 연습하게 했다. 비둘기 다리를 종일 그리는 것이었다. 그 후 피카소는 일 년간 비둘기 다리만 그리며 지겨운 시간을 보낸다. 이 인내의 시간이 피카소를 조금씩 변하게 했다. 그는 비둘기 다리를 수십 가지 형태로 다르게 그릴 수 있게 되었다. 비둘기 다리 하나를 그릴 때 다른 비둘기 다리와 구분하여 다르게 그렸다. 그뿐 아니라 비둘기 다리 그림을 통해 만물의 형태는 선으로 표현될 수 있음을 깨달았다. 보고 또 보는 것이 위대한 예술가의 특징이다. 그런 관찰 훈련을 통해 비둘기 다리가 위대한 예술로 승화한 것이다. 반복과 인내는 천재에게 필요한 어머니 같다.

호수를 돌아서면 벚나무들이 나란히 서 있는 길이 나온다. 나는 반려견들과 함께 잠시 멈춰 섰다. 어디에선가 불어온 바람이 벚나무를 흔들었다. 바람은 어디에서 오는지 아무도 모른다. 인간은 뺨으로 느끼고 나무는 가지로 감지할 뿐이다. 봄바람에 벚나무가 반응한다.

벚꽃은 안다. 세상에 나온 지 2주밖에 되지 않았지만 4월 초에 만개하고 나면 땅으로 떨어질 시간이 다가왔음을 안다. 마침 바람이 불어와 신비한 자연의 순환을 돕는다. 바람의 인도에 따라 벚꽃들은 강물 위로 몸을 던진다. 한겨울에 하늘에서 하염없이 떨어지는 눈처럼 벚꽃들이 강물 위로 떨어진다. 꽃잎들은 나뭇가지에 매달려 있으려고 하지 않는다. 꽃잎들이 바람에 날려 강물에 떨어지는 움직임은 내가 일상에서 보는 여느 움직임과 달리 초연하다. 어느새 초록색 강물은 셀 수 없이 많은 분홍색 꽃잎으로 수놓아져 있다. 북한강은 벚꽃을 위에 올리고 바람의 방향에 따라 이리저리 떠돌아다닌다.

벚꽃이 떨어지는 현상을 인지하는 것이 '분별'이며 인지한 현상을 초월해 관찰 대상이 품은 이치와 관찰자 마음속 이치가 만나는 것이 '관조觀照'다. 아리스토텔레스는 관조를 인간 삶의 최선이라고 말한다. 관조는 그리스어로 '테오리아'라고 하는데 '이론'을 의미하는 영어 단어 theory는 이 단어에서 파생했다. 이론이란 한 대상을 지속적으로 인내하며 바라볼 때, 슬그머니 자신의 본모습을 드러내는 어떤 것이다. 자연스럽게 낙화하는 벚꽃은 나에게 한없는 감동을 주었다. 그 감동을 이해하기까지 시간이 많이 걸릴 것 같다.

파탄잘리는 다른 대상과 구별되는 명상 대상의 특징을 잡아내는 수련을 '분별등지'와 '초분별등지'라고 불렀다. 그는 이제 더 깊은 차원의 명상을 소개한다. 요가 수련자가 분별등지나 초분별등지 외에 대상의 본질 그리고 그 본질과 요가 수련자와의 관계를 탐색하는 다른 차원의 명상 훈련을 소개한다. 이것을 '관조삼매觀照三昧'와 '초관조삼매超觀照三昧'라고 부른다. 수련자는 이 훈련을 통해, 대상의 본질을 파악할 뿐 아니라 그 본질과 자신이 맺는 관계를 모색한다.

미묘

'사비차라 사마디savicāra samādhi'는 관조삼매로 옮기는데, 분별등지를 뜻하는 '사비타르카 사마디savitarka samādhi'처럼 단어 앞에 '-와 함께'라는 의미를 지닌 접두사 sa-가 붙은 것이다. 이때 '-을 초월한'이란 의미를 지닌 접두사 nir-를 붙여 '니르비차라 사마디nirvicāra samādhi', 즉 초관조삼매로 다시 구분한다. 이 두 유형의 명상은 미묘한 것에 관한 명상이다.

명상의 대상이 되는 '미묘한 것들'은 무엇인가? 미묘한 것들이란 오감으로 지각할 수 있는 물건이라기보다는 그 물건을 구성하는 원자와 같은 것들이다. 이 원자는 만물을 구성하는 공통 요소다. 북극에 있는 빙하를 예로 들어보자. 빙하는 고체지만 결국 물이다. 우리는 물을 액체로 느낄 수 있다. 물은 수소 원자 두 개와 산소 원자 한 개로 이루어져 있다. 분별등지는 빙하를 다른 얼음과 구별하거나 다른 온도의 물과 구분한다. 그러나 관조삼매는 빙하를 고체나 액체로 보지 않고 가장 기본적 단위의 결합인 H_2O로 여긴다.

파탄잘리와 요가 전통은 요가 수련자가 사물의 겉모습이 아니라 그것을 구성하는 미묘한 것들을 볼 수 있다고 주장한다. 관조삼매와 초관조삼매를 다음과 같이 설명한다. 관조삼매는 태양을 대상으로 명상 수련을 할 때, 태양이란 이름이나 태양의 기능보다는 태양계를 작동하게 하고 지구의 동식물을 살아 있게 하는 원칙에 주목한다. 태양은 열에너지를 발산하여 지구에서 동식물이 생존할 수 있는 기반을 마련했다. 이것이 관조삼매다. 혹은 태양에 관해 더욱더 명상을 깊이 수련하는 자는 태양과 같은 존재가 자신의 삶과 어떻게 연결되어 있는지를 숙고한다. 이것이 초관조삼매다.

경구 45

당신은 표시가 없는 것을 볼 수 있는가?

सूक्ष्मविषयत्वम्चालिण्ग पर्यवसानम्

sūkṣmaviṣayatvamcāliṇga paryavasānam

숙슈마비샤야트밤찰링가 파르야바사남

직역 "그리고 그 미묘한 대상은 아무런 표시가 없다."

의역 "이 모든 미묘한 대상의 끝에는 물질세계의 원리처럼 아무런 표시가 없다."

sūkṣma-viṣayatvam-ca-aliṇga paryavasānam

sūkṣma	형용사(m.sg.nom)	미묘한 ◂ siv 꿰매다
viṣayatvam	명사(n.sg.nom)	대상; 상태 ◂ visaya '물건' + tva 추상명사형 어미
ca	접속사	그리고
aliṅga	명사(n.sg.nom)	무표 ◂ a 부정접두사 + liṅga 표식 ◂ ling 칠하다, 표시하다
paryavasānam	명사(n.sg.nom)	끝, 결론 ◂ pari-주위에 + ava 아래로 + sāna ◂ sā '묶다'

'학교'라는 단어와 '나는 학교에 간다'라는 문장에서의 '학교'는 근본적으로 다르다. 독립된 개념으로 존재하는 학교는 이 단어의 모양과 음성에 최소 의미가 들어가 있다. 이 최소 의미는 '학교'를 다른 단

어, 예를 들어 '학생'이란 단어에서 자신을 구분해내는 특징이 있다. 이 단어는 문장에서의 위치에 따라, 구체적인 의미를 지니게 된다. '학교' 뒤에 복수를 의미하는 접사 '들'이 첨가되면 '학교' 하나가 아니라 두 개 이상의 '학교들'이 된다. '나는 학교에 간다'라는 문장에 등장하는 '학교'는 '나'라는 주체가 몸을 움직여 실제로 진입하는 건물을 의미한다. '나는 걸어서 학교라는 건물 안으로 들어간다'라는 전체 문장이 의미 있는 문장이 되기 위해서는 '학교'라는 단어가 '나는'이란 주어 다음에 와야 하고, '학교' 뒤에 방향을 나타내는 전치사 '-에'가 있어야 하며, 이 '학교에'가 '간다'라는 동사 앞에 위치해야 한다.

사전에 있는 '학교'는 다양한 용례가 가능하도록 최소한의 단위로 존재한다. 구조주의 언어학자들은 개별 단어인 '학교'를 '표시되지 않았다'라는 의미로 '무표無標unmarked'라고 부르고 문장 안에서의 '학교'를 '유표有標marked'라고 부른다. 무표로서 학교는 자신만의 의미가 있지만, 학교가 문장 안에서 의미가 생기는 유표가 될 때 구체적인 의미를 전달할 수 있다. 일상 대화에서 상용되는 '학교'라는 유표 단어는 사전에 등장하는 '학교'라는 무표 없이는 존재할 수 없다. 결국 무표로서의 '학교'는 '학교'라는 단어를 사용하는 다양한 소통의 원천이 된다.

미묘

파탄잘리는 45행에서 감각으로 지각할 수 없는 인간의 미묘한 본성을 다루고 있다. 현재의 자신을 온전히 파악하기 위해 요가 수련자는 의식의 원천을 찾아 헤매기 시작한다. 그는 그 의식의 '처음'에 도달하기 위해 수련한다. 처음은 이전에 존재한 적이 없기 때문에 그것을 파악할 수 있는 구조와 그 구조를 설명할 수 있는 문법 또한 존재하지 않는다. 한마디로 '처음'은 시간과 공간에서 존재의 의미를 찾는 인간이 이해할 수 없어 당혹스러운 어떤 것이다. 하지만 요가 수련자는 다양한 의식의 줄기와 뿌리를 정교하게 걸러내 어딘가에 도달한다. 깨달음이란 현상적인 의식의 근원을 찾는 과정이다. 깨달음은 겉에서 속으로, 현상에서 본질로, 복수에서 단수로, 복잡함에서 단순함으로 가는 추상적 과정의 결과다.

파탄잘리는 요가 수련자의 명상 대상이 유표가 아니라 무표일 수 있다고 소개한다. 산스크리트어 '숙슈마sūkṣma'에 해당하는 단어 '미묘'는 노자가 《도덕경》 1장에서 말한 '이름 붙일 수 없는 그 무엇이 하늘과 땅의 시원, 이름 붙일 수 있는 것은 온갖 것의 어머니無名天地之始 有名萬物之母'라는 문장에도 등장한다. 우주에 존재하는 모든 것에는 그것이 존재하도록 하는 원칙이 있다. 우리가 눈으로 보는 현상과는 다른, 눈으로 볼 수 없지만 현상을 존재하게 만드는 실상의 세계가 있다. 노자는 《도덕경》 1장 후반부에서 이 가물가물한 세계를 다음과 같이 말한다.

> 此兩者 同出而異名 同謂之玄 玄之又玄 衆妙之門
>
> 이 둘, 즉 '있음'과 '없음'은 같은 데서 나왔지만. 이름이 다르다. '있음'과 '없음'이 탄생한 같은 데를 두고 '현玄', 즉 가물가물하다고 말한다.
>
> 가물가물하고 또 가물가물한 곳은 모든 미묘함이 깃든 관문이다.

노자가 말한 삼라만상의 기반은 유무를 초월하고 배태시킨 미묘함이 깃든 관문을 파탄잘리는 '알링가aliṅga'라는 단어를 통해 표현한다. 알링가를 직역하자면 '아무것도 표시되지 않는 것' 즉 '무표'다. 알링가는 아직 드러나지 않고 형태도 없는 상태를 총칭하는 단어다. 인간이 눈으로 확인하는 만물은 그것이 만들어지기 이전의 원천, 원자재, 원자를 통해 구성된다. 형태 이전의 상태는 인간의 이성이나 계산을 넘어선 어떤 것이다. 알링가는 우주를 형성시킨 최초의 의지이며, 후에 등장한 형태들의 원형이다.

처음

우주를 존재하게 하는 의지는 무엇인가? 인간이 그 시작을 이해할 수 있는가? 우주는 물질세계이기 때문에 영원하지 않으며, 처음과 나중이란 시간의 지배를 받는다. 과학자들은 우주가 138억 년 전에 생겼고 앞으로 내적인 에너지를 기반으로 200억 년 정도는 견딜 수 있다고 추정한다. 우리가 알고 있는 세계는 맨 처음부터, 이렇게 고정되어 있는 물건이 아니라 항상 변화한다. 미국 천문학자 허블Edwin Powell Hubble(1889~1953)이 망원경으로 우주가 팽창한다는 사실을 확인했고 팽창의 시발점을 가정했다.

팽창하는 우주의 맨 처음 상태인, 우리가 상상할 수 있는 선에서 가장 작은 점을 천체물리학에서는 특이점, 영어로는 '싱귤래리티Singularity'라고 부른다. 특이점에서는 우리가 알고 있는 모든 과학 법칙이 통하지 않는다. 영국의 천체물리학자 스티븐 호킹Stephen William Hawking(1942~2018)과 로저 펜로즈Roger Penrose(1931~)에 따르면 이 특이점은 시간과 공간을 왜곡한다. 인과관계가 확실하지 않은 블랙홀과 비슷하다. 우주가 생성되고 소멸되는 특이점이 존재하는 것이다. 특이점이 폭발하는 빅뱅에 의해 우주가 탄생했다. 빅뱅 이전의 상태는 관찰할 수도 상상할 수도 없기 때문에 형용할 수도 잴 수도 없다. 빅뱅으로 시간과 공간이 존재하기 시작했기 때문에 빅뱅 이전 상태를 공이나 무라고 표시한다. 그러나 우주의 시작점이 있다는 가정이 과학적이라고 할지라도 그에 대한 설명은 불완전하다. 게다가 빅뱅이 왜 그리고 어떻게 일어났는지는 여전히 알 수 없다. 특히 빅뱅 이전의 상태에 대해서는 전혀 알 수 없다.

비존재

인류는 오래전부터 밤하늘의 별과 자연의 정교한 질서를 보면서 누군가 우주를 만들었다고 생각했다. 이들이 남긴 기원 신화에 가장 먼저 등장하는 내용이 '창조'에 관한 내용이다. 모든 문명권의 인간은 자신의 존재에 대한 신비감을 표현했다. 창조 신화는 우주와 생명의 기원에 대한 객관적 사실이 아니라 (사실 객관적인 사실이라는 것도 시대에 따라서 달라지지만) 존재하는 것들의 존재 이유에 대한 경이로움을 표현한 것이다. 《리그베다》 10장 129절에는 신들조차 심연과 같은 '비존재'에서 어떻게 '존재'가 생겨났는지 이해하지 못했다는 내용이 나온다.

플라톤은 우주의 모든 것을 담을 수 있는 그릇을 '수용체'라고 불렀다. 플라톤은 우주 창조 이야기를 담은 《티마이오스Timaios》에서 조물주 데미우르고스dēmiourgos를 등장시킨다. 데미우르고스는 우리가 오감으로 지각하는 세계를 창조하였다. 그는 영원한 이데아 세계를 흉내 낸 모사체인 '미메마mimēma'를 만든다. 그러면 우주 창조 이전에 우주를 구성하는 요소들은 어디에서 왔는가? 플라톤은 우주 창조를 처음부터 다시 말하기 시작했다. 우리는 "하늘이 태어나기 이전", 즉 빅뱅 이전 상태로 진입해야 한다. 그는 원형과 원형을 복사한 것과는 다른 새로운 개념을 등장시킨다. 그것이 수용체다.

《티마이오스》 48e~52d에 등장하는 '수용체'는 우리를 둘러싼 물질이 아니라 모든 것을 담을 수 있는 광대한 어떤 것이다. 이것은 이해하기 어렵고 볼 수 없는 형태지만 그 존재를 부정할 수는 없다. 이 수용체는 우주를 존재하게 하는 원초적인 힘이자 바탕이다. 매트릭스로서 수용체는 모든 것들을 일으켜 세우고 젖을 먹이는 우주의 어머니 같은 존재다. 우주에서는 관찰할 수 없는 틀이지만 실은 우주의 모든 형태를 가장 당혹스럽게 수용하며 드러내준다. 수용체는 "파괴가 불가능한 영원한 코라며 존재하는 모든 것들을 지탱하는 자리"다. 코라는 땅도 아니고 하늘도 아닌 어떤 장소다. 코라는 감각기관으로 지각할 수 없고 느낄 수 없는 꿈과 같은 어떤 것이다. 코라의 원래 의미는 고대 그리스 도시 밖의 장소를 의미한다. 두 장소나 경계 사이에 있는 장소이자 비어 있는 광대한 공간이다. 존재도 아니고 비존재도 아닌 그 중간을 이르는 용어인 코라는 무존재가 존재하도록 시간과 공간을 제공해주는 어머니의 자궁과 같은 장소다. 인간 삶에 대입하면 인생에서 자신이 있어야 할 본연의 장소다. 파탄잘리는 〈삼매품〉 45행에서 요가 수련자가 만물을 수용하여 근원이 되는 '무표'로 진입하는 단계를 '미묘'라고 설명한다.

경구 46

당신은 씨앗이 만들어내는 세계를 관찰하실 수 있는가?

ता एव सबीजस्समाधिः

tā eva sabījassamādhiḥ

타 에바 사비자사마디히

직역 "위에서 언급한 네 종류의 삼매경을 '유종삼매'라고 한다."

의역 "지금까지 언급한 분별등지, 초분별등지, 관조삼매, 초관조삼매를 명상 대상인 '씨앗'이 있다고 하여 '유종삼매'라고 한다."

tā eva sabījaḥ-samādhiḥ

tāḥ	대명사(f.pl.nom)	그것들
eva	부사	단지, 홀로, 정말
sabījaḥ	형용사(m.sg.nom)	씨앗이 있는, 유종의 ◂ sa 함께 + bīja 종자
samādhiḥ	명사(m.sg.nom)	삼매

자연은 자신의 비밀이 드러나길 기다린다. 인내를 가지고 관찰하면 할수록, 내가 관찰 대상 안으로 들어가면 갈수록, 자연은 아주 조금씩 자신이 간직한 태곳적 비밀을 알려준다. 자연은 호기심 많은 나를 거절한 적이 없는 관대한 주인이다. 우리는 가만히 쳐다만 보지

못하고 조용히 듣기만 하지 못한다. 반면에 자연은 언제나 조용하고 친절하다. 나를 거절한 적이 없는, 내 삶의 터전의 원래 주인이다.

봄이 다가오면 얼었던 시냇물이 녹아 봄을 재촉하듯 졸졸졸 흘러내린다. 한동안 보이지 않았던 고니들도 꾸벅꾸벅 존다. 오리들은 고개를 수면 아래로 넣고 먹이를 찾는다.

산 중턱에 앉아 첩첩 쌓인 산들을 바라본다. 누가 저 변화무쌍한 산들을 만들었는가? 봄을 맞을 준비가 아직 되지 않은 겨울 산이 조금씩 변화하기 시작했다. 산은 한 번도 같은 모습을 한 적이 없다. 시간의 지배를 받는 만물은 매일 다른 모습으로 탈바꿈한다. 우리가 올라탄 거대한 우주선인 지구는 하루 평균 시속 1,667킬로미터로 한 바퀴 돌고, 시속 10만 7,160킬로미터로 태양 주위를 공전한다. 우리가 그것을 느끼지 못하는 이유는 시속 300킬로미터로 달리는 기차 안에서 그 움직임을 거의 인식하지 못하는 것과 마찬가지다. 우리는 절묘한 중력의 신비로 주위에서 일어나는 일을 모른 채 산다.

전광석화와 같이 도는 지구에 올라탄 우리 자신도 지구 못지않게 변한다. 그 변화는 지구의 공전 속도만큼 빠를 것이다. 우리 몸속에 서식하는 미생물의 유전정보인 마이크로바이옴의 수는 세포 수의 두 배 이상이며 그 안에 숨겨진 유전자 정보는 100배 이상이다. 이들의 생멸 과정은 우주의 탄생만큼이나 복잡할 것이다.

겨울 아침 강가는 매일이 다르다. 조용히 눈을 감고 한참을 가만히 있는다. 저 멀리 어디에서 시작되었는지 모를 바람이 불어온다. 봄바람의 신인 제피로스가 어디에선가 입김을 불고 있을 것이다. 처음엔 바람이 뺨에 스치는 강도가 미약했으나 점점 더 거세진다. 잔잔하던 강물 표면이 잔물결을 끊임없이 만든다. 강 중간에 생긴 소택지의 갈대들이 왼편으로 비스듬히 누워 연신 춤을 춘다. 겨우내 바싹 마른 갈색 잎을 간직한 높다란 신갈나무도 강바람을 열렬히 환영한다. 신갈나무는 '스으으' 소리를 내면서 잎들을 가지에서 떨어뜨리지 않기 위해서 흔들리더니 점점 강도가 세져 '싸아아' 소리를 내면서 필사적으로 잎들을 붙잡는다. 눈으로는 절대로 볼 수 없는 이 바람은 어디에서 오는 것일까? 눈으로 볼 수는 없지만 몸으로 느낄 수 있는 바람은 실재하는 것이다.

바람은 구약성서 〈욥기〉 38장에 극적으로 등장한다. 욥은 착하고 똑똑했지만 자신이 모르는 엄청난 세계가 있다는 사실을 배운 적이 없다. 신이 욥에게 한 수 가르쳐준다. 신이 자신을 현현하는 도구로 폭풍을 이용한다. 히브리어 단어로 '폭풍'인 '서아라sə'ārāh'는 눈으로 볼 수 없고 심지어는 너무 세서 눈을 감아야 한다. 욥은 이 바람을 귀로 듣고 피부로 느낄 뿐이다. 신은 욥에게 다음과 같이 질문한다. "내가 땅에 기초를 놓을 때, 네가 어디 있었느냐?" 신의 질문은 언제나 그 자체가 답이다. 또한 인생을 깊이 보고 자신에게 묻는 질문은 그 자체가 답이다. 그런 질문은 대답이 불필요하다. 해답을 찾으려고 진정으로 수고하는 것이 답인 것이다.

나라는 인간은 어떻게 생명을 유지할 수 있을까? 생명은 언제 생겼는가? 인간이 창조되는 순간을 본 사람이 있을 리가 없다. 우리에게 남겨진 화석으로도 완벽히 파악하기 어렵다. 우리는 그 숭고한 순간을 상상에 의존할 수밖에 없다. 우주는 46억 년 전 초신성이 폭발하면서 태양과 같은 새로운 별들이 생겼다. 우리가 이 연대를 측정할 수 있는 이유는 달에서 가져온 돌이나 유성으로 떨어진 돌들이 동위원소 연대측정을 통해 45억 6천만 년이 되었다고 측정되기 때문이다. 그 후 커다란 유성이 태양의 주위를 돌고 있던 행성과 부딪쳤다. 이때 탄생한 두 개의 행성이 달과 지구다. 지구는 그 후 거의 5천만 년 동안 서서히 식어 내부는 뜨거운 용암이 되었고 표면은 오늘날 우리가 사는 육지가 되었다.

학자들은 최초의 박테리아 화석을 35억 년 전 것으로 추정한다. 생명이 어떻게 그리고 왜 만들어졌는지 아는 사람은 아무도 없다. 일반적인 설명은 다음과 같다. 번개가 바다를 쳐서 바다에서 생물이 등장할 수 있는 원시적인 화학성분들의 결합물이 생겼다는 '원시 수프' 이론과 같은 설명이 있다. 특히 미국 옐로스톤공원Yellowstone公園 같은 지역에서 볼 수 있는 지열 웅덩이의 뜨거운 물방울에서 원형세포가 등장했다는 것이 최근 가설이다. 이 물방울은 탄소, 수소, 산소, 인, 유황, 질소로 이루어졌다. 지구상의 모든 생물은 동일한 유전정보, 즉 똑같은 생화학 원소를 공유하기 때문에 하나의 조상에서 왔다고 볼 수 있다. 그 후 단백질, 핵산, 유전암호를 통해 세포막 안에 5천 개의 단백질 그리고 DNA와 RNA가 있는, 눈으로 보지 못하는 지극히 작은 자기 보존 체제가 형성되었다. 지구에서 최초의 생물이 이같이 등장했다니. 신화에 등장하는 생명의 기원설만큼 황당하지만 과학적이라며 책에 나오니 고려해볼 수도 있을 것이다. 우리가 지금은 이 내용을 과학적이라고 여기지만 후대 인류는 더 정교한 설명으로 이 가설을 신화라고 부르게 될지도 모른다. 이렇게 등장한 세포는 그 후 동물과 식물로 진화하여 6,500만 년 전에는 공룡이 되었다.

우리는 '살아 있음'을 어떻게 정의할 수 있을까? 왜 지구를 제외한 다른 행성에서 아직 생물을 찾을 수 없을까? 그 이유는 물질과 에너지가 중용을 이루지 못하기 때문이다. 너무 차갑거나 뜨거워 생물이 존재할 수 없다. 지구는 태양과의 절묘한 거리와 달과의 신비한 공생관계 덕에 역동적으로 변화하면서도 스스로 제어하는 능력이 있다. 내가 눈을 돌려 관찰하는 수많은 나무와 수풀들은 살아 있는 것인가? 아니면 죽은 것인가? 혹은 살아 있으면서 죽은 것인가? 무엇이 그 식물을 살아 있게 하는가? 무엇이 저 나무를 살아 있게 만드는가? 앙상한 가지만 남은 진달래나무에 어떻게 연분홍 꽃들이 필까? 살아 있다는 것은 무엇인가? 여기서 '살아 있음'이란 자라고 늙고 죽어가는, 생명의 자연스러운 전 과정을 의미한다. '생명'의 반대말은 '죽음'이 아니라 생명의 활동인 변화를 주도적으로 진행할 수 없는 활력의 부재 상태, 즉 '무생물'이다. 내가 사용하는 물건들은 시간이 지나면 쓰지 못하게 될 뿐이다. 무생물은 스스로 싹을 내거나 다른 모습으로 변할 수 없다.

과학자들은 '살아 있음'의 원칙을 '오토포이에시스autopoiesis', 즉 자기 보존 체제라고 부른다. 칠레의 생물학자 마투라나Humberto Maturana(1928~2021)와 바렐라Francisco Varela(1946~2001)는 생물의 생존방식을 '오토포이에시스autopoiesis.'라고 정의했다. 이들은 세르반테스Miguel de Cervantes Saavedra(1547~1616)의 소설 《돈키호테Don Quixote》에 등장하는 주인공 돈키호테가 당면한 실존적인 딜레마에서 이 용어를 생각해냈다. 돈키호테는 무기를 들고 행동해야 할지(프락시스 praxis, 행동) 혹은 그런 행동을 가능하게 하는 창작의 길에 들어서야 할지(포이에시스 poiesis, 창작) 망설이고 있었다. 그들은 이 딜레마에서 '포이에시스'가 지닌 의미를 새롭게 발견하여 스스로 자급자족하여 생존하는 '오토포이에시스'라는 용어를 만들어냈다.

생물은 자신이 변화하면서도 자신만의 특징인 안정성을 유지해야 한다. 1970년대에 등장한 가이아 이론에 따르면, 지구는 하나의 생명체로 자기 자신을 보존한다. 초기에는 찰스 다윈의 자연선택이론과 상충하는 부분이 있어 논란의 여지가 있었지만 지금은 지속 가능한 이론으로 수용되었다. 지구 자체가 스스로 제어하는 것은 아니다. 그러나 지구 전체의 기후, 바다의 염분, 산소와 같은 핵심적인 요소들이 지구에서 생명이 생존할 수 있도록 스스로 조정해왔다. 자신이 스스로 생존할 수 있는 생물들이 살아남고 그 자족적인 생물들이 다른 생물들과 창조적인 결합을 통해 진화했다. 이 다른 생물과의 창조적인 결합을 '알로포이에시스allopoiesis'라고 부른다. 알로포이에시스를 번역하자면 '타자 결합 생성'이다.

지구가 형성되고 생물이 스스로 번식할 수 있는 환경이 만들어진 후 가장 먼저 등장한 생물은 삼엽충으로 알려져 왔다. 삼엽충은 딱딱한 세 부분으로 구성된 생물로 바다 밑바닥에서 화석으로 발견되었는데 약 5억 7천만 년 전에 바다를 지배하던 생물이다. 그러나 1943년 전자현미경이 발견된 이후, 화석화된 세균의 세포를 볼 수 있게 되었다. 지구 최초의 생물은 박테리아의 세포였다.

생물학자들은 오랫동안 씨앗에 존재하는 생명력의 생존기간에 대해 연구해왔다. 그들은 지구 표면의 20퍼센트나 차지하는 시베리아와 같은 영구동토층의 노출로 드러난 씨앗을 통해 눈에는 보이지 않는 생명력을 경이로운 심정으로 추적했다. 이 생명력의 숭고함을 실증적으로 보여주는 사례가 2012년에 발견되었다. 러시아 학자들은 시베리아 툰드라 지역에서 '실레네 스테노필라Silene Stenophylla'라고 불리는 시베리아 토종 꽃씨들을 발견했다. 다람쥐와 같은 설치류가 겨울을 나기 위해 콜리마 강둑 근처 땅에 이 식물의 씨앗을 대량으로 숨겨놓은 것이다. 그들은 이 씨앗을 영구동토층 지표면 아래 38미터 지점에서 거의 진공상태로 발견했다. 탄소연대측정에 따르면 이것들은 3만 2천 년이나 되었다. 그 주변에 빙하시대 동굴벽화에 자주 등장하는 매머드, 들소, 코뿔소 뼈가 흩어져 있었다.•

학자들은 다람쥐가 갉아먹지 않은 온전한 씨앗을 유리관에 배양했다. 그들은 생명력이란, 씨앗이라는 물질 속에 존재하는 영구적인 어떤 것이라고 믿었다. 그들에게 신념이 없었다면 이런 시도는 비이성적이다. 결국 이들의 믿음이 맞았다. 3만 2천 년이나 된 씨앗 속에 존재한 생명력이 꿈틀거리기 시작한 것이다. 겉보기에는 이미 오래전에 죽은 것 같은 딱딱하고 말라비틀어진 씨앗이 움직였다. 그 안에 자신을 소중하게 여기면서 오랫동안 지켜온 생명력이 3만 년이라는 시간을 건너 생존했다. 그전에 가장 오래된 생명력을 가진 씨앗은 이스라엘 마사다에서 발견된 2천 년 전 대추야자나무의 씨였다.

자신을 깊이 바라보는 연습인 묵상은 '인간의 마음'이라는 세상에

• Svetlana Yashinaa,1, Stanislav Gubinb, Stanislav Maksimovichb, Alexandra Yashinaa, Edith Gakhovaa, and David Gilichinsk, "Regeneration of whole fertile plants from 30,000-y-old fruit tissue buried in Siberian permafrost," PNAS 109.10 (2012), pp. 4008–4013.

서 가장 복잡한 미궁의 제일 깊은 곳에 숨어 있는 생명의 기운을 움직이게 하는 연습이다. 인간은 이 기운을 작동시켜 자신이 흠모할 수 있고 자기 자신을 실현하는 삶의 여정을 시작할 수 있다. 3만 2천 년 전 오늘날 북유럽 지역은 온통 빙하로 덮여 있었다. 이 지역은 빙하기가 기원전 1만 년에 끝나고 농업을 시작할 수 있는 기후와 환경이 되었다.

현생인류의 유전적인 조상인 '호모 사피엔스'는 육신의 생존을 위해 늑대, 곰, 호랑이와 같은 최상위 포식자들뿐 아니라, 네안데르탈인, 하이델베르크인, 데니소바인과 같은 유인원들과 투쟁해야 했다. 그들은 찰스 다윈이 《종의 기원》 서문에서 언급한 '이빨과 발톱이 피로 물든red in tooth and claw' 약육강식과 적자생존의 사투를 벌였다. 그들에게 하루하루는 무시할 수 없는 인생의 고비였다. 대부분의 호모 사피엔스들은 그들이 사육하기 시작한 회색늑대와 함께 사냥의 최상위 포식자가 되었다. 늑대들은 인간이 주는 음식 덕분에 더는 들판을 배회할 필요가 없었다. 그 대신 늑대들은 인간들이 밤에 편히 쉴 수 있도록 그들의 거주지를 지켰다. 호모 사피엔스들은 매머드와 같은 거대한 동물을 잡기 위한 전략회의를 매일 열었다. 어떤 이는 긴 오동나무에 흑요석을 다듬고 부착하여 돌창을 만들고, 흑요석의 양면을 정밀하게 갈아야 한다고 제안했다. 그리고 전면과 후면에서는 매머드를 도발하고 측면으로 치명적인 상처를 내는 공격 전략을 세웠다.

호모 사피엔스 사피엔스는 이 깊은 동굴로 들어왔을 때, 무엇을 들었을까? 동굴의 가장 깊은 곳에 들어가니 귀가 먹먹하고 아무런 소리도 들리지 않았다. 그들이 들은 소리는 오직 자신의 심장 소리뿐이었다. 밖에서는 들리지 않던 심장 소리가 동굴의 가장 깊은 곳에선 천둥소리처럼 들린다. 자신의 의도와 상관없이 한 번도 거르지 않고 뛰는 심장에는 무엇이 있는가? 인간은 육체가 있는 짐승으로 태어나지만, 자신의 심장에 있는 생명의 약동을 경청함으로써 그 안에 잠재된 '신적인 자신'이 비로소 깨어나기 시작한다.

그 신적인 자신이 쇼베 동굴에 벽화를 그리기 시작할 때, 시베리아 툰드라 지역에 서식하는 다람쥐가 '실레네 스테노필라Silene Stenophylla'의 씨앗을 땅속에 숨겨놓았다. 식물세포 하나가 분열하여 그 유기체 안의 모든 세포를 만드는 특별한 능력이다. 학자들은 이 능력을 '토티포텐시totipotency', 즉 '전형성능全形成能'이라고 한다. 전형성능은 인간 탄생의 원칙이기도 하다. 정자가 난자와 만나면, 하나의 전형성능 세포가 된다. 마찬가지로 인간의 연에는 우주가 탄생할 때부터 전해 내려오는 전형성능의 힘이 존재한다.

앞에서 설명한 삼매경은 크게 두 가지다. 첫째, 명상의 대상 안으로 깊이 들어가 무아 상태로 진입하는 '유종삼매'다. 인간은 자신이 정한 명상 대상 안으로 깊이 들어가는 시도를 통해 자신의 삶을 근본적으로 변화·발전시킬 전형성능의 힘과 만나게 된다. 그 대상은 우주에 존재하는 모든 것이다. 삼매는 대상에 대한 관찰의 깊이에 의해 결정된다. 둘째, 요가 수련자가 명상의 대상과 조우했으나, 이내 명상의 대상도 사라지고 그 대상을 바라보는 관찰자도 사라지는 단계인 '무종삼매'다. 우리는 무종삼매의 경험을 '숭고'라고 부른다. 파탄잘리는 무종삼매의 단계를 〈삼매품〉을 마치는 부분인 51행에서 언급한다.

아마도 3만 2천 년 전, 쇼베 동굴에 들어선 현생인류가 도달한 경지였을 것이다. 이 이름 없는 화가는 동굴의 미궁에서 삼매에 들었다. 목탄으로 그린 달리는 말들의 모습은 자신이 든 횃불의 펄럭이는 불길로 계속 달리고 있는 무성영화처럼 보인다. 이 최초의 화가는 말 네 필이 달리는 겉모습을 그린 것이 아니다. 그는 그들을 달리게 만든 생명의 약동을 표현했다. 그것은 철학자 앙리 베르그송이 말한 '엘랑 비탈Élan vital', 즉 '생명의 약동'이다. 나는 대상에서 겉모습을 보는가, 아니면 겉모습을 가능하게 하는 전형성능인 생명의 약동을 대상 안에서 감지하는가?

경구 47

당신은 사물을 명료하게 보는가?

निर्विचारवैशारद्येऽध्यात्मप्रसादः
nirvicāravaiśāradye'dhyātmaprasādaḥ
니르비차라바이샤라드예드야트마프라사다하

직역 "초관조삼매에 도달하면 가을하늘과 같은 청명한 진정한 자아가 등장한다."

의역 "초관조삼매는 가을 하늘처럼 청명하다. 그것으로부터 자신도 몰랐던 진정한 자아가 나온다. 진정한 자아는 자신과 주위를 청명한 하늘처럼 꿰뚫어 본다."

nirvicāra-vaiśāradye-adhyātma-prasādaḥ

nirvicāra	명사(m.sg.nom)	초관조 (경구 44 참조) ◂ nir 초월한 + vi 떨어져 나간 + cāra 동작, 진행 ◂ car 가다
vaiśāradaye	명사(n.sg.loc)	가을 하늘과 같은 청명 ◂ vai 'vi의 강화된 형태' + śārada 가을
adhyātma	명사(m.sg.nom)	진정한 자신 ◂ adhi –위에 + ātma 자기 자신 ◂ an 숨쉬다
prasādaḥ	명사(m.sg.nom)	선명; 밝음; 정결 (경구 33 참조) 명료, 평정, 침착 ◂ pra 앞에 + sādana 정착 ◂ sad 앉다

어느 겨울날, 눈이 제법 내려 조심스럽게 길을 걸었다. 넥워머와 모

자로 무장했지만, 불어오는 찬바람에 볼이 에였다. 걸을 때마다 바닥에 쌓인 눈들이 서걱서걱 소리를 내며 나를 반겼다. 야생동물들이 남긴 흔적이 있었다. 가장자리가 얼어붙은 북한강 지류가 천지개벽의 노래를 부르기 시작했다. 그리 두껍지 않은 얼음 아래서 물이 팽창하면서 기상천외한 소리를 내며 합창을 했다. 마치 누군가 긴 고무 회초리로 허공을 세차게 휘젓는 소리 같았다. '휘익… 쿵쿵쿵.' 어디로든 자유자재로 갈 수 있는 물을 얼음이 구속하자 반항하며 소리쳤다.

아침 햇살을 받은 강 표면이 빛을 분산했다. 한순간도 동일하지 않은 빛들이 산란하며 제멋대로 요동쳤다. 나는 가만히 앉아 그 장면을 응시했다. 내가 지금 보고 있는 것은 무엇인가? 아니 강 표면을 보려는 이 마음은 어디에서 왔는가? 인간의 마음은 형태가 없으며 추상적이다. 지난 100년 동안 심리학자와 철학자들이 마음을 정의하려고 부단히 시도했지만 실패했다. 그들은 마음을 설명하기는커녕 마음이 무엇인지 정의하지도, 충분히 설명하지도 못했다. 인류는 오랫동안 마음으로 예술을 창조했고, 과학을 연구했으며 신비한 세계를 믿었다. 인간과 유전적으로 가장 가까운 침팬지에게는 없는, 마음이란 것은 어디에서 왔는가?

어떤 대상을 떠올려 생각한다는 것은 그것을 보는 행위와 깊이 연관되어 있다. '생각한다'라는 행위는 생각의 대상과 연관된 이미지를 떠올려 그 이미지를 보는 행위다. 한마디로 생각이란 보는 행위다.

파탄잘리는 〈삼매품〉에서 대상을 있는 그대로 보기 위한 단계들을 설명한다. 그는 궁극적인 깨달음의 단계로 진입하기 위한 첫 두 단계를 '비타르카vitarka'와 '비차라vicāra'로 구분한다. 비타르카는 요가 수련자가 응시 대상에 온전히 몰입했을 때, 비로소 나타나는 대상에 대한 시선이다. 오감과 지적인 능력을 동원해 파악한 앎이다. 비타르카는 흔히 한자로 '각覺' 혹은 '심尋'으로 번역되었다. 비타르카는 '숙고' 혹은 '분별'이란 의미의 명사 '타르카tarka'에서 유래했다. 요가 수련자는 자신이 응시하려는 한 가지 대상을 단순히 바라보기만 하는 것이 아니라 깊이 응시하여 비타르카 단계로 진입한다.

비타르카의 단계는 각覺과 심尋을 통해 그 심층적인 의미를 추적할 수 있다. '각覺'은 '깨닫다', '깨우치다', '터득하다'라는 의미다. 부모, 스승, 혹은 책을 통해 간접적으로 알게 된 내용인 학學을 익히고 이를 바탕으로 실제상황에서 심오한 의미를 발견해내는 분별을 의미한다. 미처 몰랐던 이론적인 지식을 자신의 눈으로 확인하고 나서야 터득하는 단계다. 심尋은 어둠 속에 숨겨진 대상을 찾기 위해 그것을 추구하는 자가 손으로 더듬어 차분히 그 모양을 확인한 후, 그 대상이 무엇인지 말하는 의식이다. 파탄잘리는 비타르카를 다시 둘로 구분하여 사물을 응시하여 터득한 일반적인 각을 '사비타르카savitarka'로, 가장 깊은 각을 '니르비타르카nirvitarka'로 소개했다. 사비타르카나 니르비타르카는 모두 요가 수련 입문자가 들어서야 할 삼매경의 가장 초기 단계다. 편의상 이 두 용어를 '분별등지'와 '초분별등지'로 부르자.

비차라는 비타르카를 넘어 대상 자체가 지닌 미묘한 부분까지 깨닫게 되는 마음이 작동하는 것이다. 비차라는 '한 장소에서 다른 장소로 이동하다', '그 대상이 지닌 섬세한 부분까지 깨닫다'라는 의미를 지닌 동사 '차르cār'에서 유래되었다. 요가 수련자가 대상을 자신의 위치에서 응시하는 것이 아니라, 그 대상 안으로 들어가려고 바라보는 경지가 비차라다. 대상 안으로 들어가 자신의 위치에서는 볼 수 없었던 섬세한 사실을 깨닫는 '알아차림' 단계다.

'비차라'는 흔히 한자로 '관조觀照' 혹은 '사伺'로 번역된다. 관觀은 황새를 뜻하는 관雚과 볼 견見의 합성어다. 雚은 단순히 황새의 모습을 형상화한 것이 아니다. 한자 새 추隹 위에 큰 눈과 눈썹의 모양이 더해진 글자다. 요가 수련자가 강가에서 멋진 새를 보았다고 가정해 보자. 새를 지나치지 않고 관찰하기 위해서는 무슨 종류의 새인지 구분할 수 있어야 한다. 다른 새와는 구별되는 황새의 특징을 알고 있어야 한다. 그런 면에서 자신의 감각에 의존하는 비타르카, 즉 '각覺'과는 다르다. 비차라는 감각을 통해 들어오는 그 대상의 겉모습이 아니라, 그것의 핵심을 한 번에 알아차리는 통찰력이다. 수련자는 목과 가슴을 가로지르는 긴 깃털, 흰색 몸, 검은색 날개 그리고 붉은색 다리를 보고 자신이 관찰하고 있는 새가 황새라는 사실을 안다. 나아가서 눈과 그 주위를 둘러싼 붉은색 털과 같은 미묘한 부분까지 구별할 수 있어야 한다. 비차라는 엿볼 사伺로도 번역되었다. 伺는 관직을 자신의 천직으로 삼아 최선을 다하는 사람의 자세를 말한다. 그는 자신의 일을 완수하기 위해 자신이 맡은 분야에서 최고 전문가가 된 사람이다. 사伺는 그런 전문가의 남다른 식견을 의미한다. 파탄잘리는 비차라를 다시 둘로 구분하여 사물을 응시하여 '터득한 무엇을' 사비차라savicāra로, 그다음 단계를 니르비차라nirvicāra란 용어로 소개했다. 이 두 용어를 편의상 '관조삼매'와 '초관조삼매'라고 하자.

비타르카와 비차라, 즉 각관覺觀 혹은 심사尋伺는 어떤 대상을 이해하려는 삼매경인 '유상삼매'나 생각이 발아되길 기다리는 씨앗이 있는 삼매경인 '유종삼매'의 두 단계에 해당한다. 파탄잘리에 따르면 이 두 단계는 명상 대상이 없는 무상삼매의 최종 상태에 해당하는 선정禪定으로 가는 과정이다. 파탄잘리는 '무상삼매'를《요가수트라》의 첫 번째 장 〈삼매품〉의 마지막 경구인 51행에서 짧게 언급한다. 그는 두 번째 장 〈수련품〉에서 이를 소개한다.

우리가 세상을 인식할 때 앎 혹은 깨달음의 두 단계를 거친다. 하나는 앞에서 언급한 대로 감각과 추론을 통한 삶인 비타르카다. 다른 하나는 오랜 배움과 직접경험을 통해 남들은 결코 볼 수 없는 미묘한 부분까지 깨닫는 비차라, 즉 관觀의 경지다. 각관覺觀을 경전 공부에 적용하여 설명하면 다음과 같다. 특정 종교를 믿을 때, 경전에 등장하는 신에 관한 이야기와 가르침을 이해하려 노력할 수도, 혹은 절대적으로 신봉할 수도 있다. 잊지 말아야 할 것은 우리는 경전을 기록한 사람들의 고백을 통해 간접적으로 신을 알 수 있을 뿐이라는 점이다. 또한 이 앎은 내가 어떤 종교 전통에 노출되느냐에 따라 영향을 크게 받는다. 만일 티베트에서 태어났다면, 나는 십중팔구 티베트와 불교가 설명하는 신의 모습을 상상하고 믿었을 것이다.

신에 대한 서술을 읽고 구루의 말을 경청하여 신을 신봉한다고 해도 신을 안다고 주장할 수는 없다. 우리는 누군가가 경험한 신의 모습을, '나의 신'이라고 믿어버리는 어처구니없는 실수를 저지른다. 직접 감각과 추론을 통해 신을 알거나 더 나아가 직접경험을 통해 신에 대한 미묘한 부분까지 알아차릴 수 있다. 내가 발견해야 할 신은 마치 아무도 들어가 본 적 없는 정글과 같다. 내가 처음 그 안으로 들어가 타인의 눈이 아니라 나의 두 눈으로 관찰한 실감實感이 나의 유일하고 정결한 지식이 된다. 이 실감을 통한 깊은 깨달음이 '니르비차라'다.

파탄잘리는 47행에서 '니르비차라', 즉 '초관조삼매' 의 특징을 다음과 같이 설명한다. 초관조삼매는 '가을 하늘이 보여주는 선명함'이다. '바이샤라다vaiśārada'는 '가을'을 뜻하는 '샤라드śārad'에서 파생된 단어다. 초관조삼매는 가을 하늘과 같이 선명한 지식이다. 그리고 그런 지식은 타인에게 의존하지 않는다. 유종삼매의 최고단계에서 수련자에게 필요한 최고의 덕목은 자기 신뢰다. 오랫동안 요가 수련을 한 수련자는 구루나 경전의 가르침을 넘어서는 자신만의 깨달음을 얻는다. 파탄잘리에 따르면 그 깨달음의 원천은 다름 아닌 아트만이다. '아드야트마adhyātma'는 '자아'를 의미하는 '아트만ātman'과 '최선'을 의미하는 접두어 '아디adhi'가 결합한 단어다. 초관조삼매의 시작은 최선의 자아다. 요가 수련자는 깊은 수련을 통해, 자신만의 깨달음 즉 '법열法悅'을 경험한다.

그런 지식은 명료明瞭하다. 파탄잘리는 '프라사다(나)prasāda(na)'라는 단어를 사용한다. 프라사다나는 신이나 성인에게 바치는 정결한 음식을 일컫는다. 또한 이 단어는 신이나 성인들이 지닌 관대한 마음을 의미한다. 특히 이 단어는 싯다르타가 출가하여 사문沙門이 되어 숲으로 들어갔지만, 자신이 지름길을 찾아 숲에서 나올 수 있다는 확신을 뜻한다. 그런 확신은 달과 해를 하나로 엮어 찬란한 빛으로 만들려는 지혜이고, 이를 갖추면 집 안에 있는 횃불[寮]을 바라보듯이 대상을 명료하게 인식할 수 있게 된다. 나는 대상을 감각하는가 혹은 관조하는가? 나는 그 대상이 지닌 특징을 심연에서 흘러나온 지식으로 명료하게 보는가?

경구 48

당신은 사물을 꿰뚫어 보는가?

ऋतंभरा तत्र प्रज्ञा
ṛtaṃbharā tatra prajñā
리탐바라 타트라 프라즈냐

직역 "거기에서 얻은 직관은 진리를 담고 있다."

의역 "초관조삼매로 진입하여 얻은 직관은 진리를 담고 있다."

ṛtaṃbharā tatra prajñā

ṛtaṃ	명사(n.sg.nom)	진리 ◂ ṛ 도착하다, 획득하다
bharā	형용사(f.sg.nom)	취하는, 가지고 있는 ◂ bhṛ 나르다, 가지고 나르다
tatra	부사	거기서, 그때
prajñā	명사(f.sg.nom)	직관 ◂ pra 미리 + jñā 알다, 깨닫다

새벽은 즉흥적이다. 언제나 자신이 원하는 대로 자유롭고 관대하게 나를 깨운다. 동시에 나는 이전에 한 번도 경험해본 적이 없는 하루를 맞이하게 된다. 모든 것이 어제와 똑같은 것 같지만 사실은 조금씩 다르다. 동네 옆 북한강 지류 일부를 덮었던 얇은 얼음이 점점 녹고 입춘이 지나면 뺨에 닿는 햇볕은 따뜻하다. 강물 표면은 움직이지 않는 듯 보이지만 실은 잔물결이 부산하게 움직이고 있다. 내가

인내하며 물결에 시선을 고정하고 있으면, 그 모습은 사라진다. 물결 위에서 반짝이는 햇살을 바라보며 나는 내가 북한강을 보는 주체가 아닌, 강물에 반사된 빛의 침범을 당하는 객체라는 것을 깨닫는다. 강을 관찰하던 자아가 강 표면에 반사된 빛을 계기로 나 자신의 움직임을 감지하기 시작한다. 나의 움직임이란 마음이 산란해지는 것이다. 즉, 움직이는 것은 강물이 아니라 내 마음이다. 내 마음은 강물처럼 한순간도 가만있지 못하고 출렁인다.

요가 수련자가 어떤 대상을 두고 깊은 명상을 훈련하면, 두 가지 경지에 도달한다. 첫 번째는 그의 오감을 통해 대상을 이해하는 초분별등지 단계이고, 두 번째는 대상을 보는 관찰자가 사라지고 대상이 지닌 원래 모습만 빛나는 무아 상태인 초관조삼매 단계다. 파탄잘리는 각각을 산스크리트어로 '니르비타르카 사마파티nirvitarkā samāpatti'와 '니르비차라 사마디nirvicāra samādhi'라고 명명했다.

아무리 천재나 성인이라고 해도 결국 인간이 습득한 지식은 파편적이며 불완전할 수밖에 없다. 그러나 초관조삼매 단계에서 지식이 흘러나오는 것은 순간이지만, 그 순간만큼 그 지식은 온전하고 완벽하다. 이 영적인 통찰은 그 자체로 완벽하여 덜어낼 것도 없다. 바울이 다마스쿠스로 가는 길에 본 빛이고 들은 소리다. 그는 타고 있던 말에서 떨어져 아무것도 볼 수 없게 되었다. 자신이 믿고 의지하던 말에서 떨어진 후, 아무나 볼 수 없었던 섬광을 본 그는 그리스도교의 사도가 되었다. 그와 같은 섬광은 우리가 어떤 사람을 만났을 때, 상대방에 대해 순식간에 느끼는 기운과 같은 것이다. 그 느낌이 오히려 그 사람에 대한 정보나 객관적인 평가보다 정확하다. 이런 정보들은 오히려 그 사람에 대한 올바른 평가를 방해한다. 우리의 온전한 관찰을 왜곡하기도 한다.

예수가 제자들을 꾸짖는 장면 하나가 복음서에 등장한다. 어린아이들이 예수에게 다가오자 제자들이 막아섰다. 그러자 예수가 제자들에게 화를 내며 천국은 아이들의 것이라고 말했다. 천국은 종교 생활을 열심히 한 어른들이 가는 장소가 아니다. 〈마가복음〉 10장 15절에 다음과 같은 부연 설명이 나온다. "누구든지 천국을 어린아이들이 수용하는 방식으로 받아들이지 않는다면, 그런 자는 결코 천국에 들어갈 수 없다." 천국은 사후에 가는 장소가 아니라 지금 들어가야 하는 곳이다. 어린아이들은 새로운 물건을 발견하면 자신을 잊어버린다. 그 물건을 신기해하며 탐색하다가 그 물건에 몰입한다. 어린아이에게는 사물에 대한 기존 지식이 없기 때문에 이들은 대상을 지식체계에 맞춰 개념화하지 않는다. 오히려 대상이 스스로 말하도록 이리저리 관찰하며 기다린다. 어린아이와 같은 마음을 지닌 자만이 천국에 진입할 수 있다.

순수한 심정으로 대상에 몰입하여 얻은 순간적인 지혜가 바로 '프라즈냐prajñā'다. 프라즈냐는 경험을 통한 지식이나 이성적인 추론을 넘어서는 통찰을 의미한다. 이 단어는 산스크리트어로 '앞선'이란 의미이지만, 뒤에 오는 단어를 강조하는 접두사인 '프라pra-'와 '앎; 지식'이라는 의미를 지닌 '즈냐jñā'가 결합한 단어이기도 하다. 유대교 신비주의 사상인 카발라Kabbalah 전통으로 설명하자면, 프라즈냐는 우주를 운행하는 신비한 원칙인 '앎'이다. 우주와 자연은 바로 이 앎을 표현한 것이다. 프라즈냐는 12세기경 스페인에서 등장한 카발라의 한 개념과 유사하다. 카발라는 '수용하다', '대상을 있는 그대로 즉시 받아들이다'라는 의미를 지닌 히브리어 동사 '까발qābal'의 명사형이다. 당시 유대인들은 경전에 대한 지나친 존경과 이성적인 해석이 오히려 신을 질식시켰다고 판단했다. 그들은 신이 자신이 있을 자리를 찾지 못하고 세상에서 '쫓겨났다'고 판단했다. 설령 어떤 사람이 글을 읽을 수 없고 그 경구에 대한 철학적인 주장을 모른다고 하더라도 깊은 관상기도를 통해 신을 단번에 알아차릴 수 있다고 믿었다. 카발라는 지식인이 아니라 선입견 없는 어린아이와 같은 심성을 지닌 이가 신과 조우하는 방식이다. 깊은 기도를 통해 신을 아무런 거리낌 없이 겸손하고 즉흥적으로 수용하는 방식이다.

카발라 사상에는 우주를 움직이는 열 가지 원칙이 있다. 그 가운데 가장 중요한 세 원칙이 '앎'과 관련 있다. 하나는 '비나bînā(h)'이고 다른 하나는 '호크마ḥokmā(h)'다. 비나는 대상을 다른 객체와 구별하여 인식하는 '분별력'이고, 호크마는 오랜 경험을 통해 그 대상을 꿰뚫어 보는 '지혜'다. 유대 신비주의에서는 비나와 호크마를 통합한다. 또한 이 둘보다 더 특별한 지식을 '다아쓰da'ath'라고 부른다. 다아쓰는 어떤 대상을 보고 즉시 그것의 본질을 파악하는 통찰을 말한다. 다아쓰는 푸루샤와 같은 신적인 자의식을 일깨우는 신인 아담 카드몬Adam Kadmon을 직접 경험하도록 돕는다. 인간은 다아쓰라는 문을 통해 신이 에덴동산에서 자신의 형상대로 창조한 '원초적인 아담' 즉 '아담 카드몬'이 된다.

프라즈냐는 사물의 핵심을 순간적으로 꿰뚫어 보는 통찰을 말한다. 인간은 이것을 통해 아량, 자제, 열심 그리고 명상을 수련할 수 있다. 통찰이 없다면 앞을 내다볼 수 없고 진리를 깨달을 수 없다. 통찰은 인간이 나이가 들면서 경험을 통해 얻는 지혜와 다르다. 통찰은 나이나 시간의 흐름과 관계가 없다. 오히려 어린아이와 같은 순수함으로 접근할 수 있다. 통찰은 개발되거나 획득되는 것이 아니다. 왜냐하면 모든 인간의 마음속에 이미 존재하기 때문이다. 통찰 단계에 이르려면 지성으로 높이 쌓아 올린 경계를 넘어서야 한다.

지성은 이미 만들어진 개념으로 대상을 이해하려 하기 때문에 프라즈냐에 접근할 수 없다. 지성의 세계에서 우리가 '진리'라고 부르는 것은 낮은 단계의 진리다. 지성만으로 도달할 수 없는 높은 단계의 진리가 프라즈냐다. 지성으로 프라즈냐를 이해하려 시도하는 것은 자전거를 타고 달나라에 가려는 것과 마찬가지다. 프라즈냐, 진정한 앎, 순간적이며 압도적인 통찰은 명상을 통해서만 이해할 수 있다.

파탄잘리는 48행에서 '초관조삼매'가 가져다주는 프라즈냐를 다음과 같이 설명한다. "초관조삼매로 진입하여 얻은 직관은 진리를 담고 있다." 직관은 요가 수련자가 보려는 대상의 '본질tattva'을 여실히 보여준다. 그것이 '리탐바라' 즉 '오염되지 않는 가장 순수한 진리'다. 요가의 가장 높은 경지는 단순히 경전과 경전 공부인 추론을 통해 도달할 수 있는 단계가 아니다. 그렇다고 이런 것들을 아는 지식인이 해탈의 경지에 먼저 도달할 수 있는 것도 아니다.

지적인 것만 추구한다고 인생의 깊은 진리를 깨달을 수 없다. 지적인 추구는 사적이며 그렇게 얻은 진리는 아직은 잠정적 진리다. 그것은 파편적이어서 전체를 하나로 온전하게 관찰할 수 없게 한다. 삼매경을 통해 지성을 초월해야 자신이 우연히 접한 진리를 과장해서 대하지 않을 수 있다. 일상에서 만나는 대상에 대한 선입견과 편견을 거두고 대상을 조용히 관조하면 진리의 본모습이 가만히 드러난다. 나는 사람과 사물을 분석하는가 아니면 통찰하는가? 나는 내가 가진 지식으로 대상을 침범하는가 아니면 그 대상이 내게 다가오도록 초대하고 가만히 기다리는가?

경구 49

당신은 대상의 특별함을 보는가?

श्रुतानुमानप्रज्ञाभ्यामन्यविषया विशेषार्थत्वात्
śrutānumānaprajñābhyāmanyaviṣayā viśeṣārthatvāt
슈루타누마나프라즈냐브야만야비샤야 비셰샤르타트바트

직역 "경전과 추론은 직관과 다르다. 직관은 그 대상만의 특별함을 지닌 존재로서 파악한다."

의역 "직관은 전해 들어온 것을 추린 경전이나 경전의 의미를 따지는 추론과 다르다. 직관은 그 대상이 지닌 특별함만을 관조의 대상으로 삼는다."

śruta-anumāna-prajñābhyām-anya-viṣayā viśeṣa-arthatvāt

śruta	명사(m.sg.nom)	들은 것, 전통, 경전 ◂ śru 듣다
anumāna	명사(m.sg.nom)	추론 (경구 7 참조) 유추 ◂ anu 따라서 + māna 마음 ◂ mā 측정하다
prajñābhyām	명사(f.du.abl.)	직관 ◂ pra 미리 + jñā 알다, 깨닫다
anya	형용사(m.sg.nom)	다른
viṣayā	명사(f.sg.nom)	대상 (경구 11 참조) 개체, 물건, 것, 일 ◂ viṣ 활기가 있다 + aya 가는 중
viśeṣa	형용사	특별한
arthatvāt	명사(m.sg.intru)	목적성 ◂ artha 목적 + tva 추상명사형 어미

개성은 인간을 하나의 독립적인 개체로 성장시키는 총체적인 가치다. 생김새, 지문, 심지어 유전자 정보까지 다르듯이 인간은 모두가 누구와도 비교할 수 없는 유일한 존재다. 우리는 각자 다르게 태어났는데 가정 교육과 학교 교육을 통해, 자신의 개성이 더 발현되기보다 가문과 사회에 어울리는 인간으로 점차 자란다. 인간이 성숙해지면 자신의 삶을 똑바로 되돌아볼 수 있는 시점이 온다. 그때 과거 자신의 삶이 만족스럽지 못하다는 사실을 인식하게 된다. 그 뒤 부모가 원하는 삶이나 사회가 요구하는 삶이 아니라 자신이 간절하게 원하는 삶이 무엇인지 고민하기 시작한다.

인간이 자신의 몫이 무엇인지 고민해본 적이 없다면 그런 삶은 재미가 없을 것이다. 현대인은 자신의 공허감을 달래려고 각종 중독에 스스로 빠진다. 인간의 눈은 앞에 있다. 따라서 자신이 가야 할 곳을 향해 뚜벅뚜벅 걸어갈 때, 인간은 신명이 난다. 목적지에 집중하지 못하고 산만하게 사는 사람은 허무를 느낀다. 인간을 포함해 모든 생물의 특징은 자생이다. 사과나무는 자연이 주는 공기, 햇빛, 바람, 비, 눈을 의젓하게 맞이한다. 사과 속 종자는 자신이 뿌리를 내린 흙에서 온 자양분으로 형성된다. 자신은 사과나무인데, 남들이 선호한다고 감나무나 배나무 행세를 하는 것은 어리석고 불행한 일이다. '사과씨 속에는 사과 고유의 정체성과 자기 자신이 누구인지를 아는 힘이 들어 있다.

사과 씨는 땅에 떨어져 자기 마음대로 싹을 틔운다. 조그만 싹은 길 위에서 자유롭게 뻗어나간다. 누군가 자신이 전문가임을 자처하면서 그 씨에게 뿌리를 내리고 싹을 틔울 방법을 가르쳐준다면 그 씨는 금방 시들고 말 것이다. 씨에 눈이 있다면 자신이 가야만 하는 길에 매 순간 고정되어 있을 것이다. 그 길이 씨에게는 유일한 길이며 구원의 길이다. 그 길은 씨에게만 특별하다. 지구가 탄생한 이래 그 씨처럼 뿌리를 내거나 싹을 틔운 사과나무는 이전에도 존재하지 않았고 앞으로도 존재하지 않을 것이다.

불행은 자신과 상관없는 일을 해야 할 때 느끼는 불만족이다. 만일 어떤 일이 자신과 상관이 없다면 그는 최선을 다하지 않을 것이다. 최선을 다하고 싶은 신명이 나지 않기 때문에 인생이 구태의연해진다. 이렇게 자신과 상관없는 것을 걷어내는 행위가 요가다. 가만히 앉아 마음속에 숨겨진 조그만 씨앗을 찾는 과정이 관조이고, 그 씨앗과 함께 춤추는 것이 삼매이며, 씨앗 스스로 상상하지도 못한 사과 열매를 맺는 과정이 해탈이다. 이 씨앗은 자신이 탐스러운 사과가 된다는 사실을 분명히 알고 있다.

가야 할 유일한 길을 책이나 스승의 조언에 의지하는 이는 겁쟁이다. 신은 자신의 역사를 겁쟁이에게 맡긴 적이 없다. 인간은 자신이 찾은 유일한 길이 마음에 들 때 힘이 생긴다. 인간은 말과 행동이 자신의 종자에서 자유롭게 나와야 평온하다. 종교 지도자들이나 철학자들은 자신들이 제시한 길이 최적의 길이라고 주장하나 그 길은 가면 갈수록 점점 좁아져 나를 나락으로 떨어뜨릴 것이다. 개성은 소멸되고 영감은 떠오르지 않고 희망도 사라진다.

파탄잘리는 49행에서 고유한 씨를 찾아 자신의 길을 묵묵하게 가는 이들의 삶의 태도를 설명한다.

힌두교를 포함해 종교 대부분에서 경전의 권위는 전통적으로 절대적이다. 경전은 진리를 담는 유용한 도구다. 경전만큼 신의 뜻을 집약적으로 담은 책도 없다. 무슬림은 자신을 '아훌룰 키타브ahulul-kitāb', 즉 '책의 민족'이라고 칭했다. 유대교의 토라, 그리스도교의 바이블, 이슬람교의 쿠란, 힌두교의 베다, 불교의 법구경과 같은 경전은 여느 책과 달리 영원한 진리를 담은 책으로 추앙을 받아왔다. 종교 근본주의자들은 자신들이 신봉하는 신을 편리하게 경전 안에 가두려고 시도한다. 경전에 있는 경구들은 일점일획도 틀림이 없다는 '문자무오설文字無誤說'을 주장한다.

문자무오설을 주장하는 신자 대부분은 자신들의 경전을 원전으로 읽어본 적이 없다. 번역에 재번역을 거친 책을 곡해해서 읽는 경우가 허다하다. 경전의 원전을 오랫동안 공부한 사람이라면 문자무오설을 주장할 수 없다. 예를 들어 히브리어로 기록된 구약성서 원전은 없다. 구약성서는 기원전 1,200년부터 기원전 200년까지 1천여 년 동안 기록된 수많은 자료가 편집되어 완성된 것이다. 현재 가장 오래된 구약성서의 원전은 9세기의 알레포 사본Aleppo Codex이다. 경전이 신의 말이나 신적인 경험을 온전히 표현할 수는 없다. 인간의 언어는, 특히 경전의 언어는 편리한 방향으로 대강 표현한 것이다. 신의 말을 인간의 언어로 표현한다는 것 자체가 언어도단이다. 학자들은 긴 시간 공부하며 의미를 파악하려고 애쓴다. 학자마다 문장이 의미하는 바를 다르게 추론할 수도 있다.

파탄잘리는 '초관조삼매nirvicāra samādhi'를 통해 얻는 통찰은 '경전을 통해 얻은 지식이나 추론과 다르다'라고 말한다. '슈루타śruta'는 '듣다'를 의미하는 동사 '슈르śru'의 과거분사형으로 '(오랫동안 진리라고) 들어왔던 것'이란 뜻이다. 슈루티는 경전이란 의미 이외에 누구나 진리라고 떠받드는 전통이란 의미도 있다. '추론'을 의미하는 산스크리트어 '아누마나anumāna'는 '마음'을 의미하는 '마나māna'와 '따라서'를 뜻하는 접속사 '아누anu'가 결합한 말이다. 아누마나는 '마음에서 나오는 어떤 것'이란 뜻이다. 유대인의 경전《탈무드》는 여러 명의 랍비가 히브리 성서 한 구절에 대해 각자 다르게 해석한 것을 엮은 것이다. 이들의 토론이나 추론은 가변적이어야 하며 시대와 장소에 따라 달라져야 한다. 이런 이성적인 추론을 신봉하는 일은 자신이 현재 알고 있는 과학적인 사실이 영원히 진리일 것이라고 주장하는 것과 마찬가지다. 학자들의 추론은 지금 이 시점에 잠시 옳을 뿐이다.

통찰은 경전이나 추론과 다르다. 통찰은 요가 수련자가 어떤 대상을 관조할 때, 그 대상을 꿰뚫어 보고 배우는 특별한 지식이다. 우리가 마주치는 대상은 일반적이거나 추상적인 것이 아니라 특별하고 구체적인 개체다. 힌두 철학에서 마음이 만물을 인식하는 편한 수단인 범주를 '사만야sāmānya'라고 하고, 그 만물이 지닌 개별적인 특성을 '비셰샤viśeṣa'라고 한다. 예를 들어, '나는 진돗개와 지난 9년 동안 함께 지냈다'라는 문장에서 범주와 특성을 구별해보자. 진돗개는 갯과의 동물로 귀소본능이 있고 주인에 대한 충성도가 높다. 그러나 '진돗개'라는 단어만으로는 나의 반려견 진돗개와 다른 진돗개를 구별할 수 없다. '진돗개'는 내가 키우고 있는 '샤갈'과 유사하게 생긴 동물 전체를 지칭하는 사만야라는 일반범주에 해당한다.

샤갈은 여타 진돗개와 다르다. 야산에서 독사에게 물려 일주일 동안 사경을 헤매다 살아남았다. 아직도 목에 깊은 상처가 남아 있다.

지난 8년 동안 거의 매일 나와 산책을 한 나의 도반이다. 샤갈을 볼 때, 나는 샤갈을 진돗개라는 종으로 보지 않는다. 나와 특별한 관계를 맺은 대상, 즉 비세샤를 지닌 대상으로 본다. 샤갈의 표정을 볼 때, 나는 샤갈이 무엇을 원하는지 알 수 있다. 통찰은 남들이 만들어놓은 범주나 학자들이 만들어놓은 이론으로 대상을 보지 않도록 해준다. 초관조삼매로 들어가 통찰하는 수련자는 대상을 그 자체로 보고, 다른 개체와 구별된 유일한 것으로 여긴다. 우리가 일상에서 만나는 사람과 사물은 하나하나가 모두 특별하기 때문이다.

경구 50

당신은 새로운 마음 바탕을 가지고 있는가?

तज्जस्संस्कारोऽन्यसंस्कार प्रतिबन्धी

tajjassaṃskāro'nyasaṃskāra pratibandhī

타자상스카론야상스카라 프라티반디

직역 "그것으로부터 성향이 나온다. 이 성향은 다른 성향들을 대치한다."

의역 "직관에서 자신, 자연, 우주를 보는 새로운 마음 바탕이 형성된다. 이 마음 바탕은 그전에 수련자가 지니고 있는 마음 바탕들을 대치한다.

tajjaḥ-saṃskāraḥ-anya-saṃskāra pratibandhī

taj	지시대명사(n.sg.nom)	그것 ◂ tad
jaḥ	형용사(m.sg.nom)	태어난, 비롯된 ◂ jan 태어나다
saṃskāra	명사(m.sg.nom)	과거 경험으로부터 생긴 인상, 습관적이며 잠재적인 활동능력이나 성향, 마음바탕 ◂ saṃ 함께 + kāra 행동 ◂ kṛ 행동하다
anya	형용사(m.sg.nom)	다른
pratibandhī	형용사(m.sg.nom)	차단하는, 대치하는 ◂ prati 대항하여 + bandh 엮다, 묶다 + in 소유접미사

자연은 언제나 신선하다. 어제와는 전혀 다른 모습으로 나를 놀라게 한다. 안개에 가려진 아침 해는 오히려 또렷하게 보인다. 기우뚱서 있는 대추나무가 중심을 잡기 위해 가지를 하늘 높이 뻗는다. 맨 꼭대기 가지는 태양보다 더 높이 뻗고 있다. 가지가 하늘 높이 치솟은 모습은 거침없고 자유롭다. 가지가 예측을 뛰어넘어 자기 마음대로 치솟아 올랐음에도 질서정연하고 조화로운 모습이다. 지구상 모든 동식물은 저마다 특별하다. 자신만의 노래를 누구의 간섭도 받지 않고 신나게 부른다. 대추나무에게는 자신이 따라야 할 교리도 없고 이론도 없다. 자신이 지닌 독창적인 힘을 아무런 거리낌도 없이 매 순간 분출한다. 아무도 보지 않는 대추나무의 가지 끝에는 우주의 기운이 담긴 영롱한 물방울이 매달려 있다. 이는 앞으로 돋아날 새싹을 위해 공간을 마련하는 중이다. 겨울의 추위와 서리를 녹이고 봄기운으로 바꾸는 것이다.

이 대추나무 가지 같은 신묘한 말이 전파를 탔다. 봉준호 감독이 아카데미 작품상을 수상하면서 즉흥적으로 한 말이다. 그는 영화감독 마틴 스코세이지Martin Scorsese(1942~)가 쓴 책 어딘가에서 읽은 내용을 수상 소감으로 말했다. "가장 개인적인 것이 가장 창의적인 것이다." 스코세이지가 실제 그렇게 말했는지는 확인되지 않았지만, 이 말에는 봉 감독의 진심과 삶이 담겨 있다고 본다. 나는 그 한마디가 영화 〈기생충〉보다 더 감동적이었다. 사람들은 흔히들 사적인 것과 공적인 것을 구분하라고 말한다. 그러나 사적인 것, 개인적인 것이 가장 공적인 것이며 가장 보편적인 것이다. 자신만의 노래를 부르기 위해 노력하는 사람에게 가장 개인적인 것이 가장 보편적인 것이며, 가장 은밀한 것이 가장 대중적인 것이며, 가장 고독한 것이 가장 공동체적인 것이다.

올림픽 선수에게 가장 중요한 시간은 운동장에서 홀로 연습하는 시간이며 위대한 피아니스트에게 가장 황홀한 순간은 홀로 연습하는 순간이다. 가장 은밀한 공간에서 자주 하는 행위가 그의 인격과 성격을 보여준다. 더 나아가 은밀한 생각은 개인이 속한 공동체에 그대로 영향을 끼칠 수밖에 없다.

모든 인간의 내면에는 가장 독창적인 자기 자신이 숨겨져 있다. 그 존재를 깨닫고 그 존재에서 흘러나오는 소리를 듣는 사람도 있다. 몰입하면 만날 수 있는, 순간적으로 번쩍이고 사라지는 섬광과 같은 자기다움을 믿어야 한다. 천재는 자신의 내면, 즉 자신의 사적인 공간에서 들리는 소리가 진실이라고 믿는 사람이다. 인간은 자신의 마음을 지속적으로 발굴하는 고고학자가 되어야 한다. 내면에서 자연스럽게 흘러나오는 말, 행동 그리고 작업이야말로 숭고한 선율이다. 그 내면에서 발굴한 가장 은밀한 것이야말로 세상에 널리 퍼져 모든 사람의 심금을 울린다. 그래서 사람들은 간접적으로 희망을 본다. 자신의 심연이 건드려지고 숭고한 자신의 존재를 확인할 수 있어 감동을 느낀다. 이러한 언행은 마치 어린아이의 순수한 놀이 같다. 이 같은 언행으로 방 안에 있는 모든 사람의 주의가 환기되고 집중된다. 어린아이의 천진난만한 행위에는 언제나 어떤 마력이 있다.

인간은 자신에게 감동적인 말을 한다. 그래서 다른 사람들이 말한 것을 되풀이하거나 깊이 생각하지 않고 반복해서 말하는 이는 겁쟁이다. 나는 남들이 해야 한다고 하는 일을 하는가. 아니면 관조하며 깨달은 내가 해야만 하는 일을 하는가. 이 질문에 대한 답이 위대한 사람과 그렇지 않은 사람을 구별한다. 사회는 여론을 따라가라고 조장한다. 순응이 덕이라고 조언한다. 순응이 필요한 세상에서 자기 자신의 목소리에 귀를 기울이고 스스로에게 엄격한 사람은 고독의 기운을 친절하고도 완벽하게 풍긴다.

자신의 노래를 부르는 사람은 자신을 가장 자신답게 만드는 무언가를 찾게 된다. 그것이 진리다. 진리란 심연에서 발굴해낸 신비한 자기 자신이라고 할 수 있다. 이 자기 자신이 나에게 요구하는 것은 한 가지다. '자신을 믿으십시오!' 고대 히브리어에서 '진리'라는 단어는 '에메쓰émeth'다. 이 단어는 '믿다'라는 의미의 상태 동사 '아멘āmēn'에서 파생한 추상명사다. 고대 히브리인들에게 진리란 간절히 바라는 것을 믿는 것이다. 그 진리는 인간을 대추나무 가지처럼 자유롭게 만든다. 그 누구의 간섭도 받지 않고 온전히 자신에게 집중하도록 만든다. 집중하게 한다. 진리를 깨닫는 통찰을 하면 과거라는 색안경을 벗고 육안으로 대상을 마주하게 된다.

50행에서 마음 바탕을 의미하는 단어는 '상스카라saṃskāra'다. 마음 바탕이 사람의 성향과 의지를 결정한다. 상스카라는 겉으로 드러나지 않지만 무의식에 자리 잡고 요가 수련자의 행동을 조절하여 습관을 만든다. 상스카라는 인간의 일상 행위들(카라kāra)을 하나로 묶어(상saṃ) 그의 성격과 개성으로 만든다. 통찰은 '새로운 자신'을 마음 바탕에 명기銘記한다. 새로운 자신은 마치 태양과 같아 만물을 자유롭게 소생시킬 수 있다.

9

무종삼매의 특징

51행

〈붉은 황소〉, 기원전 12,000년경, 라스코 동굴 벽화

—— 구석기 시대 벽화가 그려져 있는 라스코동굴의 '후진'에는 지성소라는 특별한 공간이 있다. 이곳에 미켈란젤로의 피에타Pietà와 비슷하게 의미심장한 벽화가 있다. 포효하며 죽어가는 황소와 그를 사냥한 호모 사피엔스가 그려져 있다. 이 그림을 이해하려면 사냥꾼의 마음을 상상해야 한다.

당시 인류에게 매머드처럼 큰 동물을 사냥하는 것은 자신뿐만 아니라 가족과 부족의 생존을 상당 기간 보장해주는 일이었다. 그렇다고 사냥꾼이 매머드에게 적대감만 있었던 것은 아니다. 그들은 매머드를 사냥하기 전에 들에서 뛰놀던 매머드와 그 가족들을 오랫동안 관찰했다. 생존을 위해 사냥해야 했지만 동시에 매머드에게 동정심을 느껴 마음이 불편했을 것이다. 최근 인류학자들은 아직도 원시적인 사냥을 하는 부족들은 자신의 가족이자 심지어 자신들을 지켜주는 보호자라고 여기는 동물을 사냥해야 하는 운명에 상당히 고통을 느낀다고 전한다.

아프리카 칼라하리 사막에 거주하는 부시맨들은 사슴과 같은 동물이 남긴 발자국을 따라가 독을 바른 화살을 쏜다. 독화살을 맞은 사슴은 서서히 죽어간다. 그들은 동물과의 불가분의 유대감을 표시하기 위해 죽어가는 사슴을 붙잡고 사슴이 울면 자신도 울면서 죽음이 주는 극도의 고통에 상징적으로 동참한다. 어떤 부족은 동물의 가죽을 입거나 동물의 피나 배설물을 천막에 바르는 의례를 통해 그 동물이 지하 세계로 가는 길을 함께 준비한다.

그들은 자신들이 사냥으로 죽여야 하는 동물을 미워하지 않았다. 오히려 그 동물이 지닌 위엄이나 용맹성을 흠모했는지도 모른다. 또한 생존을 위해 죽여야 하는 자신의 행위를 부끄럽게 생각했을지도 모른다. 그들은 자신들이 사냥할 동물을 위해 미리 용서를 비는 의례를 행했다. 앞에서 언급한 그림을 그린 예술가는 당시 최고의 사냥꾼으로 부족 전체를 위해 사냥해야 했다. 그는 이 그림을 통해 조르주 바타유Georges Bataille(1897~1962)가 말하는 동물 살해라는 '금기' 행위를 함으로써 생명 살해라는 '반칙'을 저지를 계획을 알렸다. 이 그림은 사냥꾼이 사냥을 나가기 전에 자신의 행위를 자연과 생명의 순환이라는 면에서 보려는 시도를 표현한 것이다. 어쩌면 그가 사냥 후 자신의 행위를 반성하는 의례를 그림으로 표현한 것일지도 모른다.

그림을 보면, 매머드의 배에서는 창자들이 터져 나온다. 매머드의 왼쪽 앞 다리 끝은 두 개로 갈라져 있다. 다리가 흔들리는 모습이 표현된 것이다. 뒷다리는 몸에 비해 너무 가늘어 커다란 몸집을 지탱하기 보인다. 사냥꾼이 던진 창이 매머드 엉덩이 부분에서 땅 쪽으로 사선으로 그려졌다. 사냥꾼이 매머드의 배를 공격해 지금 막 창자들이 쏟아져 나온다. 매머드는 고개를 돌려 쏟아져 나오는 창자들을 슬픈 눈으로 바라보고 있다.

매머드 앞에는 사냥꾼 하나가 있다. 사냥꾼이 실제로 매머드 앞에 누워 있는 것은 아니다. 사냥꾼은 매머드가 죽어갈 때, 자신도 정신적으로, 영적으로 죽어간다는 연대감을 표시하기 위해 자신의 모습을 그렸다. 사냥꾼은 매머드보다 힘이 약하다. 문명의 이기인 무기와 인간의 이성을 이용해 매머드를 제압했다. 사냥꾼의 심리상태는 그의 몸 형태로 유추할 수 있다.

프랑스 철학자 조르주 바타유가 말한 용어로 표현하면 그의 몸은

'비정형'이며 기형이다. 일단 두 다리의 길이가 다르다. 오른쪽 다리는 길고 왼쪽 다리는 짧다. 매머드처럼 사냥꾼의 몸도 해체되고 있다. 자신이 유지하던 정상 상태에서 이탈해 비정상적 엑스터시로 진입하고 있다. 비정형성은 양팔과 손에서도 확인할 수 있다. 두 팔 역시 두 발과 마찬가지로 길이가 다르다. 왼팔에 비해 오른팔이 길고 굽었으며, 손가락은 네 개다. 왼팔은 거의 목에 붙어 있고 뒤틀려 있다. 왼손 손가락도 네 개다.

유난히 긴 사냥꾼 몸에서 가장 중요한 특징은 그의 성기다. 사지가 뒤틀리고 얼굴은 보이지 않는데 성기만은 서 있다. 끝이 뾰족하지만 상당한 크기다. 그는 죽음을 통해 생명을, 해체를 통해 통합을, 엑스터시를 통해 부활을 경험하고 있다. 우리는 사냥꾼의 얼굴을 볼 수 없다. 사냥꾼 앞에 있는 새 솟대와 비슷한 새 모양의 가면을 쓰고 있기 때문이다. 가면 착용은 자신이 아닌 다른 사람이 되어 태어나기 위한 연습이다. 혹은 사냥꾼 자신이 죽어가는 매머드를 차마 두 눈으로 볼 수 없어 착용했는지도 모른다.

라스코동굴 벽화는 인류가 자연과 우주를 정교하게 관찰하여 그 대상을 사실적으로 표현한 것이고 동시에 상상력을 발휘하여 실제 움직이는 것처럼 생생하게 표현한 것이다. 라스코동굴은 호모 사피엔스 사피엔스들의 예배당이었다. 그리고 매머드와 인간을 그린 '후진'은 지성소다. 그들은 이 지성소에서 사냥을 하며 생존해야 하는 자신들의 운명을 깊이 묵상하고, 죽어가는 매머드의 고통을 함께 나누며 다시 태어나도록 준비했다. 인류의 조상들은 동물의 고통까지도 상상하고 공감하는 의례를 행하며 자연과 하나가 된 자신을 묵상했다. 인류는 자신이 사냥하는 매머드와 하나가 되어 '엑스터시', 즉 삼매경으로 진입한 것이다.

《요가수트라》〈삼매품〉은 명상의 대상이 있을 때, 요가 수련자의 수련 방법을 제시했다. 유종삼매의 네 단계인 '분별등지', '초분별등지', '관조삼매', '초관조삼매'를 지나면, 명상을 수련하는 자신도 사라지고 대상도 사라지는 경지에 이른다. 요가 수련자가 '무종삼매'로 진입하면, 그의 마음은 우주의 끝까지 확장된다.

파탄잘리는 《요가수트라》 제1장 〈삼매품〉 전체를 요약하면서 두 종류의 지식을 대비해 설명한다. 하나는 감각과 이성을 동원하는 명상을 통해 획득되는 지식이고, 다른 하나는 순간적이며 직접적이고 초월적 의식을 통해 획득되는 지식이다. 전자를 유종삼매라고 부르고 후자를 무종삼매라고 부른다. 일반적인 지식은 감각을 통해 감지된 후에 이성을 통해 해석된다. 이 일반적인 지식은 우리의 감각으로 확인하는 일반적인 물건들에 적용된다. 일반적인 지식은 초감각적이고, 일반적인 지식으로는 말로 형용할 수 없는 어떤 것을 이해할 수 없다.

무종삼매는 경전, 지식 혹은 경험을 통해 얻는 지식과 다르다. 만일 우리가 신의 존재에 대해 깨달음을 얻고 싶다면, 대개 경전에 의존하거나 경전을 통해 자기 나름의 학문적인 해석을 추구한 학자나 구루의 가르침에 의존할 것이다. 그 지식은 우리의 직접적인 경험을 기반으로 형성된 것이 아니기 때문에 우리가 신을 안다고 주장할 수 없다. 우리는 신을 경험한 사람들이 기록한 고백에서 간접적인 지식을 얻을 뿐이다. 그런데 우리가 과연 그것을 기록한 사람들을 믿을 수 있는가? 누가 그들을 믿을 만하다고 판단하고 그들의 말을 경전에 포함시켰는가? 그런 지식은 잠정적이며 부족하고 불만족스럽다. 이는 진정한 의미의 지식이 아니다.

우리는 진정한 지식을 획득하는 것이 불가능하다는 사실을 깨닫는 순간, 다음 두 가지 입장을 취한다. 첫째, 감각을 통해 얻는 지식만이 진리라고 주장하거나 지식 획득의 불가능성을 받아들이고 불가지론에 빠지는 것이다. 둘째, 감각에 의존하지 않고 직접적인 경험을 통해 지식을 획득하는 가능성을 믿는 것이다. 이 경험이 삼매경이다. 삼매경에 진입했다는 사실은 그가 자신과 타인을 대하는 신중하고 친절한 태도를 보고 알 수 있다.

삼매경은 종교 지도자의 설명이나 경전의 교리를 통해 진입할 수 있는 대상이 아니다. 삼매경은 마치 구도자가 혼자 한 걸음 한 걸음 내디디며, 아무도 들어가본 적이 없는 어두운 숲에 들어가는 것과 같다. 파탄잘리는 우리에게 그런 용감한 탐험을 시작하라고 촉구하고, 그 과정에서 발생하는 위험들을 넌지시 알려준다. 파탄잘리는 명상의 대상이 없는 '무종삼매' 경내에서, 마음이 '순수하게 되어 진리로 가득 찰 것이라고 기록한다.

경구 51

당신은 맨 처음 상태로 진입했는가?

तस्यापि निरोधे सर्वनिरोधान्निर्बीजः समाधिः
tasyāpi nirodhe sarvanirodhānnirbījaḥ samādhiḥ
타스야피 니로데 사르바니로단니르비자하 사마디히

직역 "심지어 그것조차 소멸시켜 모든 것을 소멸시키는 무종삼매가 등장한다."

의역 "진실을 담은 마음 바탕조차 소멸시킴으로써 자신의 생각에서 나오는 모든 것을 소멸하는 무종삼매가 등장한다."

tasyāpi nirodhe sarva-nirodhāt-nirbījaḥ samādhiḥ

tasya	지시대명사(m.sg.gen)	그것의 ◂ tad 그것
api	부사	심지어, 또한
nirodhe	명사(m.sg.loc)	소멸 (경구 2 참조) 평정심 ◂ ni 안으로, 밑으로 + rudh 소멸시키다, 억제하다
nirodhāt	명사(m.sg.abl)	
sarva	형용사(m.sg.nom)	모든
nirbījaḥ	명사(n.sg.nom)	씨가 없음, 무종無種, 무상 ◂ nir –부터 떨어진 + bīja 씨
samādhiḥ	명사(m.sg.nom)	삼매

51행은 요가 수련자가 마지막에 도달해야 할 궁극의 지점을 묘사한다. 요가 수련자가 해탈을 위해 집중, 명상, 삼매를 시도할 때, 그는 유상삼매에 도달할 수 있다. 그는 이제 막 바다의 경계에 만들어진 높은 절벽 위에서 바다로 뛰어들어 잠수하려는 수영 선수와 같다. 그는 디딤돌 위에서 뛰어 위로 높이 올라간 뒤 바다의 가장 깊은 곳으로 내려갈 것이다.• 그가 도달해야 할 궁극의 지점은 바로 자신의 가장 깊은 내부다. 그곳에 심오한 자기 자신이 있다. 이 시점에는 명상의 대상이 사라진다. 왜냐하면 명상의 주체와 객체가 일치하기 때문이다.

파탄잘리는 〈삼매품〉의 마지막 구절에서 요가 수련의 마지막 단계인 '니르비자 사마디nirbijah samadhi', 즉 무종삼매를 설명한다. 무종삼매는 의식 혹은 무의식에 흔적을 남길 만한 의식적 경험들을 순차적으로 제거하는 훈련이다.•• 비야사에 따르면 무종삼매의 경지에서는 요가 수련자가 유종삼매에서 얻은 통찰력과 분별력, 그리고 이를 통해 얻은, 진리를 머금은 지혜까지 활동하지 않는다.••• 이 대상과 완전히 분리되었을 때 수련자는 요가 수련의 최고단계인 무종삼매에 도달한다. 삼매 훈련은 '바다로 향하는 물의 여정'과 같다. 산골짜기에서 시작한 여러 갈래의 시냇물이 합류하여 강물이 되고 수많은 강물이 굽이쳐 흐르다 거대한 바다와 만난다. 이윽고 무한한 고요 속으로

• Taimini, p. 122.

•• Feuerstein, pp. 57–58.

••• Bryant, p. 164.

침잠한다. 바다에서는 개별 의식을 좌우하는 과거의 인상 혹은 무의식 속에 남아 있는 흔적들이 사라진다.* 이 거대한 바다는 궁극적으로 고요하다. 아무것도 창조되지 않은 태초의 상태다.

《리그베다》에서 언급된 '하나'가 베단타 철학에서는 '니르비칼파 사마디nirvikalpa samādhi', 즉 '무형의 삼매'다. 요가 수련자가 상상할 수 없는, 시공간을 초월한 처음으로 진입한 상태다. 그 순간은 우주가 창조되기 이전 상태로 당시에는 '우주'라는 말조차 존재하지 않았다. 개념을 초월하는 궁극적인 처음이다. 이 상태가 바로 '브라만'이다. 브라만은 명상의 대상이 아니다. 그가 대상을 정하는 순간, 그것은 이미 브라만이 아니기 때문이다. 브라만 안에서는 명상의 주체인 요가 수련자의 존재마저 사라진다. 왜냐하면 요가 수련자가 브라만과 일치하기 때문이다.

만일 요가 수련자가 어떤 것에 집착해서 온전하고 완벽한 소멸이 의도적으로 알게 된 종교 전통과 그 교리를 따른다는 것을 뜻한다면, 이는 다른 종교와 교리를 배척한다는 의미인가?

만일 내가 이란의 시아파 사제인 이맘imām의 아들로 태어났다고 가정해보자. 무함마드를 인생의 롤 모델role model로 삼고 그의 가르침을 통해 의미 있고 아름다운 삶을 추구하고자 할 때, 무함마드에 관한 시아파 교리만을 신봉하고 수니파 교리를 무시하며 그리스도교나 불교의 가르침을 수준이 낮다고 폄하한다면, 이는 무함마드의 가르침을 왜곡하는 일이 될 것이다. 이런 태도는 비종교인보다 더 무

* Swami Prabhavanada and Christopher Isherwood, p. 93.

지한 것이며 내가 살고 있는 공동체에 해악을 끼칠 것이다. 인류의 위대한 스승인 붓다, 그리스도, 무함마드, 라마크리슈나와 같은 위대한 성인들은 모두 종교라는 조직에서 만든 교리 안에 가둘 수 있는 대상이 아니다. 이들은 모두 역사적 존재를 넘어 진리를 추구한 사람들이다. 붓다, 그리스도, 무함마드, 라마크리슈나는 개인을 넘어선 큰 원칙을 일생 동안 추구하였다. 힌두교에서는 그것을 브라만이라고 불렀다.

요가 수련자는 개별적인 인간으로서 의식의 근원인 푸루샤와 조우한다. 15세기 하타 요가의 고전인 《하타 요가 프라디피카》에서는 무종삼매에서 발견되는 푸루샤의 모습이 다음과 같이 표현된다. "자신이 인식하고 있는 대상을 모두 유기할 때, 마음은 사라진다. 마음이 사라지면 '홀로'만 남는다."••

•• Feuerstein, p. 58.

며칠 전, 산책길에 하늘을 나는 기러기 한 마리를 보았다. 기러기는 나는 동안 뒤를 돌아보는 법이 없다. 자신이 가야 할 곳을 알고 있다. 자신이 가는 곳을, 가야 할 곳을 아는 동물은 행복하다! 그곳은 자신들이 가야만 하기에 온 힘을 동원할 수 있는 유일한 목적지이기 때문이다. 나는 그들이 어디로 가는지 상상할 수도 없고 알 수도 없다. 신비한 장소임이 틀림없다.

자연에 존재하는 동식물은 본능적으로 자신들이 가야 하는 유일한 장소를 알고 있다. 이 장소가 극락이다. 극락은 황금으로 장식되거나, 누구나 눈으로 직접 확인할 수 있는 장소가 아니다. 그곳은 각자가 도착해야 하는 유일무이한 구별된 장소다. 인간은 그곳을 본능이 아닌, 오감의 쾌락으로 확인해야 하는 장소로 타락시켰다.

기러기에게 극락은 그들이 궁극적으로 도착할 장소이면서 날개를 퍼덕이는 이 순간이다. 자신의 최선을 기꺼이 경주할 수 있는 찰나다. 요가 수련자에게 '삼매경三昧境'은 자신이 가야 할 곳으로 날아가

〈집으로 가는 갈매기〉,
강원도 가평군 설악면 창공

기 위해 날개를 쉴 새 없이 퍼덕이는 연습이자 몰입이다. 저 아래 땅에 벌레가 기어 다녀도, 강물에 물고기가 퍼덕여도 눈 하나 깜짝하지 않는다.

자연은 신의 지문이다. 자연의 움직임을 가만히 응시하면, 자신의 신비와 작동원리를 알려줄 것이다. 경전은 신의 신비를 경험한 사람들의 고백이기 때문에, 그 경험이 없다면 아전인수 격으로 해석될 수 있는 천한 책으로 전락한다. 이성이라는 제한된 지식으로 무장한 인간들은 경전을 '교리'라고 이름 붙여 재미가 없고 배타적인 책으로 가치를 떨어뜨렸다. 자연에서 신을 경험하지 못하고, 이웃들과의 관계에서 신의 사랑을 깨닫지 못한 사람은, 대개 자신과 생각이 다른 사람들을 '신의 이름'으로 꾸짖는다.

나는 이 책이 코로나바이러스에 볼모로 잡힌 우리에게 저 하늘을 나는 기러기처럼 희망을 주었으면 한다. 파탄잘리는《요가수트라》를 '삼매품'으로 시작하였다. 삼매품은 우리 각자가 누구인지 진정으로 살피는 공간이자 시간이다. 삼매품은 니체가 말하는 '자기 극복'이라는 구원이다. 구원의 근거는 외부가 아니라 내부에 있으며, 구원의 수단은 자신도 발견하지 못한 '인식되지 않는 마음의 땅'을 발견하는 것이다. 그 발견은 외부의 도움을 받을 수 있지만, 발견할 주체는 '나 자신'뿐이다.

《요가수트라 강독 1 - 삼매》는 나에게 요가 신체 훈련을 위한 정신적이며 영적인 지침서였다. 간절하게 요가를 수련하고 냉정하게 이욕을 실천하는 이 시대 요기들이, 자신의 행복을 찾아 주위 사람들에게 친절하고 감동적인 인간으로 다시 태어나길 기원한다. 신체, 정신, 영혼을 수련하는 그들에게, 이 책이 위대한 자신을 발견하는 데 도움이 되면 좋겠다. 머지않은 훗날에《요가수트라 강독 2 - 수련》이 출간되어 여러분의 자기 극복이란 해탈 여정에 나침반이 되면 좋겠다.

부록

《요가수트라》〈삼매품〉 산스크리트어-한글 사전

단어	품사	의미	경구 출처
abhāva	명사 (m.sg.nom)	무존재 ◀ a− 부정접사 + bhāva ▶ 실체 ◀ bhū 되다, 존재하다	10
abhāvaḥ			29
abhijātasya	형용사 (m.sg.gen)	귀중하게 태어난, 투명한 ◀ abhi −로 향해 + jāta 태어난 ◀ jan 태어나다	41
abhimata	형용사 (m.sg.nom)	원하는 ◀ abhi −로 향해 + mata 생각, 감정 ◀ man 생각하다	39
abhyāsa	명사 (m.sg.nom)	연습 ◀ abhi −로 향해 + ās 조용히 앉다	12, 18
abhyāsaḥ			13, 32
adhigamāḥ	명사 (m.sg.nom)	획득 ◀ adhi 위로 + gam 가다	29
adhimātratva	명사 (m.sg.nom)	강렬한 ◀ adhi 넘어선 + mātra 양 + tva 추상명사형 어미	22
adhyātmaḥ	명사 (m.sg.nom)	진정한 자신 ◀ adhi 위에 + ātma 자기 자신 ◀ an 숨 쉬다	47
āgamāḥ	명사 (m.pl.nom.)	전통, 증언 ◀ ā 여기로 + gam 가다	7
akliṣṭāḥ	형용사 (m.pl.nom)	원인이 없는, 오염되지 않은, 속박되지 않은 ◀ a 부정접사 + kliṣṭa	5
alabdha	형용사 (m.sg.nom)	취하지 못한 ◀ a 부정접사 + labdha 얻은, 취해진 ◀ labh 취하다	30
alabdha-bhūmikatva	명사 (n.sg.nom)	마음의 산만, 불안정	30
ālambanā	명사 (f.sg.nom)	기초 ◀ ā + lamba 기초 ◀ lamb 기대다	10

ālambanaṃ	형용사 (n.sg.nom)	의지하여, 매달려 ◂ ā 위에 + lambana 매달린 ◂ lamb 매달리다	38
ālasya	명사 (n.sg.nom)	게으름 ◂ ā -로 + a 부정접사 + lasa 살아 있는, 움직이는 ◂ las 즐겁게 놀다	30
aliṅga	명사 (n.sg.nom)	무표 ◂ a 부정접사 + liṅga 표식 ◂ ling 칠하다, 표시하다	44
ānanda	명사 (m.sg.nom)	희열 ◂ ā + nand 기뻐하다	17
anavacchedāt	형용사 (m.sg.abl)	단절되지 않은 ◂ an + ava + chid 자르다	26
anavasthitatvāni	명사 (m.pl.nom)	불안정 ◂ an 부정접두어 + ava 아래로 + sthita 자리를 잡은 ◂ stā 서다 + tva 추상명사형 어미	30
aṅgam	명사 (n.sg.nom)	사지四肢	31
aṅgamejayatva	명사 (n.sg.nom)	사지四肢의 동요	31
antaḥ	명사 (m.sg.nom)	끝, -까지	40
antarāya	명사 (m.sg.nom)	장애물 ◂ antar -사이 + ī 가다	29
antarāyāḥ	명사 (m.pl.nom)		30
aṇu	명사 (m.sg.nom)	가장 작은 것, 원자	40
anubhūta	형용사 (m.sg.nom)	경험된 ◂ anu + bhū 되다	11
anugamāt	현재분사 (m.sg.abl)	뒤따라오는 ◂ anu -에 따라 + gam 가다	17
anumāna	명사 (m.sg.nom)	유추 ◂ anu 따라서 + māna 마음 ◂ mā 측정하다	7, 49
anupātī	형용사 (m.sg.nom)	따르는 ◂ anu + pat 떨어지다	9

anuśāsanam	명사 (n.sg.nom)	교본, 훈련, 목적 ◂ anu –와 함께 + śāsana 훈육, 꾸짖음, 교정, 절제 ◂ śas 벌을 주다, 꾸짖다, 제지하다	1
ānuśravika	형용사 (m.sg.nom)	전해 들은 ◂ anu + śru 듣다	15
anya	형용사 (m.sg.nom)	다른	49, 50
anyaḥ	지시대명사 (m.sg.nom)	다른 것	18
aparāmṛṣṭaḥ	형용사 (m.sg.nom)	영향을 받지 않는 ◂ a + parā + mṛś 접하다, 만지다	24
api	접속사	또한	22, 26, 29
	부사	심지어, 또한	51
apuṇya	명사 (n.sg.nom)	이롭지 않음, 해로움 ◂ a 부정접사 + puṇ 덕을 행하다	33
artha	명사 (m/n.sg.nom)	세속적 성공, 의미, 목적, 의도	28, 42, 43
artham	명사 (n.sg.nom)		32
arthatvāt	명사 (m.sg.intru)	목적성 ◂ artha 목적 + tva 추상명사형 어미	49
asaṃpramoṣaḥ	명사 (m.sg.nom)	회상, 빼앗기지 않은 것, 떠올림 ◂ a + saṃ + pra + muṣ 훔치다	11
āsannaḥ	형용사 (m.sg.nom)	근처 ◂ ā + sanna ◂ sad 앉다	21
āsevitaḥ	형용사 (m.sg.nom)	자주 방문한, 머무른, 꾸준히 연습한 ◂ ā + sev 머무르다	14
asmitā	명사 (f.sg.nom)	자아 ◂ asmi 나는 –이다 + tā 추상명사형 어미	17
asya	대명형용사 (m.sg.gen)	그의	40
āśayaiḥ	명사 (m.sg.nom)	휴식 공간, 기억의 공간 ◂ ā+ śī 쉬다, 놓이다	24

atad	대명사 (n.sg.nom)	그것이 아닌 것 ◂ a 부정접사 + tad 지시대명사	8
atha	부사	지금 여기	1
avasthānam	명사 (n.sg.loc)	거주 ◂ ava 강하게 + sthā 서다, 견디다	3
avirati	명사 (f.sg.nom)	방탕, 방종 ◂ a 부정접사 + vi –로부터 떨어진 + rati 쾌락 ◂ ram 즐기다	30
bharā	형용사 (f.sg.nom)	취하는, 가지고 있는 ◂ bhṛ 나르다, 가지고 나르다	48
bhava	명사 (m.sg.nom)	됨, 생성, 존재 ◂ bhū 존재하다, 되다	19
bhāvanam	명사 (n.sg.nom)	실현, 존재하게 하는 원인, 명상 ◂ bhū '되다'의 사역형 명사	28
bhāvanātaḥ	명사 (f.sg.abl)	고양, 증진 ◂ bhū '되다'의 사역형 + tas 명사형 어미	33
bhrānti	명사 (f.sg.nom)	방랑 ◂ bhram 이리저리 돌아다니다	30
bhrānti-darśana	명사 (f.sg.nom)	몰이해	30
bhūmiḥ	명사 (f.sg.nom)	땅, 기반 ◂ bhū 존재하다	14
bhūmikatva	명사 (n.sg.nom)	무대, 장소 ◂ bhūmi 땅 + ka 소유형용사 + tva 추상명사형 어미	30
bījam	명사 (n.sg.nom)	씨앗, 뿌리, 기원	25
ca	접속사	그리고	29, 44, 45
citta	명사 (n.sg.nom)	가변적인 모든 것, 생각 ◂ cint 생각하다	2
citta	명사 (n.sg.nom)	마음, 의식, 생각 ◂ cit 의식하다	30, 33
cittam			37
darśana	명사 (m.sg.nom)	관조, 이해 ◂ dṛś 관찰하다	30

daurmanasya	명사 (n.sg.nom)	우울; 절망적 생각의 지속 ◂ dus 나쁜 + man 생각하다 + asya 명사형 어미	31
dhyānāt	명사 (m.sg.al)	명상, 몰입 ◂ dhyai '명상하다	39
dīrgha	형용사 (m.sg.nom)	굳건한; 오랜 기간에 걸친, 긴 ◂ dṛḍh 강하다	14
draṣṭuḥ	명사 (m.sg.gen)	목격자, 진정한 자신 ◂ dṛṣ 보다	3
dṛḍha	형용사 (m.sg.nom)	굳건한 ◂ dṛḍh 강하다	14
dṛṣṭa	형용사 (m.sg.nom)	본, 관찰한 ◂ dṛṣ '보다'의 과거분사	15
duḥkha	명사 (n.sg.nom)	고통 ◂ dus 나쁜 + kha 바퀴 중앙의 빈 공간, 속 빈 틀	31, 33
ejayatva	명사 (m.sg.nom)	동요 ◂ ejaya (ej '떨다'의 사역형) + tva 추상명사형 어미	31
eka	형용사 (m.sg.nom)	단 하나, 유일한	32
etayā	지시대명사 (f.sg.inst)	이것을 통해 ◂ etad 이것	44
eva	접속사	그리하여	44,
	부사	단지, 홀로, 정말	46
grahaṇa	현재분사 (m.sg.nom)	잡고 있는 (▸ 잡는 행위, 의식하는 행위, 관찰 자체)	41
grahītṛ	명사 (m.sg.nom)	잡는 사람, 의식하는 자, 관찰자 ◂ gṛh 잡다 + tṛ 동작 접미사 (-하는 사람)	41
grāhyeṣu	과거분사 (m.pl.loc)	잡힌 (▸ 잡힌 것, 관찰된 대상)	41
guṇa	명사 (m.sg.nom)	실타래, (상캬 철학에서) 성질, 특징	16
guruḥ	명사 (m.sg.nom)	스승, 구루 ◂ gur 부르다	26

īśvara	명사 (m.sg.nom)	신 ◂ īś 명령하다, 주인이 되다 + vara 최고의 선택 ◂ vṛ 선택하다	23
īśvaraḥ			24
itareṣām	명사 (m.pl.gen)	다른 이들	20
itaratra	부사	다른 경우에, 다른 시간에 ◂ itara 다른 것, 다른 시간	4
iva	전치사	–처럼	41
	접속사	그것은 마치 – 같다	43
jaḥ	형용사 (m.sg.nom)	태어난, 비롯된 ◂ jan 태어나다	50
japaḥ	명사 (m.sg.nom)	반복, 낮은 목소리로 중얼거리다 ◂ japa 반복하다, 중얼거리다	28
jñāna	명사 (n.sg.nom)	지식 ◂ jñā 알다	9, 38, 42
jñānam			8
jyoti	명사 (f.sg.nom)	빛, 내면의 빛	36
jyotiṣmatī	형용사 (f.sg.nom)	내면의 빛을 소유한 ◂ jyotis + matī (mant '소유한'의 여성형)	36
kāla	명사 (m.sg.nom)	시간 ◂ kal 생산하다	14
kālena	명사 (m.sg.instr)	시간; 우주에 강요된 원칙 ◂ kal 강요하다	26
karma	명사 (n.sg.nom)	행위 ◂ kṛ 행동하다	24
karuṇā	명사 (f.sg.nom)	연민, 공감, 비悲 ◂ kṛ 행동하다, 쏟다	33
khyāteḥ	명사 (f.sg.abl)	지식, 판단 ◂ khyā 보다, 알리다, 선포하다	16
kleśa	명사 (m.sg.nom)	고통의 원인 ◂ kliś 고통을 당하다	24

klisṭa	형용사 (m.sg.nom)	원인이 있는, 오염된, 속박된 ◂ kliś '괴롭히다'의 과거분사	5
kṣīna	형용사 (m.sg.nom)	줄어든 ◂ kṣi 파괴하다	41
layānām	명사 (m.pl.gen)	융합 ◂ lī 잡다, 흡수되다, 매달리다	19
madhya	명사 (m.sg.nom)	중간	22
mahattva	명사 (n.sg.nom)	가장 큰 것, 우주 ◂ maha 큰 + tva 추상명사형 어미	40
maitrī	명사 (f.sg.nom)	사랑, 친절, 자慈 ◂ mid 밀착하다	33
manasaḥ	명사 (n.sg.gen)	마음 ◂ man 생각하다	35
maṇeḥ	명사 (m.sg.gen)	다이아몬드, 보석, 수정	41
mātra	부사	단지	43
mithyā	형용사 (m.sg.nom)	거짓된 ◂ mith 갈등하다	8
mṛdu	형용사 (m.sg.nom)	적당, 부드러운, 약한	22
muditā	명사 (f.sg.nom)	즐거움, 희흠 ◂ mud 기뻐하다	33
nairantarya	명사 (n.sg.nom)	사이에 아무것도 존재하지 않은 상태, 지속, 무중단 ◂ nair -로부터 떨어진, -없는 + antar -사이 + ya 접속어미	14
nibandhanī	형용사 (m.sg.nom)	잡은, 묶은 ◂ ni 아래로 + bandh 묶다 + in 소유형 어미	35
nidrā	명사 (f.sg.nom)	깊은 잠; 미몽 ◂ ni 아래로 + drā 자다	6, 10, 38

<table>
<tr><td>niratiśayaṃ</td><td>형용사
(n.sg.nom)</td><td>비교할 수 없는, 능가할 수 없는 ◂ 부정접사 nir + ati + śī 눕다</td><td>25</td></tr>
<tr><td>nirbhāsā</td><td>형용사
(f.sg.nom)</td><td>빛나는 ◂ nir 초월한 + bhāsa 빛 ◂ bhās 빛나다</td><td>43</td></tr>
<tr><td>nirbījaḥ</td><td>명사
(n.sg.nom)</td><td>씨가 없음, 무종無種, 무상 ◂ nir -로부터 떨어진 + bīja 씨</td><td>51</td></tr>
<tr><td>nirodhaḥ</td><td>명사
(m.sg.nom)</td><td rowspan="3">▸소멸, 평정심 ◂ ni 안으로, 밑으로 + rudh 소멸시키다, 억제하다</td><td>2, 12</td></tr>
<tr><td>nirodhāt</td><td>명사
(m.sg.abl)</td><td>51</td></tr>
<tr><td>nirodhe</td><td>명사
(m.sg.loc)</td><td>51</td></tr>
<tr><td>nirvicāra</td><td>명사
(m.sg.nom)</td><td rowspan="2">초관조 ◂ nir 초월한 + vi 떨어져 나간 + cāra 동작, 진행 ◂ car 가다</td><td>47</td></tr>
<tr><td>nirvicārā</td><td>명사
(f.sg.nom)</td><td>44</td></tr>
<tr><td>nirvitarkā</td><td>명사
(f.sg.nom)</td><td>초분별 ◂ nir 초월한 + vi 없는 + tarka 숙고, 분별</td><td>43</td></tr>
<tr><td>pañcatayaḥ</td><td>형용사
(m.sg.nom)</td><td>5겹으로 구성된 ◂ pañca 다섯</td><td>5</td></tr>
<tr><td>paraṃ</td><td>형용사
(n.sg.nom)</td><td>최고의, 초월하는 ◂ pṛ 초월하다</td><td>16</td></tr>
<tr><td>parama</td><td>형용사
(m.sg.nom)</td><td>가장 (para의 최상급) ◂ pṛ -을 능가하다</td><td>40</td></tr>
<tr><td>pariśuddau</td><td>명사
(f.sg.loc)</td><td>정화, 청결 ◂ pari 주위에 + śuddi 정화 ◂ śudh 정화하다</td><td>43</td></tr>
<tr><td>paryavasānam</td><td>명사
(n.sg.nom)</td><td>끝, 결론 ◂ pari 주위에 + ava 아래로 + sāna ◂ sā 묶다</td><td>45</td></tr>
<tr><td>pracchardana</td><td>명사
(n.sg.nom)</td><td>날숨 ◂ pra 앞으로 + chṛd 내보내다</td><td>34</td></tr>
<tr><td>prajñā</td><td>명사
(f.sg.nom)</td><td rowspan="2">지혜, 직관 ◂ pra 미리 + jñā 알다, 깨닫다</td><td>20, 48</td></tr>
<tr><td>prajñābhyām</td><td>명사
(f.du.abl.)</td><td>49</td></tr>
</table>

prakṛti	명사 (f.sg.nom)	물질원리	19
pramāda	명사 (m.sg.nom)	소홀 ◂ pra 앞으로 + māda 술 취함 ◂ mad 술 취하다	30
pramāṇa	명사 (n.sg.nom)	정심 ◂ pra + mā 측정하다.	6
pramāṇāni	명사 (n.pl.nom)		7
prāṇasya	명사 (m.sg.gen)	숨, 생명 ◂ pra 앞으로 + 숨, 호흡 ◂ an 숨 쉬다	34
praṇavaḥ	명사 (m.sg.nom)	신비한 음절 옴, 옴 주문 ◂ pra 앞으로 + nu 소리내다	27
pranidhānāt	명사 (m.sg.abl)	헌신, 맹세, 소원 ◂ pra 앞에 + ni 아래로, 안으로 + dhāna 배치하는 ◂ dhā 우주의 질서에 알맞게 배치하다	23
prasādaḥ	명사 (m.sg.nom)	선명; 밝음, 정결, 명료; 평정, 침착 ◂ pra 앞에 + sādana 정착 ◂ sad 앉다	47
prasādanam	명사 (n.sg.nom)		33
praśvāsāḥ	명사 (m.pl.nom)	날숨 ◂ pra 밖으로 + śvas 숨쉬다	31
pratibandhī	형용사 (m.sg.nom)	차단하는, 대치하는 ◂ prati –에 대항하여 + bandh 엮다, 묶다 + in 소유접미사	50
pratiṣedha	명사 (m.sg.nom)	대항 ◂ prati –에 대항하여 + sedha 대항하는 ◂ sidh 막다	32
pratiṣṭham	명사 (n.sg.nom)	확고부동한 것, 기반 ◂ prati –에 대항하여 + sthā 서다	8
pratyak-cetanā	명사 (m.sg.nom)	내면을 향한 진정한 의식 ◂ prati + ac 구부리다, 향하다 + cit 의식하다	29
pratyakṣa	명사 (m.sg.nom)	눈앞에 펼쳐져 본인이 이해한 것, 인식 ◂ prati –에 대항하여 + akṣa 눈 ◂ akṣ 도달하다, 포용하다	7

pratyaya	명사 (m.sg.nom)	의도, 떠올린 생각, 인식 ◂ prati + ī 가다	10, 18,
pratyayaḥ			19
pravṛttiḥ	명사 (f.sg.nom)	활동 ◂ pra 앞으로 + vṛtti 소용돌이 ◂ vṛt 돌다	35
puṇya	명사 (n.sg.nom)	이로움 ◂ puṇ 덕을 행하다	33
puruṣa	명사 (m.sg.nom)	영혼, 내면의 의식, 본연의 자신, 전지전능한 영혼 ◂ pṝ 채우다	16
puruṣaḥ			24
pūrvaḥ	형용사 (m.sg.nom)	이전의, 과거의, 오랫동안 지속적인	18
pūrvakaḥ	형용사 (m.sg.nom)	뒤따라오는	20
pūrveṣām	명사 (m.pl.gen)	이전의 사람들의; 과거의	26
rāga	명사 (m.sg.nom)	집착 ◂ raj 흥분하다, 집착하다	37
ṛtaṃ	명사 (n.sg.nom)	진리 ◂ ṛ 도착하다, 획득하다	48
rūpa	명사 (n.sg.nom)	모습	8
sa	대명사 (m.sg.nom)	이것, 그것	14
śabda	명사 (m.sg.nom)	소리, 말, 낱말, 단어	9, 42
sabījaḥ	형용사 (m.sg.nom)	씨앗이 있는, 유종의 ◂ sa 함께 + bīja 종자	46
sahabhuvaḥ	형용사 (m.sg.nom)	따라오는 ◂ saha 함께 + bhuva ◂ bhū 존재하다	31
samādhi	명사 (m.sg.nom)	삼매	20
samādhiḥ			51

samāpattiḥ	명사 (f.sg.nom)	등지等至, 최고의 경지 ◂ sam 함께 + ā –까지 + pat 떨어지다	41, 42
saṃjñā	명사 (f.sg.nom)	분명한 지식 ◂ saṃ 함께 + jñā 알다	15
saṃkīrṇā	형용사 (f.sg.nom)	함께 흩어져 섞인 ◂ saṃ 함께 + kīrṇa 흩어져 섞인 ◂ kṛ 흩어버리다	42
saṃprajñātaḥ	명사 (m.sg.nom)	◂ 최고의 절대적인 통찰, 지혜, 유상삼매 ◂ saṃ 함께 + pra 앞선 + jñāta 알려진 ◂ jñā 알다	17
saṃśaya	명사 (m.sg.nom)	의심 ◂ saṃ 함께 + śaya 누워 있는 ◂ śī 눕다	30
saṃskāra	명사 (m.sg.nom)	과거 경험으로부터 생긴 인상, 습관적이며 잠재적인 활동능력이나 성향, 마음바탕 ◂ saṃ 함께 + kāra 행동 ◂ kṛ 행동하다	18, 50
saṃvegānām	명사 (m.pl.gen)	간절 ◂ saṃ 함께 + vij 빨리 움직이다	21
sārūpyam	명사 (n.sg.nom)	◂ 순응, 모습이 유사한 것, 사이비	4
sarva	형용사 (m.sg.nom)	모든	51
sarvajña	명사 (m.sg.nom)	전지 ◂ sarva 전부 + jña 앎, 지식	25
satkāra	명사 (m.sg.nom)	올바른 방법, 정성, 존경 ◂ sat 존재 + kāra 만들다, 하다	14
savicārā	명사 (f.sg.nom)	관조 ◂ sa 함께 + vi 떨어져 나간 + cāra 동작, 진행 ◂ car 가다	44
savitarkā	형용사 (f.sg.nom)	분별력이 있는 ◂ sa 함께 + vi 떨어져 나간 + tarka 숙고, 분별	42
savitarkā-samāpattiḥ	명사 (f.sg.nom)	분별등지	42
śeṣaḥ	명사 (m.sg.nom)	남겨진 것 ◂ śiṣ 남다	18

smṛtayaḥ	명사 (m.sg.nom)	기억 ◀ smṛ 기억하다	6
smṛti	명사 (f.sg.nom)	기억 ◀ smṛ 기억하다	20, 43
smṛtiḥ	명사 (f.sg.nom)	기억 ◀ smṛ 기억하다	11
śraddhā	명사 (f.sg.nom)	믿음, 신뢰	20
śruta	명사 (m.sg.nom)	들은 것, 전통, 경전 ◀ śru 듣다	49
sthitau	명사 (f.sg.loc)	지속, 안정 ◀ sthā 서 있다, 자리를 잡다	13
sthiti	명사 (f.sg.nom)	지속, 안정 ◀ sthā 서 있다, 자리를 잡다	35
styāna	명사 (m.sg.nom)	권태 ◀ styā 경직되다	30
sukha	명사 (n.sg.nom)	행복 ◀ su 알맞은 + kha 바퀴 중앙에 있는 빈 공간	33
sūkṣma	형용사 (m.sg.nom)	미묘한 ◀ siv 꿰매다	44, 45
śūnyaḥ	명사 (m.sg.nom)	빔, 공 ◀ śvi 부풀다	9
svapna	명사 (m.sg.nom)	잠 ◀ svap 자다	38
svarūpa	명사 (n.sg.nom)	본연의 모습, 자기 모습 ◀ sva 자신의 + rūpa 모양	43
svarūpe	명사 (n.sg.loc)	본연의 모습, 자기 모습 ◀ sva 자신의 + rūpa 모양	3
śvāsa	명사 (m.sg.nom)	숨, 들숨 ◀ śvas 숨을 들여 마시다	31
tad	지시대명사 (n.sg.nom)	그것 ◀ tad	12, 41, 50
tasya	지시대명사 (m.sg.gen)	그것의; 그의 ◀ tad	27, 51
tat	지시대명사 (n.sg.nom)	그것 ◀ tad	16, 28, 32

tāḥ	지시대명사 (f.pl.nom)	그것들 ◀ tad	46
te	지시대명사 (m.pl.nom)	그것들 ◀ tad	30
tadā	부사	그때	3
tadañjanatā	명사 (f.sg.nom)	근처에 있는 것과 같은 색을 띤 것 ◀ tat + añj 기름을 바르다; 색으로 물들다 + ana + tā	41
tataḥ	부사	거기에서, 그것으로부터	22, 29
tatra	부사	그것에서, 거기에서, 그때에	13, 25, 42, 48
tatstha	현재분사 (m.sg.nom)	그것에 붙어 서 있는 (《sthā '서 있다')	41
tattva	명사 (n.sg.nom)	그것 자체, 원칙 ◀ tad + tva	32
tīvra	형용사 (m.sg.nom)	철저한, 강렬한	21
tu	접속사	그러나, 그때, 자!	14
upekṣāṇāṃ	명사 (f.pl.gen)	평정심 ◀ upa 위에 + īkṣ 보다	33
utpannā	형용사 (f.sg.nom)	일어난 ◀ ud 위로 + pad 떨어지다	35
vā	접속사	혹은, 또한	23, 34, 35, 36, 37, 38, 39
vācakaḥ	명사 (m.sg.nom)	말, 상징 ◀ vac 말하다	27
vairāgyābhyāṃ	명사 (n.du.instr)	이욕, 침착 ◀ vi -로부터 떨어져 + rāga 욕망 ◀ ranj -에 끌리다	12
vairāgyam	명사 (n.sg.nom)		15
vaiśāradaye	명사 (n.sg.loc)	가을 하늘과 같은 청명 ◀ vai (vi의 강화된 형태) + śārada 가을	47
vaitṛṣṇya	명사 (n.sg.nom)	무관심	16

vaśīkāra	명사 (m.sg.nom)	균형, 정복, 조절, 장악 ◂ vaśī 명령 ◂ vaś 명령하다 + kṛ 만들다	15
vaśīkāraḥ			40
vastu	명사 (n.sg.nom)	물건, 대상, 항목 ◂ vas 살다, 거주하다	9
vatī	분사 (f.sg.nom)	가지고 있는 ◂ vant 소유하다	35
vicāra	명사 (m.sg.nom)	관조, 직관 ◂ vi + car 움직이다	17
videha	명사 (m.sg.nom)	비육체 ◂ vi + deha 몸 ◂ dih 덮다, 바르다	19
vidhāraṇābhyāṃ	명사 (n.du.instr)	유지, 참기 ◂ vi 강하게 + dhṛ 유지하다	34
vikalpa	명사 (m.sg.nom)	개념, 허상, 상상 ◂ vi + kḷp 알맞다	6
vikalpaḥ	명사 (m.sg.nom)		9
vikalpaiḥ	명사 (m.pl.instr)		42
vikṣepa	명사 (m.sg.nom)	산만 ◂ vi 떨어진 + kṣip 버리다, 보내다	31
vikṣepāḥ	명사 (m.sg.nom)		30
vipāka	명사 (m.sg.nom)	결실 ◂ pac 요리하다	24
viparyaya	명사 (m.sg.nom)	착각 ◂ vi + pari + ī 가다	6
viparyayaḥ			8
virāma	명사 (m.sg.nom)	중단, 멈춤 ◂ vi + rāma ◂ ram 멈추다	18
vīrya	명사 (n.sg.nom)	에너지 ◂ vīra 용감한, 영웅적인	20

viṣaya	명사 (m.sg.nom)	개체, 물건, 대상, 것, 일 ◂ viṣ 활기가 있다 + aya 가는 중	11, 15
	명사 (f.sg.nom)		35
viṣayam	명사 (n.sg.nom)		37
viṣayā	명사 (f.sg.nom)		44, 49
viṣayāṇāṃ	명사 (m.pl.gen)		33
viṣayatvam	명사 (n.sg.nom)	대상; 상태 ◂ visaya 물건 + tva 추상명사형 어미	45
viśeṣa	형용사 (m.sg.nom)	단계, 수준, 차이, 특별	49
viśeṣaḥ			22, 24
viśokā	명사 (f.sg.nom)	슬픔이 없음 ◂ vi 제거한 + śokā 슬픔 ◂ śuc 강렬한 태양 빛에 데다, 고통을 받다	36
vīta	형용사 (m.sg.nom)	자유로운, 집착하지 않는 ◂ vi 떨어진 + ita 나간 ◂ ī 가다	37
vitarka	명사 (m.sg.nom)	감각, 숙고, 분별력 ◂ vi + tark 숙고하다	17, 42
vitṛṣṇasya	명사 (m.sg.gen)	무욕 ◂ vi 떨어져 나간 + tṛṣṇa 욕망, 목마름	15
vṛtti	명사 (f.sg.nom)	잡념, 동요, 집착, 파도, 물결, 소용돌이 ◂ vṛt 소용돌이치다	2, 4
vṛttiḥ			10
vyādhi	명사 (m.sg.nom)	병 ◂ vi 떨어진 + ā –로 + dhi 적재적소 ◂ dhā 적재적소에 두다	30
vyākhyātā	형용사 (f.sg.nom)	충분히 설명된 ◂ vi + ā + khyātā 설명된 ◂ khyā 언급하다	44
yathā	접속사	–하는 대로	39
yatnaḥ	명사 (m.sg.nom)	노력, 수고	13
yoga	명사 (m.sg.nom)	요가, 자기 자신과의 합일, 고삐, 연결 ◂ yuj 연결하다, 사용하다, 제어하다	1
yogaḥ			2

찾아보기